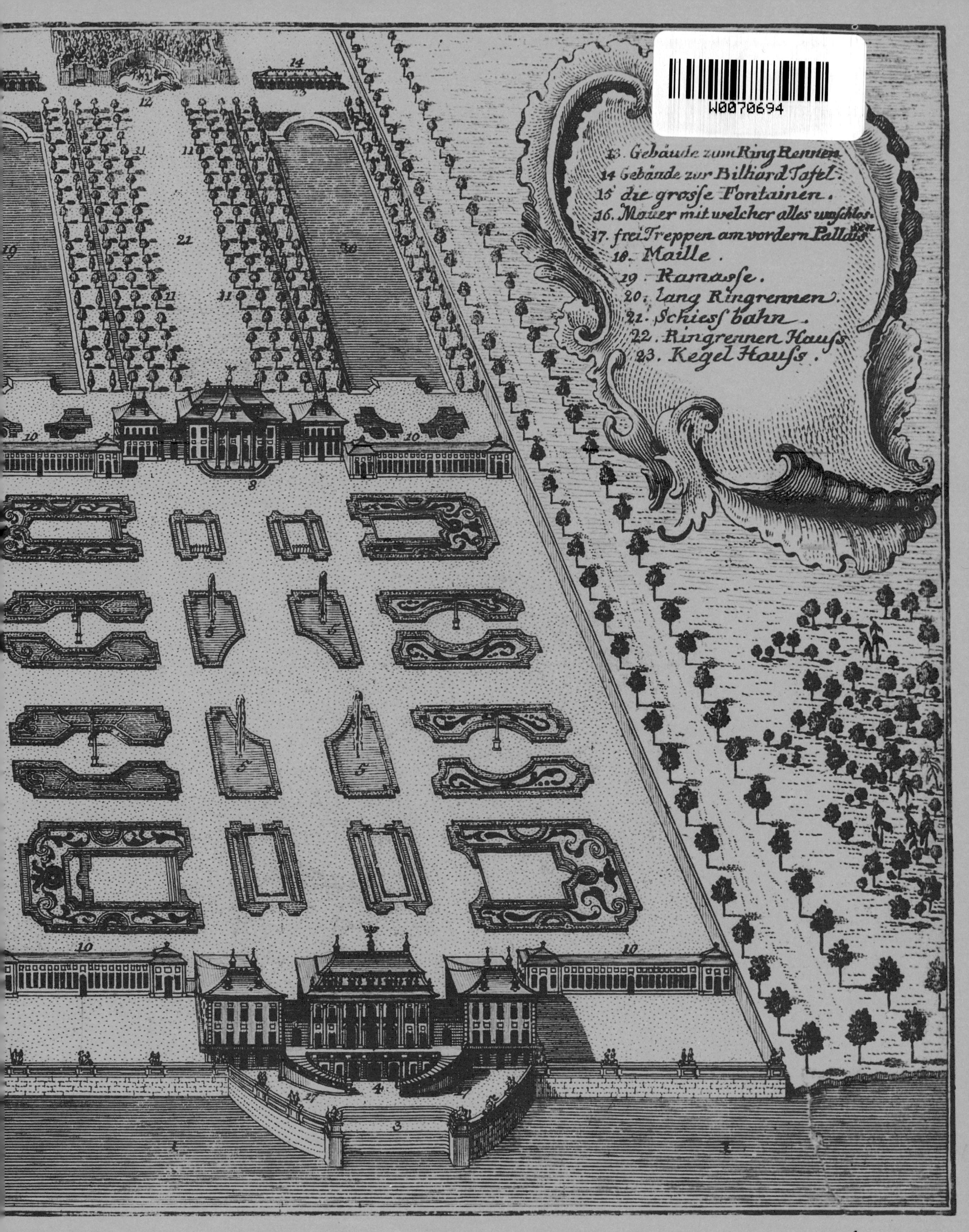

13. Gebäude zum Ring Rennen.
14 Gebäude zur Billiard Tafel.
15 die grosse Fontainen.
16. Mauer mit welcher alles umschlos.
17. frei Treppen am vordern Pallais
18. Maille.
19. Ramasse.
20. lang Ringrennen.
21. Schiess bahn.
22. Ringrennen Hauss
23. Kegel Hauss.

MATTHÄUS DANIEL PÖPPELMANN

MATTHÄUS DANIEL PÖPPELMANN

DER ARCHITEKT DES DRESDNER ZWINGERS

HERAUSGEGEBEN VON HARALD MARX

Mit Beiträgen von Harald Marx

Reiner Groß · Walter May · Klaus Mertens

Heidrun Laudel · Michael Kirsten · Günther Meinert

Hans Nadler · Norbert Oelsner · Henning Prinz · Gerhard Glaser

Joachim Menzhausen · Heinrich Magirius

Monika Schlechte · Gudrun Stenke · Winfried Böhner

Hagen Bächler · Horst Fischer · Hartmut Mai

und Eberhard Stimmel

VEB E. A. SEEMANN

BUCH- UND KUNSTVERLAG

LEIPZIG 1990

Matthäus Daniel Pöppelmann, der Architekt
des Dresdner Zwingers: mit Beiträgen zu
seinem Leben und Werk/
hrsg. von Harald Marx. – 2. Aufl. – Leipzig:
E. A. Seemann Verl., 1990. – 223 Ill. 302 S.; 30 cm

ISBN 3-363-00414-1

© by VEB E. A. Seemann Verlag, Leipzig 1989
2. Auflage 1990
Lizenz-Nr. 460   LSV-Nr. 8126
Gestaltung: Horst Schuster
Printed in the German Democratic Republic
Satz und Druck: Druckerei Fortschritt Erfurt
Bindearbeiten: INTERDRUCK, Leipzig
Best.-Nr. 505 953 2

Dieses Buch über Matthäus Daniel Pöppelmann, den Architekten des Dresdner Zwingers und einen der genialsten Baumeister des Barocks, ist eine Gemeinschaftsleistung von mehr als 20 Autoren; es entstand gleichzeitig mit dem Katalog der Dresdner Pöppelmann-Ausstellung des Jahres 1987. Ein von der Technischen Universität Dresden, Sektion Architektur, Bereich Theorie und Geschichte der Architektur, ebenfalls 1987 veranstaltetes Kolloquium zu Fragen der barocken Baukunst in Dresden, das, wie die Ausstellung, dem 250. Todestag und dem 325. Geburtstag Pöppelmanns gewidmet war, brachte weitere Einsichten. Ausstellungskatalog, Materialien des Kolloquiums und vorliegender Tafelband ergänzen sich also.

Durch die Vielzahl der Autoren aus unterschiedlichen Bereichen, vor allem aus dem Institut für Denkmalpflege, Arbeitsstelle Dresden, der Technischen Universität Dresden, dem Staatsarchiv Dresden und aus den Staatlichen Kunstsammlungen Dresden, die während der Vorbereitung von Ausstellung und Kolloquium Probleme erörtern und Meinungen austauschen konnten, ist eine differenzierte und in mancher Hinsicht neue Betrachtung der barocken Baukunst in Sachsen erreicht worden, besonders was Pöppelmanns Anteil an den architektonischen Leistungen dieser Zeit betrifft, aber auch im Hinblick auf einzelne Bauten.

Es sei hier nur erwähnt, daß alle Autoren sich dankbar der Arbeit früherer Forscher bedient und im einzelnen jeweils dargelegt haben, wo sie auf älteren Studien aufbauen und wo sie neue Ergebnisse einbringen konnten. Das Literaturverzeichnis läßt die Breite der wissenschaftlichen Beschäftigung mit sächsischem Barock ahnen; besonders die letzten Jahre haben auf diesem Gebiet neue Impulse gebracht, Kataloge, Aufsätze und Bücher entstehen sehen. Sollen Namen genannt werden, so muß man die frühen Publikationen von Hermann Hettner und Cornelius Gurlitt erwähnen, dann von Bruno Alfred Döring und Hubert Georg Ermisch sprechen, aus jüngerer Zeit Eberhard Hempel und Walter Hentschel, Gerhard Franz und Sigfried Asche hervorheben, ganz besonders aber Hermann Heckmann, dessen Veröffentlichungen die Pöppelmann-Forschung seit 1954 geprägt haben.

In dieser langen Reihe von Arbeiten soll das vorliegende Buch seinen Platz finden. Es stellt sich eine doppelte Aufgabe, die aus der Entstehung im Zusammenhang mit der Ausstellung, aber auch aus Absichten von Verlag und Herausgeber zu erklären ist: Wissensvermittlung und Einstimmung auf das Erlebnis barocker Kunst. Letzterem dient – neben den Abbildungen – besonders das einleitende Kapitel, das mit Leben und Werk, mit Ruhm und Nachruhm Pöppelmanns, aber auch mit barocker Kunst in Dresden ganz allgemein bekanntmacht, und das sich einerseits als besonderer Beitrag, andererseits als Hinführung zu den Sachkapiteln versteht; denn tatsächlich müssen sich Erlebnis und Wissen durchdringen und steigern, soll das barocke Erbe seinen Platz als unverzichtbarer Bestandteil im Kulturbewußtsein der Gegenwart behaupten.

Harald Marx

Inhalt

MATTHÄUS DANIEL PÖPPELMANN
LEBEN · WERK UND NACHRUHM 9

BAUTEN PÖPPELMANNS 91

Aufnahmen von Jürgen Karpinski 1987

BAUTEN · PROJEKTE · PROBLEME 121

DRESDEN IM BAROCK
GESCHICHTLICHER ABRISS · BAUWESEN 123

HÖFISCHE BAUTEN UND PROJEKTE
IN DRESDEN
PÖPPELMANNS ANTEIL 138

HÖFISCHE FESTE
DAS FEST ALS STAATSAKTION
DIE BAUAUFGABEN   237

BRÜCKENBAUTEN   248

BÜRGERHAUSBAUTEN   254

KIRCHENBAUTEN   263

ANHANG   271

1   Unbekannter Miniaturmaler.
Matthäus Daniel Pöppelmann.
Bildnisminiatur. Wasserfarbe auf Papier.
2,5×2 cm. Rückseitig beschriftet:
«Ober Land Baumeister Pöppelmann.»
Ehemals Dresden, Stadtmuseum.
Kriegsverlust.

MATTHÄUS DANIEL PÖPPELMANN
LEBEN · WERK UND NACHRUHM

HARALD MARX

«Dieses Werk allein müßte ihn
unsterblich machen . . . »

Schaut man von der glänzenden Höhe fürstlich-barocker Kunstpflege – des Bauens, des
Sammelns und des Mäzenatentums im weitesten Sinne –, die während der ersten Hälfte des
18. Jahrhunderts in Kursachsen erreicht wurde, einheimische Kräfte beflügelte und Künstler
wie Kunstwerke aus führenden europäischen Zentren nach Dresden brachte, zurück auf das
17. Jahrhundert, und weiter zurück auf Renaissance und Mittelalter, dann wird ganz deutlich,
warum noch heute alle früheren Epochen verdunkelt, auch spätere Blütezeiten nicht selten
vom Andenken an das Barock überstrahlt werden: Es waren die politische Aufwertung und
die architektonische Verwandlung, die in wenigen Jahrzehnten aus der kurfürstlichen Residenz der Wettiner eine Königsstadt werden ließen, mit verschwenderischer Hofhaltung und
wochenlangen Festen, es waren aber auch die künstlerischen und musikalischen Interessen
der Herrscher, das Entstehen der noch heute berühmten Sammlungen und der überwältigende
Reichtum an kunsthandwerklichen und künstlerischen Leistungen, die, in solchem Klima
gefördert, mit einem Male auf den verschiedensten Gebieten hervortraten, was diese Sonderstellung bewirkte.

«Barock in Dresden» fand in den letzten Jahren wieder verstärkte Aufmerksamkeit und
wurde sowohl zu einem wichtigen Forschungsgebiet, als auch durch Ausstellungen gewürdigt.[2]
Doch jeder Gedanke an diese Stadt ist heute von der Erinnerung an den 13. Februar 1945
belastet; seither erscheint das «alte» Dresden nicht nur Romantikern und Märchendichtern
wie Hans Christian Andersen als ein Ort der Sehnsucht und ein Gegenstand von Träumen.
Denkmalpflegerische Bemühungen können den zerstörten Denkmälern einer großen Vergangenheit nur Schritt für Schritt erneute Realität geben.

Im Rahmen der vorliegenden Publikation interessiert besonders die Architektur, geht es
um Bauwerke, um Architekten und Auftraggeber, um «Ikonographie» und um das Zusammenwirken der Künste, um historische und ökonomische Rahmenbedingungen, vor allem aber
wird gefragt: Worin besteht der schöpferische Anteil von Matthäus Daniel Pöppelmann am
Dresdner Barock?

«Was man an schöner Baukunst im Norden sieht, stammt ungefähr aus der gleichen Zeit:
das Schloß und das Zeughaus in Berlin, die Reichskanzlei und die Kirche des heiligen Karl

«Als ich nach der
Augustusbrücke kam,
die ich schon so gut aus
Kupferstichen und
Gemälden kannte,
kam es mir vor, als ob
ich schon früher einmal
im Traum hier gewesen
wäre.»[1]

Hans Christian Andersen

Borromäus in Wien, das Schloß zu Nymphenburg in Bayern, die Augustusbrücke und der Zwinger in Dresden, das kurfürstliche Schloß in Mannheim, das Schloß des Herzogs von Württemberg in Ludwigsburg.»[3] In dieser Aussage König Friedrichs II. von Preußen, die wir der 1746 verfaßten, 1775 von ihm selbst zuletzt redigierten «Geschichte meiner Zeit» entnehmen, finden von der Architektur Dresdens nur zwei Bauten Erwähnung, der Zwinger und die Brücke, und beide verdanken (oder verdankten) ihre Form Matthäus Daniel Pöppelmann.

Im 18. und im 19. Jahrhundert hat man besonders die Brücke bewundert, die zuletzt noch Alfred Lichtwark 1898 eines der größten malerischen Kleinode Dresdens genannt hat,[4] doch als Erbauer des Dresdner Zwingers ist Pöppelmann in die europäische Kunstgeschichte eingegangen. Er wird, zusammen mit dem Bildhauer Balthasar Permoser, dessen Plastiken untrennbar mit der Struktur des Baues verbunden sind, als Schöpfer dieser barocken Festarchitektur gefeiert. Heute hebt er sich, aus der historischen Entfernung gesehen, anscheinend über alle seine Dresdner Zeitgenossen mit Ausnahme von George Bähr. Doch Pöppelmanns Weg aus der Anonymität in eine führende Stellung beim sächsischen Oberbauamt war lang.

Im 18. Jahrhundert hat man ihm eine Sonderstellung als Genie nicht einräumen wollen. Die Gegenwart sieht ihn anders: Wir bewundern heute nicht nur die Werke, sondern auch den Baumeister, der sie geschaffen hat. Mitverantwortung für das architektonische Gesicht der Residenzstadt Dresden in der sogenannten «augusteischen» Epoche Sachsens hatte er als Landbaumeister und später als Oberlandbaumeister zu tragen und durch den Zwinger und die Brücke, durch die Beteiligung am Bau der Schlösser in Pillnitz und in Moritzburg sowie am Japanischen Palais gelang es ihm, seinen persönlichen Nachruhm untrennbar mit dem Ruhm der barocken Kunststadt Dresden zu verbinden.

Um den 3. Mai 1662 wurde Matthäus Daniel Pöppelmann in Herford in Westfalen geboren.[5] Er stammte aus bescheidenen Verhältnissen, doch hatten reiche und angesehene Kaufleute zu seinen Vorfahren gehört. Die Erinnerung an bessere Zeiten blieb zwar in der Familie lebendig, doch konnte sie einem unternehmenden und begabten jungen Menschen nicht weiterhelfen, sondern ihm bestenfalls Ansporn sein, auf eigenen Wegen, außerhalb der provinziellen Enge der Vaterstadt, sein Glück zu versuchen.

Jung ist Pöppelmann nach Dresden gekommen, wo wir ihn seit 1680 vermuten dürfen und wo er Beschäftigung am Bauamt fand. Wir wissen nicht, welche Umstände oder Vermittlungen ihn nach Sachsen führten, das ihm zur zweiten Heimat wurde: Die ersten Jahre liegen ganz im Dunkel. Erst von 1686 haben wir eine bestimmte Nachricht; damals war er bereits fest angestellt beim Bauamt. Auch vordem schon dürfte er für diese Behörde gearbeitet haben, der er seine Ausbildung und später seinen Aufstieg verdankte. Seit 1691 führte er den Titel eines Baukondukteurs.

Was war das für eine Stadt, in die Pöppelmann 1680 kam? Überall in Deutschland spürte man noch die Folgen des Dreißigjährigen Krieges, auch in Städten, die – wie Dresden – nicht zerstört worden waren.[6] Der Krieg hatte Sachsen entvölkert – jahrzehntelang fehlte die ökonomische Kraft, große neue Bauten aufzuführen. Um 1680 jedoch, drei Jahrzehnte nach dem Friedensschluß zu Münster, blickte man wieder in die Zukunft. Die neue Zeit

brachte Interesse für einen, für «den» neuen Stil: Bereits Kurfürst Johann Georg II. hatte «moderne» Kunst begünstigt, wollte sich nach den führenden Staaten Europas orientieren, nach Italien und Frankreich. Sachsen öffnete sich dem Barock.

In Dresden sah Pöppelmann, inmitten einer Stadt, deren Struktur sich seit einem Jahrhundert kaum gewandelt hatte, neue kurfürstliche Bauten entstehen: Komödienhaus, Redoutenhaus, Schieß- und Reithaus, sodann auch zwei neue Portale am Schloß, vor allem aber den neuen Schloßturm von Wolf Caspar von Klengel; und vor den Toren Dresdens war nach Klengels Plan gerade die Kapelle des Schlosses Moritzburg entstanden. Besonders aber muß das Palais im Großen Garten, an dem 1678–1683 nach den Entwürfen und unter Leitung des Oberlandbaumeisters Johann Georg Starcke gebaut wurde und das «am Anfang des Dresdner Barocks»[7] stand, ihn beeindruckt haben. Spürte der junge Mann aus Westfalen, der im kursächsischen Bauwesen seine Karriere machen wollte, daß sich in der Residenz der Wettiner große Veränderungen vorbereiteten? Konnte er ahnen, wie sehr er selbst später an diesen Veränderungen beteiligt sein sollte?

Zuerst einmal wurde Dresden von einer Katastrophe heimgesucht, wie sie damals zwar nicht selten, für die betroffene Stadt aber von unabsehbaren Folgen war. Am 6. August 1685 brannte Altendresden, die Stadt auf dem rechten Elbufer, fast vollständig nieder. Zwar nahm der Architekt Wolf Caspar von Klengel die Gelegenheit wahr, einen neuen, barock gegliederten Stadtplan als Grundlage des Wiederaufbaus vorzulegen, aber fehlende Mittel, Widerstand

4 Paul Heermann.
König August II.,
genannt August der Starke.
Nach 1728. Signiert:
«P Heermann. Sc.»
Marmor. Höhe 76 cm.
Dresden,
Skulpturensammlung,
Inv. H 2/6

der Bürger gegen Verlegung von Grundstücken und eine Kirche, die nach dem neuen Plan mitten auf der Hauptstraße stand und weichen sollte, machten die Ausführung zu einem jahrzehntelangen Problem. In Pöppelmanns Händen sollte schließlich die Vollendung und Weiterführung dieses großen städtebaulichen Gedankens liegen.

Noch war er von solchen Aufgaben weit entfernt. Aber er wurde seßhaft in Dresden. Etwa mit dreißig Jahren, um 1692, hat er das erste Mal geheiratet: Sieben Kinder sind aus seiner Ehe mit Catharina Margarethe Stumpf hervorgegangen. An zwei Söhne erinnert man sich besonders, an Johann Adolf Pöppelmann, den Hofmaler, und an Carl Friedrich Pöppelmann, den Architekten.

Selbst aus den folgenden Jahren wissen wir wenig, erfahren kaum etwas über seine Tätigkeit. Aufräumungsarbeiten im Residenzschloß, nach dem Brand von 1701, hat er beaufsichtigt. Vor allem baupraktische Arbeit wurde von ihm erwartet, keine großen Entwürfe. Jahrelang blieb er in untergeordneter Stellung, zwar bekannt als einer, der den Dienst ernst nahm, auch und gerade wenn «nur» praktische Aufgaben gelöst werden mußten, der auch Gesundheit und Leben wagte, so später bei einem Dammbruch während des Hochwassers 1712 in Pretzsch, und 1718 während der forcierten Arbeiten am Zwinger, doch mußte man deswegen schöpferische Fähigkeiten bei ihm vermuten?

Nicht sofort, aber noch rechtzeitig hat der König seine architektonische Begabung erkannt, die vielleicht erst spät, erst mit der Bau-Erfahrung, gereift ist. Die Chance kam für ihn im

Alter von 43 Jahren. Als unerwartet eine Landbaumeisterstelle frei wurde, da erfolgte 1705 seine Ernennung. Es war die Zeit des Nordischen Krieges; große Projekte gab es, aber kaum die Möglichkeit zu ihrer baldigen Realisierung. Man konnte Pläne schmieden, Bau-Pläne, für bessere Zeiten.

In der Beamtenhierarchie hatte Pöppelmann durch die erwähnte Ernennung den entscheidenden Schritt nach vorn gemacht; und die Zukunft bewies, daß der König den richtigen Mann gewählt hatte! Als Bauorganisator, als Bauingenieur wie als Architekt leistete er in den folgenden Jahren Hervorragendes und trug entscheidend dazu bei, die Residenz der sächsischen Kurfürsten zu einer wegen ihrer Bauten berühmten Stadt zu machen.

Mitten in die Phase angespanntester, vom Bauamt und von Pöppelmann zu leistender Arbeit in Vorbereitung der Feierlichkeiten aus Anlaß der Hochzeit des Kurprinzen und ein Jahr vor diesem großen Ereignis erfolgte 1718 seine Ernennung zum Oberlandbaumeister. Mit dem Aufstieg war eine stetige finanzielle Verbesserung seiner Lage verbunden. Schon 1711 bezog er das Gehalt eines Oberlandbaumeisters, 1200 Taler, das sich allerdings nach seiner späteren tatsächlichen Ernennung nicht noch einmal erhöhte. Dazu kamen jedoch, je nach Gunst und Gelegenheit, Geld- und Sachgeschenke des Königs, so von Baumaterialien für ein Wohnhaus. Ein barocker Hofbeamter (genauso wie ein Hofkünstler) war ständig von der Gnade seines Herrn abhängig – doch solange ihm die Gnaden-Sonne schien, fand sich für alle Probleme eine Lösung. Pöppelmann hat es durch Diensteifer und herausragende künstlerische Leistungen verstanden, sich die königliche Gnade beständig zu erhalten.

Er war, als 1718 die Ernennung zum Oberlandbaumeister erfolgte, schon seit mehr als einem Jahrzehnt der Architekt des Hofes, von August dem Starken begünstigt, seit 1705 an allen großen Projekten für den König beteiligt und später besonders mit Entwürfen für ein neues Residenzschloß in Dresden beschäftigt. Auch mit dem Holländischen Palais (nach 1727 umgebaut zum Japanischen Palais) und dem Taschenbergpalais (mit letzterem vielleicht weniger, als bisher angenommen)[8] sowie mit den Schlössern in Pillnitz und Moritzburg, an denen seit den zwanziger Jahren gebaut wurde, ist sein Name verbunden. Viele von seinen Entwürfen blieben Papier, darunter Planungen für eine großzügige Erweiterung des Jägerhofes in Dresden-Neustadt, gezeichnet zwischen 1711 und 1714, und treten darum zurück im Bewußtsein der Nachwelt, dürfen aber nicht vergessen werden, wenn es um die gerechte Würdigung seiner Leistung und um das Verständnis seiner künstlerischen Entwicklung geht.

Noch bei vielen anderen Bauten wird Pöppelmann erwähnt, so im Hinblick auf Planungen für Schloß Joachimstein in Radmeritz (heute VR Polen) 1708/09, für das Jagdhaus in Kössern bei Grimma 1711 (das man ausschließen muß, wenn die Fassade des Taschenbergpalais nicht mehr als sein Werk anerkannt wird), für Schloß und Park von Groß-Sedlitz bei Pirna, für den Park und verschiedene Bauten und Umbauten in Pretzsch an der Elbe, wo Christiane Eberhardine, die Gemahlin Augusts des Starken, residierte, für das Gestüt in Graditz 1722, für das Peterstor 1722 und die Peterstorbrücke 1727 in Leipzig, für Schloß und Park in Elsterwerda seit 1730; sein Anteil ist jedoch nicht immer sicher zu bestimmen, manchmal sogar fraglich.

Es war eine für das Bauen unter August dem Starken typische, doch keine speziell sächsische Erscheinung, daß Bauherren mehrere Architekten mit Entwürfen zu ein und demselben

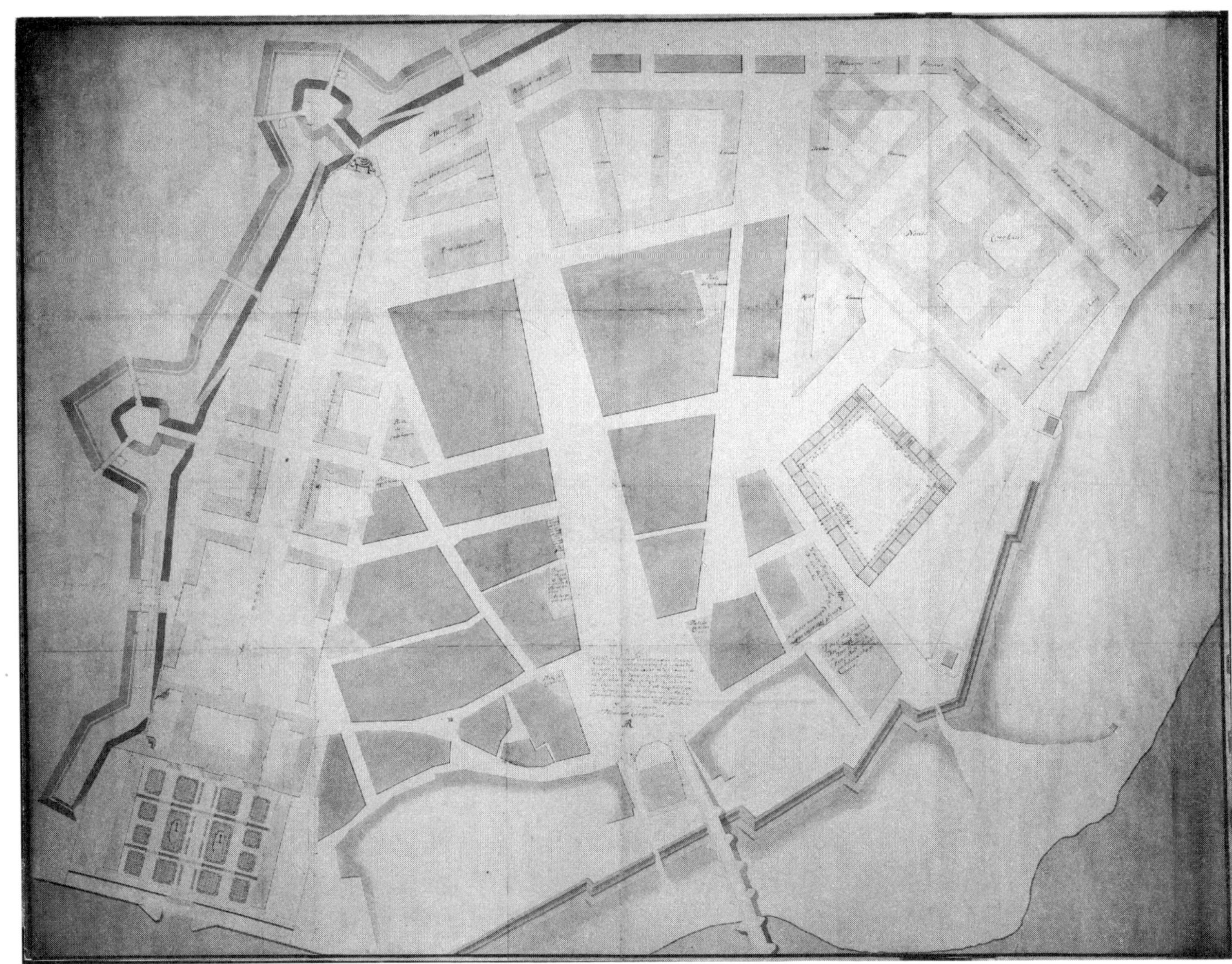

Gebäude beauftragten, daß diese unterschiedlichen Entwürfe dann vereinigt wurden zu einem neuen, oder daß einzelne Teile ausgetauscht, immer wieder Gutachten und Gegenentwürfe angefordert wurden: Das ist eine durchgängige Komponente barocken fürstlichen Bauens, die es heute schwer macht, eindeutige Aussagen über den Schöpfer einer bestimmten Architektur zu treffen und die dazu geführt hat, daß häufig von Autorschaftsanteilen gesprochen wird.[9] Eine besondere sächsische Spielart dieses Wettbewerbs aber war es, daß die Entwürfe und Gegenentwürfe im kurfürstlichen Bauamt vereinigt und sozusagen eine «innerbetriebliche» Angelegenheit wurden.

Wie schwierig es unter solchen Umständen ist, nach stilistischen Kriterien Zuschreibungen zu klären, wird an vielen Beispielen deutlich; und wenn mehrere Entwürfe von unterschiedlicher Hand vorliegen, jeweils in Teilen nur realisiert und sich unauflöslich durchdringend, dann kann man kaum zu eindeutigen Aussagen gelangen. Aber auch Entwürfe, deren Verfasser wir kennen, lagen oft so nahe beieinander, daß schon die Zeitgenossen Übereinstimmungen feststellten, so bei der Loschwitzer Kirche von George Bähr und der Pillnitzer Weinbergkirche von Pöppelmann. Es heißt im «Kurtzgefaßten Sächsischen Kern-Chronikon», von Iccander, 1726: «Weil das ehemals im Schlosse zu Pillnitz uralt gewesene Kirch-Gebäude auf Ihro Königl. Majest. ergangene allergnädigste Verordnung ao. 1723 abgebrochen, und ohnweit dem Schlosse auswärts von Grund auf schöner, weiter und ansehnlicher mit einem schönen Turm, auf Art und Weise, wie die Loschwitzer Kirche zu sehen, aufgeführet worden . . .»[10]

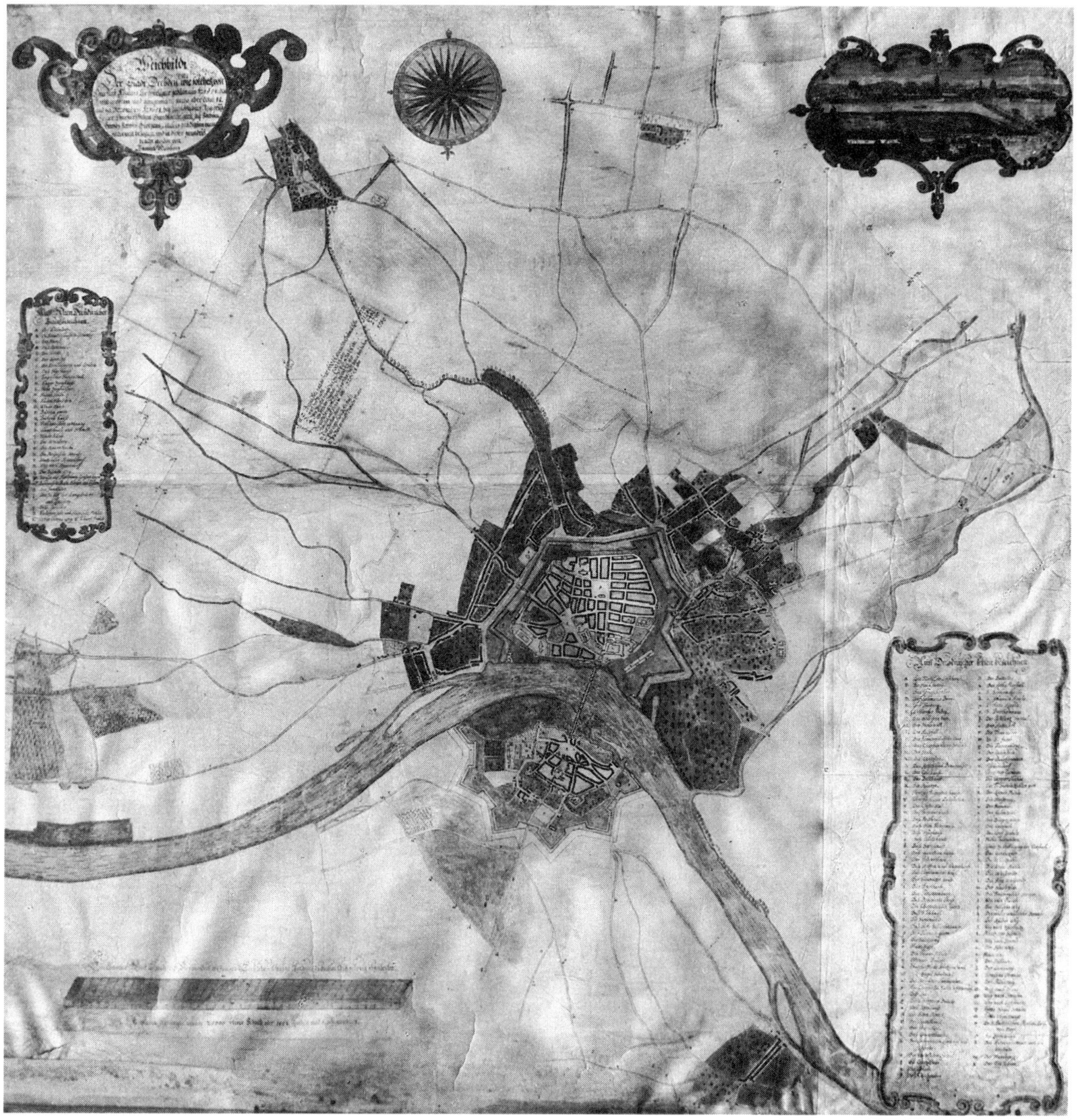

6 Samuel Nienborg.
Weichbild der Stadt Dresden. 1651.
Beschriftet und signiert:
«Weichbild Der Stadt Dresden,
wie solches von Churfürst
Augusto Christseeligter
gedächtnüs A: 1554 dem Rathe
erweitert, und ahngewiesen,
anitzo aber denn 18.
und 19. Decembris A: 1651. bey
hochlöblichster Regierung Itziger
Churfürstlichen Durchläuchtigkeit
zue Sachßen Hertzog Johann
Georgens, Unsers gnädigsten herrn
anderweit bezogen, und in diesen
grundriß bracht worden von
Samuel Nienborg.»
Federzeichnung, Tusche in
Schwarz, Pinsel, Deckfarben auf
Pergament. 100×95 cm.
Dresden, Museum für Geschichte
der Stadt, Inv. 1978/k3.

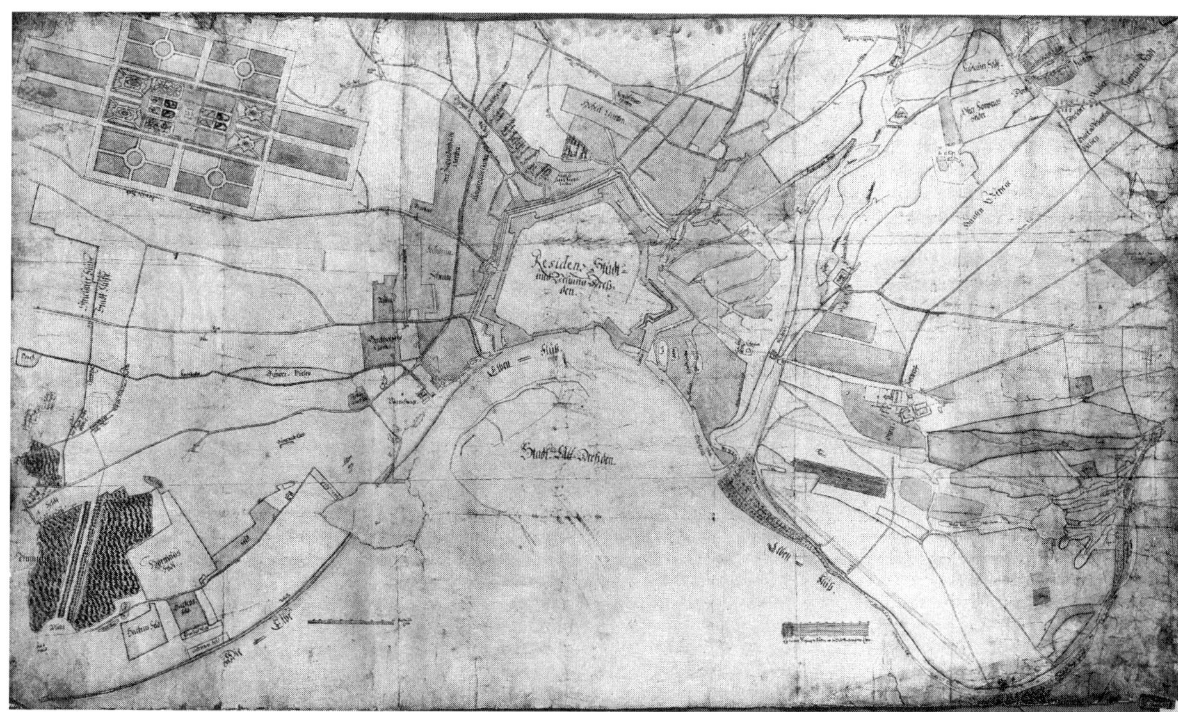

7 Hans August Nienborg.
Grundriß der Residenzstadt und Festung
Dresden. Ende des 17. Jahrhunderts.
Kolorierter Riß. 89×154 cm.
Dresden, Staatsarchiv,
Kartenabteilung IX/I/Nr. 2.

Pöppelmann hatte die «Interimskirche» in Dresden-Neustadt entworfen und den Bau geleitet; im «Kurtzgefaßten Sächsischen Kern-Chronikon», anderer Band, von Iccander 1732 herausgegeben, lesen wir von diesem Gebäude, Graf Wackerbarth habe es am 3. April 1732 «denen Patronibus der Kirchen en Presence des Herrn Ober-Consist. Praesidis von Lohsens Excell., des Herrn D. Löschers Magnif. und anderer Hohen solenniter übergeben lassen . . .»[11] Dieses Interimsgebäude war auf Kosten des Königs in achtzehn Wochen errichtet worden und stand bereit, bevor die alte Dreikönigskirche abgebrochen werden durfte; es diente solange dem Gottesdienst, bis die neue Dreikönigskirche, an der Pöppelmann neben George Bähr Anteil hatte, vollendet war. «. . . die Schlüssel hat der Königl. Geh. Cämmerer und Oberland-Baumeister Herr Pöppelmann, denen Patronibus der Kirchen eingeliefert . . .»

Es ist bezeichnend für den Charakter der chronikalischen Literatur des 18. Jahrhunderts in Dresden, wie für alle Art damaliger Hof- und Staatsberichterstattung, daß Künstler, und also auch Pöppelmann, zwar wegen einer Rolle im Zeremoniell, als Beamte in der höfischen Hierarchie, nicht aber wegen ihrer schöpferischen Leistungen erwähnt wurden.

So fehlt uns beispielsweise jeder Hinweis auf einen bestimmten Architekten bei der Matthäuskirche in Dresden-Friedrichstadt, mit der die Familie Pöppelmann besonders verbunden war. Es liegt aber nahe, an Mitwirkung von Matthäus Daniel Pöppelmann zu denken, nicht nur, weil der Baumeister in der Gruft dieser Kirche beigesetzt ist: «Der Bau der Kirche ging so gut von statten, daß sie bereits 1730 den 11. Juli eingeweihet werden konnte. Den 24. Jan. zuvor wurde der Kirchturm aufgesetzt, wozu der Hofmaler Pöppelmann 100 Thlr. geschenket hatte.»[12] Die Erwähnung des Geldgeschenkes war dem Chronisten wichtiger als der Hinweis, daß von Johann Adolf Pöppelmann auch das Altarbild gemalt war.

Pöppelmann war Lutheraner, sein König war Katholik. Barock in Dresden gehört beiden Konfessionen an, ist aber, vielleicht gerade darum, nicht vorrangig religiös, sondern weltlich orientiert. Erst in der Zeit König Augusts III. und besonders durch den Einfluß der Königin Maria Josepha traten katholische Züge stärker in den Vordergrund, entstand mit der Katholischen Hofkirche ein Bau, durch den der Glaubenswechsel des Fürstenhauses im Stadtbild monumentalen Ausdruck fand. Die Öffnung Dresdens für italienische und französische Vorbilder wurde durch die Konversion Augusts des Starken zweifellos erleichtert, das Mißtrauen der lutherischen Bevölkerung Sachsens aber zweifellos verstärkt und so eine gewisse Spannung zwischen Hofkunst und städtischen Bemühungen genährt. Wie wenig dogmatisch König August II. in Glaubensfragen jedoch war, das zeigt sich auch daran, daß er zu Lutheranern wie Pöppelmann in einem durch den Unterschied der Konfessionen nicht berührten Vertrauensverhältnis stand.

Wenn andererseits Christiane Eberhardine, die Gemahlin Augusts des Starken, Pöppelmann so häufig in Pretzsch beschäftigt hat, wo sie zurückgezogen residierte, Pöppelmann dort auch am Umbau der Kirche beteiligt war und sich der Oberlandbaumeister gerade in Pretzsch nicht vertreten ließ, sondern häufig dorthin reiste, so könnte das damit zusammenhängen, daß die strenge Lutheranerin ihm in Glaubensfragen nahestand.

Feststellbar ist Pöppelmanns Einfluß nicht nur bei Kirchen, sondern auch bei Bürgerbauten in Dresden. Marperger[13] erwähnte ihn 1711 besonders wegen seiner «Privat-Gebäude», und

Graf Wackerbarth bemerkte 1711 in einem Gesuch an den König, daß Pöppelmann wegen
übergroßer dienstlicher Belastungen um sonst gehabte Privataufträge und damit um Neben-
einnahmen gekommen sei.[14] Diesen beiden Gruppen von Bauten, den Kirchen wie dem
bürgerlichen Wohnbau, sind eigene kurze Kapitel gewidmet.

Militärarchitektur fiel nicht in Pöppelmanns Aufgabengebiet. Vom König wurde er aber
in Grenzbereichen manchmal zu Rate gezogen. Pläne für Bauten und Veränderungen auf
der Festung Königstein haben ihn auf persönlichen Wunsch Augusts des Starken beschäftigt:
Umbauten an der «Georgenburg» und an der «Friedrichsburg» dürften auf ihn zurückgehen.
Auch die Augustusburg (zwischen Freiberg und Chemnitz/Karl-Marx-Stadt gelegen) und
die Festung Stolpen hat er im Hinblick auf die Baureparaturen betreut.

Das 1725 vollendete große Weinfaß auf der Festung Königstein, für uns eher ein Kuriosum,
wurde von den Zeitgenossen bestaunt und von Pöppelmann als eigene Entwurfsleistung so
ernst genommen, daß er es in sein Kupferstichwerk zum Zwinger aufnahm. Oder wußte er
einfach nur, was den Leuten imponierte und was müheloser zu verstehen war als große
Kunst: eine Größe, die sich als Zahl von Eymern (!) bestimmen läßt?

Die städtebauliche Entwicklung der Dresdner Neustadt, basierend auf dem Plan von Wolf
Caspar von Klengel (entworfen nach dem Brand von 1685), war ihm anvertraut. Er fügte
die Achse hinzu, die frontal auf das Japanische Palais zuführt, die heutige Friedrich-Engels-
Straße (frühere Königstraße), und lenkte die Bebauung, indem er auf Fluchten, Höhen und
Fassaden Einfluß nahm. Auch die innere Struktur der Bauten, so die Treppenhäuser, hatte
er durch einen Vorbild-Entwurf geprägt, zum Teil gegen den Widerstand der bürgerlichen
Bauherren, die ihre Wohnhäuser weniger repräsentativ anlegen wollten, als der König und
sein Architekt es wünschten.[15] Die Bürger artikulierten ihre Meinung jedoch bezeichnender-
weise erst nach dem Tode Augusts des Starken im März 1733.

Ein Jahr nach dem Tode seiner ersten Frau schloß Pöppelmann 1713 eine zweite Ehe
mit Anna Christina Müller, geborene Ott, einer begüterten Görlitzer Kaufmannswitwe; und
vielleicht erst im Zusammenhang mit Vermögensbildung und Grunderwerb, die durch diese
zweite Eheschließung möglich geworden waren, erhielt er 1714 das Dresdner Bürgerrecht,
nachdem er fast 35 Jahre in der Elbestadt gelebt hatte. Pöppelmann konnte in Dresden
wieder erreichen, was die Familientradition von seinen Herforder Vorfahren zu berichten
wußte: Er gehörte zu den Honoratioren der Stadt. Die engen Beziehungen zum König hatten
dazu entscheidend beigetragen, aber er sorgte auch selbst für seinen Wohlstand, kaufte,
bebaute und verkaufte Grundstücke mit Gewinn, hatte mit Grundbesitz Brau- und Ausschank-
rechte erworben, die er nutzte.

Durch seine zweite Eheschließung kam Pöppelmann auch in den Besitz des Gutsvorwerkes
«Feldschlößchen» vor dem Wilsdruffer Tor, das durch seine zweite Frau 1714 von dem
Geheimen Cämmerier Lange erworben wurde. Ein Privileg zum Ausschank von Wein und
Bier, das seit 1689 mit diesem Vorwerk verbunden war, wurde 1714 um «Backen, Gastieren
und Ausspannen» erweitert.[16]

Das Feldschlößchen war ein wichtiger Posten in Pöppelmanns Vermögen (er hat es 1729
beim Tode seiner zweiten Frau geerbt) und wurde später im Testament an seinen Sohn Carl
Friedrich vermacht.[17] Es stand 1734 in Gefahr, abzubrennen, wie wir dem «Auserlesenen

Kern Dreßdnischer Merckwürdigkeiten» entnehmen, den George Mohrenthal in diesem Jahre in Dresden herausgegeben hat: «Den 28. April früh, bald nach Mitternacht, kam auf dem Feld-Schlößgen vor Plauen etwas von denen vor die Gäste aufgeführten Logen, vermutlich durch ein verhaltenes Feuer, in Brand, so aber bald durch Wasser-Giessen und Einreissen von den Domestiquen gedämpfet wurde, daß alles ohne grösseren Schaden, der zu besorgen war, abging.»[18] Man gewinnt den Eindruck, daß es sich um eine durchaus florierende «Ausspanne» gehandelt haben muß; das Vorwerk war zu Pöppelmanns Zeiten wohl immer verpachtet.

Dienst- und Studienreisen führten Pöppelmann mehrfach nach Polen; auch für die polnische Hauptstadt hat er Entwürfe geliefert, wenngleich nichts davon gebaut und sein Einfluß auf die polnische Baukunst gering geblieben ist. Andere Architekten sind in Polen wirksam geworden; August der Starke hatte in Warschau ein eigenes Bauamt etabliert.[19]

Im Auftrag des Königs reiste Pöppelmann 1710 über Prag nach Wien und Rom, um mit den führenden Architekten die neuen Dresdner Schloßbaupläne zu besprechen. Johann Bernhard Fischer von Erlach und Lucas von Hildebrand hat er in Wien kennengelernt, in Rom vielleicht Carlo Fontana; und er hatte während seines vierwöchigen Rom-Aufenthaltes Gelegenheit, die großen Barockbauten des 17. Jahrhunderts zu sehen, die Schöpfungen Lorenzo Berninis und Francesco Borrominis vor allem. Nebenbei sei bemerkt, daß er auch von Papst Clemens XI. empfangen wurde. Seine Ernennung zum Geheimen Cämmerier stand mit dieser Reise im Zusammenhang, sollte ihm durch gesellschaftliche Aufwertung Türen öffnen, erreichte ihn aber – durch den Aufenthalt des Königs in Polen bedingt – erst nach der Rückkehr.

Eine weitere Reise, wiederum auf königliche Kosten, führte ihn 1715 quer durch Deutschland nach Frankreich, wo er sich einen Monat lang in Paris aufhielt, Versailles kennenlernte und wohl vor allem im Hinblick auf die weitere Gestaltung des Zwingers Anregungen suchte. Es war eine vergehende Welt, die er kennenlernte, kurz vor dem Tode Ludwigs XIV., der noch im gleichen Jahre starb. Aber auf deutsche Fürsten wirkte der Hof des Sonnenkönigs immer faszinierend. Ein Muster zur Nachahmung blieb der künstlerische Apparat, durch den der französische Monarch sich feiern und verehren ließ. Die Rückreise wählte Pöppelmann durch die Niederlande; auch seine Vaterstadt Herford hat er damals besucht.

Nicht nur als entwerfender Architekt für die Bauten höfischer Repräsentation und glänzender Feste und festlicher militärischer Manöver, die als Meisterwerke des Barocks Bewunderung finden, auch wegen seiner Tätigkeit im kurfürstlichen Bauamt verdient er hohe Anerkennung, auch wenn von all den Vermessungsarbeiten und Baureparaturen, Kostenanschlägen und Gutachten, Brücken- und Deichreparaturen kaum sichtbare Spuren geblieben sind. Auf dieser kontinuierlichen Arbeit des Bauamtes, das unter der Leitung von Christoph August Graf von Wackerbarth stand, tätig und Regeln setzend durch Bauordnungen, von denen besonders die von 1720 Pöppelmanns Mitarbeit viel verdankt, beruhten zu nicht geringem Teil das Gedeihen von Manufakturwesen und Handel und damit der Reichtum des Landes.

Neben den Brücken und einigen repräsentativen Straßen im Zusammenhang mit kurfürstlichen Gebäuden waren es auch Probleme des Wasserbaus, die ihn immer wieder beschäftigten. 1718 richtete er eine Denkschrift zu Fragen des Schutzes vor Hochwasser und Überschwemmungen an den König, in deren Folge 1720 entsprechende Kommissionen gebildet wurden. Sein Verantwortungsbereich war weit gesteckt: Die Bauaufsicht über kurfürstliche Bauten der verschiedensten Art in ganz Sachsen brachte häufige Inspektionsreisen mit sich und dadurch eine gute Kenntnis des Territoriums, in dessen Bauwesen er eine so bedeutende Rolle spielte. Die Mühsal, die praktisches Bauen mit sich bringt, ist bis zuletzt nicht von seinen Schultern genommen worden. Er war stets ein gewissenhafter Beamter, der seine Pflicht erfüllte, auch als er längst der Günstling des Königs, als er angesehen und wohlhabend war. Noch im Alter hätte er sich wegen der Beschaffung von Bauholz für Schloß Moritzburg beinahe duellieren müssen: Die Bauten seines Königs lagen ihm am Herzen.

Es ist der Spannungsbogen zwischen Pflicht und schöpferischer Leistung, zwischen Ingenieurbau und höfischer Repräsentation, zwischen der Anpassung des Hofbeamten an gesellschaftliche Zwänge und den projektgewordenen Hoffnungen des Künstlers, der in diesem Buch verschiedentlich zur Debatte steht, denn Pöppelmanns bleibende Verdienste auf den verschiedensten Gebieten werden davon berührt. Ein Verzeichnis all der Bauten jedoch, an denen er beteiligt war oder beteiligt gewesen sein könnte, wird hier nicht gegeben.

Bis kurz vor seinem Tode bekleidete er die verantwortliche Funktion eines Oberlandbaumeisters, auch wenn künstlerische Wandlungen bewirkten, daß er als entwerfender Architekt nicht mehr allein bestimmend blieb. Sein kraftvoll-barocker, an Italien und Wien orientierter, von J. B. Fischer von Erlach und L. von Hildebrandt, aber auch von Paul Decker dem Älteren beeinflußter, dabei immer sehr eigenwillig geprägter Stil, der aber auch auf der älteren Dresdner Architekturtradition beruhte, besonders wohl dem Schaffen von Wolf Caspar von Klengel, mußte sich nun neben eleganteren, französisch-klassizistischen Auffassungen behaupten. Die neuen Formvorstellungen haben auch Pöppelmann beeinflußt.

Gesellschaftliche Stellung und ein gewisser Wohlstand, den er nach und nach erworben hatte, gestatteten es Matthäus Daniel Pöppelmann, großzügig für die Ausbildung seiner Söhne zu sorgen, Kinder und Enkelkinder materiell zu unterstützen. Nach dem Tode des Oberlandbaumeisters am 17. Januar 1736 und nach seiner mit großem Aufwand inszenierten Bestattung in der Gruft der Matthäuskirche in Dresden-Friedrichstadt am 20. Januar führte der Streit um die Anteile an seiner bedeutenden Hinterlassenschaft zu unerfreulichen gerichtlichen Auseinandersetzungen zwischen den Erben. Sein künstlerisches Vermächtnis jedoch ist über allen Streit erhaben (auch wenn einzelne Zuschreibungen umstritten bleiben) und ein kostbares Erbe, das – soweit noch erhalten oder rekonstruierbar – bewahrt werden muß.

Kein repräsentatives Bildnis des berühmten Architekten hat sich erhalten. (Hat es je eines gegeben?) Kein Kupferstich machte sein Aussehen in weiteren Kreisen bekannt. Einzig eine 2 ½ cm hohe Miniatur, früher im Dresdner Stadtmuseum (Kriegsverlust), trug rückseitig seinen Namen. Sie zeigte ihn etwa im Alter von 50 Jahren, auf der Höhe seines Lebens. Die 2,70 m hohe Standfigur, die vor 50 Jahren, zum 200. Todestag, an Pöppelmanns Wohnhaus in der Schloßstraße angebracht worden war, (geschaffen von Paul Polte, der als Bildhauer auch an der Zwinger-Restaurierung der zwanziger Jahre beteiligt war), basiert, was die Porträtähnlichkeit angeht, auf dieser Miniatur. Die Statue ist heute nur teilweise und in Bruchstücken erhalten. Sie bleibt in dieser fragmentarischen Form Symbol einer durch faschistische Barbarei heraufbeschworenen Zerstörung und ist Mahnung zugleich.

In 22 Kupferstichen hat Matthäus Daniel Pöppelmann den Zwinger 1729 publiziert und mit einem erläuternden Text versehen.[20] Die Stiche zeigen neben damals schon ausgeführten auch nie verwirklichte Teile des viel größer geplanten und mit einem neuen Residenzschloß in Verbindung gedachten Zwingers. Zu diesen 22 Stichen (darunter zwei, die ein Portal als Übergang zu dem neuen Schloß darstellen) kommen eine Ansicht von Pöppelmanns «Holländischem Palais» und ein Blatt «Großes Faß» vom Königstein; das ergibt insgesamt die von Pöppelmann genannte Zahl von 24 Stichen.

Er zeichnete selbst alle Darstellungen und hat, wenn man nach parallelen Fällen urteilt, die Kosten und das geschäftliche Risiko getragen. Die Ausführung lag in den Händen verschiedener Stecher: Christian Friedrich Boëtius und Johann Georg Schmidt, Christian Albrecht Wortmann und Lorenzo Zucchi waren beteiligt.

Zum Zeitpunkt der Herausgabe, 1729, war bereits klar, daß die viel weitergehenden Pläne des Bauherren, Augusts des Starken, und seines Architekten, Pöppelmann, nicht realisiert werden konnten und daß der Zwinger in gewisser Weise Fragment bleiben würde. Das gestochene Titelblatt zeigt aber noch, in Händen von geflügelten Putten, und vorgestellt von der «Chur-Sächsischen Helden-Ehre» sowie vom Genius der Architektur, einen Zwingergrundriß mit geplanter Erweiterung bis an die Elbe, über den heutigen Theaterplatz hinweg, so wie er als Vorstellung auch aus zwei Gemälden von Johann Alexander Thiele bekannt ist.

«Weil auch Ihro Königl. Majest. erstes Absehen, damals vornehmlich auf die zu erbauende und nach der Zeit würcklich mit den allerraresten und kostbarsten Bäumen und Gewächsen angefüllte Orangerie gieng; so erblickt man seitwerts den siegenden Herkules, wie er die eroberten güldenen Aepffel, und die mit einer so herrlichen Frucht prangende Bäume, aus den hesperischen Gärten, durch die Lufft herbey bringet.» Die Bäume der Hesperiden, als Paradies-Symbol, wurden – so meint es jedenfalls die Allegorie – nach Sachsen, und zwar in den Zwinger verpflanzt. Pöppelmanns weitläufige Erklärung des allegorischen Titelblattes hebt diese Episode besonders hervor.

Kupferstiche waren im Barock ein wichtiges Mittel der künstlerischen Kommunikation. Bauherren wie Architekten kannten die großen Abbildungswerke, in denen man Vorbilder studieren, Formen auswählen, «klassische» Lösungen wie neueste Leistungen mit eigenen Vorstellungen vergleichen konnte. Antike, Renaissance und Barock, die Tempel und Kirchen, die Schlösser und Gärten Italiens und Frankreichs, Phantasieentwürfe, Rekonstruktionen und reale Abbilder waren im Stich jederzeit zugänglich und in ihren Formen verfügbar.

Eine besondere Gruppe solcher Stichwerke bilden diejenigen Publikationen, in denen Architekten ihre eigenen Entwürfe bekanntgemacht haben. Paul Decker d. Ä. und Johann Bernhard Fischer von Erlach sind hier besonders zu nennen, deren Schöpfungen (bei Decker nur aus Entwürfen bestehend) eben durch diese Form der Verbreitung zu einer Wirkung kamen, die weithin – und auch bei Pöppelmann – spürbar ist. Mit seinem eigenen Kupferstichwerk zum Zwinger reihte sich der Dresdner Oberlandbaumeister und «Erste Architekt des Königs» in diese Tradition ein.

Anscheinend schon 1721 hatte er den Versuch unternommen, seinen Zwinger in Stichen zu veröffentlichen. Das Vorhaben blieb damals stecken, war 1724 wieder (oder immer noch) im Gespräch, und auch diese frühen Stiche sind 1729 verwendet worden. Darauf deuten

8 Matthäus Daniel Pöppelmann. *Das Zwinger-Kupferstichwerk. 1729. Titelblatt.* Signiert vom Stecher: «C. A. Wortmann sc. a Dresden.» Inschrift: «L'ORANGERIE / ROYALE / DE / DRESDEN / avec ses pavillons et / embellissements Bâtie / en 1711 / Par Ordre de S. M. le Roy / de Pol: Elect. de Saxe Vicaire / du S Empire / Sur les desseins et sous la conduite / du S. N. Pöppelmann premier Architecte / de S. Maj.» Das darüber befindliche Reiterbildnis Augusts des Starken, Relief im Rund, trägt die Umschrift: «FRID. AUG. REX. P. E. / VICAR 1711». Kupferstich, 61×46,1 cm.

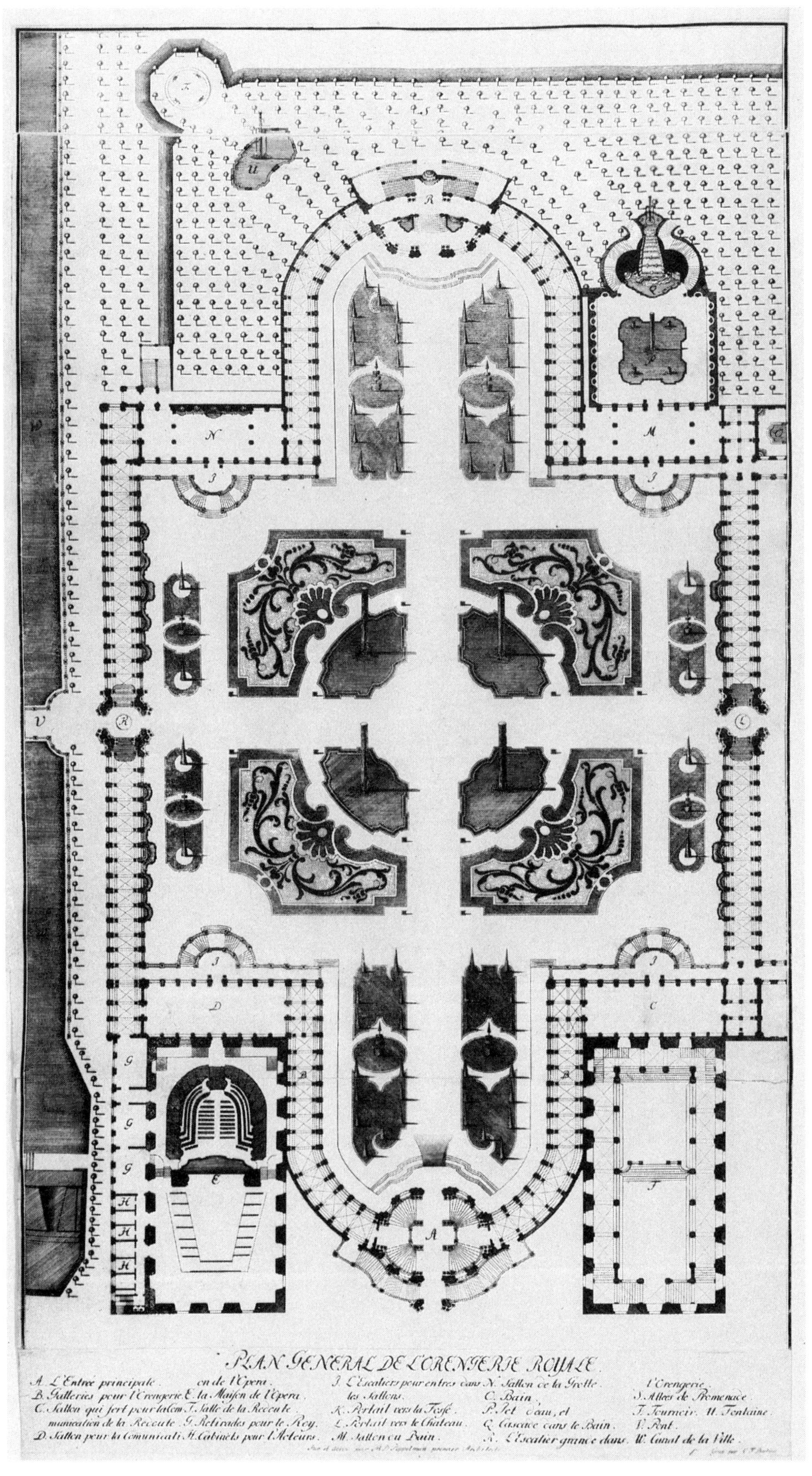

9   Matthäus Daniel Pöppelmann.
Das Zwinger-Kupferstickwerk. 1729
Zwinger-Grundriß. Signiert: «Inv: et delin: par M D Pöpelman premier Architecte.» Signiert vom Stecher: «Grav: par C F Boetius.» Inschrift: PLAN GENERAL DE L'ORANGERIE ROYALE». Kupferstich. 90,2×48,8 cm.

10 Matthäus Daniel
Pöppelmann.
Das Zwinger-Kupferstichwerk.
1729.
Wallseite des Zwingers,
von der Mitte des Zwingerhofes
gesehen. Signiert: «Inv: et
desig: Pöppelman Prem.^{er}
Architect.» Signiert vom
Stecher: «Zucchi sc.»
Unten Bezeichnung der
einzelnen Bauteile.
Kupferstich. 47×66,8 cm.

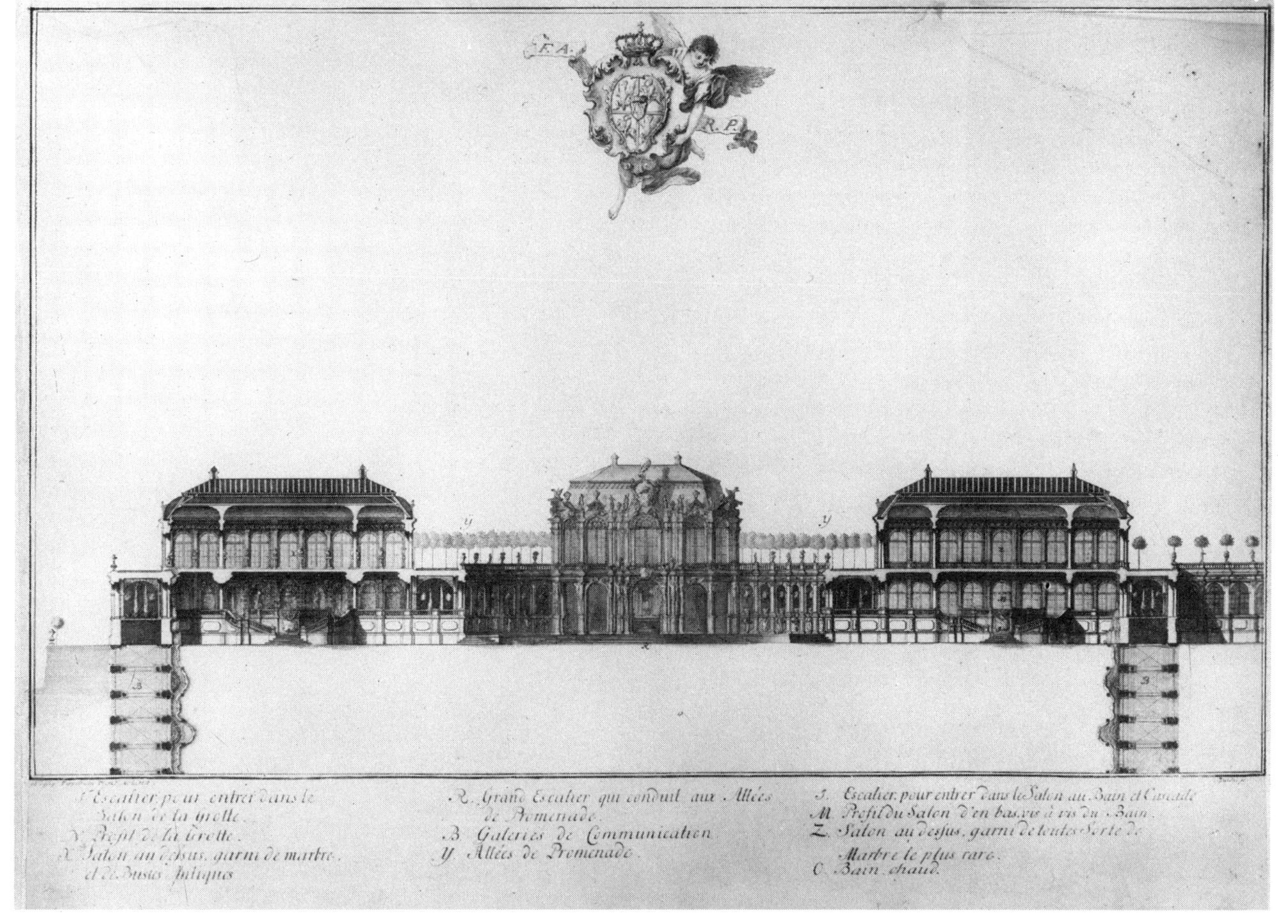

11 Matthäus Daniel
Pöppelmann.
Das Zwinger-Kupferstichwerk.
1729. Grottensaal. Signiert:
«Inv: et del: Pöppelmann
Prem: Archit:» «Signiert
vom Stecher: «Zucchi Sc.»
Inschrift: «GROTE QUI
EST, DANS UN SALLON A
L'ORANGERIE ROYALE.»
Kupferstich. 43,5×63,7 cm.

12 Matthäus Daniel Pöppelmann.
Das Zwinger-Kupferstichwerk. 1729.
Portal und Teil des Treppenhauses im
Wallpavillon, vom Zwingerhof gesehen.
Signiert: «Inventées et designées
par M. D. Pöppelmann.» Signiert
vom Stecher: «Gravée par J. G.
Schmidt à Dresde.» Inschrift:
UNE PARTIE DU MILIEU DU
GRAND ESCALIER DE /
L'ORANGERIE ROYALE
ET QUI SERT AUSSI A LA /
PROMENADE EN HAUT. »
Kupferstich. 48,5×30,8 cm.

13 Matthäus Daniel Pöppelmann.
Das Zwinger-Kupferstichwerk. 1729.
Seitenansicht der oberen Etage des
Wallpavillons. Signiert:
«Inventées et designées par
M. D. Pöppelmann.» Signiert vom
Stecher: «Gravée par J. G.
Schmidt à Dresde.» Inschrift:
FAÇADE DU COTE DU GRAND
ESCALIER A MAIN DROITE ET A
MAIN GAUCHE AU HAUT DE LA
SALE. »
Numeriert oben rechts: «VII».
Kupferstich. 42,3×25,6 cm.

14 Matthäus Daniel
Pöppelmann.
Das Zwinger-Kupferstichwerk.
1729 Nymphenbad, mit Blick
auf den Französischen Pavillon.
Signiert: «Inventées et
designées par M D
Pöppelmann.» Signiert vom
Stecher: «C A Wortmann. sc: a
Dresde.» Inschrift:
ELEVATION DE LA
FAÇADE DU SALON VIS A
VIS DU BAIN DE /
L'ORANGERIE ROYALE.»
Kupferstich. 47,8×59,2 cm.

15 Matthäus Daniel
Pöppelmann.
Das Zwinger-Kupferstichwerk.
1729.
Nymphenbad, mit Blick
auf die Kaskade. Signiert:
«Inv: et del: Pöppelmann.
Prem: Archit:» Inschrift:
«VUE DU BAIN DERRIERE
LE SALON A MAIN DROITE.
» Kupferstich. 53,4×76,7 cm
(gesonderte Schriftplatte:
4,5×51,8 cm).

16 Matthäus Daniel Pöppelmann.
Das Zwinger-Kupferstichwerk. 1729.
Portal des Kronentores.
Signiert: «Inventées et designées
par Mathieu Daniel Pöppelmann
Premier Architecte de S. M. Le Roy
de Pologne et Electeur de Saxe
donnez (!) au public M. DCCXXI.»
Signiert vom Stecher: «Gravée par
Johann Georg Schmidt à Dresde.»
Inschrift: «Façade du portail /
DE L'ORANGERIE ROYALE / Du coté
du fossé de la Ville de Dresde . . .»
Kupferstich. 49,4×31,4 cm.

17 Matthäus Daniel
Pöppelmann.
Das Zwinger-Kupferstichwerk.
1729. Obere Etage des Kronentores,
über den Festungsgraben hinweg
gesehen. Signiert «Inventées
et designées par M. D.
Pöppelmann.» Signiert vom
Stecher: «Gravé par J. G.
Schmidt à Dresde.»
Inschrift: FAÇADE DU SECOND
ETAGE DU PORTAIL / DE
L'ORANGERIE ROYALE.»
Kupferstich. 56,6×31 cm.

18 Matthäus Daniel Pöppelmann.
Das Zwinger-Kupferstichwerk. 1729.
Skulpturennische am Kronentor links,
mit Statue der Ceres. Signiert:
«Inventées et designées par M. D.
Pöppelmann.» Signiert vom Stecher:
«Gravée par J. G. Schmidt à Dresde.»
Inschrift: «UNE DES NICHES
APPARTENANT / AU COTE DU
PORTAIL.»
Numeriert oben rechts: «II».
Kupferstich. 42,8×28,8 cm.

19 Matthäus Daniel Pöppelmann.
Das Zwinger-Kupferstichwerk. 1729.
Kronentor, über den Festungsgraben
hinweg gesehen. Signiert: «Inv. et del.
Pöppelmann Premier Architect,
etc.» Signiert vom Stecher:
«Schmidt. grave (!).» Inschrift:
«FAÇADE DU PORTAIL,
DU COTE DU FOSSE, / A
L'ORANGERIE ROYALE.»
Kupferstich. 48,5×30,8 cm.

20 Matthäus Daniel Pöppelmann.
*Das Zwinger-Kupferstichwerk. 1729.
Große Kaskade an der Langgalerie,
Hofseite.* Signiert: «Inventées et
designées par M. D. Pöppelmann.»
Signiert vom Stecher: «Gravée par
J. G. Schmidt à Dresde.» Inschrift:
«LA GRANDE CASCADE DU COTE
DU PORTAIL / AU MILIEU DE LA
GALLERIE.»
Numeriert oben rechts: «III».
Kupferstich. 48,5×30,8 cm.

21 Matthäus Daniel Pöppelmann.
*Das Zwinger-Kupferstichwerk. 1729.
Kleine Kaskade an der Langgalerie,
Hofseite.* Signiert: «Inventées et
designées par M. D. Pöppelmann.»
Signiert vom Stecher: «Gravée par
J. G. Schmidt à Dresde.» Inschrift:
«UNE AUTRE CASCADE PROCHE DE
LA GRANDE.»
Numeriert ober rechts: «IV».
Kupferstich. 48,7×30,8 cm.

22 Matthäus Daniel Pöppelmann.
Das Zwinger-Kupferstichwerk. 1729.
Betonte mittlere Achse der schmalen
Seitenansicht eines Zwinger-Pavillons,
obere Etage, von der Terrasse gesehen.
Signiert: «Inventées et designées par
M. D. Pöppelmann.» Signiert vom

Stecher: «Gravée par J. G. Schmidt
à Dresde».
Inschrift: «FAÇADE D'UNE ENTREE
DU SALON A MAIN DROITE/SUR LA
GALLERIE.»
Numeriert oben rechts: «VI».
Kupferstich. 47,6×30,1 cm.

23 Matthäus Daniel Pöppelmann.
Das Zwinger-Kupferstichwerk. 1729.
Betonte mittlere Achse der Schauseite
eines Zwinger-Pavillons, Hofseite,
obere Etage. Signiert: «Inventées
et designées par M. D. Pöppelmann.» Signiert vom Stecher:

«Gravée par J. G. Schmidt à
Dresde.»
Inschrift: «FAÇADE DU MILIEU
DU SALON AU SECOND ETAGE.
Numeriert oben rechts: «V».
Kupferstich. 47,9×30,5 cm.

24 Matthäus Daniel Pöppelmann.
Das Zwinger-Kupferstichwerk. 1729.
Glockenspielpavillon, von der heutigen
Sophienstraße gesehen.
Signiert: «Inventées et
designées par M D Pöppel-
mann.» Signiert vom Stecher:
«C A Wortmann. sc: Inschrift:
«ELEVATION DE LA FAÇADE DE
LA PRINCIPALE ENTREE DE /
L'ORANGERIE ROYALE.»
Kupferstich. 64,8×44,4 cm.

25 Matthäus Daniel Pöppelmann.
Das Zwinger-Kupferstichwerk. 1729.
Grundriß des Glockenspielpavillons.
Signiert: «Pöppelmann, Prem.
Archit. du Roi. Inv.» Signiert
vom Stecher: «Gravé par C F
Boetius.» Inschrift: «PLAN DU
PORTAIL DE LA PRINCIPALE
ENTREE DE L'ORANGERIE
ROYALE / A. Ou l'on entre dans
les Galleries.»
Kupferstich. 39,5×46 cm.

26   Matthäus Daniel Pöppelmann.
Das Zwinger-Kupferstichwerk. 1729.
Geplanter elbseitiger Abschluß
des Zwingers mit Kaskade.

Signiert: «Inv: et del: par
Pöppelmann Prem: Arch:»
Signiert vom Stecher: «Gravé
par Boetius.»

Inschrift: «PROJET D'UNE
CASCADE A L'ORIENT DU
JARDIN.»
Kupferstich. 41,3×59 cm.

27 Matthäus Daniel Pöppelmann.
Das Zwinger-Kupferstichwerk. 1729.
Kaskadenturm mit zweiläufiger
Treppe. Signiert: «Inventées et
designées par M. D. Pöppel-
mann.»

Signiert vom Stecher: «Gravée
par J. G. Schmidt à Dresde.»
Inschrift: «FAÇADE D'UNE
CASCADE PROJETTEE DANS LA
PARTIE / DE DERRIERE DU
JARDIN ROYAL.»
Kupferstich. 46,3×30,7 cm.

28 Matthäus Daniel Pöppelmann.
Das Zwinger-Kupferstichwerk. 1729
Großes Portal. Signiert: «Inv: et
designées par M D Pöppelmann.»
Signiert vom Stecher: «Gravée par J G
Schmidt.» Inschrift: «GRAND PORTAIL
DU NOUVEAU CHATEAU ENTRE / LES

DEUX COTES DE LA GALERIE.»
Kupferstich. 77,2×57,5 cm.

29 Matthäus Daniel Pöppelmann.
Das Zwinger-Kupferstichwerk. 1729.
Schnitt durch das große Portal.
Signiert: «Inv: et designées par
M D Pöppelmann.» Signiert vom
Stecher: «Gravée par Schmidt.»
Inschrift: «PROFIL DU GRAND PORTAIL.»
Kupferstich. 65,8×43,6 cm.

30 Matthäus Daniel
Pöppelmann.
Das Zwinger-Kupferstichwerk.
1729.
Das Holländische Palais.
Inschrift: «Vue du Palais de
Hollande du Costé de la ville
avec ses aisles, dont touts
les / appartements sont meublés
de Porcelaines, et autres choses
precieuses, que les Indes / et
le Japon Fournissent: on y
trouve aussy des Chambres
remplies de toutte / Sorte de
raretés.»
Kupferstich. 35,3×53,1 cm.

31 Matthäus Daniel
Pöppelmann
Das Zwinger-Kupferstichwerk.
1729.
*Das große Weinfaß von der Festung
Königstein.* Signiert: «Inv: et
del, Pöppelmann Prem.er
Architect.» Signiert vom Stecher:
«Lor.zo Zucchi Ven.to sc:»
Inschrift: «PROSPECT DES
GROSSEN FASSES AUF DER
BERGVESTUNG KÖNIGSTEIN. /
Welches Ihro Königl. Majest. in
Pohlen und Chur-Fürstl:
Durchl: zu Sachsen Anno 1725
anstatt des alten gantz neu
erbauet, dessen / Länge ist
17 Ellen, die Spund Tieffe
12 Ellen, die Boden Tieffe
11 Ellen, und sind 3709 Dresd:
Eymer, also 609 Eymer mehr
als in das vorige gefüllet wor- /
den. Hält 649 Ey: mehr als das
grosse Vass zu Heidelberg.»
Datiert am Faß, neben der
Sächsisch-polnischen Wappen-
kartusche: «1725».
Kupferstich. 48,6×67,7 cm.

ein Datum auf einem Blatt, aber auch Unsicherheiten in der Reihenfolge und Numerierung der Stiche, die als Mappe, nicht gebunden, mit einem einleitenden Text erschienen sind.

Johann Michael von Loen schrieb 1724: «Alle Kenner der Baukunst warten mit einem ungeduldigen Verlangen auf die von Herrn Pöppelmann, Sr. K. M. in Pohlen Oberlandbaumeister versprochene Abrisse dieses so wunderschönen Gebäudes ...»[21] Die Kenner allein, von denen Loen hier spricht, reichten nicht aus, solch ein kostspieliges Stich-Unternehmen auf Dauer zu tragen. So hat sich Pöppelmanns Hoffnung, die er in der Zwinger-Vorrede aussprach, nicht erfüllt: «Falls diese Bemühung erwünschten Beifall finden sollte; so würde man sich dadurch anreitzen lassen, künfftighin auf eine gleiche Herausgebung der übrigen Königl. neu-errichteten Lust- und Land-Gebäude bedacht zu seyn; von welchen sich ein Kunst-Verständiger um so mehr etwas vollkommenes im voraus vorstellen kann; als gewiß dieselben eines so großen Königs, seines erhabenen Gemüths, seiner freygiebigen Kunst-Liebe, und sonderlich seiner ausnehmenden Bau-Erfindung, in der That würdig zu nennen sind.»

Wie so manches andere groß angelegte Kupferstichwerk dieser Zeit ist auch Pöppelmanns umfassendes Projekt nicht über die erste Lieferung hinausgekommen. Wichtige Aufschlüsse über Pläne und Bauten des Dresdner Barocks sind uns dadurch vorenthalten worden. Doch schon mit den vorgelegten 24 Stichen hat er eines erreicht: Trotz ansonsten komplizierter Quellenlage steht seine alleinige künstlerische Autorschaft am Zwinger fest – und mit dem Zwinger stellt sich Pöppelmann in eine Reihe mit den großen Architekten des Barocks.

Die Quellen des «augusteischen» Zeitalters lassen Pöppelmann nicht als Genie, nicht als Ausnahme-Künstler erscheinen. Er fand Beachtung, man schätzte ihn, aber man verehrte ihn nicht als einen begnadeten Meister. Der preußische König Friedrich Wilhelm I. bestellte 1730 einen Entwurf für den Neubau des Turmes der Petrikirche in Berlin bei Pöppelmann. 1728 und 1730 hatte der «Soldatenkönig» in Dresden und zuletzt im Zeithainer Lager Ergebnisse der Wirksamkeit des Oberlandbaumeisters kennengelernt. Es kann nur ein Zeichen von hoher Wertschätzung gewesen sein, wenn dem sächsischen Architekten noch im Alter eine Aufgabe in Berlin übertragen wurde. Aber, was seinen Namen umgab, das war kein Ruhm, dem man sich beugen mußte: Gebaut wurde nach Pöppelmanns Entwurf nicht. Ein Berliner Architekt zweiter Ordnung bekam den Auftrag.

Noch in der zweiten Hälfte des 18. Jahrhunderts war von seinen Leistungen zwar bewundernd die Rede, doch fanden neben ihm andere Architekten gleichrangig Erwähnung. Das Magazin der Sächsischen Geschichte nannte und besprach 1784 in einem auf Dresden bezogenen architekturgeschichtlichen Abriß immerhin Johann Georg Starcke, Wolf Caspar von Klengel, Johann Friedrich Karcher, Johann Christoph Naumann, Johann Gregor Fuchs, Johann Gottfried Fehre, George Haase, Alessandro Mauro, George Bähr, Johann Rudolph Fäsch, Johann Georg Maxim von Fürstenhoff, Johann von (Jean de) Bodt, Zacharias Longuelune, Eosander Freiherrn von Göthe, Raymond Baron Le Plat, Carl Friedrich von Pöppelmann, Johann Christoph Knöffel, Julius Heinrich Schwarze, womit ein weiter zeitlicher Rahmen abgesteckt ist, der Pöppelmanns Leben und Wirken umfaßt und einbindet. Er galt im 18. Jahrhundert als einer von vielen bedeutenden oder zumindest nennenswerten Baumeistern. Seine «vita» im Magazin der Sächsischen Geschichte ist sachlich, nur an einer Stelle enthusiastisch: «Matthäus Daniel Pöppelmann, Oberlandbaumeister, baute 1711 den prächtigen Zwinger, mit allen Sälen und Gallerien, davon er auch 1729, unter dem Titel: ‹Vorstellung des kön. Zwingergartens› ein Werk in gr. Folio mit 24 Kpf. herausgab (weshalb ihn das Künstlerlex. S. 512 unter die Kupferstecher zählt), dirigirte die Neustädter Interimskirche, bauete am Japanischen Palais, und führte von 1727 – 31 mit einem Aufwande von 54 000 Thl. die kostbare Elbbrücke, durch die Erhöhung der Pfeiler, Erweiterung der Gänge etc. in den prächtigen Stand, worinne wir sie jetzt sehen. Dieses Werk allein müßte ihn unsterblich machen, wenn er auch nicht den Schloß- und Gartenbau zu Pretzsch, Elsterwerda dirigirt, 1722 das Moritzburger Schloß und Garten nebst Stallgebäuden, Alleen, Teichen und Fasanerien neu angelegt, 1725 das große Königsteiner Faß nach seinen Angaben bauen lassen, und 1730 die ganze Festivität des großen Lustlagers und die Einrichtung der Gebäude besorgt hätte. Er starb 1736. Unter ihm waren vorzüglich Christoph Schumann Hofmaurerm. / Christian Berthold Hofzimmerm. / Joh. Adam Hamm Hofsteinmetzm. / als gute Werkmeister bei der Aufführung kön. und bürgerl. Gebäude bekannt.»[22]

In dieser Zeit war das Verständnis für Charakter und Schönheit barocker Kunst, die jetzt nicht selten als Ergebnis schlechten Geschmacks apostrophiert wurde, weitgehend verlorengegangen. Nur die lokale Dresdner Literatur versuchte manchmal, an Traditionen zu erinnern; für nüchterne Beobachter von außen jedoch war der Glanz «augusteischer» Jahre verblaßt und nichts als ein Stück überholter Geschichte.

Auch Daniel Chodowieckis 1789 in Dresden abgegebene ästhetische Urteile sind in dieser Hinsicht bezeichnend. Das Moritzburger Schloß fand Chodowiecki «regulär gebaut, aber ohne alle Schönheit», dem Zwinger gegenüber blieb er indifferent und bemerkte nur, daß es dort sehr viele «Zierrathen» gäbe, «von verschiedenem Geschmack, antik, gotisch und modern», beim Japanischen Palais ist von den darin untergebrachten Sammlungen, nicht aber von Architektur die Rede, beim Pillnitzer Schloß notierte er, daß die Gebäude «halb Gothisch halb Chinesisch» im Stil seien und «nicht schön».[23]

Mit dem Tode König Augusts III. und dem fast gleichzeitigen Ableben seines Premierministers, Heinrich Graf von Brühl, sowie dem Ende des Siebenjährigen Krieges 1763 ging für Kursachsen ein Zeitalter zu Ende. Die Stadt Dresden hatte ihre barocke Glanzzeit hinter sich, lag nach der Belagerung und Beschießung von 1760 großenteils in Ruinen, die Vorstädte waren abgebrannt und verwüstet, die Einwohnerzahl war auf die Hälfte zurückgegangen und betrug nur noch etwa 30 000. Die Notwendigkeit gesellschaftlicher Veränderungen, die langsam herangereift war, offenbarte sich durch diese Kriegskatastrophe und ihre wirtschaftlichen Folgen besonders deutlich und wurde allgemein bewußt.

Politisch und wirtschaftlich begann mit dem sogenannten «Retablissement» unter der Regierung des Kurfürsten Friedrich Christian, dann abgeschwächt weitergeführt unter der Regentschaft des Prinzen Xaver, eine neue Zeit, die bald zu einer merklichen Stabilisierung der ökonomischen Situation führte. «Vom Retablissement gingen Gedanken und Vorschläge im Sinne des aufgeklärten Absolutismus aus; nicht hauptsächlich vom Herrscher . . . sondern von vorwiegend bürgerlichen Persönlichkeiten, die durch Reformen Staat und Gesellschaft zu erneuern gedachten.»[24]

Den gesellschaftlichen Veränderungen, die ja nicht auf Sachsen beschränkt waren, sondern einer allgemeinen europäischen Tendenz folgten, entsprach eine Wandlung der künstlerischen Inhalte und Ausdrucksmittel. An die Stelle barock-dekorativer, vom Hof in Auftrag gegebener Werke, sowohl der Architektur wie der bildenden Kunst, trat nun bürgerlich schlichte, «vernünftige» Kunst im Sinne der Aufklärung; Chodowieckis Äußerungen spiegeln nicht nur ein persönliches Urteil, sondern den Geschmack der Zeit.

Die folgenden Jahrzehnte setzten Pöppelmanns Namen, den schon Chodowiecki nicht mehr erwähnt hatte, noch weiter in den Hintergrund. Mit der klassizistischen Ablehnung alles «Barocken» mußten auch die Namen der Schöpfer barocker Kunst verblassen oder sogar suspekt werden. In diesem Zusammenhang ist interessant, wie zwei junge Architekten klassizistischer Richtung auf die barocken Bauten Dresdens reagierten. Friedrich Weinbrenner aus Karlsruhe, der die Elbestadt 1790 besuchte und hier einige Zeit studierend verbringen wollte, erwähnte in seiner Selbstbiographie[25] zwar die Kunstsammlungen, besonders die von ihm vielfach besuchte Gemäldegalerie und bewunderte mit dieser Sammlung schließlich auch eine Leistung des Barocks, aber die älteren Dresdner Barockbauten, den Zwinger beispielsweise, fand er nicht einmal der Erwähnung wert. Woran ein halbes Jahrhundert gebaut hatte, für die jungen Architekten am Ende des 18. Jahrhunderts war es so überholt, daß eine Auseinandersetzung damit nicht mehr nötig schien.

Aufmerksamer ist ein anderer Baukünstler gewesen: Karl Friedrich Schinkel. Bei seiner ersten Reise nach Italien kam Schinkel 1803 durch Dresden, wo er folgendes notierte: «Stadt. Große Elbbrücke von schöner Konstruktion in einer vortrefflichen Gegend, sie ist die einzige Kommunikation der Alt- und Neustadt, daher voller Leben . . . Zwinger. Weites Gebäude aus Quadern, umschließt einen großen, viereckten öffentlichen Platz. Voll erstaunlicher Muschel- und Blumenpracht im schlechtesten Stil.»[26] Mit dem Barock insgesamt war auch Pöppelmanns Ansehen, sofern man sich seiner erinnerte, auf einen Tiefpunkt gesunken.

In den Dresdner Stadtbeschreibungen der ersten Hälfte des 19. Jahrhunderts finden wir Pöppelmann nur am Rande erwähnt und noch in der Jahrhundertmitte fehlte das Verständnis für die Größe und Bedeutsamkeit seines architektonischen Werkes. So spürt man es wohl, daß Julius Hübner bei der Erwähnung des Galerie-Neubaus am Zwinger jedes Eingehen auf Pöppelmann vermied, weil er alle Kritik an Leistungen aus der Zeit Augusts des Starken und «Augusts des Prächtigen», wie er August III. nannte, vermeiden wollte. Im Vorwort zum Galeriekatalog von 1856 schrieb er: «Die dem Architekten (Gottfried Semper) dadurch freilich auferlegte Bedingung, den Neubau dem Stil der bereits vorhandnen Gallerien und Pavillons (des Zwingers) anzupassen, ist durch Sempers Auffassung in einer geistreichen Weise so erfüllt worden, daß bei allem harmonischen Anschluß doch dem Rechte der Gegenwart in Forderung eines eigentümlichen Stils kein Eintrag geschehen ist.»[27] Gottfried Semper setzte sich tatsächlich bei seinen Galerieprojekten mit Pöppelmanns Bau auseinander, nicht immer voll Ehrfurcht das Alte bewahrend, sondern manchmal frei eingreifend in die gegebene Bausubstanz, wenngleich das Ausführungsprojekt den Zwinger respektierte.[28]

Noch in Carl Justis berühmtem Winckelmann-Buch, das 1866 in erster Auflage erschienen ist, wurde Pöppelmann nur beiläufig genannt; und das war nicht erstaunlich, sondern ganz folgerichtig.

Erst nach einem deutlichen Geschmackswandel, erst mit dem Aufkommen des Neo-Rokokos und dann des Neo-Barocks und mit dem parallel einsetzenden Beginn wissenschaftlicher Untersuchungen zur Kunst des 17. und 18. Jahrhunderts, die von Verständnis für die künstlerischen Äußerungen dieser Zeit getragen waren, setzte ein Wandel der Urteile ein, der allerdings zuerst nur die Bauten, in zweiter Linie die Schöpfer dieser Bauten betraf. Während jedoch die ehemalige Augustusbrücke, als Zweckbau von ästhetischer Vollendung, immer Bewunderer gefunden hatte, wurde diejenige architektonische Schöpfung, der Pöppelmann heute seinen Ruhm verdankt, kritischer betrachtet.

Das 19. Jahrhundert zeigte dem Zwinger gegenüber eine wechselnde Haltung. Bauliche Probleme wurden nie durchgreifend gelöst. 1827 legte man die Treppe am Glockenspielpavillon nieder und griff damit an wichtiger Stelle und wenig rücksichtsvoll in den Organismus des Zwingers ein, der seinen stadtseitigen Terrassenzugang verlor, schuf aber eine Lösung, die wenigstens in den Formen angemessen ist und nicht als störend empfunden werden muß.

Durch die zentrale Aufstellung des von Ernst Rietschel geschaffenen Denkmals für König Friedrich August den Gerechten gewann der Zwinger 1843 eine neue Funktion, wurde gärtnerisch im Sinne der Zeit gestaltet und erfreute sich darüber hinaus als gleichsam «persönliches» Andenken an August den Starken der Aufmerksamkeit. Beim Brand 1849 wurde vielfach mehr der Verlust des Naturkundemuseums beklagt, als die Zerstörung von Opernhaus und Zwinger; und doch war der Wiederaufbau, mit den bekannten Veränderungen nach der Stadtseite zu (Verzicht auf das Opernhaus), wiederum den Zwingerformen angemessen, wenn auch mit klassizistischer Tendenz. Mehrere Darstellungen in Malerei und Graphik dokumentieren den Zustand der Zerstörung, der als sichtbares Zeichen einer Volkserhebung gegen das Königtum schnellstmöglich wieder beseitigt wurde.

Erwähnung müssen Adolf Menzels Zwinger-Darstellungen finden. Er interessierte sich für den Baukomplex zuerst im Zusammenhang mit seinen Illustrationen zu Franz Kuglers Geschichte Friedrichs des Großen: Die Treppenanlage im Wallpavillon diente ihm als historischer Schauplatz einer «Momentaufnahme» mit August III. und dem Grafen Brühl. Interessanter noch – unter dem hier gegebenen Gesichtswinkel – sind seine dokumentarischen Studienblätter, so die Zeichnung aus dem Nymphenbad, die den langsamen Verfall und einen damit einhergehenden Bewuchs zeigen: Arbeiten eines treuen, fein die Stimmung wie den tatsächlichen Bauzustand beschreibenden Chronisten.[29]

«Das wunderschöne Rokoko des Zwingers hat mehr Leben und Anmut als jene kalte, nachgeahmte und geborgte Gotik» (der erneuerten Dresdner Sophienkirche), schrieb Józef Ignacy Kraszewski[30] nach der Mitte des 19. Jahrhunderts; er gab damit einer veränderten künstlerischen Stimmung Ausdruck. Die Offenheit für wechselnde Stile der Vergangenheit machte das Verständnis barocker Schöpfungen wieder möglich.

Auch zum Gegenstand kunsthistorischer Untersuchungen wurde der Zwinger nun: 1874 veröffentlichte Hermann Hettner seine Zwinger-Studie voller Verständnis für die besondere Schönheit dieser Schöpfung des sächsischen Barocks.[31]

Eine merkwürdige Verschiebung trat im 20. Jahrhundert ein: Pöppelmanns Name wurde zum Synonym barocker Architektur in Dresden und verdunkelte den gewichtigen Anteil der anderen höfischer Architekten seiner Zeit. Nur der «Ratszimmermeister» George Bähr konnte

32 Julius Hübner.
Der Stadtpavillon des Zwingers (Glockenspiel-pavillon), vom Zwingerhof aus gesehen. 10. Mai 1849. Signiert: «JH» (ligiert). Beschriftet: «Der mittlere Zwingerpavillon 10. Mai 49. vom Zwingerhof aus gesehen.» Wasserfarben auf Papier. 17,4×10,9 cm. Dresden, Museum für Geschichte der Stadt, E I, 25m.

33 Adolf Menzel.
Das Nymphenbad im Zwinger. 1850. Graphit auf Papier. 23×20 cm. Berlin, Nationalgalerie, Sammlung der Zeichnungen, Inv.-Nr. 10/34, Skizzenbuch Nr. 10, S. 54/55.

sich neben ihm behaupten. Gleichzeitig aber mußte die Brücke, deren Schönheit und Zweck-mäßigkeit man durch mehr als 150 Jahre begeistert gefeiert hatte,[32] vielleicht das einzige «vollendete» Werk, das er bei seinem Tode hinterlassen hat, den Anforderungen des 20. Jahr-hunderts weichen und wurde durch einen Neubau ersetzt. (Wenngleich auch bei der Brücke nicht alles so realisiert wurde, wie es entworfen war, vor allem im Hinblick auf den Skulpturen-schmuck.)

Aufschlußreich ist in diesem Zusammenhang, was Karl Woermann, seit 1882 Direktor der Dresdner Gemäldegalerie, in seinen Lebenserinnerungen, die er als Achtzigjähriger verfaßte und 1924 veröffentlichte, über Pöppelmann und das neue Verständnis für die Schöpfungen barocker Baukunst schrieb: «Vor allem aber waren es zwei Bauten Pöppelmanns, des großen Baumeisters der ersten Hälfte des 18. Jahrhunderts, die ich bei meinem Einzug in Dresden als alte, liebe Freunde begrüßte ... Daß Pöppelmann die herrliche, mit ihren eng und edel aufstrebenden Bogen fast mittelalterlich standfest dreinblickende Augustus-brücke, zugleich aber und vor allem den leichten luftigen, reichgeschmückten Zierbau des Zwingers geschaffen hatte, ließ ihn mir als selbständigen, vielseitigen Meister erscheinen, der immer wußte, was er wollte, sein ‹Kunstwollen› aber in jedem Einzelfalle, frei von allen Schulvorurteilen, der Aufgabe anzupassen verstand, die ihm gestellt war ... Der Zwinger ... war, als ich Dresden in meiner Studentenzeit zum ersten Male betrat, als verwerflicher Barock- oder gar Rokokobau in der weiteren Öffentlichkeit noch verlästert und vernachlässigt, war seitdem aber, von Jahrzehnt zu Jahrzehnt in den sich ändernden Zeitgeschmack hinein-wachsend, in der Schätzung der Nachwelt wieder emporgestiegen. Jetzt war es längst als eines der großen Meisterwerke der Weltbaukunst anerkannt ... Den Zwinger wiederzusehen hatte ich mich, als ich Dresden wieder betrat, besonders gefreut; und jetzt, da ich ihn, um zur Galerie zu gelangen, Tag für Tag durchschreiten mußte, wuchs der Märchenbau mir von Tag zu Tag fester ans Herz.»[33] Aus solcher Situation heraus gewann auch die wissenschaftliche Beschäftigung mit Pöppelmann und seinem Werk spürbare Impulse.

Monographien von Bruno Alfred Döring 1930 und später von Hermann Heckmann 1954 und 1972, zuletzt wieder 1986, haben eine solide Basis geschaffen und viele Fragen geklärt, bleiben für alle weitere Forschung ein Rahmenwerk, innerhalb dessen nur Detailkorrekturen nötig und möglich waren. In seltener Breite sah das 20. Jahrhundert außerdem eine Zwinger-Literatur entstehen, zu der so profunde Kenner des Dresdner Barocks wie Jean Louis Sponsel, Hubert Georg Ermisch, Gerhard Franz, Eberhard Hempel und Fritz Löffler wesentliches beigetragen haben.

Einige neue Ergebnisse architekturgeschichtlicher Untersuchungen, die Pöppelmanns Anteil an solchen Bauten wie dem Taschenbergpalais als gering erscheinen lassen, werden nichts daran ändern, daß sein Ruhm eher wächst, als daß er sich relativieren und ins Verhältnis zur Leistung anderer setzen würde. Dafür sorgt der Zwinger, dafür sorgt aber auch das Bedürfnis, komplizierte Sachverhalte in historischer Sicht zu vereinfachen und auf wenige große Namen zu reduzieren, was in Wirklichkeit von vielen getragen wurde.

Wir dürfen jedoch nicht vergessen, daß Pöppelmann nur in der verklärenden Rückschau zu dieser alles und alle überragenden Gestalt wurde, daß seine Leistung neben anderen Leistungen stand. Auch er mußte Entwürfe verteidigen, sich mit Gegenentwürfen auseinandersetzen, mußte beweisen, daß er die ökonomisch beste Variante gewählt hatte, und immer versuchen, daß Mögliche durchzusetzen bei seinen Bauten. Niemand hat ihm zu Lebzeiten, um der Kunst willen, praktische Hindernisse aus dem Weg geräumt. Als Baubeamter mußte er seinen Dienst tun und spät erst gelangte er in eine Stellung, die freieres Arbeiten ermöglichte.

«Abends halb 7 Uhr kam ich in Dresden an, in der sehr schön gebauten Neustadt; dort ist eine außerordentlich breite Straße, in deren Mitte sich mit kleinen Bäumen gezierte Rasenplätze befinden, und in der man spazieren geht. Nach dem ritt ich über die große Brücke, die fünfmal so lang wie unsere und sehr gut gebaut ist. Dann ritt ich durch das Schloßtor in die Schloßstraße hinein.» Es ist ein geradezu triumphaler Eingang nach Dresden, den barocker Städtebau mit der Neuordnung von Altendresden und der Anlage der Hauptstraße geschaffen hatte, gesteigert durch Fluß und Brücke sowie durch den immer als Kontrast empfundenen Eintritt durch das Georgentor in die Altstadt, wie ihn der aus Berlin kommende Daniel Chodowiecki 1773 beschrieben hat.

Wir bewundern es heute, wie Matthäus Daniel Pöppelmann auch beim Städtebau Gedanken aufgriff und vollendete, die in Grundzügen früher schon von anderen formuliert und in der Ausführung begonnen waren. Hatte er beim Bau des Schlosses Moritzburg Formen der Renaissance bewahrt, indem er die vier runden Ecktürme nicht nur beibehielt (zwei sogar an anderer Stelle nach Abriß neu aufführte), sondern sie in der neuen Anlage betont zur Wirkung brachte, und zwar so, daß Moritzburg häufig mit dem französischen Renaissance-schloß Chambord verglichen wird, und hatte er auch bei der Brücke die mittelalterliche Konstruktion bewahrt, ihr aber durch Hochführen der Pfeiler und seitliches Überkragen der neuen Gehbahnen eine andere Form gegeben, hatte in beiden Fällen also, wie auch sonst

34 Unbekannter Maler.
Der Brand von Altendresden am 6. August 1685.
Beschriftet: «Alten-Dresden wie es
am 6. Aug: Año 1685 im Feuer gestanden.»

Öl auf Leinwand. 64×72 cm.
Dresden, Museum für Geschichte der Stadt,
Inv. 1979/k5.

35   Bernardo Bellotto.
Der Neustädter Markt. 1750/51.
Öl auf Leinwand. 134×236 cm.
Dresden, Gemäldegalerie Alte Meister,
Galerie-Nr. 612.

36 Bernardo Bellotto.
*Dresden vom rechten Elbufer unterhalb
der Augustusbrücke. 1748.* Signiert:
«Bernardo Bellotto detto / Canaletto
F. an°. 1748.»

Öl auf Leinwand. 133×237 cm.
Dresden, Gemäldegalerie Alte Meister,
Galerie-Nr. 606.

37   Bernardo Bellotto
Dresden vom linken Elbufer oberhalb
des Altstädter Brückenkopfes. 1748.
Signiert: «BERNARD°, BELOTO DETTO
CANALETTO. F. AN.° 1748

Öl auf Leinwand. 133×235 cm.
Dresden, Gemäldegalerie Alte Meister,
Galerie-Nr. 608.

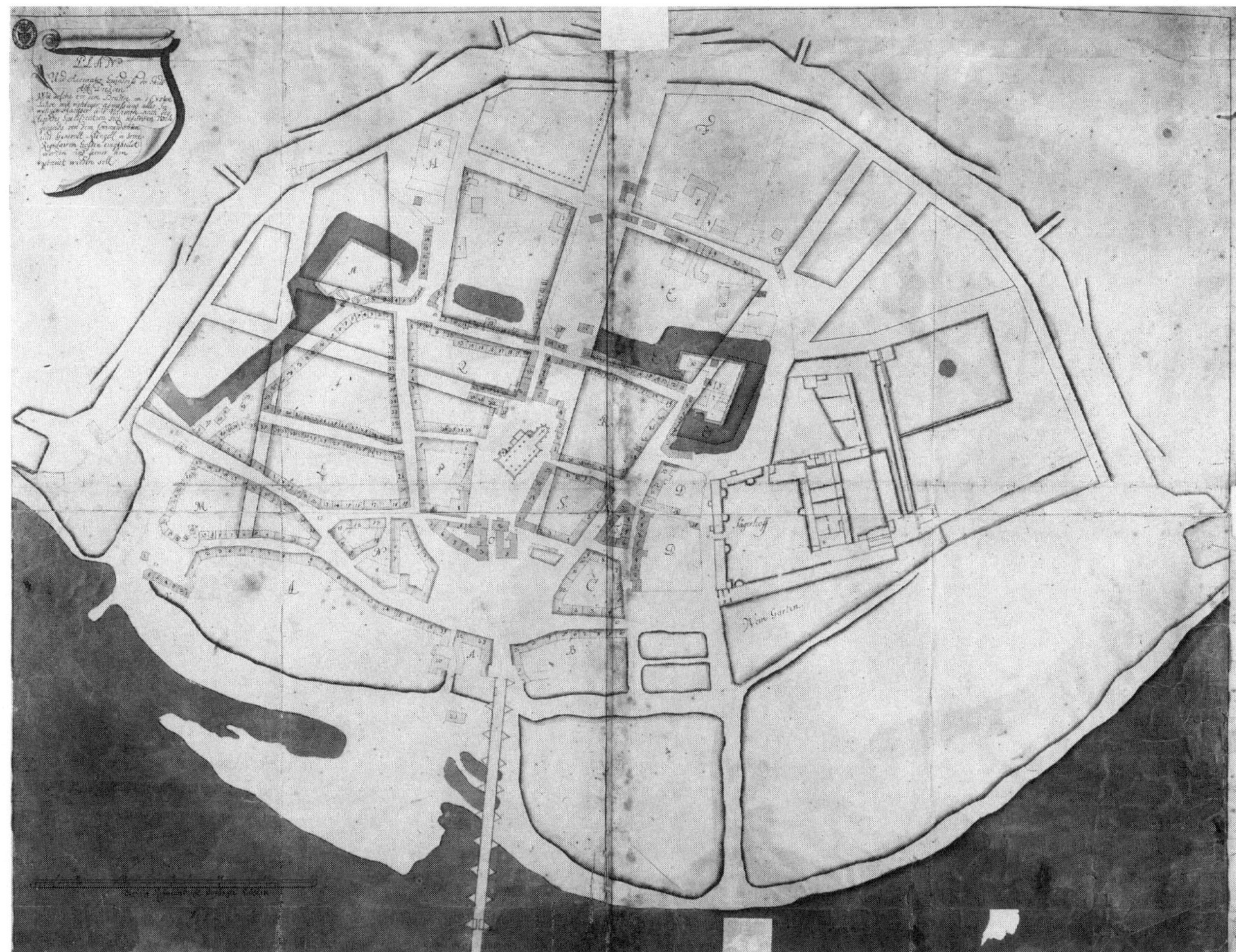

38 Wolf Caspar von Klengel.
Bebauungsplan für Dresden-Neustadt. Nach 1685.
Beschriftet: «Plan und accurater Grundriß der Stadt Alt-Dresden wie solche vor dem Brande im 1685ten Jahre mit richtiger abmeßung aller, Inwohner Häußer und Namen nach beyligender Specification sich befunden nachgehends von dem Commendanten und Generall Klengel in seine Regulairen Gahsen eingetheilet worden und ferner hin gebauet werden soll.» Federzeichnung, farbig getönt. 94,5×124 cm. Dresden, Staatsarchiv, Rißsammlung Schrank XXVI, Fach 95, Nr. 21s.

immer, Anpassung an Vorhandenes, an bestehende Bauwerke wie an gestellte Bedingungen, mit seinen eigenen Vorstellungen in genialer Weise zu verbinden gewußt, so finden wir ihn ähnlich bewahrend und gleichzeitig dynamisch weiterdenkend mit der Realisierung der Bebauungskonzeption der «Königlichen Neustadt bei Dresden» beschäftigt.

Wolf Caspar von Klengel, der bewunderte Artillerist und Baumeister, hatte den neuen Stadtplan nach dem Brand vom 6. August 1685 entwickelt: Die konisch angelegte Hauptstraße führte (und führt) leicht angewinkelt auf die Brücke zu, so daß in der Achse das Blockhaus steht, nicht die Auffahrt (was unzweifelhaft militärische Gründe hatte, die Brücke aus einer etwaigen Schußlinie vom Tor her bringen sollte), seitlich gingen nach diesem Plan von dem quergelagerten Markt kleinere Straßen strahlenförmig aus, möglichst alten Straßenverlauf bewahrend. Nach den Rändern zu wurde die Planung großzügiger und unbestimmter, wohl weniger auf baldige Ausführung bedacht. Klengel nahm in Kauf, daß nach diesem Plan die alte Dreikönigskirche mitten auf der neuen Hauptstraße stand. Der Neubau des Gotteshauses an anderer, noch nicht festgelegter Stelle war Bedingung; und an dieser Bedingung scheiterte der Gedanke für Jahrzehnte. Die Bürger bestanden auf dem Standort, auf der altehrwürdigen Tradition – die vorgesehene zentrale Achse wurde wieder verbaut.

Man brauchte im Oberbauamt einen langen Atem für die Verwirklichung von Klengels Plan, der wohl auch dem König, Klengels Schüler, besonders am Herzen gelegen hat, und mußte die Kirche, die gerade erst drei Jahrzehnte stand, wieder abreißen, um gegen Mißtrauen und Widerstände die einzige Möglichkeit städtebaulicher Erneuerung im barocken Sinne zu nutzen. Denn nirgends in der Altstadt bot sich Gelegenheit zu solchen Eingriffen und die Vorstädte, wie die Dresdner Friedrichstadt, erreichten nicht die nötige Bedeutung, um Stadtbaukunst wirkungsvoll zu realisieren.

Pöppelmann ging aber auch beim Städtebau über bloßes Bewahren älterer Gedanken hinaus. Er veränderte die Form des Marktes, der nun der Richtung der Hauptstraße folgt, und nahm sich besonders der Königstraße an, der Achse, die auf das Japanische Palais zuführt, erschloß damit einen Bereich, den Klengel nur angedeutet hatte, bis ins einzelne, wandte sich den Fassadenentwürfen für die Bürgerhäuser zu, legte also hier ein vollständiges Bebauungsprogramm vor.

Ein beherrschendes Palais, ein repräsentativer Platz und eine repräsentative, hinführende Straße, die Erschließung benachbarter Quartiere durch regelmäßige Verbindungen, mit alledem beschäftigte sich Pöppelmann im begrenzten Raum der von Festungswerken umschlossenen Stadt erfolgreich. Weiteres planerisches Ausgreifen hat ihm am Herzen gelegen, ließ sich jedoch unter den gegebenen Bedingungen nicht verwirklichen. Wir spüren seinen Willen und seine Fähigkeit zu weiträumigem Gliedern beispielsweise in der Jagdlandschaft um Moritzburg, lesen davon in der Vorrede zum Zwinger-Werk (bei den beschriebenen Blicken von den Terrassen in die Landschaft), sehen es an räumlichen Bezügen, die zwischen königlichen Gestüten um Graditz vorgesehen waren, wir erkennen aber auch, wie eng dem Stadtbaukünstler Pöppelmann in Dresden selbst die Grenzen gezogen waren.

In der Altstadt, bei den Projekten für ein neues Residenzschloß und die Zwinger-Erweiterungen, hat Pöppelmann wohl ganz bewußt darauf verzichtet, Achsen zu schlagen, vielmehr die Aneinanderbindung von Höfen im Auge gehabt, differenziert in Grundriß und Aufriß, mit wechselnden Höhen der Gebäude, mit Torpavillons, mächtigen Fassaden und verbindenden Galerien, eine lockere Folge von Räumen, die heute – betrachtet man die Pläne – besonders erstaunlich wirken, weil sie allen Anforderungen modernen Verkehrs zuwiderlaufen, denen sich (im Gegensatz dazu) breite barocke Prachtstraßen so gut anpassen lassen. Das, was Pöppelmann zu realisieren gedachte, war Architektur für die Hofgesellschaft, nicht für das Funktionieren einer Großstadt.

Andererseits darf man nicht vergessen, daß gerade seine Königstraße nach Aufhebung der Festungswerke 1827 zur städtebaulichen Neuorientierung der Neustadt vom heutigen Platz der Einheit aus den entscheidenden Impuls gab und so einleuchtend die strahlenförmige Erschließung von «außen» ermöglichte, wie sie vom Brückenkopf her nie in vergleichbarer Weise überzeugend gelungen war. Pöppelmanns Werk erweist sich einmal mehr, hier nun im Städtebau, als für die Zukunft fruchtbar, wie er selbst Vergangenheit als wertvoll für sein eigenes Schaffen anerkannt hatte.

Neben der Vollendung der Neustadt muß noch ein ganz anderer städtebaulicher Gesichtspunkt zur Sprache kommen, dessen Bedeutung für das Dresdner Stadtbild auch Pöppelmann erkannt und genutzt hat: die Elbe als triumphale Achse. Darauf ist von vielen Seiten bereits hingewiesen worden, auch unter Anspielung auf eine bewußt gesuchte Parallele zum Canale Grande in Venedig.

Festliche Einzüge in die Stadt, so beim Besuch des Kaisers Matthias 1617, Feuerwerke und Wasserjagden, beispielsweise 1709 und 1719, wiesen dem Fluß eine wichtige Rolle zu und die Erweiterungspläne für den Zwinger enden am Elbufer mit einer Gondeltreppe! Was an weiträumig gliedernden Achsen in der Altstadt nicht zu verwirklichen war, die Einbeziehung der Elbe konnte es ersetzen, konnte barocke Großartigkeit durch Ausnutzung natürlicher Bedingungen spürbar werden lassen. Pöppelmann ist einer von denen, die an der Elbfassade Dresdens mitgestaltet haben.

Matthäus Daniel Pöppelmann gehörte, wenngleich jünger als Johann Bernhard Fischer von Erlach und von diesem beeinflußt, noch zu der ersten Generation von deutschen Barockbaukünstlern, die durch geniale Leistungen aus der Abhängigkeit von fremden Ideen herausfanden; Andreas Schlüter, Christoph Dientzenhofer und Lucas von Hildebrand wären hier außerdem zu nennen.

Bis zum Ende des 17. Jahrhunderts dominierten im Süden Deutschlands italienische Baumeister (oder wenigstens italienische Schulung), holländische Baumeister im Norden. Aber auch französischer Einfluß machte sich daneben bemerkbar. Aus der Synthese sowohl italienischer wie französischer Formen und funktioneller Baulösungen entstand kurz vor der Wende vom 17. zum 18. Jahrhundert ein Stil des deutschen Barocks, der vorbildlich wurde und schöpferischen Kräften die Richtung wies. Die prägenden Anregungen kamen aus Wien; politisch erwies sich der Gedanke des Kaisertums als verpflichtend. Ein kaiserliches «Versailles» sollte in Schönbrunn entstehen, als architektonische Verkörperung von wiedergewonnener politischer Macht der Habsburger und als ein sichtbares Zeugnis der «wiedererlangten Weltgeltung in der Kunst».[34] Die Entwürfe und Werke dieser großartigen Phase künstlerischen Umbruchs aus der Zeit Kaiser Josephs I. hat man mit dem Namen «Reichsstil» zu kennzeichnen versucht.

«Die großen norddeutschen protestantischen Staaten, Sachsen und Preußen, dem Reich noch innerlich verbunden, gliedern sich in selbständigen Formen diesem Reichsstil an, Sachsen durch Pöppelmann, Preußen durch Schlüter, Eosander und Jean de Bodt.» Entscheidend für den «Reichsstil» aber blieb Johann Bernhard Fischer von Erlach. Schon Bruno Alfred Döring hat darauf hingewiesen, daß für Pöppelmann auch Paul Decker der Ältere wichtig war, mit seinem Kupferstich-Werk «Der fürstliche Baumeister . . .», in dem viele Formideen Andreas Schlüters verarbeitet sind (bei dem Decker in Berlin gearbeitet hatte). Der Gedanke, eigene Entwürfe durch den Kupferstich zu veröffentlichen, hat Decker sowohl wie Pöppelmann beschäftigt.

Von Grundlagen und Einflüssen ist die Rede gewesen, die Pöppelmanns Stil geprägt haben, von stilistischen Wandlungen muß noch gesprochen werden. Eine wichtige Zäsur markierte das Jahr 1719: Der sächsische Kurprinz Friedrich August, der spätere König August III., kehrte zurück in seine Vaterstadt, die er acht Jahre lang nicht gesehen hatte. Seine Reise, deren eigentlicher Zweck die Konversion zum katholischen Glauben war, brachte ein weiteres Ergebnis: Er hatte sich zu einem hervorragenden Kunstkenner gebildet. Ein zeitgenössischer Biograph hob besonders diese Seite der Bildungsreise hervor: «. . . von wannen Sie Ihre Reise weiter durch die Schweiz nach Italien, als dem vermeinten Paradies

39 Giovanni Antonio Pellegrini.
Entwurfsskizze zur Wand- und Deckenmalerei im Deutschen Pavillon des Zwingers. 1724.

Rückseitig beschriftet: «Mahlerey zum Wänden im Salon am Gebäude so zum Redoutenhaus im Zwingergarten angelegt.»

Sepiazeichnung, laviert. 43,8×93,2 cm. Dresden, Institut für Denkmalpflege, M 10. II. Bl. 1.

der Welt, antraten . . . Allda erwarben Sie sich auch die denen Prinzen so anständige Kenntnis von Architektur, Malerei und anderen schönen Künsten.»[35]

Friedrich August bewunderte, wie sein Vater, die Pastelle der Rosalba Carriera und war – wieder wie sein Vater – bezaubert von der Stadt Venedig. Diese Stadt und ihre Kunst aber begannen gerade, vorbildlich für ganz Europa zu werden. Den Formenwandel, der von dieser Neuorientierung bedingt war, begriff man in Dresden besonders schnell.

In der Malerei dominierten von nun an Leichtigkeit und zarter Klang der Farben, eine Grazie, die den älteren Werken fremd gewesen war, und in der Architektur wurde die Ballung der Säulen, das Pathos des 17. Jahrhunderts durch elegantere Formen abgelöst: Paris verdrängte Rom als Vorbild für Architekten, Venedig wurde das bewunderte Leitbild vieler Maler. In welcher Weise Pöppelmann diesem Wandel folgte, das wird an anderer Stelle erörtert. Bezeichnend ist in diesem Zusammenhang, welchen Maler der Architekt für die Plafonds des Zwingers vorgesehen hatte: Johann Friedrich Wentzel. Dessen bewegte, figurenreiche Kompositionen, erprobt in Paraderäumen des Berliner Schlosses, erschienen Pöppelmann geeignet, die innere Ausstattung angemessen zu vollenden. Der Baumeister bestellte bei ihm vor 1716 ein Modell zu einem Zwingerplafond. Wentzel fiel aber, so erfahren wir von Carl Heinrich von Heinecken, beim Grafen Wackerbarth in Ungnade und hat im Zwinger nichts gemalt. «Überdem», so schrieb Heinecken 1768, «kam Silvestre aus Frankreich, welcher den ersten Plafond im Zwinger malte, und hernach kam sogar der berühmte Pellegrini hin, der an diesem Ort so meisterhafte Sachen gemalt hat, daß sie noch heutigen Tages bei allen Kennern Bewunderung, und allein verdienen, Dresden zu sehen, also wohl wert wären,

40 Otto Ewel.
*Mittelsaal im Obergeschoß des Französischen
Pavillons, sogenannter Marmorsaal. Um 1942.*
Gouache. 40,5×27,1 cm. Dresden, Institut
für Denkmalpflege, Inv.-Nr. 493/1963.

41 Heinrich Christoph Fehling.
*Deckengemälde im Französischen
Pavillon des Zwingers, sogenannter
Marmorsaal, Mittelraum.*
Medaillon-Bildnis der Kurfürstin
Christiane Eberhardine,
der Gemahlin Augusts des
Starken, von Genien bekränzt.
Darunter Relief der verlassenen
Ariadne. Im Zentrum: Herkules
krönt das sächsisch-polnische
Wappen. 1717.
Aufnahme vor der Zerstörung
1945.

42 Louis de Silvestre.
*Deckengemälde im Mathematisch-
Physikalischen Salon des Zwingers,
oberer Saal, Mittelraum.*
Erhebung der Psyche in den Olymp
(Ausschnitt). 1723.
Aufnahme vor der Zerstörung
1945.

43 Louis de Silvestre.
Deckengemälde im Mathematisch-
Physikalischen Salon des Zwingers,
oberer Saal, südwestlicher
Seitenraum. Toilette der Psyche
und Opfer an Psyche.
Aufnahme vor der Zerstörung
1945.

44 Louis de Silvestre.
Deckengemälde im Mathematisch-
Physikalischen Salon des Zwingers,
oberer Saal, nordöstlicher
Seitenraum. Venus erbittet von
Jupiter die Hilfe Merkurs.
Aufnahme vor der Zerstörung
1945.

45 *Innenansicht des Mathematisch-Physikalischen Salons im Zwinger, oberer Saal.* Blick in den Mittelraum mit Deckengemälde von Louis de Silvestre (vgl. Abb. 42). Aufnahme vor der Zerstörung 1945.

mit der größten Sorgfalt erhalten zu werden.»[36] Pellegrini war mit einer Schwester der Rosalba Carriera verheiratet. Nichts kann die Farbigkeit seiner Werke besser charakterisieren, als dieser Hinweis; und zum Charakter des Zwingers, so wie wir ihn verstehen, passen Pellegrinis Malereien wirklich besser, als die schwereren Formen der Kompositionen Wentzels. Dessen «Ungnade» muß demnach kein Ergebnis mangelnder persönlicher Übereinstimmung mit Wackerbarth gewesen sein, man könnte sein Scheitern in Dresden auch als Resultat des Stilwandels verstehen, der sich damals ankündigte, und dem Wentzel, im Gegensatz zu Pöppelmann, der ihm verbunden blieb, nicht folgen konnte.

Ganz besonders ist es das Japanische Palais, an dem wir die veränderte stilistische Haltung feststellen können, Flächen finden, von Lisenen gegliedert, nicht plastischen Überschwang enggestellter Säulen. Der Auftrag beschäftigte nicht nur Pöppelmann; auch andere Architekten, wie Johann Christoph Knöffel, Zacharias Longuelune und Jean de Bodt waren beteiligt. Es galt für den Oberlandbaumeister, sich anzupassen. Seine Bauten insgesamt beweisen, daß er diese Fähigkeit der Anpassung besaß; unterschiedliche Aufgaben und Bedingungen führten ihn zu jeweils anderen Formen der Architektur.

So waren es in Pillnitz der Pavillon-Charakter der ersten Bau-Ideen und die königliche Forderung nach «Chinoiserie», was die «orientalische» Zierlichkeit des «Schlosses» bewirkte (das ja ursprünglich nur ein Nebengebäude im Park sein sollte), und in Moritzburg war es der bereits vorhandene, aus dem 16. und 17. Jahrhundert herrührende Bau, der die Formen von Pöppelmanns Architektur maßgeblich bestimmte: Die Grundidee des befestigten Jagdhauses mit vier runden Ecktürmen und schützenden Wehrmauern wurde zum tragenden Motiv eines monumentalen Neubaus. Trotz allen bedeutsamen Aufgaben- und Formenwandels blieb in Sachsen die Kontinuität der Entwicklung in der Architektur durch Pöppelmann gewahrt, der aus dem 17. Jahrhundert in das folgende noch weit hinüberleitet, der – von Klengel und Starcke herkommend – dann unter oder neben Dietze und Karcher, später selbst «Oberlandbaumeister» wurde und als «Premier Architecte du Roi» eine Sonderstellung gewann, die seiner im Zwinger dokumentierten genialen Leistung gerecht wird.

Diese Kontinuität der Entwicklung aus dem 17. Jahrhundert heraus war auch durch die Mitarbeit von Balthasar Permoser garantiert, der bereits im siebenten Lebensjahrzehnt stand, als er – unterstützt von einer seinem Willen folgenden, effektiv arbeitenden Werkstatt – die gewaltige Aufgabe übernahm, den Zwinger «skulpturell aufzugraben», wie Sigfried Asche die beim Zwinger verwirklichte besondere Art der Beteiligung von Plastik am architektonischen Erscheinungsbild nannte. Aber, so stellte Asche treffend fest: «Es mindert Pöppelmanns Leistung keineswegs, wenn er der überschäumenden Phantasie des Bildhauers Einlaß in sein ohnedies schon in höchstem Maße plastisches Architekturgebilde gewährte.»[37]

Man kann heute vom Zwinger nicht sprechen, ohne neben Pöppelmann an Permoser zu denken. Für uns ist der Ruhm des Bildhauers vor allem mit diesem Hauptwerk des Dresdner Barocks verbunden. «Die Jahre zwischen 1711 und 1718 waren für Permoser ausgefüllt mit Aufgaben für den Zwingerbau. In Pöppelmann fand er den geistesverwandten Baumeister. Daß Permoser bereits an den Entwürfen zum Zwinger maßgebend beteiligt war, ist sehr wahrscheinlich.»[38] Aber Pöppelmanns Schaffen insgesamt ist durch Permoser nur berührt, nicht geprägt worden; und selbst Permosers Beteiligung am Zwinger hat man im 18. und 19. Jahrhundert nicht immer so deutlich wie heute gesehen. In Zedlers Grossem Universallexicon ist 1741 von seinem langen Bart, von der Fußreise nach Rom «wenige Jahre vor seinem Tode», von der «Apotheose des Prinzen Eugen» die Rede, welche «alleine in Wien sein Gedächtnis unsterblich machet», aber vom Zwinger, überhaupt von Dresdner Werken erfahren wir kein Wort.

Selbst Carl Heinrich von Heinecken, der gelehrte Dresdner Kunstkenner, weiß in seinen «Nachrichten von Künstlern und Kunstsachen» 1768 von Permosers Tätigkeit für den Zwinger nichts zu berichten. Bei ihm heißt es: «Von Berlin ging Balthasar nach Dresden, wo er noch vieles gearbeitet, und wo er auch 1732 verstorben. (Humbert führt einige Statuen im Großen Garten zu Dreßden von Balthasarn an: als die Mütterliche Liebe, die Mahlerey, die Bildhauerkunst, die Mohrin mit dem Kinde, der Mohr mit dem Fische etc. wovon jedoch die meisten im letzten Kriege [d. h. im Siebenjährigen Krieg] ruiniret worden. Es ist aber noch ein mehrers von ihm als dieß in Dreßden gewesen; wie dann sonderlich die vier Sclaven in dem Großen Opernhause, welche die Königlichen Logen trugen, obwohl nur von Holz, ungemein meisterhaft gemacht waren. Solche sind bei der von Bibiena vorgenommenen Veränderung dieses Opernhauses weggenommen worden. Balthasar hat nicht nur in Stein oder Marmor und in Holz, sondern auch in Elfenbein gearbeitet. Es finden sich dergleichen Stücke von ihm annoch in Dreßden ...).»[39]

Auch Johann Christian Hasche, der im Magazin der Sächsischen Geschichte zweimal Notizen zu Permosers Biographie veröffentlichte, sagte zu seiner Beteiligung am Zwinger kein Wort. Ein dreiviertel Jahrhundert später noch, in Carl Justis Winckelmann-Buch, lesen wir zwar: «Unter den Namen deutscher Bildhauer steht obenan Balthasar Permoser ...», aber der Zwinger findet in diesem Zusammenhang wieder keine Erwähnung.[40]

So sollten wir noch einmal feststellen: An der gewaltigen Aufgabe des Zwingerbaus begegneten sich zwei geniale Meister, ein Architekt und ein Bildhauer, aber beider Werk ist in dieser Zusammenarbeit zwar gesteigert, in seiner jeweiligen tatsächlichen Vielfalt jedoch damit nicht erschöpft.

Pöppelmann war in Dresden, und nur in Dresden, zum großen Architekten gereift. Ganz anders, wenngleich nicht weniger arbeitsreich, stellt sich der Lebensweg Balthasar Permosers dar, den ein bewegtes und ruhmvolles Künstlerschicksal schließlich in die kursächsische Residenz geführt hatte. Er stammte aus Bayern, hatte in Salzburg gelernt, war dann über Wien nach Italien gegangen, hatte auch Südfrankreich gesehen, unterschiedlichste Werke studiert, sich selbst an Aufträgen vieler Mäzene erprobt, hatte für die Medici in Florenz, für Herzog Anton Ulrich von Braunschweig gearbeitet, hatte Kleinplastik aus Elfenbein und Holz, Großplastik aus Marmor geschaffen, ehe er 1689 nach Dresden kam, wo Kurfürst

46   Moritz Bodenehr.
Bildnis Balthasar Permosers.
Signiert: «Bodenehr ad Viv del. et
sc. Dresden.»

Beschriftet: «Bathasar Permoser.
/ Königl. Poln. u. Churf. Sächß. best:
Hoff-Bildhauer.»
Kupferstich. 22,8×15,0 cm.

Johann Georg III. ihn unter anderem mit Skulpturen für den Großen Garten beschäftigte und wo er von Anfang an als Künstler hohen Ranges besonderes Ansehen genoß. Er war längst Hofbildhauer, als Pöppelmann noch in untergeordneter Stellung beim Bauamt diente.

Er war Hofbildhauer und er stand nicht allein: Einen Auftrag wie die plastische Gestaltung des Zwingers konnte nur eine große, nur eine sehr produktive Werkstatt übernehmen, deren Meister soviel künstlerische Sicherheit ausstrahlte, daß alle Mitarbeiter und Schüler im Zusammenwirken mit ihm eigene Kräfte aktivierten und gleichzeitig einer leitenden Formidee folgten. Paul Heermann, Johann Joachim Kretzschmar, Johann Benjamin Thomae, Johann Christian Kirchner, Paul Egell, Matthäus Oberschall werden als solche, unter Permosers Leitung oder als seine Schüler für den Zwinger tätige Bildhauer genannt.

Genauso wie der Baumeister Pöppelmann zeichnete sich also, neben der genialen künstlerischen Eigenleistung, die wir bewundern, der Bildhauer Permoser durch die Fähigkeit aus, Arbeit zu organisieren, Aufgaben zu bewältigen, die der Mitarbeit vieler Hände bedurften.

Dekorative Bauplastik aus Sandstein, mit solchen großartigen Werken wie den Hermen am Wallpavillon, war nur eine, wenngleich die wichtigste Aufgabe Permosers am Zwinger; dazu gehörten genauso baugebundene Freifiguren (oder Nischenfiguren) wie der Herkules vom Wallpavillon, Ceres und Vulkan vom Kronentor. Er hat aber auch zwei Marmorwerke für den Zwinger geschaffen: Die Minerva und den Apollo, deren ursprünglicher Aufstellungsort der Grottensaal im Untergeschoß des heutigen Mathematisch-Physikalischen Salons war. Der Apollo, bei dem die formale Anlehnung an Bernini immer schon festgestellt wurde, ist signiert und 1715 datiert, laut Inschrift, die Permoser selbst zugefügt hat, «aus den hiesigen Landt Marmor». Auf stilistische Besonderheiten der Minerva, die 1716 datiert ist, hat Sigfried Asche hingewiesen. Heute befinden sich beide Werke in der Dresdner Skulpturensammlung.[41]

«Permoser steht zwischen zwei Zeiten», sagte Eberhard Hempel 1932; «als wichtigstes Verbindungsglied mit der italienischen Barockplastik hat seine Kunst für Deutschland ähnliche Bedeutung wie vor ihm die des 29 Jahre älteren Pierre Puget für Frankreich.»[42] Er hatte Bernini studiert und erkannte ihn als großes Vorbild an, ging durch die dynamisch-naturalistische Tendenz, die auf Anregungen aus dem Werk Pugets hergeleitet wird, über die römischen Vorbilder hinaus, fand andererseits in manchen Arbeiten auch einfache, große Formen voll innerlichen Lebens und bewies schließlich ausgeprägten Sinn für Dekoration.

Wir dürfen, wenn wir Permosers Schaffen beurteilen, nicht ins Extrem fallen, nur den Zwinger zu nennen, genauso wie es ein unvertretbares Extrem war, den Zwinger bei solchen Betrachtungen zu übersehen. Selbst in den Jahren des Zwingerbaus entstanden eine Reihe bedeutender und aufwendiger anderer Arbeiten, so die «Apotheose des Prinzen Eugen», der holzplastische Schmuck der Kanzel der Hofkirche, eine Fassung des «Schmerzensmannes», die Hermen und sechs Statuen aus Holz für das Opernhaus am Zwinger, Gartenplastik für den Park in Friedrichsfelde bei Berlin, ein lebensgroßes Kruzifix für Bautzen. Spricht das einerseits für den Anteil der Mitarbeiter des Meisters an der Ausführung all der Figuren und Ornamente am Zwinger, so zeigt es uns andererseits das Bild eines Künstlers, dessen Vitalität und schöpferische Kraft auch in so späten Jahren nicht erlahmt war, sondern ungebrochen und frisch erscheint. Eine Parallele zum Leben und Schaffen Pöppelmanns ist unübersehbar.

47 Balthasar Permoser.
Satyrherme von der westlichen Hermen-
Dreiergruppe am Wallpavillon. Um 1718.
Sandstein.

48 Balthasar Permoser.
Ceres. Um 1714/15. Sandstein. Überlebensgroß.
Zwinger, Kronentor,
Hofseite, links vom Durchgang.

49 Balthasar Permoser.
Vulkan. Um 1714/15. Sandstein. Überlebensgroß.
Zwinger, Kronentor,
Grabenseite, links vom Durchgang.

50 Balthasar Permoser.
Die Nymphe, die vom Bade kommt. Um 1715–1718.
Sandstein. Höhe 250 cm. Zwinger, Nymphenbad.

51 Balthasar Permoser.
Die Nymphe mit der Muschel. Um 1715–1718.
Sandstein. Höhe 250 cm. Zwinger, Nymphenbad.

52 Balthasar Permoser.
Die Nymphe, die zum Bade geht. Um 1715–1718.
Sandstein. Höhe 250 cm. Zwinger, Nymphenbad.

53 Balthasar Permoser.
Der Drachenjunge. Um 1718/19.
Sandstein. Höhe 110 cm. Zwinger,
Glockenspielpavillon.

54 Balthasar Permoser.
Allegorie des Sommers. 1724.
Sandstein. Höhe 140 cm.
Aus Wiederau bei Leipzig.
Signiert: «BALTH : PER : / 1724 fec.»
Dresden, Skulpturensammlung
(Kopie im Zwinger).

55 Balthasar Permoser.
Hercules Saxonicus.
1716/1718. Gipsabguß
aus dem Jahre 1862 nach
der Bekrönungsfigur auf
dem Wallpavillon des
Zwingers.
Höhe der Figur 212 cm.
Dresden,
Skulpturensammlung,
Inv.-Nr. ZV 1654.

56 Balthasar Permoser.
Apollo. 1715. Signiert: «Fri Aug.
König in Poln und Churf zu
Sachs. hat aus den hiesigen
Landt Marmor diese erste figur
verfertigen lassen durch
BALTHASAR PERMOSER VON
SALZPURG, HATS GEMACHT
OHNE MUSTER IN SEINEN
64igsten JAHR 1715.»
Sächsischer Marmor.
Überlebensgroß. Dresden,
Skulpturensammlung,
Inv. Zv 1042.
Ursprünglich aufgestellt im
Grottensaal des Zwingers.
Vgl. Abb. 11.

57 Balthasar Permoser.
Minerva. 1716. Signiert:
«B. P. hats gemacht in
seinem 65igsten Jahr 1716.»
Sächsischer Marmor.
Überlebensgroß. Dresden,
Skulpturensammlung,
Inv. ZV 1043.
Ursprünglich im
Grottensaal des Zwingers.
Vgl. Abb. 11.

58 Benjamin Thomae.
Der Winter. Um 1716–1718.
Sandstein. Fast lebensgroß.
Ursprünglich am Kronentor (dort Kopie),
jetzt Institut für Denkmalpflege Dresden.
Aufnahme um 1930 von Hugo Engler.

59 Johann Joachim Kretzschmar.
Putto mit Rosenstock. Um 1713/14.
Sandstein, Höhe etwa 140 cm.
Ursprünglich am Französischen Pavillon,
heute im Glockenspielpavillon.
Aufnahme um 1930 von Hubert Ermisch.

60   Johann Joachim
Kretzschmar(?).
Bacchus. Um 1714/15.
Sandstein. Überlebensgroß.
Zwinger, Kronentor,
Grabenseite rechts
vom Durchgang.

61 Balthasar Permoser.
Der Frühling. Um 1690. Elfenbein. Höhe 21 cm.
Dresden, Grünes Gewölbe, Inv.-Nr. 37.

62 Balthasar Permoser.
Der Herbst. Um 1690. Elfenbein. Höhe 21 cm.
Dresden, Grünes Gewölbe, Inv.-Nr. 21.

Barocke Architektur braucht die Verbindung mit der bildenden Kunst. Manche der berühmtesten Architekten dieser Epoche waren selbst Bildhauer: Lorenzo Bernini, Fischer von Erlach, Andreas Schlüter. In Dresden hatte Marcus Conrad Dietze, dessen Landbaumeisterstelle Pöppelmann 1705 nach Dietzes unerwartetem Tod erhielt, eine Bildhauerausbildung aufzuweisen. Sie alle kamen von der Kunst zur Architektur, Pöppelmann kam vom praktischen Bauen. Das macht einen wesentlichen Unterschied, auch im Verhältnis der Zeitgenossen zum Baumeister. Gerade Pöppelmann aber, der kein Bildhauer war, hat im Zwinger ein Werk geschaffen, das Architektur und Plastik unauflösbar verbindet; und die berechtigte Frage, wie denn die Zusammenarbeit von Pöppelmann und Permoser praktisch zu denken sei, wird sich, als ein sehr persönlicher schöpferischer Vorgang, wohl für immer der genauen Beschreibung entziehen.

Auf der Suche nach parallelen Fällen, aus denen diesbezüglich Aufschlüsse zu gewinnen wären, kommt man im 18. Jahrhundert u. a. nach Potsdam. Von Georg Wenzeslaus von Knobelsdorff, dem Architekten Friedrichs II. von Preußen, der genausowenig wie Pöppelmann Bildhauer war (dafür dilettierender Maler von außergewöhnlicher Begabung), kennen wir Entwürfe, mit dem Pinsel gezeichnet, zu den Karyatiden an der Parkseite des Schlosses Sanssouci, wir kennen sogar Entwürfe zu Plastiken am Musenrondell im Park Sanssouci,[43] doch von Pöppelmann ist derartige Beschäftigung mit den Skulpturen des Zwingers, oder mit Bauplastik überhaupt, nicht bekannt. Wenn die Vorzeichnungen zu den Stichen des Zwinger-Werks allerdings wirklich in allen Details von Pöppelmann stammen, wie auf den Blättern in der Signatur jeweils bemerkt ist («Inv: et delin: par M D Pöppelmann premier Architecte», oder ähnlich), dann muß der Architekt auch Plastik gezeichnet haben; und bei den Blättern, die nie realisierte Projekte zeigen, kann es sich auch nicht um Nachzeichnungen handeln.

Doch hat (oder hätte) sich Permoser überhaupt Vorschriften machen lassen, über das ikonographische Programm hinausgehend, Fragen der plastischen Bewältigung betreffend? Man wird, und das liegt in der Natur der Sache, keine Regeln aufstellen können für die schöpferische Zusammenarbeit zwischen Baumeistern, Bildhauern, Malern und Kunsthandwerkern, bestenfalls für Organisation und Verantwortlichkeiten.

Wie kompliziert das Ineinandergreifen der Künste beim Zwinger angelegt war, das mag ein langes, aber ungemein aufschlußreiches Zitat aus dem «Kurtzgefaßten Sächsischen Kern-Chronicon» beweisen, wo es von der «inwendigen Auszierung» des Kronentores heißt: «Das Gemählde repraesentiret in kombinirter Maler- und Bildhauerey das Frühlings-Opfer der Flora. (Denn es wurden zu Rom im April die Feste Florae, so man Floralia genannt, gehalten, damit alles wohl verblühen möchte, wobey sie in unterschiedlichen Nahmen, als Vesta, Ceres, Venus, Proserpina, die unterschiedlichen Wirkungen der Natur zur Fruchtbarkeit, verehret worden.) Die ganze Architektur ist mit einer reichen Staffage von Blumenzweigen und Festinen ausgezieret, und mit unterschiedlichem Opfer-Geräthe und goldenen Vasen besetzet, welche von denen Amours rangiret, und wie zu einem Festin ausgestellet worden. Es kommen hierauf zu Gesichte die Opfer-Bedienten, welche diejenigen Helden, Jäger und Nymphen sein, so vormals in Blumen verwandelt, und zum Reich der Flora gehören, deren Bildnisse an denen Angeln der Bogen, so das Gebäude eröffnen, in Basrelief beigebracht seyn, welche dieses Gebäude bis zu oberst der Altique mit ihren Blumen behängen. Diese Altique machet zu mittelst eine freye Öffnung, in deren Durchsicht siehet man die Gracien, die Gefährten der Flora, nebst den Hesperidischen Nymphen, die Beschützerinnen der Orangen-Bäume herbeykommen. Sie streuen deren Blüthe mit Rosen vermenget auf einen Rauch-Altar der Göttin Flora aus, zu welcher auch der Mars, so von einer Blume entsprossen, seine Sieges-Cronen, so ihm die Venus geflochten, hinzugefüget, diese werden von den Feld-Göttern accompagniret, und scheinen das Fest der Flora also zu begehen. Über dieses siehet man die Flora selbst, so von dem Zephyro embrassiret wird, in der Luft schweben, sie, die Flora, reichet unterschiedliche Arten Sieges-Cräntze dar, welche sie an diesen Ort der Tapfer- und Lustbarkeit zugleich gebunden hat, und dieses ist die vorderste Groupe des Gemäldes. Die andere, so gegen über stehet, zeiget die Frühlings-Zeichen, so den Winter vertreiben, es kommt ihnen zu Hülfe die Garten-Kunst, so mit einigen Zephyren den Boreas zäumet, und gleich ihnen Blumen herbey zu tragen zwinget, indem diese Garten-Kunst allhie jede Theile des Jahres in Frühling verwandelt, wie solches die hierbey zu sehende Jahres-Zeit anzeiget. Zu unterst diesen allen siehet man noch 2. Altare en relief, so von einigen Geniis wie Garten-Trophaea ausgezieret werden, in dessen Flammen die Zephyri und sämtlich mit Blüthe gezierte Jahres-Zeiten unaufhörlich Blumen zuwehen, und ein stetiges Opfer unterhalten.»[44]

Ganz deutlich wird, daß künstlerische Form und ikonographisches Programm beim Zwinger zusammenhängen; und wie sehr neben der Plastik auch die Malerei zum Erscheinungsbild wie zum inhaltlichen Programm gehörte, das versteht man durch diese «Explication . . .» sehr viel besser, als nach dem Augenschein, denn der gegenwärtige Zustand bietet einen «entfärbten» Anblick. Götter und Helden, Grazien und Nymphen, Personifikationen der Natur und Genien vereinten sich, dem Frühling zu dienen, der – Dank des Zwingers als Orangerie – die kalten Winde und den Winter zähmte, alle anderen Jahreszeiten in den Kult des Blühens einbezog. So konnte Pöppelmanns Bau als Garten Eden erscheinen, von dem ein Zeitgenosse in den «Gedanken auf den Königlichen Zwinger-Garten» 1732 sagte: «Man könnt vom Paradies nicht angenehmer träumen.»

Die Göttin des Frühlings aber wendet sich, nach der zitierten Beschreibung, den Helden der antiken Mythologie zu, denen sie «unterschiedliche Arten Sieges-Cräntze» reicht – und diesen Helden steht der Bauherr nahe, August der Starke, als «Hercules Saxonicus», der an anderen Stellen des Zwingers verherrlicht und als Überbringer der Äpfel der Hesperiden ohnehin allgegenwärtig war in diesem Bau, wie wir aus Pöppelmanns Einleitung zum Zwinger-Werk erfahren. Durch Krone und Adler wird uns dieser Bezug auf den König, auf «Politisches», ohnehin verdeutlicht und monumental zur Anschauung gebracht; wir verstehen die erklärte Absicht, den Zwinger als Ort der Tapferkeit und der Lustbarkeit zugleich erscheinen zu lassen, als Sinnbild des blühenden Kurfürstentums Sachsen.

Der heute als einziges Element der Dekoration erhaltene plastische Schmuck gewann durch Farbe und Malerei ursprünglich eine viel reichere Bedeutung und ein prächtigeres Aussehen: Die Künste gingen, zusammenwirkend, ineinander über, ließen Themen und Formen im Wechselspiel anklingen und sich entfalten. Auch in dieser Hinsicht war der Zwinger ein Höhepunkt barocken Bauens.

Mehr noch als beim Zwinger sogar, der, in dauerhaftem Material errichtet, schon durch den Stein eine gewisse Würde gewann, waren die hölzernen Festarchitekturen auf das Zusammenspiel mit der Bemalung und mit Malerei angewiesen. Pöppelmann blieb sich der steigernden Wirkung, ja der Notwendigkeit, dort Farbe und Malerei einzubeziehen, stets bewußt und schuf Meisterwerke vergänglicher Art, an denen alle Künste mitwirkten.

Im Zeithainer Lager hatte er die Oberaufsicht über sämtliche Bauten. Schon im ersten Quartal 1730 hielt er sich dort fünfzig Tage lang auf, «zu völliger Ausbauung derer Pyramiden, wie auch zur Bauung des großen Pavillons, des Jagd Schirms, des Königl. Palais und anderer vieler Gebäude,» wie es in einer Rechnung der «Königl. und Churfürstl. Sächs. Renth-Cammer . . .» im Staatsarchiv Dresden heißt.[45]

Im Hof- und Staatskalender auf das Jahr 1731 lesen wir, den Aussichtspavillon im Zeithainer Lager betreffend: «Dieser war ein leichtes und von Holz erbauetes, dabey aber grosses und schönes Gebäude von 2 Etagen und einem Souterrain. Von innen war es durchweg mit lauter Leinewand bekleidet, welche mit vielerley Figuren durchgehends bemalet worden; desgleichen sahe man von außen am gantzen Pavillon eitel Malerei, und insonderheit die gantze Armatur. Die Hauptfarbe des gantzen Werkes, in welcher es sich von Ferne hauptsächlich praesentirte, war grün, und so war auch das gantze Dach, welches mit sehr vielen und großen vergüldeten Knöpfen auf allen Seiten gezieret . . .»

Der Zwinger entstand in jahrelangen Auseinandersetzungen, nicht als Ergebnis einer einmaligen schöpferischen Anstrengung. Als 1709 der Bau einer Bogenterrasse begann, da konnte noch niemand, auch Pöppelmann nicht, die spätere Form voraussehen. Aber eines zeigte sich bald: Was hier entstand, das ging weit über jeden Zweckbau hinaus, war niemals nur Orangerie, niemals nur Arena, später mehr als einfach nur ein Museum. Der Zwinger wurde von August dem Starken wie von seinem Architekten als Bau-Kunst verstanden; er ist heute so etwas wie ein Schlüssel zum Verständnis der küntlerischen Selbstdarstellung des höfischen augusteischen Dresdens.

Alle praktischen Belange mußten sich nun dem Willen zur künstlerischen Form unterordnen. Ein Beispiel dafür sind die flachen Dächer und Terrassen, die auch den frühen Bauten Fischers das Gepräge gegeben hatten. Sie erwiesen sich für nördliches Klima als ungeeignet und mußten häufig überbaut werden; doch Pöppelmanns Zwinger ließ noch einmal solche südlichen Formen entstehen, auch bei ihm um den Preis ständiger und bis heute nicht ganz überwundener Bauprobleme. Was Pöppelmann damit allerdings gewonnen hat, das ist das optische Erlebnis der Stadt, des Zwingerhofes und der umgebenden Landschaft von der Höhe der begehbaren Terrassen, die zum Teil im Wall stecken (beim Wallpavillon), oder den Wall verdrängt haben (Langgalerie beim Kronentor) und die damit einen Erlebnisbereich eröffnen konnten, den die Brühlsche Terrasse erst hundert Jahre später für die Öffentlichkeit erschlossen hat. Pöppelmann selbst schrieb: «Denn auf der einen Seite erblicket das Auge einen anmutigen Teil der Vestung und des mit Stücken überall besetzten Walles, nebst dem mit Schwänen angefüllten Stadt-Graben. Auf der andern Seite das königl. Schloß, Küchen-Garten und Schieß-Haus. Wieder auf einer andern Seite entdeckt man die Elbe mit einer Menge Schiffen und dem gegenüberliegenden Holländischen Hause. Anderswo zeigt sich die Stadt Alt-Dresden mit der immer volkreichen Brücke und einer breiten in der Ferne durch den Wald gehauenen Aussicht . . .»

Johann Alexander Thiele hat in seinen beiden Zwinger-Bildern von 1722 diese Möglichkeit, auf die Stadt und in die Landschaft zu schauen, voll ausgeschöpft. Er kannte Pöppelmanns Pläne und seine künstlerischen Absichten.

Der Zwinger ist nicht nur ein Werk der Architektur, er ist auch ein Garten. Immer wieder sprechen die Quellen davon, sagt es Pöppelmann selbst: «. . . dieses Gebäude des so genannten Königl. Zwinger-Gartens . . .» nennt er seine Schöpfung in der Vorrede zum Kupferstich-Werk 1729; und die Personifikation der «Garten-Kunst» war im Kronentor dargestellt, wie sie «jede Theile des Jahres in Frühling verwandelt.» Der Grundriß des Zwingers wurde oft in Bezug zu seiner Funktion als Arena gesehen, mögliche Vorbilder angeführt, aber auch ein Hinweis auf Garten-Grundrisse scheint berechtigt, ja, er wird durch die Entstehungsge-schichte des Zwingers besonders nahegelegt.[46]

Als Orangerie zur symbolischen Darstellung des blühenden sächsisch-polnischen Staates geworden, der Ort, wo nunmehr die Bäume der Hesperiden gedeihen, durch die weise Regierung des Kurfürsten und Königs, sollte der Zwinger (folgen wir dem Stichwerk von 1729) im Innern des Hofes abgezirkelte Rabatten, Orangenbäume und Fontänen enthalten, von der Höhe der Terrassen jedoch nach draußen den Blick in die hügelige Weite der Landschaft ermöglichen. So forderte Pöppelmanns Werk den Vergleich heraus zwischen Kunstform und Natur, die ihrerseits gegliedert und gestaltet war nach dem Willen des Königs und seiner Baumeister.

Ein Garten, von dem aus die Umgebung sich betrachten ließ, eine betörend schöne Nähe und der umfassende Blick aus der Überschau, das waren Erlebnisbereiche und Kontraste, die Gartengestaltern und ihren Auftraggebern im Barock viel bedeuteten. Der Dresdner Oberlandbaumeister sprach Gedanken aus, wie sie beispielsweise Herzog Anton Ulrich von Braunschweig-Wolfenbüttel in seinem Roman «Römische Octavia» vergleichbar geäußert hatte[47] und wie sie grundsätzlich zum Ideal des Gartens im Barock gehörten.

Das barocke Bestreben, Städte und Landschaftsräume großflächig und dynamisch zu gliedern, baulichen Dominanten ganze Wohnviertel oder Gartenanlagen anzuschließen, durch beherrschende Straßenzüge auf sie hinzuführen, hat auch viele Überlegungen Pöppelmanns bestimmt. Neben den bereits erwähnten Bemühungen, den Aufbau der Neustadt in diesem Sinne zu vollenden, sind es die Pläne für Schlösser und Gärten, an denen sich solche Vorstellun-gen am freiesten entfalten konnten.

Als Beispiel sei hier noch der Moritzburger Schloßbau genannt, mit dem sich Pöppelmann in den zwanziger Jahren und wohl bis zu seinem Lebensende beschäftigt hat: Einbindung des Jagdschlosses in die Landschaft, komplexes räumliches Gestalten, Gartenarchitektur in ihrer vermittelnden Funktion zwischen Gebautem und «Natürlichem» (wobei auch die Natur dem Willen des Menschen unterworfen wird), Achsen und Schneisen als Elemente ordnender (auch unterordnender) Vermittlung. Es ist beeindruckend, in welchen Dimensionen barocke Architekten (und Bauherren!) dachten.

Daniel Chodowiecki, dessen vernichtendes Urteil über die Architektur des Schlosses Moritz-burg («. . . ohne alle Schönheit») bereits zitiert wurde, lobte gerade diesen, von uns auch für den Zwinger betonten Aspekt der Möglichkeit des Blicks in die Landschaft: «... das Beste daran sind die vorn und hinten angebrachten steinernen Treppen die durch eine Gallerie verbunden werden, worauf man rund ums Schloß gehen kann, und die schönen Gegenden die da herum liegen und den Teich bey dem das Schloß gebaut ist sehen kann.»[48]

Das Parterre und der symmetrische Garten im unmittelbaren Schloßbereich grenzen sich ab vom weitläufigen Park, der mit langen Alleen in die Landschaft ausstrahlt, die in Moritzburg als «Jagdlandschaft» durch ein sternförmiges Schneisensystem gegliedert ist. Der Architekt wird zum Gestalter der Umwelt des Menschen. Er überträgt die gesellschaftliche «Ordnung» seiner Zeit auf die Natur.

Der Zwinger
als Festplatz –
das Fest
als Kunstwerk

Unser Pöppelmann-Bild ist vom Zwinger geprägt, der, obwohl an seine Zeit gebunden wie kaum ein anderer Bau, sich – letztendlich – doch als «zeitlos» schön erwiesen hat. In Eile und nur provisorisch fertiggestellt trat dieser Baukomplex 1719, während der Hochzeitsfeierlichkeiten aus Anlaß der Vermählung des Kurprinzen mit Maria Josepha, der Tochter des 1711 verstorbenen Kaisers Josephs I., glänzend in die Geschichte. Schon am 7. September «exercierten sich Ihro Majest. mit Wurffpfeilen, und ritten einige Touren im Zwinger-Garten mit dero Cavaliers, des Abends war Opera.»[49]

Die Herrichtung dieses und der anderen Festplätze oblag dem Oberbauamt, das im Großen Garten, auf dem Altmarkt, im Plauenschen Grund, im Jägerhof, im Opernhaus und im Redoutensaal tätig werden mußte; und noch ein Fest-Ort war Pöppelmanns ganz persönliche Schöpfung: Am 10. September, «nach vollendeter Serenade begab sich die sämtliche Herrschaft ins Holländ. Palais zur Taffel, wobey die Zeit abgemessen, daß der Palais inwendig und die Taffel illuminiret wurde.» Pöppelmann hat das Palais in sein Zwinger-Werk aufgenommen und es damit als eigene architektonische Leistung hervorgehoben.

Ein besonderer Tag im Leben des Matthäus Daniel Pöppelmann aber muß der 15. September 1719 gewesen sein. Der Zwinger erlebte das «Caroussel» der «Vier Elemente»; in Faßmanns Biographie Augusts des Starken von 1733 heißt es: «Um 12 Uhr kamen alle Quadrillien auf dem Ostra-Vorwerk bey Ihro Majest. dem König zusammen, da indessen alle Anstalten im Zwinger-Garten gemacht worden, alle Pyramiden waren fertig, und waren derselben 16. Oben auf denselben war eine vergoldete grosse Lilie, dieselben waren blau mit gold gemacht, jede stund auf vier vergoldeten Kugeln auf einem Postamente. Um alle diese Pyramiden war mit vielen Postamenten eine Gallerie gezogen, da aus einigen Wasser sprang, und auf den andern ein Orange-Baum mit Früchten gesetzt war, und also eines um das andere, deren an der Zahl fünffzig waren, die übrigen Fontänen sprungen auch alle, und war das Geräusche vom Wasser angenehm zu hören; um (den) Garten herum waren Grenadier gesetzet, um alle Disordre zu verhüten. Die Königl. Loge war gleichfalls wie eine Pyramide gebauet, und auf derselben lag eine güldne Krone auf einem rothen Kissen. Inwendig war die Loge mit pretiösen Tapeten bekleidet. Vor selbiger gleich unten war eine große kostbare Maschine, so die vier Elemente repraesentirte, verfertiget, solche bewegten sich beständig, und saß in selbiger Jupiter.» Dieser – oder einer ähnlichen – «Maschine» der vier Elemente werden wir neun Jahre später noch einmal begegnen.

Erneut konzentrierte sich das langdauernde Fest am 20. September im Zwinger. Bei Faßmann lesen wir: «Den 20. war Ihro Majestät der König ganz alleine, ohne jemand bei sich zu haben, im Zwinger-Garten, und nahmen die gemachte Arbeit in Augenschein, und ordinirten alles zur Nachmittags-Wirthschafft an.» Es war der «Jahrmarkt der Nationen», den man im Zwinger feierte, mit Harlekinaden, mit italienischer Komödie (das Stück hieß beziehungsreich «Die Kraft des Herkules»), mit Seiltänzern, mit Marionettentheater und Lotterie. «Um 2 Uhr kam schon die Menge der Zuschauer, und wurde auch jedermann hineingelassen.» Neben den blau und gelb angestrichenen «Cram-Läden», die im Zwinger aufgebaut waren, neben den Orangenbäumen und Pyramiden wurden die Festtafeln in den Pavillons erwähnt und das «türkische Serail», das man bewundern konnte, vor allem aber die abendliche Illumination, die in Versen gefeiert und auf den König bezogen wurde: «Das ist ein guter Wirth! Das ist ein reicher Mann, / der solchen Jahrmarkt hält, so Wirthschaft führen kann, / Und seinen Garten gar dem Himmel ähnlich machet, / Daß er im Dunckeln auch mit hundert Augen lachet. / Sagt! wird nicht jede Lamp und jegliche Latern, / Ihm hier ein Ruhm-Gestirn, und uns ein Freuden-Stern.»

Auch am sächsischen Hof waren also die sogenannten «Wirthschafften» beliebt, bei denen der König den Wirt spielte, wo Harlekine und Komödianten, Seiltänzer und Musikanten, vermeintliche Händler und interessierte Käufer sich in buntem Treiben zusammenfanden, wo manchmal auch, wie am 20. September 1719 im Zwinger, verkleidete Vertreter verschiedener Erdteile auftraten; Der Kurprinz war das «Haupt der Perser», die Kurprinzessin das «Haupt der Perserinnen» und Mitglieder fürstlicher und herzoglicher Familien traten als «Häupter» der «Alt-Teutschen», der «Americaner» und der «Chineser» auf.

In der bereits zitierten ruhmredigen Verklärung durch «eine poetische Feder» wird der Zwinger-Garten «dem Himmel ähnlich», die «Ruhm-Gestirne» des Königs werden den Untertanen zu «Freuden-Sternen» . . . man könnte den September 1719 also für eine glückliche und harmonische Zeit in Sachsen halten, wenn man nicht genau wüßte, wenn sich nicht sicher aus den Quellen belegen ließe, daß große Teile des Landes gerade in dieser Zeit von Dürre und Hungersnot heimgesucht wurden: «War man aber in Dresden lustig und gieng daselbst alles prächtig und herrlich zu; so ist es freylich nicht allenthalben in dem gantzen Churfürstenthum eben so bewandt gewesen. Au contraire, es ereignete sich, wegen des heissen und trockenen Sommers, eine schlechte Erndte, der Mangel und das Bedürffnis des Getreydes aber zog eine gewaltige Theurung nach sich, wodurch in vielen Gegenden, absonderlich in dem Ertz-Gebürge, das mit vielen armen Berg- und solchen Leuten angefüllet, die sich von geringer Hand-Arbeit ernehren müssen, eine grosse Noth entstanden, welche sich mit dem einbrechenden Winter vermehret, weil ein gantz ausser ordentlicher Schnee gefallen.»[50]

Zwar schließt Faßmann in seiner Biographie Augusts des Starken hier Bemerkungen über Getreide-Käufe des Königs an, zweifelt dann aber selbst daran, daß damit wirklich den Bedürftigen würde geholfen werden: «. . . so ist die Frage: Ob der Preis des Getreydes der Armuth zu statten gekommen, wie es des Königs Majestät gewünscht, gewollt und verlanget haben.» Eine Antwort gibt er nicht, und demnach dürfen auch wir berechtigt zweifeln.

Der Traum vom Glück, der Zwinger als Garten des ewigen Frühlings, der König göttergleich und verehrt – das waren Illusionen, Wünsche und Hoffnungen, aber in der Realität scheiterte der Herrscher mit dem, was er «gewünscht, gewollt und verlanget» hat, schon an den Getreidepreisen.

Das höfische Fest in seinen verschiedensten Spielarten sollte die Teilnehmer – wenn auch immer nur für eine begrenzte Zeit – aus dieser problemreichen Wirklichkeit in ein «goldenes Zeitalter» entführen. Vorbilder für «Wirthschafften», wie sie im Zwinger zur Hochzeit des Kurprinzen stattgefunden haben, fand man am Kaiserhof, und die besondere Stellung, die Wien als Vorbild für deutsche Residenzen neben Versailles hatte, muß nicht nur bei Architektur und bildender Kunst, sondern auch bei den höfischen Festen besonders betont werden. Faßmann schreibt: «Am kayserlichen Hofe zu Wien sind dergleichen Wirthschafften schon von langen Jahren her gar sehr bekannt. Man weiß, daß der glorwürdigste Kayser Leopoldus deren eine gehalten, als der Czaar bey ihm an seinem Hofe sich eine Zeitlang aufgehalten, und wer die Zeitung fleißig lieset, der findet, daß alle Jahre zum wenigsten eine, dergleichen Wirthschafft, zur Carnevals-Zeit am Kayserlichen Hofe angestellet wird.»[51]

Als Johann Christian Günther sich 1719 in Dresden um das Amt des Hofpoeten bewarb, vergeblich, wie wir wissen, verfaßte er eine «Unterthänigste Lobschrift . . .» und erklärte darin den König selbst zur größten Zier der Stadt; die Brücke jedoch, «Die jetzt dem tapfern Herrn an Größ' und Stärke gleichet / Und wie sein Heldenmut vor keinen Stürmen weichet»,[52] wurde, wie die eben zitierten Zeilen zeigen, geradezu zum Symbol für die Kraft und Tapferkeit Augusts des Starken: Architektur als verschlüsseltes Bild gesellschaftlicher Struktur!

Die erwähnte Brücke, «Dies alt' und teure Werk, das über tausend geht,» war noch nicht Pöppelmanns Werk, und doch konnte höfische Schmeichelei sie schon in diesen Tönen preisen. Günther muß Vorstellungen des Königs und seiner Architekten gekannt haben, wenn er noch deutlichere Bezugnahme auf die Person des Herrschers verlangte und von dem Brückenbau schrieb, es fehle ihm «weiter nichts zu seiner Majestät, / Als daß ihm Friedrichs Bild und dessen Ehrensäule / In Marmor oder Erz den letzten Glanz erteile.» Pöppelmanns spätere Projekte sahen reichen Statuenschmuck vor, der von einem Reiterstandbild des Königs überragt werden sollte. Es hätte, bei Ausführung dieses Planes, das Abbild des Königs auf der Brücke als dem Sockel geruht, der selbst schon als ein Sinnbild seiner Stärke gepriesen worden war.

Dazu ist es nicht gekommen; man entschloß sich, das bronzene Kruzifix von Christoph Abraham Walther (Entwurf 1655/58; aufgestellt 1670), neuvergoldet allerdings, das früher auf einem seitlichen Pfeiler gestanden hatte, auf den Mittelpfeiler zu setzen und den Gedanken an ein Reiterstandbild (zumindest vorerst) aufzugeben. Den Entwurf der Aufstellung des Kruzifixes über einem Postament in Felsenform schuf Zacharias Longuelune; die Ausführung des Postaments lag bei Johann Christian Kirchner.

Die Enthüllung des Kruzifixes 1732 und das besondere Interesse des Königs an der Brücke beschreibt Faßmann 1733: «Am 23. Oct. (1732) des Nachmittags, folglich an eben dem Tag, als des Königs Majestät aus Pohlen angelanget, ist ein neu aufgerichtetes metallenes Crucifix auf den grossen Pfeiler der Elb-Brücke entdeckt worden, indem man das darüber gewesene Gerüste und Bedachung abgenommen, auch an dem Pfeiler zwey Schildwachen ausgesetzet. Ihro Majestät haben auch sonst, durch dero höchste Sorgfalt, diese Brücke, mit grossen Kosten, in einen solchen Stand gesetzet, daß sie allerdings vor die schönste in ganz Teutschland passieren kann.»[53] 1719 jedoch war es noch nicht so weit; in Vorbereitung der kurprinzlichen Hochzeit hatte man sich mit den nötigsten Baureparaturen behelfen müssen.

Zwar schrieb Günther damals von der Stadt «Das Auge wird entzückt, wohin es sich auch lenkt», aber was er besonders hervorzuheben fand, das waren nicht Kirchen und Bürgerbauten, das war nach der Brücke der Zwinger: «So blendet ihm» (also dem Besucher der Stadt) «schon dort der Zwinger das Gesichte.» Die Bauten der höfischen Repräsentation wurden hervorgehoben, oder es wurden Bauten mit dem König in Zusammenhang gebracht, die lange schon bestanden und deren Funktion lebensnotwendig für die Stadt war.

Manchmal sehen wir es deutlich, manchmal ist es nur zu ahnen, wie sich in Kunstwerken gesellschaftliche Strukturen offenbaren; Realität und Wunschvorstellungen spiegeln sich dabei in kaum auflösbarer Durchdringung. Aus den Schöpfungen der Architekten, der Bildhauer, Maler und Kunsthandwerker erschließt sich dem heutigen Betrachter (oder Nutzer) ein Bild (häufig kein Abbild, sondern ein Idealbild) vergangener Wirklichkeit. Die Fürsten, als wichtigste gesellschaftliche Kraft des Barocks, ließen sich in Bildern und Sinnbildern verehren; alles Große, Starke und Schöne konnte Zeichen oder Verkörperung ihrer Person werden: Herkules, die Sonne, eine Brücke!

So gelangte in die Kunstkammer der sächsischen Kurfürsten am 24. Dezember 1659 «eine Tafel, darauf eine Landschaft, streitende Kriegsparteien und andere Gesichter untereinander gemalet, auf einem Brett, in einen achteckigen Rahmen gefasset, durch Kunst also zugerichtet, daß, wenn man durch ein absonderlich gemachtes Perspicill gegen dieses Bild siehet, dadurch S. Churf. Durchl. Contrafect allein sich präsentiert, soll ein Maler von Bautzen Namens Bischoff gemalt haben.»

Die beschriebene Arbeit, von der sich außer der zitierten Eintragung in dem von Tobias Beutel verfaßten Zugangsverzeichnis zur Kunstkammer von 1658–1679, das Victor Hantzsch ausgewertet hat,[54] keine weiteren Spuren nachweisen lassen, ist – gesehen mit den Augen damaliger Zeit – mehr als nur ein optisches Kunststück, mehr als nur eine «Augentäuschung»: Der Fürst erscheint, «durch ein absonderlich gemachtes Perspicill» betrachtet, als Verkörperung seines Staates, als Herr über Krieg und Frieden. In seinem Porträt spiegelt sich das Land, dessen Beherrscher er ist.[55]

Poetisches und gebautes, gemeißeltes oder gemaltes Herrscherlob zeichneten ein Idealbild des Fürsten oder Königs, das ihn als weisen und starken Beschützer seines als blühend vorgestellten Landes zeigte, als Schirmherren der Künste genauso wie als Feldherrn und Sieger. Matthäus Daniel Pöppelmanns eigene Erklärung des gestochenen Titelblattes zu seinem Kupferstich-Werk über den Zwinger endet mit dem Wunsch, «daß unter unsers Sächsischen tapfern Hercules Schutze, die Künste gleichfalls in sicherer Ruhe fortblühen, die angelegte Orangerie aber nach Wunsche bekleiden werden.» Pöppelmann schrieb außerdem: «So hat man seine Bild-Säule (die Bildsäule des Hercules), theils als eines Ober-Aufsehers derselben (der Gärten der Hesperiden), theils als eines Welt-Unterstützers, wie er die Himmels-Kugel auf seinen Schultern trägt, in Abzielung auf die damalige Reichs-Statthalterschaft unseres Heldenmütigen Königs, in der Höhe über der großen Treppe ausgestellt.»

Der weit über bürgerliches Maß hinausgehende, vom Residenzcharakter geprägte bauliche

Zuschnitt Dresdens, wie er in «augusteischer» Zeit entstanden ist, wurde am Ende des 18. Jahrhunderts auch von Jean Paul erfaßt, der 1798 in einem Brief schrieb: «Betrittst Du die Dresdner Brücke, so liegen Paläste wie Städte vor Dir, und neben Dir eine Elbe, die aus einem weiten Reich in das andere fließet, ferne Berge, Ebenen, verlorene Schiffchen, die wandelnde Prozession der einen Brückenreihe, die entgegengehende der anderen, eine lange Allee und das Getümmel des Lebens ergreift Dich . . .»

Kommen wir aber noch einmal auf Johann Christian Günthers «Unterthänigste Lobschrift . . .» zurück. «Dies aber weiß ich wohl» schreibt Günther gleich eingangs, «daß diese große Stadt, / Soviel sie von sich selbst von Würd' und Ansehn hat, / Kein höher Vorzugsrecht vor ihresgleichen führet, / Als daß sie jetzt August und dessen Hofstaat zieret.» In dieser Hinsicht bleibt es bezeichnend, daß der Fürst auch den Bauten der Bürger einen Glanz und eine Würde wünschte, die aus der gegebenen städtischen Situation heraus ökonomisch nicht gerechtfertigt waren.

Prächtige alte Rathäuser sind der Stolz so mancher Stadt. Nicht selten treten sie architektonisch beherrschend in Erscheinung, sind gebauter Ausdruck dessen, was selbstbewußte Bürger leisten konnten. Reichtum und – in unterschiedlichem Maße – Unabhängigkeit des Gemeinwesens fanden in ihnen die funktionelle Mitte und ein sichtbares Zeichen.

Anders liegen die Dinge in allen Residenzen – und also auch in Dresden. Das Wahrzeichen dieser Stadt ist heute der Zwinger, eine höfische Festarchitektur von zu Recht bewunderter Schönheit und Genialität, als königliche Orangerie begonnen, als Festplatz genutzt, schon bald als Museum eingerichtet.

Jahrelang hatten August den Starken Projekte für ein neues Residenzschloß in Dresden beschäftigt. Es sollte den aus Mittelalter und Renaissance überkommenen Bau ersetzen, der als Ausdruck angestrebter absolutistischer Macht am Anfang des 18. Jahrhunderts nicht mehr genügte. Vor allem Matthäus Daniel Pöppelmann legte auf königlichen Wunsch immer wieder andere, jedoch nie realisierte Pläne vor. Der Zwinger, heute ein selbständiger Architekturkomplex, seit der Mitte des 19. Jahrhunderts mit der Gemäldegalerie verbunden, entstand als Teil dieser weitausgreifenden Planungen.

Nicht nur in Sachsen, überall in Deutschland, ja in ganz Europa, führte das gesteigerte Repräsentationsbedürfnis der Fürsten des Barocks dazu, daß neue Residenzschlösser gebaut, oder zumindest projektiert wurden. Ludwig XIV. hatte mit Schloß und Park von Versailles ein epochemachendes Beispiel gegeben, das als Idee verpflichtend, in den Formen allerdings nicht bindend und in den Dimensionen unerreichbar blieb.

Was jedoch beim «Roi Soleil» als baukünstlerischer Ausdruck realer politischer Macht erscheint, was bei den Plänen für eine neue Kaiserresidenz in der Umgebung von Wien durch hochfliegende Gedanken an eine erneute umfassende Bedeutung des Kaisertums getragen wurde (und auch nur Wunschtraum blieb, politisch wie architektonisch), das mußte die Möglichkeiten der nacheifernden deutschen Territorialfürsten übersteigen, oder sie erschöpfen.

Versailles vor allem erschien für fürstliche Bauherren als unerreichbares, jedoch im Geiste stets gegenwärtiges Ideal. Pöppelmanns zweite Auslandsreise führte 1715 nach Frankreich!

Schmeichelredner haben in ihrem Eifer alles Mögliche und Unmögliche mit der Residenz des französischen Königs verglichen, den Zwinger beispielsweise genauso wie Schloß Pillnitz; heißt es doch 1732 im «Kurtzgefaßten Sächsischen Kern-Chronicon»: «Versailles zeigt sich im Zwinger wie im Spiegel.»[56]

Was war das für eine Verkennung der Funktion, aber auch der Größenverhältnisse! In derselben Quelle konnte man schon 1725, in gereimten «Gedanken über das angenehme, sehenswürdige Pillnitz» lesen: «Ich weiß, du wirst mit mir und allen anderen sagen: / Was in Versailles schwebt, ist auch hier zu erfragen. / Doch dieses ist des Orts die größte Lust und Zier, / Mein gnädigster August, mein König wohnet hier.»[57] Die letzten beiden Zeilen machen deutlich, welchen Anlaß es zu solchen Vergleichen gab: Wenn man Dresdner Bauten denen von Versailles an die Seite stellen konnte, dann stand der polnische König und sächsische Kurfürst (er ist die größte Zierde des Orts!) auf einer Stufe mit Ludwig XIV.!

Verständlich, daß König August II. Pläne für ein neues Residenzschloß in Dresden beschäftigt haben. Er beauftragte nicht nur Pöppelmann, sondern sowohl gleichzeitig wie nacheinander alle seine Architekten, Pläne auszuarbeiten.

Raumstrukturen der Stadt im Schloßbereich, Fassadengestaltungen und Gruppierung der Flügel um einen oder mehrere Höfe, später dann das Verhältnis des Schlosses zum Zwinger spielten in immer neuen Varianten eine Rolle, konnten den König wohl in keinem Entwurf ganz zufriedenstellen – auch fehlten bei der Menge gleichzeitig in Angriff genommener sonstiger Projekte die Mittel – und so wurde letztendlich das alte Schloß unter Pöppelmanns Leitung und teilweise nach seinen Entwürfen wieder hergestellt, die Repräsentations- und Fest-Etage (das zweite Obergeschoß) neu eingerichtet, das Grüne Gewölbe in die Form gebracht, in der es bis zum 20. Jahrhundert die Besucher faszinierte, und in der es wieder entstehen wird. Auf einen Neubau aber wurde verzichtet.

Einerseits war das alte Residenzschloß, worauf Heinrich Magirius besonders hingewiesen hat, ein Symbol staatlich-religiöser Einheit von Fürst und Volk, die erst durch Augusts Konversion aufgehoben worden war. Der Abriß dieses Schlosses hätte als bewußte und demonstrative Abkehr von sächsischer Geschichte und Tradition verstanden werden können; dem König mußte daran liegen, solchen Eindruck zu vermeiden. Andererseits war mit seinen politischen Träumen geradezu notwendig deren architektonische Repräsentanz in einem neuen Schloß verbunden. Besonders nach dem Brand des Ostflügels des alten Residenzschlosses am 25. März 1701 gewannen diesbezügliche Überlegungen Auftrieb. Konkrete Form gab zuerst Marcus Conrad Dietze den Wünschen des Königs mit einem Plan von 1703, der die Grenzen der Stadt sprengte und weit über die Festungswerke hinausgriff.

In späteren Planungen, die nach Ansicht von Heidrun Laudel nicht früher als gegen Ende des zweiten Jahrzehnts des 18. Jahrhunderts entstanden sein dürften, tauchen – sicher auch aus finanziellen und praktischen Erwägungen – Überlegungen zur Einbeziehung von Teilen des alten Residenzschlosses in den Neubau auf; besonders augenfällig als bewußter Rückgriff auf ältere Formen (und nicht nur als praktische Notlösung) erscheint die Beibehaltung und sogar Wiederholung des Klengelschen Turmes, wodurch in einigen Projekten Pöppelmanns die monumentale Schauseite von zwei symmetrisch angeordneten Türmen überragt wird. Seit 1712/13 spielte der Gedanke einer Verbindung von Schloßneubau und Zwinger eine wichtige Rolle in allen Überlegungen; die Bauten und Höfe wären diagonal zusammengetroffen. Pöppelmanns besondere Aufmerksamkeit galt darüber hinaus der östlichen Schauseite des Schlosses, zu der er verschiedene Entwürfe lieferte. Für beherrschende Achsen und die architektonische Gliederung ganzer Stadtbereiche, wie bei der Königstraße am Japanischen Palais, war innerhalb der Festungswerke im Bereich von Zwinger und Schloß kein Raum. Der König mußte sich bescheiden.

Auch wenn letztendlich kein neues Schloß gebaut wurde, die erhaltenen Schloßbaupläne sind kostbar als Ausdruck eines zentralen architektonischen Anliegens. Man muß sie kennen, will man barockes Bauen in Dresden – und Pöppelmanns Lebenswerk – gerecht würdigen.

Aber genauso sollten die städtischen Bauten, ohne wirklich städtische Macht zu repräsentieren, der Residenz würdig sein. So ließ August der Starke das Dresdner Rathaus auf dem Altmarkt 1707 abreißen, um die Notwendigkeit eines repräsentativen Neubaus zu unterstreichen. Schon Kurfürst August hatte 1554 den Abbruch verlangt, ohne sich dem Rat gegenüber durchsetzen zu können, und Christian I. 1591, Christian II. 1610 erneuerten diesen Befehl ohne Erfolg. Gegen die Anordnung des Königs aber halfen am Anfang des 18. Jahrhunderts keine Ausflüchte mehr: das Rathaus mußte weichen. Häuser in der Straßenflucht des Altmarktes übernahmen die Funktion, von 1707 bis 1709 das Beuchlingische Haus an der Ecke der Schreibergasse, dann das gräflich Taubesche Haus an der Ecke der Scheffelgasse. Erst 1741 wurde an gleicher Stelle der Grundstein zu einem Neubau gelegt.

Städtebauliche Vorstellungen und das Bedürfnis, in der Stadt einen weiten Platz für höfische Feste zu gewinnen (den Zwinger gab es 1707 noch nicht), waren maßgeblich für diesen so lange verfolgten, endlich durchgesetzten Plan, der deutlich erkennen läßt, wer in der Residenzstadt Dresden die Entscheidungen traf: der König; und Hofbeamten oblag es, diese Entscheidungen durchzusetzen.

Auch der Abbruch des Rathauses in der Dresdner Neustadt wurde 1732 von August dem Starken angeordnet (wenngleich erst Jahrzehnte später von August III. erzwungen) und gleichzeitig der Befehl erlassen, Pläne zu einem Neubau einzureichen. Solche Pläne wurden dem Grafen Wackerbarth, der alles Bauen in Dresden lenkte und kontrollierte, als Gouverneur und Chef des Ober-Bauamtes, auch übergeben, sie fanden die Zustimmung des Königs, aber zu einem Neubau kam es erst 20 Jahre später, der Grundstein wurde 1750 gelegt.[58]

Im barocken Dresden dienten die Künste (wie anderswo auch) der Staatsrepräsentation. Bauten, Kunstsammlungen und Akademien mußten sich vorzeigen lassen. Aber sie waren gleichzeitig auch denen, die auftraggebend lenkten, Bedürfnis und nicht nur Mittel: Kunst als Bestandteil höfischen Lebens.

Immer wieder hat der König entscheidend Einfluß genommen; er war ein kompetenter, in der Architektur wie in den Künsten überhaupt erfahrener und schöpferisch denkender Auftraggeber. Das blieb manchen entfernten Beobachtern verborgen, wird aber durch die Quellen bewiesen. Ein zeitgenössischer Biograph des Königs, dessen umfangreiche, inzwischen mehrfach zitierte Lebensbeschreibung Augusts des Starken bereits 1733 erschienen ist, stellte fest (und wir müssen das nicht als Schmeichelei abtun): «Zum Bauen haben Ihro Majestät recht ungemeine Neigungen gehabt. Dreßden hat unter Ihrer Glorwürdigen Regierung eine ganz andere Gestalt bekommen, so daß es denen prächtigsten Städten in Europa gleichkommet. Viele Land Häuser bey Dreßden herum haben ebenfalls dieser Königlichen Sorgfalt genossen, dergestalt, daß sie sind in die herrlichsten Paläste und Schlösser verwandelt worden. Jedermann weiß derohalben, wie sehr sie es sich haben angelegen seyn lassen, gute und excellente Baumeister zu haben, ja sie selber recht nach Dero Hand zu ziehen, und sie wohl zu unterhalten.»

Den letzten Satz kann und muß man auf Augusts Verhältnis zu seinen Architekten ganz allgemein beziehen, denen er ständig mit eigenen Ideen und Urteilen fordernd gegenüberstand; man kann ihn aber, in einem sehr persönlichen Sinne, besonders auf Carl Friedrich Pöppelmann, den zweiten Sohn des Zwinger-Baumeisters anwenden, der als Architekt seit etwa 1720 beständig in des Königs Nähe war, ihn auf seinen Reisen begleitete und viele Gedanken Augusts in Zeichnungen zur Anschauung brachte und damit die mögliche Realisierung vorbereitete. Er vor allem könnte es gewesen sein, den der König «selber recht nach Dero Hand zu ziehen» unternommen hat. Für Dresden erlangte er nur geringe Bedeutung; sein Einfluß auf sächsisches Bauen in Polen dagegen war groß.[59]

Die Neigung zum Bauen teilte August der Starke mit fast allen Fürsten seiner Zeit. Gewisse Architektur-Kenntnisse dürfen bei jedem «Kavalier» des 18. Jahrhunderts vorausgesetzt werden, doch nur wenige Fürsten waren so gebildet und gleichzeitig schöpferisch auf diesem Felde, daß sie den Baumeistern ihren Geschmack und ihre funktionalen Vorstellungen derart deutlich übermitteln und sie «recht nach Dero Hand» ziehen konnten. Das Verhältnis des Königs zu seinen Architekten war ein sehr persönliches – und es war fruchtbar für die Baukunst in Dresden.

Aus der Ferne jedoch stellte sich vieles anders dar, bemerkte man den Aufwand und die galanten Episoden, weniger die wirkliche Leistung. Voltaire – dem manches über die Verhältnisse in Sachsen aus seinem persönlichen, freundschaftlichen Kontakt mit dem berühmten «Maréchal de Saxe» (Augusts Sohn mit Maria Aurora von Königsmark) bekannt war, charakterisierte den König so: «Friedrich August, Kurfürst von Sachsen... war ein Herrscher, der weniger noch durch seine unglaublichen Körperkräfte, als durch Mut und Galanterie bekannt war. Sein Hof war der brillanteste in Europa, nach demjenigen von Ludwig XIV. Nie war ein Fürst großzügiger, nie gab einer mehr aus, und zu allen anderen Talenten hatte er auch noch Grazie.»[60] So sah man den König in Europa – doch wie wenig wußte man über seine Leistungen im Einzelnen, über seine Bauten und seine Sammlungen, über seine künstlerischen Ideen, die oft der Zeit weit voraus waren.

Denn die Kenntnisse Augusts des Starken, seine Begeisterung und seine Begabung erstreckten sich nicht allein auf die Architektur: «Solche milde Neigungen Sr. Majestät haben sich auf alle Künste und Wissenschaften, die Bildhauer und die Mahlerey erstreckt. Haben Ihro Majestät einem Künstler etwas abgekauft, ist es allemal stattlich bezahlet worden. Sie haben aber auch Bildhauer und Mahler auf Dero Kosten reisen lassen, um allemal excellente Männer in dieser Kunst, beständig an Dero Hofe zu haben; wie Sie dann alle Künste und Wissenschaften zu encouragiren und immer höher zu bringen gesuchet.»[61]

Wer sich allerdings nach den Quellen selbst ein Bild von den Lebensumständen der Künstler macht, der erfährt sehr schnell, wie unterschiedlich deren materielle Verhältnisse waren, daß manche im Wohlstand, viele jedoch sehr bescheiden lebten, daß in Kriegszeiten (so während des Nordischen Krieges) alle Zahlungen ausbleiben konnten, hört von bitterer Not (es gibt dramatische Schilderungen von Armut und vom Fehlen aller Existenzmittel)[62] und lernt vor allem, daß es in unserem Sinne kein Recht des Einzelnen gab: Jeder war ständig von der «Gnade» abhängig, vom Wohlwollen der Vorgesetzten, vom Zustand der Kassen. Rückständiges Gehalt, oder rückständige Honorare, konnte man nicht einfordern, sondern nur durch «unterthänigste» Bittschriften zu erlangen suchen. Doch im Verhältnis zu anderen Höfen, in Anbetracht der im Barock nirgends besseren Rechtssituation, ist der Hinweis auf das Mäzenatentum Augusts jedenfalls berechtigt..

Um «l'art pour l'art», um zweckfreie Kunstförderung hat es sich im Barock jedoch nur selten gehandelt; auch der sächsische Kurfürst strebte politische und repräsentative Zwecke an, «benutzte» Kunst.

Als der preußische König Friedrich Wilhelm I. 1728 Dresden besuchte, kam er auch in die Kunstakademie. Der Direktor, Louis de Silvestre, führte ihn u. a. zu Anna Maria Wernerin, die eben damit beschäftigt war, Darstellungen dieses noch andauernden Staatsbesuches und der aus diesem Anlaß gegebenen Feste zu zeichnen, was der König «als was apartes» besonders bewunderte, wie der Hof- und Staatskalender vermerkte.

Es ist bekannt, welche Anziehungskraft das Haus des Hofgoldschmiedes Melchior Dinglinger auf Fremde ausübte. Zar Peter der Große hat bei ihm gewohnt. Aber auch Architekten und Maler spielten im gesellschaftlichen Leben Dresdens eine Rolle. Von Louis de Silvestre wie von Johann Adolf Pöppelmann (dem ältesten Sohn des berühmten Baumeisters) wissen wir, daß sie sowohl ihre Künstlerkollegen, wie die vornehme Welt um sich versammelten. Nicht nur die Kunst, auch die Künstler gehörten zum Leben einer barocken Residenz.

Die Bauwünsche des Königs gingen ins Uferlose. In Dresden und in Polen gleichzeitig war er beschäftigt. Der Umfang der Planungen mußte bisweilen vor denen verborgen werden, die das Geld aufbringen sollten: vor den Ständen und besonders vor den Städten. Vieles blieb in Anfängen stecken oder wurde nie begonnen.

Bedenkt man die gewaltige Größe der architektonischen Träume Augusts des Starken und der Pöppelmannschen Projekte, das Planen und immer neue Planen, all die Bauideen, denen nie vergönnt war, steinerne Gestalt zu gewinnen, und vergleicht mit dem, was tatsächlich realisiert werden konnte, bringt noch in Anschlag, was die Zeit davon wieder zerstört hat, so spürt man etwas von der tragischen Vergeblichkeit, wie sie uns – auf eine sehr allgemeine Weise – in den Bildern vom Turmbau zu Babel überliefert ist. «Und sprachen: Wohlauf, laßt uns eine Stadt und Turm bauen, des Spitze bis an den Himmel reiche, daß wir uns einen Namen machen! Denn wir werden sonst zerstreuet in alle Länder.» (2. Mose 11.)

Ein Bild großen Anspruchs, Bauen als Mittel inneren staatlichen Zusammenhalts, und doch, mehr noch, ein Bild der Vergeblichkeit: Die gewaltige, durch Stufen gegliederte, in Bogenstellungen aufgelöste Kegelform des babylonischen Turmes, wie ihn Pieter Bruegel der Ältere 1563 gemalt hat, und wie er dann von vielen anderen Künstlern dargestellt wurde, beispielsweise 1595 von Maerten van Valckenborch,[63] mit all den Details des Planens und Anordnens, der Arbeit und des Transports, wie sie zu einer Baustelle gehören, die Vollendung des Riesenwerkes scheinbar vor Augen und doch so weit davon entfernt (denn es sollte –

Bauleidenschaft und ökonomische Grenzen – das «Unvollendete» im Dresdner Barock und konnte – nie eine Vollendung dieses Turmbaues geben). Muß man sich nicht erinnert fühlen an die übersteigerten Bau-Wünsche Augusts des Starken, denen seine Architekten, auch Pöppelmann, immer wieder Form gaben, aber nie vollständige Verwirklichung? Alles blieb Fragment, auch der Zwinger.

Doch selbst das «Unvollendete» erscheint im Zwinger als künstlerische Form von hoher Vollendung; anders jedoch, als bei Werken, deren Fertigstellung aus innerer Unmöglichkeit nicht gelingen konnte,[64] meint das «Unvollendete» beim Zwinger, daß er Bruchstück größerer Planungen geblieben ist, für die eben nur die Möglichkeiten der Realisierung an diesem Ort und zu dieser Zeit nicht gegeben waren.

Kunst und «Illumination» – der König als Sonne und als Herkules

Auch wenn die Grenzen des Möglichen häufig überschritten wurden: Es war die «Verschwendung» des Königs, nicht das ökonomische Denken des Magistrates der Stadt, was Dresden zu einer Kunststadt höchsten Ranges machte. «Niemals hat sich die Baukunst in größerem Glanze gezeigt, als nachdem August der Große, dieser Kenner und Freund der Baukunst, den polnischen Thron bestieg, und Dresden zum Neide und zur Bewunderung der Ausländer zu einer der schönsten Städte Deutschlands umschuf...»,[65] schrieb Johann Christian Hasche 1784.

Einerseits wurde damals aus Dresden eine Königsstadt, andererseits war der König oft beinahe während des ganzen Jahres in Warschau, kam nur zu kurzen Besuchen an die Elbe, berief einen Landtag ein, veranstaltete ein glänzendes Fest, feierte im Februar den Karneval in Pöppelmanns Zwinger, ließ Bauen und Sammeln – und ging zurück nach Polen, während Sachsen von einem Statthalter regiert wurde; und acht Jahre lang, von 1711 bis 1719, war auch der Kurprinz nicht im Lande. So hat die Stadt von der Rangerhöhung ihrer Fürsten (die im 18. Jahrhundert August den Starken und seinen Sohn betraf) nicht nur profitiert.

Ein Fest war es jeweils, wenn der König seine Stadt Dresden besuchte. Bei der «Illumination» am 8. Februar 1728, aus Anlaß der Rückkehr König Augusts des Starken aus Polen, wurde auch das erwähnte, damals als Rathaus dienende Haus am Altmarkt/Ecke Scheffelgasse sinnreich geschmückt. Der Hof- und Staatskalender beschrieb die «Illumination» als «Maschine», allegorisch bemalt, in Form einer Pyramide, deren einzelne Teile beweglich waren, das Meer mit Schiffen und Seefischen darstellend, aber auch Wald und Menschen, alles zusammen die vier Elemente symbolisierend, oben die Sonne, «deren Strahlen alle Creaturen beschienen», ohne Zweifel als der König selbst zu verstehen, was durch die Beischrift «Perennet» («Sie müsse ewig bei uns bleiben») unterstrichen wurde.

Deutliche Anweisungen «von oben» halfen, die städtische Begeisterung über des Königs Rückkehr aus Polen (ein Vorgang, der sich in unregelmäßigen Abständen wiederholte) in erwünschte Bahnen zu lenken. Im Hof- und Staatskalender auf das Jahr 1728 liest man: «Als nun Sr. Königl. Maj. den 21. May (1727) Mittwochs früh nach 4 Uhren glücklich in Dero Residenz angelanget, ließ E. E. und Hochweiser Magistrat dieser Stadt allen und jeden hiesigen Bürgern in Alt- und Neu-Dresden zu wissen thun, was massen, auf hohe Verordnung Sr. des würcklichen Geheimbden Cabinets-Ministri General en Chef und Gouverneurs Reichs-Grafen von Wackerbarth Excellence, sei beliebet worden, daß diesen 21. und morgenden 22. Maji Abends, zur Bezeugung der allgemeinen Freude, alle Häuser illuminiret werden sollten. Gute Obrigkeit findet auch in allem gute und getreue Unterthanen, welches gegenwärtige Solennité zur Genüge erwiesen.»

Das Beispiel für die «Bezeugung der allgemeinen Freude» gab ein «Hochweiser Magistrat» selbst. Die «Maschine am Rathaus zeigt deutlicher als es sonst ausgesprochen wird: Auch August der Starke wollte ein «Sonnenkönig» sein; und was bereits in den Gemälden eines Giuseppe Arcimboldo vom Ende des 16. Jahrhunderts als verschlüsselter Inhalt steckte, der Herrscher als Gebieter über die vier Elemente (man kannte Werke Arcimboldos in Dresden durch die Verbindungen zum Kaiserhaus in Wien), das wurde in dieser Dekoration aufgenommen und zu monumentaler Wirkung gebracht.[66]

Auch die Musik war in Dresden entscheidend durch den Charakter der Stadt als Residenz geprägt. Die kurfürstliche Kapelle (die heutige «Staatskapelle») und die Dresdner Oper, das Wirken von Kapellmeistern und Komponisten wie Heinrich Schütz und Johann Adolf Hasse waren an den Hof gebunden.[67]

Während Architektur, bildende Kunst und Musik jedoch aus dieser Bindung Nutzen zogen, konnten sich Dichtung und Schriftstellerei durch die enge Verquickung mit den Gegebenheiten höfischen Lebens nur in geistig enger Weise entfalten. Johann von Besser und später Johann Ulrich von König, um die bekanntesten Namen zu nennen, fanden in den Hofereignissen, die sie zu schildern hatten, keinen angemessenen Stoff, der ihnen gestattet hätte, der Form nach Großes und literarisch Bleibendes zu leisten. Eine poetische Kraft wie Johann Christian Günther scheiterte 1719 bei dem Versuch, in der Residenz an der Elbe «Hofdichter» zu werden.[68]

Dresden lebte und wurde berühmt als Residenz. Die künstlerischen Leistungen, denen die Stadt ihren Ruhm verdankt, entstanden als Aufträge des Hofes oder doch im Zusammenhang mit Bedürfnissen, die daraus resultierten, daß Dresden Residenz war. Sie wurden realisiert von «Hofkünstlern», die frei von Innungszwängen lebten, aber gebunden an fürstliche Aufträge.

Wenn Matthäus Daniel Pöppelmann bei einer festlichen Illumination das Bildnis des Königs ins Fenster hängte, wenn man die Brücke, die nach seinen Plänen 1727–1731 umgebaut wurde, schon 1719 mit August dem Starken verglichen hatte, wenn Johann Joachim Winckelmann davon sprechen konnte, daß August der Starke die Künste als eine fremde Kolonie in Sachsen eingeführt habe, dann unterstreicht das alles nur, wie sehr die Kunst in Dresden durch den Residenzcharakter der Stadt geprägt war. Doch Hofkunst kann mehr sein, als nur eitles Fürstenlob: In den besten Werken spüren wir Hoffnungen auf eine mögliche (oder erträumte) Verwirklichung von Idealbildern, die zum Zeitpunkt ihrer Entstehung in der Realität (noch?) keine Entsprechung hatten. Ein solches Idealbild erkennen wir in den Darstellungen des Herkules, der mit seinen Taten das Gute befördert, das Böse niederzwingt; und Herkules nimmt – für einige Zeit – dem Atlas das Himmelsgewölbe von den Schultern. Kunst im barocken Dresden griff diese Episode auf.

«Die Welt ruht nicht sicherer auf den Schultern des Atlas, als Preußen auf einer solchen Armee», schrieb Friedrich II. in der gleich eingangs zitierten «Geschichte meiner Zeit» im Anschluß an die Schilderung der Schlacht bei Hohenfriedberg 1745. Eine Armee zu schaffen, deren eindrucksvolle Kampfbereitschaft dem König erst das Gefühl von Stärke geben konnte, auf dessen Schultern, wie auf denen des Atlas, die Welt ruhte, diese Aufgabe hatte August den Starken jahrelang beschäftigt. Der Herkules am Wallpavillon des Zwingers war ein Versprechen; das Zeithainer Lager, zu dem Pöppelmann die Bauten entworfen und realisiert hatte, sollte 1730 beweisen, daß diese Armee nun existierte. Der sächsische Herkules, im Nordischen Krieg gedemütigt, hatte neue Kräfte gesammelt.

Aber wie ein Hinweis auf die Wechselhaftigkeit des Glücks, auf die Unberechenbarkeit einzelner Ereignisse innerhalb großer historischer Abläufe mag es erscheinen, daß in diesen Jahren auch Bauzeichnungen entstanden, auf denen Kuppeln von Figuren bekrönt wurden, die auf Kugeln standen, schwankend wie «Fama», bei einem Entwurf von Zacharias Longuelune für ein Schloß in Großsedlitz, tändelnd wie Amor, bei einem Entwurf für ein Schloß in Pillnitz: Die Bauten und die Entwürfe zu Bauten, die so nie realisiert wurden, können helfen, ein umfassenderes Bild der Geschichte zu gewinnen – voller Leben, gebunden an Schicksale.[69]

Denn immer bedeutet das Stehen auf der Kugel die Möglichkeit des Wandels, erinnert daran, daß der Sieger von heute morgen unterliegen kann: andererseits ist die rollende Kugel auch im Zusammenhang mit Darstellungen der «günstigen Gelegenheit», des griechischen Gottes Kairos, zu sehen, wie auf einem Gemälde von Girolamo da Carpi, das 1746 aus Modena nach Dresden kam.[70] Die günstige Gelegenheit ergreifen, wie Herkules die ganze Welt auf seinen Schultern tragen, das heißt doch: in der Lage sein, das Unmögliche möglich zu machen, und also Fortuna und Victoria auf seiner Seite zu haben. So sah ein barocker Fürst sich selbst und seine Regierung, so wollte der sächsische Kurfürst und polnische König von der Welt gesehen sein. August der Starke hat aber auch erleben müssen, daß Glück und Sieg nicht ohne Grund auf rollender Kugel dargestellt werden. Die genannten Entwürfe erinnern daran.

Persönliche Schicksale und Vorlieben, der Charakter und die Bildung der einzelnen sächsischen Kurfürsten waren von Bedeutung für die künstlerische und bauliche Entwicklung von Dresden, für das Aufblühen und die besondere Tendenz, oder auch für das relative Stagnieren der Künste in dieser Stadt. Es ist eine Verlockung, zu versuchen, durch die Bildnisse der Herrscher, wie sie uns die gefeierten Hofmaler hinterlassen haben, Einblick in den Charakter der Porträtierten zu suchen; und in der für das Barock bezeichnenden Gleichsetzung der Person des Fürsten mit seinem Staat, dessen erster Repräsentant er zumindest war, mag es manchmal sogar scheinen, als könnte man durch das Porträt des Herrschers hindurch zurückblicken in die Geschichte.

Nicht nur die Kurfürsten und Könige, als Auftraggeber, auch deren Berater in Fragen der bildenden Kunst können mit allem Recht unser Interesse beanspruchen. Unter Johann Georg II. war der Architekt Wolf Caspar von Klengel Kunstkämmerer. Von ihm stammte der erste Bebauungsplan für Dresden-Neustadt nach dem Brand von 1685, und von ihm wurde August der Starke in die Baukunst eingeführt. Von Klengel vorbereitet hat er die barocke Architektur Italiens und Frankreichs gesehen, und was Klengel an Gemälden für die Kunstkammer erworben hatte, daran konnte der Fürst seinen Geschmack bilden.

Später waren es unter August dem Starken vor allem Christoph August Graf von Wackerbarth und Baron Raymond Le Plat, die Einfluß gewannen. Wackerbarth kam schon 1685 als Page nach Dresden, erhielt Unterricht im Militär- und Zivilbau, ging zweimal studienhalber nach Italien, doch begann sein Aufstieg erst mit dem Regierungsantritt Augusts des Starken, der ihn 1695 aus Rom zurückrief und bald zu seinem Generaladjutanten machte. Später war er auch Chef des Ober-Bauamtes, Kabinettsminister, Gouverneur von Dresden usw. Nach dem König war er in allen Kunstangelegenheiten die entscheidende Person: Pöppelmann hatte ständig mit ihm zu tun, wurde von ihm gefördert, lag aber manchmal auch mit ihm im Streit.

Seit 1697/98 stand der aus Flandern stammende Raymond Le Plat im Dienst des sächsischen Kurfürsten und polnischen Königs, der ihn in Krakau kennengelernt hatte. Als «Königl. Cabinets-Architect» bezeichnete ihn der Hof- und Staatskalender 1728. Le Plat sicherte die künstlerische Verbindung nach Paris, und er war es, der – um ein Beispiel zu nennen – den Anstellungsvertrag für Louis de Silvestre entwarf.[71] Hans Posse schrieb über ihn: «Dieser Mann ... ist der Schöpfer der Skulpturensammlung. Seiner Tätigkeit verdankt die königliche Galerie viele hunderte an Gemälden. Vom Könige war ihm freie Hand gegeben, auswärtige Künstler in sächsisch-polnische Dienste zu ziehen.»[72] Allerdings unterstand er dem Grafen Wackerbarth, und nicht direkt dem König.

Die Generaldirektion der königlichen Sammlungen hatte seit 1727 Heinrich Reichsgraf von Friesen inne, Kabinettsminister und Ober-Kammerherr. 1734 trat Alexander Joseph Graf von Sulkowski an seine Stelle. Er wurde 1738 durch Heinrich Graf von Brühl verdrängt, der nicht nur politisch die Zügel in der Hand hatte, sondern der sich langsam auch zu einer Schlüsselfigur des Dresdner Kunstlebens entwickelte: In den vierziger und fünfziger Jahren geschah auf künstlerischem Gebiet in Dresden nichts, was Brühl nicht gelenkt hätte.[73]

Es war die Epoche Augusts des Starken und Augusts III., in der die Stadt Dresden in mehrfacher Hinsicht einen nur schwer zu übertreffenden Gipfelpunkt ihrer Entwicklung erreichte. Sie wurde politisch gesehen zu einer der wichtigsten Hauptstädte Europas durch Augusts Wahl zum polnischen König 1697, erlebte eine bauliche Verschönerung sowohl in der Altstadt wie auf der rechten Elbseite, in der seit 1732 sogenannten Neustadt, und gleichzeitig entfaltete sich in Dresden ein künstlerisches Leben von vorher nicht gekannter Dichte. Daneben entstanden nun auch die großen Sammlungen, als Spezialmuseen, die noch heute so entscheidend zum Ruhm der Stadt beitragen. In seiner Geschichte Dresdens schrieb M. B. Lindau 1862 (2. Aufl. 1885): «Derselbe freigebige Aufwand, der ... Dresdens äußere Erscheinung entwickelte und vervollkommnete, nährte, ergänzte und bereicherte auch jenen wesentlichen Teil inneren Gehalts – die Schätze der Wissenschaft und Kunst – welchem Dresden vielleicht mehr als äußeren Reizen seinen Platz unter den bevorzugtesten Städten Europas verdankt.»[74] So wurde die Stadt an der Elbe «Athen für Künstler», um mit Winckelmann zu sprechen.[75]

In den Jahren 1723 bis 1729 wurde auf Befehl Augusts des Starken, nach seinen Vorstellungen und unter Pöppelmanns Leitung das «Grüne Gewölbe» im Dresdner Residenzschloß zu einem «Museum des Kunsthandwerks und der Kostbarkeiten» eingerichtet, das in der «Einheit von Ausstellungsstück und Raumarchitektur»[76] nicht nur ästhetisch vollendet war, sondern das auch einer in dieser Zeit unglaublich modernen Museumskonzeption folgte;

und 1728 erlebte Pöppelmanns Zwinger in dieser Hinsicht einen bezeichnenden Funktionswandel, wurde vom höfischen Festraum zum Museum (wenn auch nicht vorrangig zum Kunstmuseum, sondern zum «Palais Royal des Sciences») und verkörperte so – über alle architektonischen Qualitäten hinaus – geradezu symbolhaft die bleibenden kulturellen Leistungen des «augusteischen» Dresdens, dessen höfisches Leben sich durchaus nicht in äußerlichem Aufwand, im Zeremoniell, in Prunk und bedenkenlosem Lebensgenuß erschöpfte.

Der Zwinger wurde nicht nur zum Museum, er sah auch Kunst entstehen. Maler wählten ihn als Motiv: zuerst Thiele, dann Bellotto, im 19. Jahrhundert u. a. Robert Wehle und Adolf Menzel, ehe der Bau mit dem Beginn unseres Jahrhunderts zu einem Symbol-Motiv für Dresden wurde.

Nicht nur als Bildgegenstand, auch als Arbeitsort, als Atelier haben sowohl der Innenhof wie einzelne Räume gedient. Als während und nach dem Umbau der Augustusbrücke alle Überlegungen darauf gerichtet waren, die Brücke mit einem Reiterstandbild des Königs zu bekrönen, das auf dem fünften Pfeiler hätte stehen sollen,[77] da war ein «Verschlag» im Zwinger der Ort, wo das Modell in Originalgröße entstand (zu dessen Ausführung als Bronzeguß und Aufstellung es allerdings nie gekommen ist). Schon Jean Louis Sponsel hat 1901 folgende Passage aus dem Hof- und Staatskalender von 1733 zitiert: «Den 6. August 1731 ist im königlichen Zwinger-Garten die unter einem hölzernen Verschlag von einem berühmten Maître aus Gips verfertigte Statue, so Ihro Königl. Maj. in Pohlen zu Pferde praesentiret, öffentlich ausgestellet, und der darüber gewesene Verschlag weggenommen worden, und soll nach diesem Modell die Haupt-Statua von Metall gegossen werden.»[78]

Später haben Maler und Bildhauer ihre Ateliers in einzelnen Pavillons des Zwingers eingerichtet. Ernst Rietschel schrieb in seinen Jugenderinnerungen: «Ich sollte, da kein anderer Raum vorhanden, in einem Pavillon des Zwingers im ehemaligen Conchilien-Cabinet die Statue machen (den Neptun für Nordhausen) . . . Es wurde mir ein eisernes Öfchen in den Raum gesetzt.»[79] Auch Julius Hübner und Julius Schnorr von Carolsfeld hatten ihre Ateliers im Zwinger und die Verbindung von musealem Sammeln und Bewahren sowie künstlerischem Schaffen verkörpert sich besonders in diesen Malern, die gleichzeitig Galeriedirektoren waren.

Der «innere Gehalt» der Stadt Dresden, von dem Lindau 1862/1885 gesprochen hat, war schon den Mäzenen, Sammlern und Kennern des 18. Jahrhunderts wichtig: «. . . nichts ist eines Herrschers würdiger, als seine Vergnügungen so zu wählen, daß dem Publikum vergönnt ist, davon auf angenehme Weise zu profitieren . . . Wer eine Galerie als öffentliche Schule (école publique) bezeichnen wollte, hätte nicht unrecht, weil man dort an einem Ort, mit einem Blick, lernen kann, was sonst in vielen Büchern aufgesucht werden müßte.»[80] Wenn Carl Heinrich von Heinecken 1753 in seinem «Recueil d'estampes d'après les plus célèbres tableaux de la Galerie Royale de Dresde» eine «Galerie» (und er meinte natürlich die Dresdner Galerie) als «école publique» bezeichnete, so setzt das voraus, daß sie – wenigstens in dem für das 18. Jahrhundert möglichen Grade – eine öffentliche, allgemein zugängliche Sammlung war.

In diesem Sinne hat sich auch Winckelmann ausgesprochen, bei dem es heißt: «Es ist ein ewiges Denkmal der Größe dieses Monarchen (Augusts III.), daß zur Bildung des guten

Geschmacks die größten Schätze aus Italien, und was sonst vollkommenes in der Malerei in anderen Ländern hervorgebracht worden, vor den Augen aller Welt aufgestellet ist.»[81] Winckelmann sprach damit die Neueinrichtung der Galerie im Stallgebäude 1745/46 an, mit der die Dresdner Bildersammlung diesen für damalige Zeit neuen, öffentlichen Charakter gewann.

Es war mehr als nur eine Redensart, wenn er schrieb, «vor den Augen aller Welt» seien die «größten Schätze» aufgestellt; und er nannte einen Zweck: «Zur Bildung des guten Geschmacks.» Ist das nicht beinahe dasselbe, was – zur gleichen Zeit – Heinecken gesagt hatte? Und 1765, im ersten gedruckten Katalog der Dresdner Galerie, finden wir diesen Gedanken so gut wie unverändert wieder: «Das eigentliche Ziel dieser kostbaren Gemälde-sammlungen, die man Galerien nennt, ist weniger, einfach nur Reichtum zur Schau zu stellen, als vielmehr, diesen Reichtum dadurch zu adeln, daß er dem allgemeinen Wohl (le Bien-public) dient.»[82] Was die Dresdner Malerei dieser Sammlung verdankt, das kann nicht hoch genug veranschlagt werden; die Galerie setzte vorher unbekannte Qualitätsmaßstäbe, war Ansporn und Prüfstein zugleich.

Beschäftigung mit Kunst und Sammeln von Gemälden sind im Barock, zumindest gegen Mitte des 18. Jahrhunderts, verstehen wir Heinecken und Winckelmann richtig, in Dresden als nützliche Vergnügungen des Fürsten verstanden worden; nützlich seinem ganzen Land, dem guten Geschmack, als «école publique» dem Allgemeinwohl dienend.

Zwar haben die eigentlichen großen Museumsprojekte Augusts des Starken nicht vorrangig Pöppelmann beschäftigt, sondern Zacharias Longuelune, aber auch bei den Entwürfen für ein neues Residenzschloß, die Pöppelmanns besonderes Anliegen waren, spielten Raumfluch-ten für die Unterbringung der königlichen Sammlungen immer eine Rolle; und für die Einrichtung des Grünen Gewölbes im Dresdner Schloß ist seine Mitwirkung belegt.

Es erscheint wie die Nachwirkung des besonderen Charakters der Stadt als Residenz, wenn beim Wiederaufbau nach 1945 keines der beiden Ratshäuser des 18. Jahrhunderts denkmalpflegerisch beachtet wurde. Am Altmarkt wie am Markt in Dresden-Neustadt sind andere, neue Gebäude entstanden. Der Zwinger und das Japanische Palais dagegen, das Residenzschloß (im Wiederaufbau begriffen) und die ehemalige Katholische Hofkirche, die Schlösser in Pillnitz und Moritzburg, und vor allem natürlich die Dresdner Kunstsammlungen bewahren die höfische Komponente der Dresdner Kunst, deren Glanz noch heute blendet, lange nachdem die Rolle als «Königsstadt» verlorenging: ehemals «höfische» Kunst und «königliche» Sammlungen wurden in eine ganz neue gesellschaftliche Realität einbezogen – und als eine wirkliche «école publique» erfüllen die Museen einen Anspruch, der schon im barocken Dresden erkannt und formuliert worden ist.

Das Barockmuseum Schloß Moritzburg besitzt eine Sänfte, die von Christian Wilhelm Ernst Dietrich bemalt worden ist.[83] Fünf Bildfelder zeigen Götter, Personifikationen und Menschen in angedeuteten Landschaften oder in Wolken schwebend, vor goldenem Grund. Mit virtuoser Geschicklichkeit hat der Maler auf der Vorderseite unten (darüber befindet sich ein Fenster) in einer bergigen Landschaft Putti mit den Attributen der sieben freien Künste dargestellt, darüber den fliegenden Gott Merkur. Das Bildfeld an der linken Seite (wenn man die Sänfte von vorn betrachtet) zeigt die in unserem Zusammenhang wichtigste Darstellung: einen bärtigen Greis, gelagert über einem umgestürzten Wassergefäß, als Personifikation des Flusses Elbe, rechts jedoch, in einer ganz ungewöhnlichen Perspektive, Pöppelmanns Elbbrücke, schräg von unten gesehen, und dahinter die Nordfassade des Dresdner Residenzschlosses, mit dem von Wolf Caspar von Klengel umgebauten Hausmannsturm.

Dieser Turm wurde noch im 18. Jahrhundert bewundert. Wir finden im Oktober 1735 in den «Curiosa Saxonica» eine lange Besprechung des Klengelschen Werkes, die mit den Worten beginnt: «Der Schloß-Turm in der Königl. und Churfürstl. Residentz Dresden verdienet mit allem Ruhm, daß er genannt wird die Zierde des Königl. Schlosses, es ist auch derselbe weit und breit bekannt und berühmt . . .»[84] Pöppelmann hatte von Klengel viel gelernt; er stand mit seiner Verehrung für ihn nicht allein.

Die Rückseite der erwähnten Sänfte zeigt unten Polonia und Saxonia, im oberen Feld Minerva, die rechte Seite (wenn man die Sänfte von vorn betrachtet) trägt die Darstellung eines Flußgottes, eines weiten, fast uferlosen Flusses mit Kahn und zwei polnischen Bootsleuten im Vordergrund, wahrscheinlich als Hinweis auf die Weichsel.

Kehren wir aber zu Pöppelmanns Brücke zurück. Hoch und schlank ragen die Brückenbögen auf, vom Ufer her ein imposanter Anblick, ganz anders, als er sich demjenigen darbietet, der über die Brücke hinweg von der Neustadt zur Altstadt kommt. Als Dietrich nach einer prägnanten Bildform für Dresden suchte, in Verbindung mit dem Fluß (wie er die zweite Residenz durch die Weichsel andeutend in Erinnerung rief), da erwähnte er die Neubauten seiner Zeit mit keinem Pinselstrich, zeigte die Stadt nicht, wie wenige Jahre später Bellotto, als weites Panorama, zeigte die Brücke nicht wie Thiele als langes, weit entfernte Teile verbindendes Band, sondern beschränkte sich auf Brücke und Schloß, die damals beide schon die Bautradition verkörperten. Pöppelmanns Brücke faszinierte den Maler der Mitte des 18. Jahrhunderts, wie sie spätere Bewunderer fand.

Doch schon in den frühesten Ansichten der Stadt Dresden hatte die Elbbrücke eine Rolle gespielt; und in der neuen Gestalt, die ihr Pöppelmann gegeben hatte, wurde sie für Christian Wilhelm Ernst Dietrich und Johann Alexander Thiele zum Bildmotiv, genauso für Bernardo Bellotto, der auch dem Zwinger Veduten gewidmet hat. Bei Bellotto trägt die Brücke geradezu die Architektur der dahinterliegenden Brühlschen Terrasse, erhebt sich die Kuppel von George Bährs Frauenkirche über der sicheren Basis dieser Pfeilerstellungen und Bögen.[85]

Zwar ist kein silhouettenbestimmender Bau das Werk des Oberlandbaumeisters Pöppelmann, aber an entscheidender Stelle war er durch ebendiese Brücke mit dem Bild der Stadt verbunden, das er durch den Zwinger genial bereichert hatte. Seine Werke wurden zum Inbegriff barocker Architektur in Dresden. Schon Friedrich II. hatte das so empfunden; in der zweiten Hälfte des 18. Jahrhunderts sah man Pöppelmanns Leistung deutlich, wenn auch im Rahmen anderer Leistungen und Kräfte als eine Stimme unter vielen, und selbst noch das 19. Jahrhundert, dem doch so andere Ziele vorschwebten als dem Barock, konnte sich dem Zauber seiner Werke, die nun schon sagenhafte Vergangenheit waren, nicht verschließen.

In den «Lebenserinnerungen und Denkwürdigkeiten» von Carl Gustav Carus lesen wir: «Der eigene poetische Schimmer, der über Dresdens Terrassen und Kirchen und Brücke gebreitet war . . . er war ganz für mein Wesen geeignet . . . welche Träume kamen mir nicht, wenn ich über den umrankten Trümmern am Zwinger unter den alten Linden wandelte . . .»[86] Die Welt des Barocks war in der Geschichte versunken. Die alten Bauten riefen keine konkreten historischen Erinnerungen wach, sondern verwandelten sich in poetische Zeichen für Vergangenheit und Vergänglichkeit, wurden als Stimmungswerte empfunden, nicht faktenmäßig studiert. Pöppelmanns Zwinger war für Carus ein Ort, vielleicht auch ein Stoff zu romantischen Träumen geworden.

In diesem Sinne als Vision erscheint die Stadt in einem 1827 gemalten Bild von Carus,[87] das sich heute im Kunstmuseum in Düsseldorf befindet, «Kahnfahrt auf der Elbe bei Dresden». Der Blick wird – vorbei an zwei Rückenfiguren – auf den unendlich breit erscheinenden Fluß und über diesen hinweg auf die Silhouette der Stadt gelenkt, mit Kreuzkirche, Frauenkirche, Schloßturm und Hofkirche; in der Brücke klingt das Panorama am rechten Bildrand aus.

Denn auch mit dieser Brücke verbanden sich in der Romantik Träume: «Als ich nach der Augustusbrücke kam, die ich schon so gut aus Kupferstichen und Gemälden kannte, kam es mir vor, als ob ich schon früher einmal im Traum hier gewesen wäre», hatte der dänische Märchendichter Hans Christian Andersen gesagt. Der Weg nach Dresden führte über diese Brücke, die zuletzt noch 1905 im Namen der Künstlergemeinschaft «Brücke» einen Widerhall gefunden zu haben scheint, und die, erinnern wir uns an das Zitat aus dem Jahre 1784, allein schon ausgereicht haben müßte, Pöppelmann unsterblich zu machen.

Im frühen 19. Jahrhundert spielte der Mond im Zusammenhang mit Kunst und der Einfühlung in Geschichte eine vorher nicht geahnte Rolle. Das Meer und die Landschaft, Burgen und Kirchen des Mittelalters, aber auch das barocke Dresden verklärten sich im Mondlicht. Karl Förster, der bekannte Petrarca-Übersetzer und Lehrer am Kadettencorps in der sächsischen Residenz, notierte im Sommer 1816 in seinem Tagebuch: «Wir gingen durch den Zwinger heim, wo der Duft blühender Orangenbäume uns entgegenquoll und nach Süden versetzte. Die Katholische Kirche, die Brücke, der Strom, alles glänzte im reinsten Mondlicht.»[88]

So ist die berühmte Dresden-Ansicht Bellottos mit der Brücke von Johann Christian Clausen Dahl 1839 ins Mondlicht versetzt worden;[89] und in den gedanklichen Konsequenzen noch weitergehend hat Jean Paul das Erlebnis Dresdens von der Brühlschen Terrasse aus in einer Mondnacht im Juli 1822 beschrieben: «. . . und der Mond kommt mit seinen Silberlichtern herauf und verklärt Ort und Strom und Ferne zu einer seligen Vergangenheit und Zukunft auf einmal, worin die Freuden nur himmlisch dämmern, nicht irdisch blitzen.»[90]

Jede umfassende Erinnerung an Vergangenheit führt in Dresden zurück in die barocke Epoche, und eine Zukunft ohne die Bewahrung der Leistungen dieser Zeit scheint nicht denkbar. Denn im barocken Erbe findet sich der Schlüssel zum Verständnis der Schönheit und des besonderen Charakters der Stadt Dresden. Es bleibt, trotz aller Zerstörungen und

Verwandlungen, als ein wesentliches, aber auch verpflichtendes Element kultureller Identität gegenwärtig. Pöppelmann selbst ist ein Teil des Ruhmes und der Geschichte Dresdens geworden. Seine Werke sind sagenhafte Erinnerung genauso wie reale künstlerische Hinterlassenschaft.

«Hatte ich nicht da wieder eine wunderbare Atlantis erschaut, wo so viele nur die alte kurfürstliche Residenz gewahr werden»,[91] schrieb Carl Gustav Carus; nähern auch wir uns den Leistungen des «augusteischen» Dresdens in einer Weise, die es erlaubt, nicht nur kritisch zu untersuchen, sondern zu «schauen», um – wie Carus in seiner Zeit – für unsere Zeit zu empfinden, was «die alte kurfürstliche Residenz» der Gegenwart bedeuten kann.

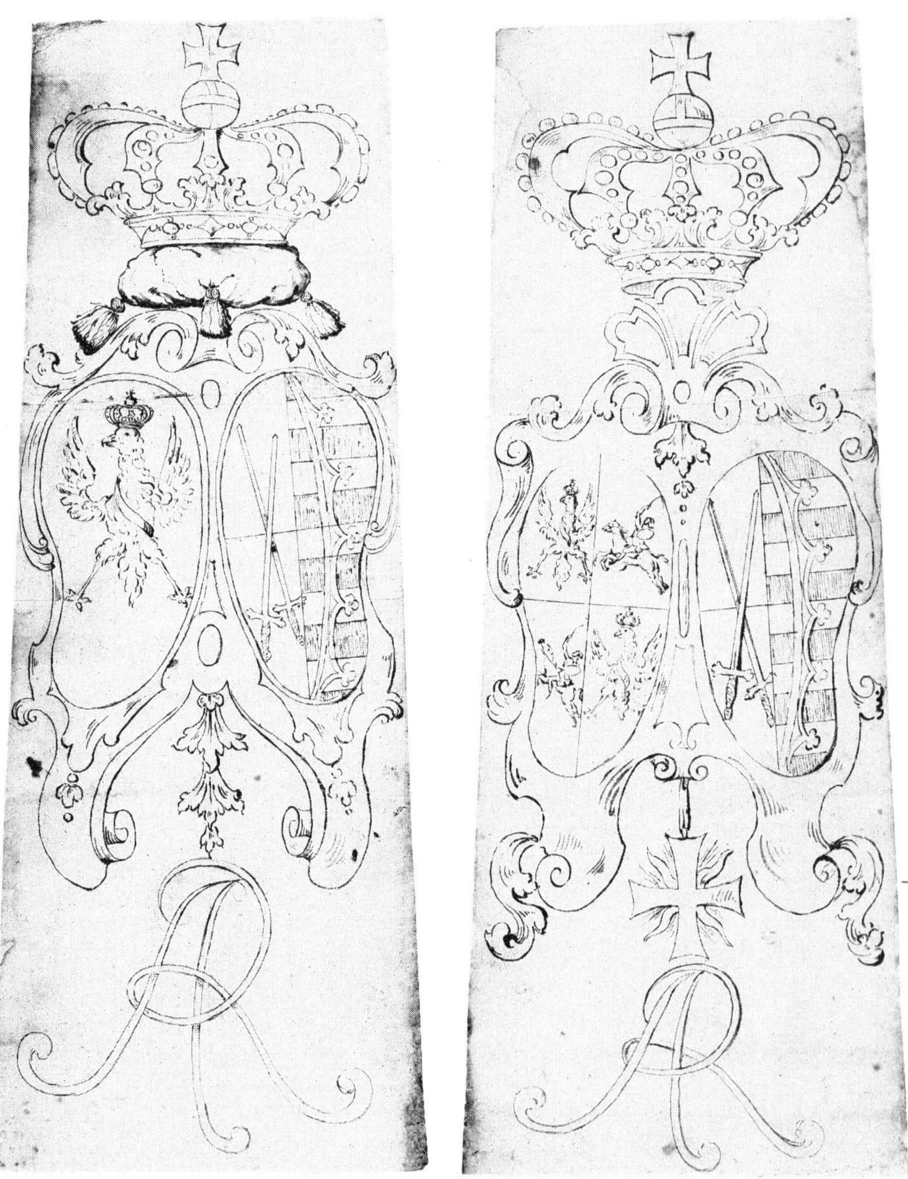

63   Matthäus Daniel Pöppelmann (?). *Entwurf des sächsisch-polnischen Doppelwappens für die kursächsischen Postmeilensäulen. Nach 1721.* Federzeichnung in Schwarz, auf Papier. 85,5×35 cm. Dresden, Staatsarchiv, Kartenabteilung, X/II/25b.

BAUTEN PÖPPELMANNS

AUFNAHMEN
JÜRGEN KARPINSKI
1987

65 *Zwinger. Wallpavillon.* Mittelkartusche
mit sächsisch-polnischem Doppelwappen
und Genien von Christian Kirchner.

Seitlich links Venus und Paris, seitlich
rechts Minerva und Juno von Paul Heermann.
Als Bekrönung Herkules mit der Himmelskugel
von Balthasar Permoser. Um 1718.

66 *Zwinger. Wallpavillon.*

67 Zwinger. *Blick über den Zwingerhof auf Langgalerie, Französischen Pavillon und Wallpavillon.*

Folgende Seiten:
68 Zwinger. *Wallpavillon, Südwestecke.* Kopf als Schlußstein in einem Giebel. Von Paul Egell. Um 1717/18.

69 Zwinger. *Wallpavillon.* Die westliche Dreiergruppe der Satyrhermen von Balthasar Permoser. Um 1718.

72 *Schloß Pillnitz. Wasserpalais.*
Erbaut seit 1720. Flügelbauten
(mit Kupferbedachung)
1788–1791.

73 *Schloß Pillnitz. Wasserpalais.*
Erbaut seit 1720. Teilansicht der
elbseitigen Fassade (Mitte) mit wieder-
hergestellter Chinoiseriemalerei.

74 *Schloß Pillnitz.*
Wasserpalais.
Erbaut seit 1720.
Teilansicht der elb-
seitigen Fassade mit
der 1722 errichteten
Treppenanlage.
Blick in Richtung
elbabwärts.

77 *Schloß Pillnitz. Bergpalais.*
Erbaut 1723/24. Teilansicht mit Kapitell
und Chinoiseriemalerei vom Portikus.

78 *Schloß Pillnitz. Gondeltreppe.*
Entwurf von Zacharias Longuelune.
Errichtet 1724.

79 *Schloß Moritzburg*. Grundlegender Um- und
Neubau durch Matthäus Daniel Pöppelmann
seit 1723 unter Einbeziehung der Kapelle
von Wolf Caspar von Klengel von 1661–1672.
Ansicht von Südwesten.

80 *Schloß Moritzburg*. Teilansicht der Mittelachse
über dem südlichen (Haupt-) Eingang.

81 Schloß
Moritzburg.
Ansicht
von Süden
bei Abend-
beleuchtung.

84 *Festung Königstein*
in der «Sächsischen Schweiz».
Friedrichsburg. Erbaut 1731.

85 *Weinbergkirche Pillnitz.*
Erbaut 1723 bis 1725.
Ansicht von Südwesten.

86 *Japanisches Palais in Dresden.*
Erbaut seit 1727 nach Plänen
von Pöppelmann, Knöffel,
Longuelune und Jean de Bodt.
Ansicht von Nordwesten.

87 *Dresden. Mittlerer Teil
der Fassade des Bürgerhauses
Friedrich-Engels-Straße 10.*
Erbaut nach 1732.

88 *Dresden. Mittlerer Teil
der Fassade des Bürgerhauses
Friedrich-Engels-Straße 12.*
Erbaut nach 1732.

Folgende Seite:
89 *Dresden-Friedrichstadt.
Blick von Süden über den Friedhof
auf die Matthäuskirche.*
Im Vordergrund das klassi-
zistische Grabmal der Familien
Schmid, Hohlfeld, Manitius.

BAUTEN · PROJEKTE · PROBLEME

REINER GROSS

Kursachsen in der Blütezeit
des Barocks

Als der achtzehnjährige Matthäus Daniel Pöppelmann auf seiner Wanderschaft die kursächsische Residenz betrat, erblickte er das noch von den Renaissancebauten beherrschte Stadtbild. Farbig gestaltete, mit Plastiken und Malerei reich verzierte Bürgerbauten innerhalb der Festungsmauern und die monumentalen Bauten von Schloß, Stallhof und Zeughaus kündeten dem aufmerksamen Betrachter die wiedererstarkende wirtschaftliche und politische Macht des protestantischen Kurfürstentums Sachsen.

Die militärischen Ereignisse des Dreißigjährigen Krieges hatten zwar Dresden verschont, aber das umliegende Land sowie nahezu das gesamte albertinische Kurfürstentum Sachsen waren von den Truppen der katholischen Liga wie der protestantischen Union gleichermaßen heimgesucht worden, obwohl es seit dem Prager Frieden von 1635 eigentlich nicht mehr zu den kriegführenden Parteien zählte. Sachsen hatte die knappe Hälfte seiner Bevölkerung verloren, wobei das platte Land weniger betroffen war als die Städte. Die wirtschaftlichen Schäden, insgesamt wegen noch fehlender Untersuchungen schwer abschätzbar, wurden dann in der zweiten Hälfte des 17. Jahrhunderts ebenso relativ schnell ausgeglichen wie die Bevölkerungsverluste. Dabei regen sich in den siebziger und achtziger Jahren gesellschaftliche Kräfte im Lande, die neue Verhältnisse und Strukturen ankündigen.

Das betrifft zunächst die manufaktur-kapitalistische Entwicklung. Private Unternehmer, meist Handelskapitalisten, und der Landesherr waren diejenigen, die zuerst zur arbeitsteiligen Herstellung gewerblicher Produkte in Form der Manufaktur übergingen. Im kursächsischen Staat trat dazu die Förderung und Unterstützung manufaktureller Unternehmen gegen die althergebrachten Forderungen, Ansprüche und Rechte des innungsgebundenen Handwerks in den Städten. Das wird etwa bei der von Johann Daniel Crafft 1675 in Neuostra bei Dresden «vorm Wilsdruffer Tor» gegründeten Seidenmanufaktur besonders deutlich, nachdem der mit Leibniz befreundete Crafft bereits ein Jahr vorher in Leipzig den Versuch der Gründung einer Woll- und Seidenmanufaktur unternommen hatte. Kurfürst Johann Georg II. unterstützte dieses in der von ihm geplanten neuen Vorstadt entstehende Unternehmen durch die Erteilung der Gewerbefreiheit, die Ausstattung mit kurfürstlichen Privilegien und finanziellen Zuwendungen. Die Crafft'sche Manufaktur wirkte in Kursachsen bald als Musterbetrieb, auch wenn sie wegen mangelnden Betriebskapitals zu Beginn des 18. Jahrhunderts geschlossen wurde. Als Friedrich August, der zweite Sohn Johann Georgs III., 1694 nach dem plötzlichen Tod seines älteren Bruders und Kurfürsten Johann Georg IV. selbst Kurfürst und Landesherr wurde, bemühte er sich in Fortführung von bereits Begonnenem um eine planmäßige merkantilistische Wirtschaftspolitik. Zwischen 1694 und 1733 wurden im Kurfürstentum 26 Manufakturen gegründet, neben solchen der Textilherstellung auch Glas-, Spiegel-, Gewehr- und metallverarbeitende Manufakturen. Sie konzentrieren sich in einigen Städten wie Leipzig, Dresden und Chemnitz sowie in dafür landschaftlich besonders geeigneten Gebieten wie dem Erzgebirgsvorland und der Oberlausitz. Im Zusammenhang damit nahm der Handel zu. So entwickelte sich nach der Jahrhundertwende Leipzig mit seinen Messen zum wirtschaftlichen Mittelpunkt Kursachsens. Diese kursächsische Stadt in der Mitte des Reiches wurde bald zum «Marktplatz Europas» und zum Mittler steigender Handelstätigkeit zwischen Ost und West, wesentlich begünstigt durch die sächsisch-polnische Union. Die Leipziger Messen profitierten vom Aufstieg Amsterdams und Hamburgs durch den Handel zwischen Frankreich, Holland und England ebenso wie es durch seine traditionellen Handelsverbindungen nach Polen, Rußland und dem südosteuropäischen Raum im Konkurrenzkampf mit Frankfurt a. M. siegreich blieb. Versuche Preußens, den sächsischen Osthandel zu unterbinden und die Handelstätigkeit von Leipzig nach Frankfurt a. d. Oder oder nach Breslau zu ziehen, schlugen fehl. Regelmäßige Besuche der Oster- und Michaelismesse durch August den Starken und seine engsten Ratgeber unterstrichen die Bedeutung, die der zunehmend absolutistisch regierende Landesherr den Messen beimaß. Zu jeder Messe kamen zweitausend und mehr Kaufleute nach Leipzig, darunter Handelsleute aus Frankreich, England, Italien, Holland, Polen, Rußland, Griechenland, Dänemark, Schweden, Belgien, der Schweiz und der Türkei. Das alles wurde staatlich besser überwacht, aber auch gefördert durch die 1712 ins Leben gerufene Kommerziendeputation als erste zentrale Landesbehörde für das Manufaktur- und Handelswesen. Dies und die Berufung des württembergischen Wirtschaftsfachmannes Paul Jacob Marperger nach Dresden unterstreichen das erneut aufblühende wirtschaftliche Leben in Kursachsen als eine Grundbedingung für die wissenschaftlichen, kulturellen und städtebaulichen Leistungen in der ersten Hälfte des 18. Jahrhunderts.

Trotz der nach 1670 einsetzenden manufaktur-kapitalistischen Entwicklung mit der Ausbildung einer neuen sozialen Schicht, der doppelt freien Lohnarbeiter, in Stadt und Land blieben die feudalen Produktionsverhältnisse noch immer die bestimmenden in Kursachsen. Noch um 1650 lebten zwei Drittel der sächsischen Bevölkerung auf dem Lande. In über 42 000 Bauernstellen zählte man etwa eine Viertelmillion Menschen, die den Grund und Boden bewirtschafteten und mit ihrer Arbeit die Ernährung des Landes und natürlich auch des Hofes gewährleisteten. Dazu kamen noch etwa 310 000 Gärtner und Häusler, d. h. Besitzer kleinbäuerlicher Wirtschaften, und ca. 82 000 sogenannte Inwohner, die als Dorfbewohner frei verfügbare Arbeitskräfte waren, sowohl für den Bauern als für den Grundherrn auf dessen Eigenwirtschaft. Das Leben der bäuerlichen Bevölkerung vollzog sich in feudalen Agrarverfassungsverhältnissen mit Diensten, Abgaben, zu beachtenden Gerechtigkeiten des Feudalherrn und außerökonomischem Zwang. Dabei hatte die bäuerliche Bevölkerung Kursachsens in den rechtlichen Bindungen innerhalb der mitteldeutschen Grundherrschaft relativ günstige Besitz- und Rechtsverhältnisse. Das war auch einer der Gründe dafür, daß es bis in das letzte Drittel des 18. Jahrhunderts hinein in Sachsen zu keinen bedeutenden revolutionären Aktionen der Bauern gekommen ist.

Mit der wirtschaftlichen Entwicklung ging die Ausprägung absolutistischer Regierungsformen einher. Das hatte bereits unter Kurfürst Johann Georg II. mit der Neuorganisation der Zentralverwaltung durch die Einsetzung eines Kammerpräsidenten für die Finanzverwaltung im Jahre 1658 und die Gründung des Bergratskollegiums 1661 begonnen. Diese Bestrebungen wurden unter seinem Sohn Kurfürst Johann Georg III. fortgesetzt. Sie erhielten mit der Einrichtung eines stehenden Heeres 1682 sowie der Errichtung des Geheimen Kriegsratkollegiums neue Impulse. Als Friedrich August 1694, im 24. Lebensjahr stehend, unvorhergesehen nach dem plötzlichen Tod seines Bruders Johann Georg IV. das Amt des Kurfürsten von Sachsen übernehmen mußte, waren damit auch auf staatsrechtlichem und verwaltungsmäßigem Gebiet bereits wichtige Entwicklungslinien abgesteckt. Er setzte dies bewußt fort und versuchte, sie im Rahmen der vorgeprägten gesellschaftlichen Verhältnisse weiter in die Praxis umzusetzen. So ging er den in ersten Ansätzen beschrittenen Weg absolutistischer Politik mit dem Ausbau der merkantilistischen Wirtschaftspolitik, mit dem zum Teil schweren Ringen zur Zurückdrängung und Beseitigung der ständischen Macht im Staate, dem weiteren Ausbau des stehenden Heeres nach den jeweils neuesten militärtheoretischen und militärpraktischen Erkenntnissen und einem vom absoluten Herrscher abhängigen, von ihm gelenkten und geleiteten, gut funktionierenden Beamtenapparat bis an sein Lebensende. Pöppelmann war Zeuge dieser Entwicklung, ja als Beamter des Kurfürsten direkt davon betroffen.

Es begann 1697, verursacht durch die Wahl des Wettiners zum polnischen König, mit der Einrichtung des Amtes eines Statthalters in Kursachsen für die Dauer der Abwesenheit des Kurfürsten. Damit wurde der 42jährige, aus Schwaben gebürtige Anton Egon Fürst von Fürstenberg betraut, den August der Starke im gleichen Jahr in seine Dienste genommen hatte. Zur gleichen Zeit wurde das Generalrevisionskollegium unter der Leitung des Statthalters errichtet, das die Mißstände im Steuerwesen des Landes untersuchen und abstellen sollte. Damit wurde das Ziel verfolgt, ein pflichtbewußtes und exakt arbeitendes Beamtentum heranzuziehen. Diese Aufgabe wurde, nachdem im ersten Anlauf die Arbeit des Generalrevisionskollegiums am Widerstand vor allem der Stände um 1700 gescheitert war, nach 1720 noch weit energischer betrieben. Für die 1702 gegen den Protest des Adels, aber mit Billigung des Bürgertums in den Städten eingeführte indirekte Steuer der Generalkonsumtionsakzise wurde 1703 das Generalkonsumtionsakzisekollegium als neue, nur dem Landesherrn verantwortliche oberste Steuerbehörde geschaffen.

Das markanteste und einschneidende Ereignis in der Verwaltung des Landes war jedoch die Bildung des Geheimen Kabinetts im Zeitraum zwischen 1704 und 1706 als oberste Zentralbehörde des Landes mit je einem Departementsminister für die auswärtigen, die inneren und die militärischen Angelegenheiten. Der Kurfürst/König regierte nicht mehr mit und unter seinen Geheimen Räten, die im Geheimen Rat als bis dahin wichtigster zentraler Landesbehörde vereint waren. Er verkündete nunmehr aus dem Kabinett seinen unumstößlichen Willen und die nur mit dem jeweiligen Kabinettsminister vorher beratenen Entscheidungen. Es war die erste Behörde dieser Art in den deutschen Territorien überhaupt. 1706 folgte schließlich das Generalkriegsgericht und 1707 das Oberrechnungskollegium als zentrale Revisionsbehörde aller landesherrlichen Kassen. In diese Reihe gehört auch die Neuorganisation des Bauwesens mit der Bildung des Oberbauamtes 1718.

Viele der mit dem Ausbau des absolutistischen Staatsapparates entstehenden verantwortlichen Funktionen in unmittelbarer Umgebung des Landesherrn wurden mit nicht aus Sachsen stammenden Personen besetzt, die mit den einheimischen einflußreichen Adelsfamilien nicht verbunden waren. So wurden Hans Adam von Schöning aus Brandenburg-Preußen, Anton Egon Fürst von Fürstenberg aus Württemberg, Christoph Heinrich Graf von Flemming aus Pommern, August Christoph Graf von Wackerbarth aus Lauenburg, Baron von Löwendahl, Ernst Christoph Graf von Manteuffel aus preußischen Diensten und Georg Graf von Werthern aus Thüringen in kursächsische Dienste berufen.

Die landesherrlichen Versuche zur entscheidenden Zurückdrängung des ständischen Einflusses im Staat begannen ebenfalls schon in der Regierungszeit von Kurfürst Johann Georg III. Der Konflikt zwischen Johann Georg IV. und dem engeren Ausschuß des Landtages im Frühjahr 1694 kam durch den plötzlichen Tod des Kurfürsten nicht zum Ausbruch. Drei Jahre später war er unter Kurfürst Friedrich August I. nicht mehr vermeidbar. Die Interessen prallten erstmals 1697 aufeinander, als Fürstenberg Statthalter wurde und die Leitung des Generalrevisionsrates übernahm. Mit dem Mittel der Steuerbewilligung brachten die Stände die Tätigkeit des Revisionsrates zum Erliegen. Die Einführung der Generalkonsumtionsakzise nach 1702 konnten sie schon nicht mehr verhindern.

Eine einschneidende Änderung der ständischen Befugnisse brachte dann der Landtag von 1711, nachdem bereits 1709 die ständische Landesdeputation beseitigt worden war. Aus dem ständischen Entwurf der Landtagsreversalien 1711 entfernte der Landesherr das Bewilligungsrecht der Landstände für indirekte Steuern, den Anspruch der Landstände auf Einverständniserklärung zu landesherrlichen Kreditaufnahmen, das Recht der willkürlichen Versammlung der Landstände und ihr Widerstandsrecht vor allem in Religionsfragen. Zu letzterem schrieb August der Starke an den Rand: «Die Concipienten haben sich zu scheuen, den Herren solche prejudiciable Dinge vorzutragen, und man ist nicht gesinnt, in der Formundschaft zu verharren, wie es mit den Predecessores gegangen.» In den folgenden Jahren wird dann der Einfluß der Stände immer weiter zurückgedrängt.

August der Starke verhielt sich dabei ebenso wie seine hohenzollernschen Nachbarn in Brandenburg-Preußen, die die ständischen Privilegien auch nicht abschafften, sie formell weiterbestehen ließen, sie aber durch viele Neueinrichtungen und Neufestlegungen wirkungslos machten. Am Ende der Regierungszeit von August dem Starken ist die ständische Mitbestimmung in Kursachsen auch nicht beseitigt. Aber sie ist so weit zurückgedrängt, daß das Schwergewicht der Entscheidungen in allen Fragen der inneren und äußeren Politik beim absolutistisch regierenden Landesherrn lag. Dabei ist natürlich zu beachten, daß überall dort, wo sich große Schwierigkeiten bei der Durchsetzung absolutistischer Machtpolitik auftürmten, der Weg des Kompromisses gesucht wurde. Die dabei gefundenen und praktizierten Lösungen führten letztlich zu politischen Verhältnissen eigener Prägung in Kursachsen.

Am Ausgang des 17. Jahrhunderts begann der Versuch Kursachsens, durch territoriale Ausdehnung und aktives politisches Handeln in den Kreis der europäischen Großmächte aufzusteigen, hatte doch der Westfälische Friedensvertrag von 1648 jedem Reichsstand eine souveräne Außenpolitik zugestanden. Die 1697 nach dem Tod des polnischen Königs Jan III. Sobieski sich bietende Gelegenheit nutzte der sächsische Kurfürst. Solche Pläne waren dabei schon in vertraglichen Vereinbarungen zwischen den Kurfürstentümern Hannover und Sachsen von 1692 vorgeprägt. Erhebliche finanzielle Leistungen an den polnischen Adel, der Übertritt zur katholischen Konfession, militärische Machtmittel und Zusicherungen zur Rückgewinnung Livlands für Polen sicherten Friedrich August I. auf dem Wahlfeld vor Warschau die polnische Königskrone, gegen den bereits gewählten französischen Kandidaten Prinz Conti und den kurbayerischen Konkurrenten.

Die Erlangung der Königskrone veranschlagten August und seine unmittelbaren Ratgeber höher als kursächsische Randterritorien wie Quedlinburg und Erbansprüche der Wettiner, die man veräußerte oder verpfändete, um das Geld für Bestechungen in die Hand zu bekommen. So wurde in realer Einschätzung der machtpolitischen Situation der wettinische Erbanspruch auf Sachsen-Lauenburg für 733 333 Taler und 6 Pfennige an Braunschweig-Lüneburg verkauft. Andererseits hielt man beharrlich an den seit 1610 reichsrechtlich bestätigten Erbansprüchen auf die von Kurbrandenburg und Kurbayern annektierten niederrheinischen Herzogtümer Jülich, Kleve und Berg mit den dazugehörigen Grafschaften Mark und Ravensberg sowie der Herrschaft Ravenstein fest. Das war aus kursächsischer Sicht der willkommene Verhandlungsgegenstand mit dem nördlichen und südlichen Nachbarn zur Gewinnung einer Landverbindung nach Polen im Herzogtum Schlesien, den man nach Herstellung der sächsisch-polnischen Union so dringend benötigte. Die Wahl des wettinischen Kurfürsten zum polnischen König brachte Kursachsen mit Polen tatsächlich in den Rang einer europäischen Großmacht. Dies war letztlich auch deshalb möglich geworden, weil die sächsisch-polnische Union im Moment ihrer Entstehung keine Interessen anderer europäischer Großmächte bedrohte. Dieser Zustand sollte sich bald ändern.

Die ersten Auswirkungen einer solchen Politik wurden schnell spürbar. Kursachsen wurde in den Reichskrieg gegen das Frankreich Ludwigs XIV. ebenso

verwickelt wie in die militärischen Auseinandersetzungen mit dem Osmanischen Reich, in den Spanischen Erbfolgekrieg und den Nordischen Krieg. Auf der Rückreise von Holland nach Rußland weilte Zar Peter I. im Juni 1698 erstmals in Dresden, da ihn mit August gemeinsame politische Ziele verbanden. Peter erstrebte den Zugang zur Ostsee im Norden seines Reiches, und August der Starke hatte am 24. August 1699 in Warschau einen Vertrag mit den Livländischen Ständen, die Johann Reinhold Patkul vertrat, über die Rückgewinnung Livlands für das Königreich Polen geschlossen. Das führte 1699 zum Bündnis zwischen Rußland und Kursachsen/Polen, in das Dänemark einbezogen wurde.

Peter I. und August der Starke sicherten sich gegenseitigen Beistand gegen Schweden zu und verpflichteten sich zu gemeinsamer abgestimmter Kriegsführung gegen Karl XII. mit dem Ziel der Besetzung Livlands durch Polen und für Rußland »einen festen Fuß an der Ostsee, wie unsere hochlöblichen Vorfahren es zu Anfange dieses seculi in ruhigem unstreitlichem Besitze und völliger Herrschaft gehabt«. Auf diese Weise außenpolitisch vorbereitet, begann 1700 mit den Kriegshandlungen Dänemarks gegen den Herzog von Holstein-Gottorp der dann 21 Jahre dauernde Nordische Krieg gegen Karl XII. von Schweden.

Dieser Krieg brachte nach vernichtenden Niederlagen des kursächischen Heeres auf polnischem Boden die Besetzung Kursachsens durch die Armee des Schwedenkönigs im Jahre 1706. Damit war die Zahlung von Kontributionen sowie Einquartierungen verbunden, die für Land und Bürger große finanzielle und materielle Verluste bedeuteten. Erinnerungen an die Schreckensjahre des Dreißigjährigen Krieges wurden wieder lebendig. Für August den Starken kam der vorübergehende Verzicht auf den polnischen Königsthron hinzu, in dessen Besitz er sich aber 1709 nach der Niederlage Karls XII. in der Schlacht bei Poltawa wieder brachte.

Mit Hilfe des zaristischen Rußland, Duldung des habsburgischen Österreich und Krediten der bürgerlichen Niederlande konnte August dann doch noch seine errungene Stellung als ein Faktor europäischer Großmachtpolitik sichern. Davon ausgehend sind die folgenden zweieinhalb Jahrzehnte durch eine intensive, dem augenblicklichen Vorteil dienende Diplomatie einschließlich einer ausgedehnten Geheimdiplomatie an allen maßgebenden europäischen Höfen und am Vatikan ebenso wie durch die Herstellung dynastischer Verbindungen der Wettiner mit anderen regierenden Fürstengeschlechtern gekennzeichnet. Das sicherte zum einen für die kursächsischen Lande nach dem Abzug der Schweden 1707 einen dauerhaften Frieden bis zu den militärischen Auseinandersetzungen mit Preußen nach 1740. Zum anderen wurde die Stellung Kursachsens durch die gewissenhafte Erfüllung der Verpflichtungen gegenüber dem Reich, etwa 1711 mit dem Reichsvikariat, wesentlich gefestigt. Schließlich gelangten die Wettiner mit der Vermählung von August des Starken Sohn Friedrich August mit Maria Josepha, der ältesten Tocher Kaiser Josephs I., in den engeren Kreis erblicher Nachfolger auf den Kaiserthron. Davon wurde auch die Verweigerung der Zustimmung Kursachsens zur Pragmatischen Sanktion vom 19. April 1713 bestimmt. Es war 1719 ein politisches Ereignis europäischen Ranges, als am 20. August in Wien der Heiratspakt unterzeichnet und die Trauung vollzogen wurde.

Auf dem Hintergrund der wirtschaftlichen und politischen Entwicklung wurden bemerkenswerte Leistungen auf wissenschaftlichem, geistig-kulturellem, städtebaulichem Gebiet erreicht. Die Frühaufklärung hatte mit Ehrenfried Walther von Tschirnhaus in Sachsen ebenso eine Heimstatt wie die Anfänge des Pietismus durch das Wirken von Philipp Jakob Spener in Dresden. Führende Kreise des orthodoxen Luthertums konnten Spener und August Hermann Francke zum Verlassen des Landes bringen, aber die allmähliche Verbreitung aufklärerischen Ideengutes konnte ebenso nicht verhindert werden wie die Gründung der Brüdergemeinde Herrnhut durch den entschiedenen Pietisten Graf Nikolaus Ludwig von Zinzendorf, der in wenigen Jahren eine weltumspannende missionarische Tätigkeit entfaltete.

Das kulturelle Leben erreichte vor allem am Dresdner Hof einen erneuten Höhepunkt, wobei wohl nicht übersehen werden kann, daß dies auch Auswirkungen auf das allgemeine kulturelle Niveau im Lande hatte. Zunehmend wurden Künstler an den Dresdner Hof gezogen, die bald weithin einen namhaften Ruf erlangten. Neben den Architekten und Baumeistern Dietze, Karcher, Pöppelmann, Knöffel, de Bodt, Longuelune viele bildende Künstler wie Permoser, Dinglinger, Thomae, Irminger. Die Musik mit der besonderen Pflege der italienischen Oper und des Balletts erlebte durch die Hofkapelle, in der zunehmend wieder befähigte und begabte Musiker angestellt wurden, eine erneute Blütezeit. Dafür stehen beispielhaft Zelenka, Johann Adolf Hasse und Faustina Hasse. Der Thomaskantor Johann Sebastian Bach in Leipzig gehört

wie der Orgelbauer Gottfried Silbermann· gleichfalls dazu.

Von Kursachsen ging mit dem Wirken der Schauspielerin und Theaterleiterin Friederike Karoline Neuber in Zusammenarbeit mit dem Leipziger Professor Gottsched die Reform des deutschen Theaters aus. Mit dem Namen der Neuberin ist die Verbannung des Hanswursts von der Bühne und die dadurch mögliche Hinwendung zum deutschen Drama hohen Stils verbunden, das mit dem aus Kamenz stammenden, in Meißen und Leipzig ausgebildeten Gotthold Ephraim Lessing seinen ersten großen Meister fand.

Das wissenschaftliche Leben des Zeitraumes zwischen 1680 und 1730 ist in Kursachsen vor allem durch das Schaffen Ehrenfried Walther von Tschirnhaus', aus alteingesessenem Oberlausitzer Adel stammend, charakterisiert. Mit seinen philosophischen und naturwissenschaftlichen Arbeiten gehört er zu den bedeutendsten Vertretern der Frühaufklärung und ist in gleichem Atemzug mit dem in Leipzig geborenen Gottfried Wilhelm Leibniz zu nennen. Tschirnhaus' unbestritten bedeutender Anteil an der Erfindung des europäischen Porzellans, die von ihm entwickelte Technologie des Glasgießens zur Herstellung großer Brennspiegel und die vielfältigen Bemühungen zur Nutzung einheimischer Rohstoffe im Auftrage des Kurfürsten lassen ihn auch zu den großen Erfindern des 17. und 18. Jahrhunderts zählen.

Eine bis dahin nicht gekannte Vollständigkeit und Genauigkeit in den geographischen Wissenschaften erreichte Adam Friedrich Zürner mit seiner im Auftrag des Landesherrn durchgeführten Landesvermessung, die er im «Atlas Augusteus Saxonicus» zu Papier brachte. An den Landesuniversitäten Leipzig und Wittenberg wirkten für ihre Zeit namhafte Gelehrte, die vor allem auf den Gebieten von Medizin und Recht zum Fortschritt der Wissenschaft beitrugen. Die Erfindung des europäischen Hartporzellans durch Johann Friedrich Böttger und Ehrenfried Walther von Tschirnhaus im Zusammenhang mit dem Freiberger Bergrat Pabst von Ohain und Freiberger Berg- und Hüttenleuten führte 1710 zur Gründung der Porzellanmanufaktur auf der Albrechtsburg Meißen, der ersten staatlichen Manufaktur in Europa.

Zu diesem allgemeinen gesellschaftlichen Aufstieg trug die Verbindung Kursachsens mit Polen nicht unerheblich bei. Es war nicht nur ein Nebeneinander zweier durch eine Dynastie verbundener Staaten. Von entscheidender Bedeutung waren dabei vom Beginn an die Bemühungen, durch eine Vermehrung der wirtschaftlichen Möglichkeiten sowohl Kursachsens als auch Polens die absolutistische Außen- und Innenpolitik durchzusetzen. So führte die sächsisch-polnische Union in beiden Ländern zu bedeutsamen Leistungen auf vielen Gebieten des gesellschaftlichen Lebens.

Als August der Starke im 63. Lebensjahr, drei Jahre vor seinem Oberlandbaumeister Pöppelmann, fern seines Geburtsorts in seiner zweiten Hauptstadt Warschau starb, hatte er das Kurfürstentum Sachsen im Verband mit dem Königreich Polen an die Schwelle einer europäischen Großmacht geführt. Seine Regierungszeit ist in der Geschichte des sächsischen Staates eine Episode von weltgeschichtlichem Ausmaß. Dieser Weg war für viele Bürger, Bauern, Handwerker und Lohnarbeiter in den kursächsischen Landen mit Bedrückungen, Lasten und Kriegsnöten, zumindest bis 1707, verbunden. Es wurde durch ihre Arbeit aber auch Dauerhaftes geschaffen, sowohl auf dem Gebiet der wirtschaftlichen Entwicklung als auch im Bereich von Kunst und Kultur. Dazu kommen die Fortbildung der sächsischen Staatsverwaltung und wissenschaftliche Entdeckungen und Erfindungen von allgemeiner Bedeutung. Letztlich war die von August dem Starken repräsentierte Außen- und Innenpolitik Ausdruck einer Entwicklung, die im Rahmen spätfeudaler Macht- und Klassenverhältnisse einen allgemeinen gesellschaftlichen Fortschritt ermöglichte.

WALTER MAY

August der Starke als Bauherr

Zu den die Dresdner Barockarchitektur maßgeblich prägenden Kräften gehörte ihr bedeutendster Bauherr, der sächsische Kurfürst und polnische König August der Starke. Ungeachtet aller formalen Verschiedenheiten und Wandlungen offenbart sich in den königlichen Bauten aus dem ersten Drittel des 18. Jahrhunderts eine einheitliche Stimmung, die auch das sonstige Bauwesen nicht unberührt ließ und in den folgenden Jahrzehnten noch nachwirkte. Sie ergab sich nicht allein aus der Tradition der Dresdner Barockarchitektur und der höfischen Festkultur, die von August dem Starken zu höchster Vollendung gesteigert wurde, sondern sie war aufs engste mit der Person des Königs verbunden. Er war der spiritus rector in allen künstlerischen Unternehmungen des Hofes, und die Architektur diente ihm nicht nur als Mittel fürstlicher Repräsentation, sie galt ihm auch als fürstliche Unterhaltung und Beschäftigung.

Die Lust am Bauen teilte August der Starke mit vielen seiner fürstlichen Zeitgenossen, aber er besaß einen Erfindungsreichtum wie kaum einer von ihnen, und er war imstande, seine architektonischen Gedanken und Vorstellungen auch selbst zu Papier zu bringen. Diese Skizzen und Zeichnungen bildeten vielfach den Ausgangspunkt für die Entwürfe seiner Architekten. Auffallend häufig beschäftigten sie sich mit dem Typus des Zentralbaues, einem wohl auf frühe Eindrücke zurückgehenden Architekturideal Augusts des Starken, dem er zeitlebens anhing. Wenn dieser im barocken Schloßbau ungewöhnliche Typus während seiner Regierungszeit wieder und wieder in den Planungen der Dresdner Architekten erscheint, so wird daraus deutlich, welch bestimmenden und erklärten Anteil der König an diesen Entwürfen hatte.[1]

Das enge Verhältnis Augusts des Starken zur Architektur geht offenbar zurück auf die Unterweisung in den Grundlagen der Militär- und Zivilarchitektur durch Wolf Caspar von Klengel, die Teil seiner Ausbildung gewesen war. Klengel hatte seit 1672 die Leitung des kurfürstlichen Bauwesens inne, und er hat in dieser Funktion auch die Entwicklung der nachfolgenden Architektengeneration bis hin zu Matthäus Daniel Pöppelmann maßgeblich beeinflußt. Als König war August der Starke nahezu ständig mit Architekturprojekten befaßt, nicht nur als Anreger und Auftraggeber, sondern als Verfasser von Entwürfen, die er seinen Bauämtern zur Ausarbeitung übergab, wobei er sich immer wieder in den Entwurfsprozeß und in die häufig jahrelangen Planungen einschaltete bis hin zur Aufteilung und Verwendung der Baugelder.[2] Die erhaltenen Pläne, vor allem die Grundrißentwürfe, zeigen durch zahllose Einträge, Anmerkungen und Korrekturen von seiner Hand, welch aktiven Anteil er an den Entwurfsarbeiten nahm. Damit die zeichnerische Notierung seiner Ideen und die Detaillierung seiner skizzenhaften Vorgaben jederzeit gewährleistet war, sorgte er dafür, daß ihm ein Architekt, gewissermaßen als persönlicher Referent für Bauangelegenheiten, unmittelbar zugeordnet war.

Als erster hat anscheinend der 1703 als Landbaumeister und Hofarchitekt angestellte Marcus Conrad Dietze diese Funktion ausgeübt, wobei der neugeschaffene Titel «Hofarchitekt» die Besonderheit seiner Stellung kennzeichnete. Dietze hat – wie er selbst vermerkte, nach den Angaben des Königs – den ersten Entwurf für einen Neubau des Dresdner Residenzschlosses gezeichnet,[3] der die Grundlage für das im Oberbauamt weiter bearbeitete Projekt war.[4]

Nach Dietzes Tode im Jahre 1704 war es der Ingenieuroffizier Johann Christoph Naumann,[5] der «alle Zeit um I. K. Majestät sein müssen und von deren Ordre und Befehl lediglich dependiret».

Er blieb bis 1733 in der Stellung eines «Cammer-Dessineurs», aber die ständige Bindung an die Person des Königs war nicht mehr durchführbar, nachdem er 1711 die neugeschaffene Akzisbaudirektion übernommen hatte. Zeitweilig scheint Zacharias Longuelune, der seit 1715 erst in Warschau und dann in Dresden tätig war, in unmittelbarer Verbindung zum König gestanden zu haben. Die von ihm erhaltenen Entwürfe lassen darauf schließen, daß vor allem ihm die planerische Ausarbeitung des Zentralbaugedankens übertragen war.[6]

Wie intensiv sich August der Starke mit Architekturentwürfen und -plänen beschäftigte, wird deutlich an der Person Carl Friedrich Pöppelmanns,[7] des zweiten Sohnes von Matthäus Daniel Pöppelmann. Schon mit 15 Jahren, also um 1711/12, war der junge Pöppelmann vom König zur Reinzeichnung seiner Projekte herangezogen worden, und seit 1724 befand er sich ständig in der Umgebung des Königs, damit sich dieser, wie es ausdrücklich heißt, seiner in Bausachen bedienen könne. Carl Friedrich Pöppelmann hatte die Ideen des Königs in zeichnerische Entwürfe umzusetzen. Durch seine Hände gingen alle Pläne, durch die sich August der Starke auch in Warschau laufend über den Stand der sächsischen Arbeiten informierte. Er korrigierte sie nach den Anweisungen des Königs, zeichnete dessen Änderungs- und Gegenvorschläge und führte die Korrespondenz mit dem Leiter des sächsischen Bauwesens, dem Grafen Wackerbarth.

Als August der Starke 1726 erkrankt und gehunfähig war, ließ er sich von dem jungen Pöppelmann mit dem Anfertigen von Entwürfen unterhalten, und ebenso leistete ihm Pöppelmann während des Krankenlagers vor dem Tode bis zuletzt ständig Gesellschaft. Schon 1726 hatte August der Starke in einem Testament seinem Nachfolger die Verwirklichung seiner architektonischen Pläne nahegelegt und darauf verwiesen, daß seine Absichten in den Zeichnungen niedergelegt seien, die sich bei dem jungen Pöppelmann befänden.

August der Starke beschränkte sich nicht darauf, seine Gedanken auf dem Dienstweg an seine Bauämter weiterzugeben, er verständigte sich oftmals unmittelbar mit dem entwerfenden Architekten. Das scheint insbesondere bei den Arbeiten im Zwingergarten und den Schloßprojekten der Fall gewesen zu sein, wo er seine Anweisungen vielfach direkt an Matthäus Daniel Pöppelmann gegeben und sich wohl auch im Gespräch mit ihm über die Planungsschritte und die künstlerische Realisierung seiner Anliegen verständigt haben dürfte. Jedenfalls hat er sich in diesem Zusammenhang das unmittelbare persönliche Eingreifen ausdrücklich vorbehalten: «Nun ist es an dem, daß Wir in der Civil und Militair Baukunst Uns öffters delectiren, dahero hierinnen verschiedene desseins Selbsten inventiret, zu Pappier gebracht und solches Unsern Land-Baumeistern oder andern Subalternen des Obristen Bau Amts ungesäumt in Execution zu bringen immediate allergnädigst anbefohlen. Auf daß Wir hierinnen desto mehrere facilitaet finden und Unseren Zweck desto leichter erreichen mögen, haben Wir Uns die speciale dependenz expresse vorbehalten.» Weiter heißt es in diesem an Wackerbarth ergangenen Reskript: «. . . ist doch Unsere Intention keinesuegs dahin gegangen, daß Wir denen Subalternen ohne Euer Vorwissen nicht solten befehlen oder die inventirte desseins zu bauen nicht anordenen mögen.»[8] Der Verlauf eines persönlichen Kontaktes mit dem Architekten ist im Falle der Dresdner Frauenkirche überliefert, wo August der Starke zwar nicht als Bauherr auftrat, aus städtebaulichen Gründen aber sehr an dem Projekt interessiert war, das er schon um 1717/18 als Zentralbau angeregt hatte.[9] 1731 empfing er den Ratszimmermeister George Bähr zu einer Audienz, bei der auch Carl Friedrich Pöppelmann zugegen war, um Einblick in die Baupläne zu nehmen. In dem Protokoll der Unterredung, das Bähr für den Rat anfertigen ließ, schilderte er anschaulich, wie eingehend sich der König mit den Rissen beschäftigte und mit dem Zirkel selbst Abstände ausmaß.[10]

August der Starke konnte ein schwieriger Bauherr sein, vor allem für den Generalintendanten seines Bauwesens – eine Funktion, die von 1696 bis 1728, also nahezu während der gesamten Regierungszeit des Königs, in den Händen Wackerbarths lag –, wenn er immer wieder neue Ideen in die Planungen oder in schon begonnene Baumaßnahmen einbrachte, wenn seine Pläne die Grenzen des Möglichen überstiegen, aber doch zumindest etwas realisiert werden sollte, oder wenn er bei seinen Eingriffen den Dienstweg überging. In allen künstlerischen Dingen war August der Starke ein überaus sachkundiger Bauherr mit einem schöpferischen Anteil an den Werken, die auf seine Veranlassung entstanden. Seine in Skizzen oder Zeichnungen niedergelegten Ideen bildeten den Rahmen, der von den Architekten funktionell und gestalterisch so auszufüllen war, daß aus der Vorgabe des kunstverständigen Dilettanten das Kunstwerk hervorgehen konnte. Ohne die Anregungen und die Einflußnahme Augusts des Starken, die weit über seine summarische Grundrißskizze[11] hinausgegangen sein müssen, wäre der Zwinger undenkbar. August der Starke wußte den Künstlern seine Vorstellungen zu übermitteln und sie anzuregen, aber er war auch aufgeschlossen gegenüber anderen Vorstellungen und Vorschlägen in dem Bestreben, das beste künstlerische Ergebnis zu erreichen. So veranlaßte er 1726 für den von ihm geplanten Schloßbau in Großsedlitz einen internen Wettbewerb zwischen den drei führenden Architekten des Oberbauamtes, Pöppelmann, Longuelune und Knöffel. Jeder von ihnen sollte einen Entwurf anfertigen, ohne die Arbeiten der anderen zu kennen, und die besten Gedanken daraus sollten für das endgültige Projekt ausgewählt werden.[12] Dieses Vorgehen, hier in besonderer Deutlichkeit formuliert, kennzeichnet die vom König geförderte kollektive Planungsarbeit des Oberbauamtes, die im dritten Jahrzehnt des 18. Jahrhunderts geradezu charakteristisch für alle größeren Baumaßnahmen war. Sie vereinte so unterschiedliche künstlerische Temperamente wie Pöppelmann und Longuelune, ohne sie zur Aufgabe ihrer stilistischen Individualität zu zwingen, und doch verschmolz sie die individuellen Gestaltungsweisen zu einer einheitlichen künstlerischen Haltung, dem Stil des Oberbauamtes, dessen Stimmung zweifellos in starkem Maße durch den König beeinflußt war.

Den Bauwünschen Augusts des Starken waren Grenzen gesetzt durch den Etat des Oberbauamtes. Er suchte und fand jedoch mehrfach Wege, diese Beschränkungen zu umgehen, immer mit Hilfe der Grafen Flemming oder Wackerbarth. Sie gehörten zu seinen engsten Vertrauten, denen er höchste Staatsämter

übertragen hatte und von denen er offenbar auch erwartete, daß sie für ihn oder in seinem Auftrag bauten. Die Dresdner Ritterakademie wurde 1723–1726 als ein privater Bau Wackerbarths ausgeführt und erst 1728 von den Ständen übernommen, und 1725 versuchte der König, den Grafen Flemming zum Bau eines Invalidenhauses in Altendresden zu bewegen.[13] In diesem Zusammenhang gewinnen die wiederholten, planlos anmutenden Käufe, Rückgaben oder Rücknahmen einen Sinn, bei denen das Flemmingsche Palais eine auffallende Rolle spielte. August der Starke hatte es 1716 von Flemming gekauft, aber schon 1717 im Tausch gegen das von Flemming neu erbaute Holländische Palais zurückgegeben. 1726 kaufte es der König erneut, diesmal zusammen mit dem von Flemming eben erbauten Schloß Übigau, und in beiden Fällen wurde Flemming die Nutzung seines Palais noch für ein Jahr zugestanden.[14] Es hat den Anschein, als hätten die Käufe des Palais, die keine Baugelder in Anspruch nahmen, vor allem dazu gedient, Flemming für einen Bauaufwand zu entschädigen, den er wohl weniger aus eigenem als aus königlichem Antrieb unternommen hatte.[15] Die Bauten des Holländischen Palais und des Schlosses in Übigau erscheinen als Teile eines ganzen Programmes. Das «orientalische Lust-Gebäude»[16] in Pillnitz, das Holländisch-Japanische Palais mit seinen Porzellanen und der geplante Umbau Übigaus zu einem «Persianischen Schlößchen»[17] stehen in einem gedanklichen und gestalterischen Zusammenhang. Längs der Elbe aufgereiht, bilden sie ein verzaubertes Gartenreich mit den Reizen einer exotischen Welt.

So ist auch zu fragen, ob Wackerbarth die Anlage des Gartens in Großsedlitz, den August der Starke 1723 kaufte, in spekulativer Absicht begonnen hatte[18] oder ob er nicht umgekehrt zu diesem Unternehmen durch den König bewogen worden war, der beabsichtigte, den Ring seiner Schlösser um die Residenz zu vervollständigen, ohne zunächst über die finanziellen Mittel dafür zu verfügen. Als Wackerbarth 1728 nach dem Brand des Gouvernementshauses das Flemmingsche Palais als Entschädigung für den ihn betroffenen Verlust erhielt, das der König aber bald darauf gegen Überlassung der Brandstätte und des Rittergutes Zabeltitz zurücknahm, war der Grund für diesen Tausch zweifellos die Absicht des Königs, den Grafen zum Bauen zu veranlassen. So entstanden das Kurländer Palais und das Neue Palais in Zabeltitz, wo der König selbst schon Bauabsichten gehabt hatte, die unausgeführt geblieben waren,[19] und wo ihm an einer Modernisierung des Renaissanceschlosses im Hinblick auf das für 1730 geplante große Manöver der sächsischen Armee bei Zeithain gelegen haben dürfte.[20] Tatsächlich war der Umbau im Sommer 1730 beendet, und das Schloß konnte Gäste aufnehmen.

August dem Starken wird häufig mangelnde Zielstrebigkeit vorgeworfen, als Planer und Bauherr hat er sie durchaus besessen. Die Vielzahl weit ausgreifender, aber unausgeführter Planungen vermittelt leicht ein falsches Bild. Sie waren vielfach zu Papier gebrachte Gedankenspielereien, ein Auskosten gestalterischer Möglichkeiten, auch ohne Rücksicht auf die Realisierbarkeit, waren königliches Divertissement. Demgegenüber hat August der Starke bestimmte Programme und planerische Ideen über Jahre und Jahrzehnte im Auge behalten und auf ihre Realisierung hingearbeitet. Dazu gehören die Zentralbauprojekte, die Umgestaltung des Jagdschlosses Moritzburg zum «temple de Diane»,[21] die Einbeziehung der Elbe in sein städtebauliches und landschaftsgestalterisches Konzept und schließlich die Baumaßnahmen in Altendresden, die sich seit 1727 auf der Grundlage des Klengelschen Entwurfes für den barocken Neuaufbau des rechtselbischen Stadtteiles zu einer städtebaulichen Gesamtheit zusammenfügten, wobei durch Pöppelmanns Umbau der Brücke eine deutliche Beziehung zum Elbraum hergestellt wurde.

Wenig erforscht ist bisher der Anteil Augusts des Starken an den thematischen und ikonographischen Programmen, die seinen Bauten und Planungen zugrundelagen. Er ist kaum geringer anzunehmen als bei den von ihm inszenierten Festlichkeiten. Es war seine Idee, die rings um Dresden liegenden Schlösser und Gärten in ein den ganzen Bezirk umfassendes künstlerisches Programm einzuordnen, das sich bis auf die Ausstattungen erstreckte.[22] Ein einheitliches Programm, das zweifellos wieder auf den König selbst zurückging, lassen die an der Elbe angelegten Schlösser und Palais erkennen. Wie kaum ein anderes Bauwerk ist die Erscheinung des Zwingers durch ein ikonographisches Grundmotiv geprägt, die antiken Sagen von Herkules und den Gärten der Hesperiden mit ihren goldenen Äpfeln, die zu einer Apotheose des Bauherrn gesteigert werden, doch die Frage nach dem Urheber dieses Programmes wird kaum gestellt. Der Erfindungsgeist und Ideenreichtum Augusts des Starken lassen vermuten, daß er selbst dieses Thema gewählt hat, zumal er nach eigenem Eingeständnis Orangenbäume mit ebensolcher Leidenschaft sammelte wie das Porzellan[23] und sich das zur Apotheose erhobene Herkulesmotiv im Thronsaal des Residenzschlosses wiederholte.[24]

Unzureichend ist auch noch die Kenntnis der Anregungen und Vorbilder, die August den Starken als Bauherren beeinflußt haben. In allgemeiner Weise werden die Eindrücke seiner Kavalierstour genannt, die ihn 1687–1689 nach Frankreich, Spanien, Portugal und Italien geführt hatte. Nur für ein Motiv, den auffällig bevorzugten Zentralbau, ist bisher der Frage nach der Herkunft nachgegangen worden.[25] Wie eine umfassendere Antwort aber auch immer ausfallen mag, ausschlaggebend für die große Bedeutung, die August der Starke für die Entwicklung und Haltung der Dresdner Barockarchitektur besaß, bleibt letztendlich die Persönlichkeit des Königs, sein Einfallsreichtum, sein ausgeprägtes künstlerisches Verständnis und seine Bevorzugung festlich heiteren Glanzes gegenüber monumentaler Würde.

KLAUS MERTENS

Das kursächsische Oberbauamt
und seine Architekten

Das der «Cammer» beigeordnete kursächsische Oberbauamt umfaßte eine Gruppe von Baufachleuten, die
im Rahmen der Staatsverwaltung für die ständige
Unterhaltung der baulichen Substanz im Besitze sowohl des Staates wie des Landesherrn verantwortlich
waren.[1] Diese Verpflichtungen bezogen auch die Ver-
kehrswege, Brücken, Flußbauwerke und Produktions-
stätten dieser Rechtsträger mit ein. Die betreffenden
Objekte verlangten gegebenenfalls eine Schadens-
bzw. Bedarfsanalyse, ein Projekt als baupraktische
Aufgabenstellung, eine exakte Kostenermittlung, die
preisgünstigste Materialbeschaffung, teilweise auch
Materialgewinnung (in Steinbrüchen, Ziegeleien, Sä-
gewerken usw.), das Dingen der erforderlichen Gewerken und die Beaufsichtigung der Baustellen. All
dies diente schließlich dem verantwortungsvollen Einsatz der zur Verfügung stehenden finanziellen Mittel.

Die damit zusammenhängenden wirtschaftlichen Fragen sind im Schriftverkehr ausführlich behandelt worden. Die Anfertigung von «Rissen», den Entwürfen,
war nur eine dazugehörige Grundlage, die bei gegebe-
nem Personal keinerlei zusätzlichen finanziellen Aufwand erforderte. Die künstlerische Form fiel nicht
unter die Interessen der Finanzexperten und wurde
daher kaum schriftlich erwähnt. Wer ein Projekt verfertigte und wie der geplante Bau gestalterisch aussehen sollte, interessierte nur den Bauherrn. – Und der
verhandelte offensichtlich vorrangig mündlich oder
über Mittelspersonen. Der, der die praktischen Dinge
eines Baues betreute, mußte nicht a priori mit dem
Planverfasser identisch sein – auch wenn nur er in
den Akten erwähnt wird.

Daher kommt es, daß in Kursachsen um 1700 nur
für ganz wenige Objekte ein Autor sicher nachgewie-

92 Anton Tischler. *Oberlandbaumeister Johann Christoph Knöffel. Um 1750.* Stich nach Gemälde von Dominicus van der Smissen. 49,1×34,7 cm.

93 Unbekannter Bildhauer. (Paul Heermann?) *Oberlandbaumeister Johann Friedrich Karcher.* Büste vom Epitaph der Familie Karcher in der Kirche Leubnitz-Neuostra, Dresden.

sen werden kann – vieles ist nur stilkritisch mehr oder weniger subjektiv erschlossen worden. Oft folgte dann später eine veränderte Zuweisung, und diese Wandlung des Bildes von den Autoren der sächsischen Barockarchitektur ist noch keineswegs abgeschlossen.

Die Struktur des Oberbauamtes war kein starres Gebilde, das unverändert über einen größeren Zeitraum hinweg existiert hätte. Der Aufbau, der zu Pöppelmanns Zeiten maßgebend war, datiert im wesentlichen ab 1672, da der ehemalige Oberlandbaumeister Wolf Caspar v. Klengel als Oberinspektor aller Civil- und Militärgebäude bestallt worden ist und Johann Georg Starcke die Stellung des Oberlandbaumeisters einnahm. Von 1682–1686 war noch der Viceoberlandbaumeister Heinrich Schramm, dessen Nachfolger von 1686–1691 Michael Plancke wurde, Starcke zugeordnet, danach entfiel diese Funktion. Weiterhin gehörte ins Oberbauamt ein Landbaumeister – seit 1687 bzw. schon 1682 war dies Matthes Schumann, der den Posten bis 1709 innehatte.

Die Rangordnung war vom Militär übernommen worden – die genannten Kräfte wurden als Offiziere bezeichnet. Den Offizieren waren noch die Conducteure unterstellt. Zu ihnen gehörte seit 1686 Matthäus Daniel Pöppelmann. Nicht alle Mitarbeiter erhielten eine Entlohnung – manche arbeiteten in Erwartung einer Gage. Doch die «Offiziere» beschäftigten persönlich auch noch weitere Kräfte zwecks Erledigung ihrer eigenen Aufgaben, wie die Bemerkungen des sich um eine freie Conducteurstelle bewerbenden Christian Friedrich Landsberger aus dem Jahre 1711 bezeugen, der schrieb: «mich beym Herrn Geheimbden Cämmerier und Land Baumeister Pöppelmann eine zeithero auffgehalten, auch des Vorhabens bin, bey selbigen noch ferner zu profitiren . . .».[2]

Darüber hinaus gab es im Oberbauamte stets noch einen Oberbauamtszahlmeister und einen Wasserbaumeister. Hinzu kamen Kräfte für die bauliche Erhaltung des Theaters und in sehr unterschiedlicher Anzahl einige Baugewerken und Gärtner. In den kursächsischen Kreisen wirkten als örtliche Beauftragte des Amtes die Landbauschreiber.

Bestallungen fixierten die Dienstobliegenheiten jedes Beamten. Sie wurden bei Neueinstellungen und beim Wechsel der Vorgesetzten, deren Namen in den Bestallungen erwähnt waren, überreicht. Bedauerlicherweise sind seit 1696, und damit auch für die Amtszeit Pöppelmanns, diese Zeugnisse der Verpflichtung von Baubeamten nicht mehr auffindbar.

Der Inhalt der Bestallungen wiederholte sich bei gleichen Aufgabenstellungen mit geringen Abweichungen. Die ausgedehntesten Passagen verpflichte-

133

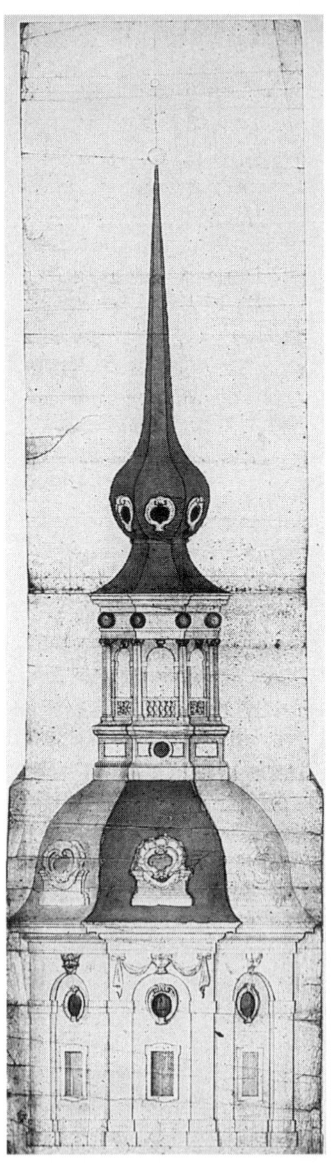

94   Wolf Caspar von Klengel.
Dresden, Schloßturm, oberer Teil mit Haube. 1674.
Bleistift, teilweise mit Feder ausgezogen, farbig getönt.
98×27,8 cm.
Dresden, Staatsarchiv, Rißsammlung, Schrank VII, Fach 86, Nr. 18b.

95   *Plan des Großen Gartens mit Grundriß des Palais.*
Um 1715.
Feder, farbig getönt.
68×50 cm (in Sammelband).
Dresden, Staatsarchiv, Rißsammlung, OHMA Cap. II, Nr. 16, Bl. 1d.

96   Johann Georg Starcke.
Palais im Großen Garten, Hauptfassade. 1679.
Beschriftet: «Anno 1679».
Sepia-Federzeichnung mit Lavierungen und feinen Schraffuren. 89×154 cm.
Dresden, Staatsarchiv, Rißsammlung, Abt. XI, Schrank II, Fach 33b, Nr. 7.

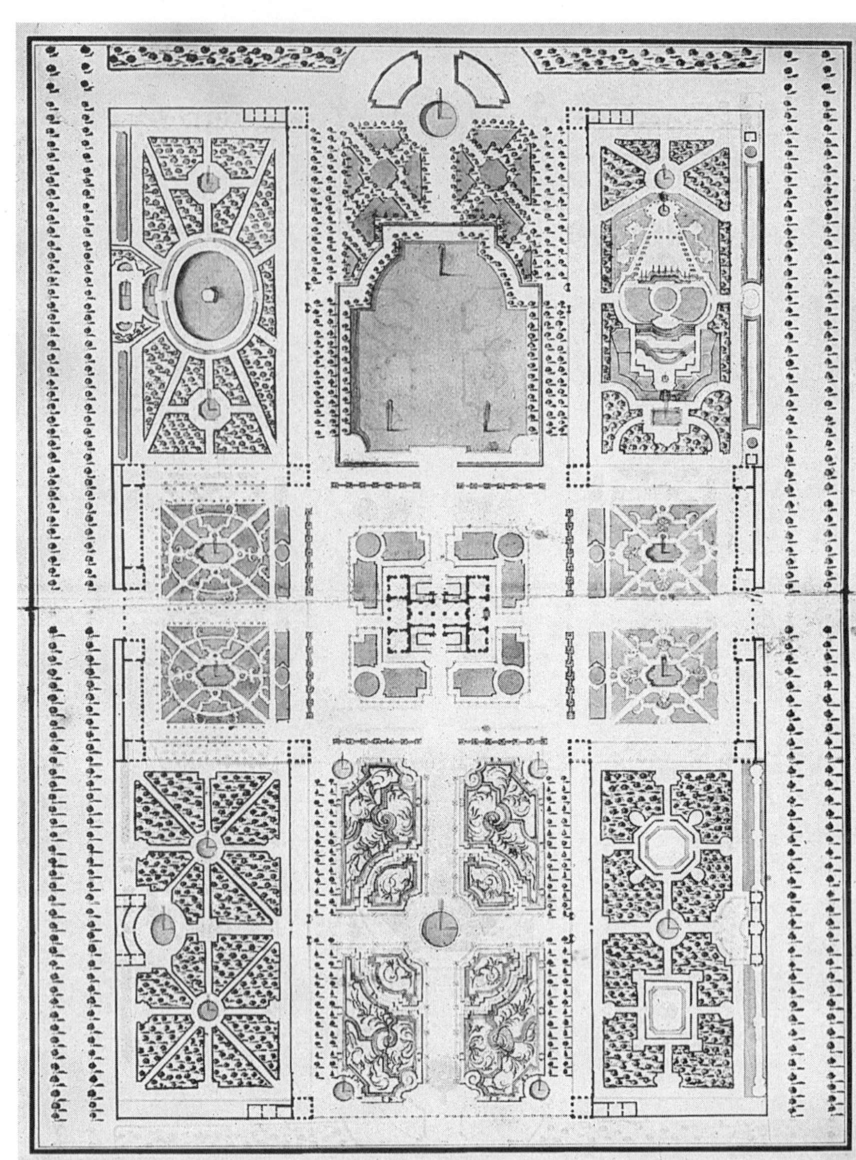

97 Johann Samuel Mock.
Ansicht des Großen Gartens mit dem Palais während der Bauern-Wirtschaft 1709.

Deckfarbenblatt. 67,5×97,5 cm.
Dresden, Kupferstich-Kabinett,
Inv.-Nr. C 1968−798.

ten die oberen Baubeamten zu redlicher Verwendung der anvertrauten Mittel im Interesse des Kurfürsten. «. . . daß Uns er getreu, hold und dienstwärtig seyn, Unsern nuz, ehre und wohlfahrt . . .».[3] Gestalterische Fragen wurden darin kaum angeschnitten. Sie beschränkten sich, z. B. bei Oberlandbaumeister Beyer, auf den Satz: «Wenn aber neue Gebäude in der Residenz oder in Unseren Landen zu führen Wir schlüssig würden, hat er, wo des Obristen, Johann Georg Starckens, rath nöthig, demselben seine Riße und Modelle zu communiciren, solches mit ihm zu überlegen, und, nach beyderseits genommener conformer resolution, jedoch mit Unserm Vorbewußt und Verordnung dieselben auszuführen, auch daran zu seyn, daß darbey der Wohlstand, Beständigkeit und bequemlichkeit mit bestem Fleiß observiret werden, . . .». Ähnlich dürfte die Bestallung Pöppelmanns formuliert gewesen sein.

August der Starke griff als Bauherr aktiv in das Baugeschehen mit ein. Klengel hatte in den letzten Jahren seines Lebens den damaligen Prinzen Friedrich August in «Architektur» zu unterweisen, ein Unterricht, der das Interesse des späteren Königs an diesem Fach geweckt hat und so für die weitere architektonische Gestaltung Dresdens sehr bedeutungsvoll geworden ist.

Die Wirksamkeit des Oberbauamtes war auch sehr stark von der Person des jeweiligen Chefs, des Oberinspektors, abhängig. Klengel und Starcke waren ehemalige Oberlandbaumeister. Mit Wackerbarth kam 1695 eine Persönlichkeit in diese Funktion, bei der man nicht weiß, ob sie je gestaltend tätig gewesen ist. Eine architekturtheoretische Bildung ist ihm nicht abzusprechen, seine Hauptfähigkeiten lagen aber auf organisatorischem Gebiet, auch wenn ein Stellenbewerber ihn einmal «Restaurator et Inventor dignissimus, Architecturae tam Civilis quam Militaris» genannt hat. Sein ordnender Geist prägte die Hauptschaffenszeit des M. D. Pöppelmann. Seit 1728, dem Amtsantritt von Jean de Bodt als Bauamtschef, nahm dann wieder ein Architekt von Rang diesen Platz ein.

Klengel war Oberinspektor sowohl für das Civilwie auch das Militärbauwesen – eine in der damaligen Zeit sinnvolle Verbindung, da die Sicherheit einer Festung Konsequenzen für die Bebauung der Stadt haben mußte. Diese Folgerungen machten jedoch eine Erweiterung der Aufgaben des Bauamtes erforderlich: Verordnungen[4] für das Bauwesen mußten erlassen und ihre Befolgung überprüft werden. Die personellen Gegebenheiten führten jedoch mehrfach zu einem Verbinden und wieder Trennen der zivilen und der militärischen Aufgabenkomplexe, was immer wieder Auseinandersetzungen zur Folge hatte.

Hauptziel der Bauordnungen war die Feuersicherheit der Baulichkeiten und damit der Stadt, doch wurden auch gestalterische Fragen, wie z. B. die nach einer einheitlichen Bebauungshöhe der Straßen, damit verbunden. Aus der Zeit der Wirksamkeit Pöppelmanns sind vor allem die Flemmingschen Baupunkte von 1708 und als Vorarbeiten zu einer Bauordnung die Gedanken des Modellmeisters Gärtner sowie des Oberlandbaumeisters Karcher zu einer Verbesserung des Bauwesens von 1709/10 zu nennen,[5] die dann in dem Baureglement von 1720, dem Baureglement für die Vorstädte von 1720 bzw. 1736 sowie in der Bauordnung für Altendresden von 1732 ihren Niederschlag gefunden haben.

In den Auseinandersetzungen bezeugte Karcher seine überragenden Kenntnisse auf baulichem Gebiete. Da nach seiner Einschätzung die Baugewerke in den Städten des Landes, mit Ausnahme von Dresden und Leipzig, äußerst unqualifizert arbeiteten, bot er sich für Beratungen und Unterweisungen derselben an. Ziel sollte es sein, daß jeder Maurermeister einen Plan im Gelände abstecken sowie den Grundriß, die Fassade und den Schnitt des Gebäudes zeichnen kann. Karchers Vorschläge haben dann, sicher von ihm unbeabsichtigt, im Jahre 1711 zur Schaffung der Accis-Baudirektion unter Leitung von Johann Christoph Naumann (um 1664–1742) geführt.[6]

Für jeden Bauvorgang mußten genaue Kostenvoranschläge gefertigt werden. Sie wurden meist von den Landbauschreibern beim Oberbauamte zur Prüfung eingereicht und dort von spezialisierten Kräften, zu denen auch Pöppelmann gehörte, «moderirt». Als Grundlage für die Überprüfungen hatte man eine Art ortsgebundener Festpreiskataloge, die in Abständen immer wieder auf den neusten Stand gebracht worden sind. Die genehmigten Anschläge wurden vom Prüfenden unterschrieben. Doch geben die Unterschriften keinen Hinweis darauf, daß der Prüfende den Kostenanschlag auch selbst aufgestellt hat, noch viel weniger, daß der zugehörige Entwurf von ihm stammen würde.

Wackerbarth achtete darauf, daß wöchentlich die führenden Kräfte des Bauamtes zusammenkamen, um die erledigten Arbeiten zu kontrollieren, alle Aufgaben durchzusprechen und sie an die Ausführenden weiterzuleiten. Vor Antritt seines Auslandsaufenthaltes im Jahre 1700 legte er dafür genaue Anweisungen vor. Die Beratenden waren damals sein Stellvertreter

Lambert Lambion (die Funktion des Vice-Baudirektors gab es nur von 1697–1701), Oberlandbaumeister Beyer, Oberlandbaumeister Karcher (einen zweiten Oberlandbaumeister gab es 1699–1706, da Beyer entlassen wurde, und dann wieder seit der Ernennung Pöppelmanns 1718) sowie der Oberbauschreiber. «Alß ist ein gewißer Orth auszusehn, allwo obgemelte Herren Officiren . . . alle Freytage, des Sommers früh umb 6 Uhr, im Winter umb 8 Uhr zusammen kommen . . . inmaßen sie dahin trachten, daß gute Ordnung eingeführet und erhalten werde, . . .».[7]

Das 1718 vom König verordnete Reglement für das Oberbauamt[8] basierte auf diesen älteren Gepflogenheiten und ordnete die Pflichten noch exakter. Die Rangfolge des Leitungsgremiums war: Der General-Intendant Graf Wackerbarth als Präsident, Hof- und Justitien-Rath Dr. J. B. Freystein, Ober Commissar und Ober Bau Amts Zahlmeister M. Gärtner, Oberlandbaumeister J. F. Karcher, Oberlandbaumeister M. D. Pöppelmann sowie der Architekt Raymond Le Plat. Le Plat war seit 1697 in Dresden als Innenraumgestalter tätig und hiermit in den Kreis der Offiziere aufgenommen worden. Der seit 1715 gleichfalls in Dresden als Architekt tätige Zacharias Longuelune ist erst nach der Abfassung des Reglements in dieses Gremium eingegliedert worden. Mauro und Fritzsche († 1718) sind für Vorhaben des Theaters beschäftigt gewesen «auf welchen Fall sie jedesmall mit zum Ober Bau Amt zu Überlegung des Baues eingeladen werden».

Das Reglement war in 19 Abschnitte gegliedert. Nur zwei bezogen sich auf Projekte: «Was nun I. Ihro Königl. Majt. zu bauen entschlossen, werden sie dem General Intendanten bekannt machen lassen, damit zufolge Deroselben allergnädigster Meynung die erforderlichen Risse und Anschläge entworfen werden können». Dero allergnädigste Meinung bezog sich hier offensichtlich auf die häufigen zeichnerischen Vorgaben durch den König. «V. An Ihro Königl. Majt. solche Risse, im Plan, Aufzug und Durchschnitt, nebst nur erwenten Anschlägen, oder wenigstens . . . allerunterthänigst einzureichen . . .».

Verwirrung hat bei den Forschern dann oftmals der 16. Punkt gestiftet: «Damit aber XVI. ein jeder wisse, zu was vor einem Departement er hauptsächlich sich zu ziehen habe, so ist in des Ober Landbaumeisters Karchers Departement eigentlich dieses was zum Garten gehöret. In des Ober- Landbaumeisters Pöppelmanns Departement alle Schloß- und darzugehörige, auch Land- Gebäude, und in des Architecte Le Plat Departement gehen nebst den innerlichen Ausbauungen und Verzierungen aller Gemächer, auch die Schloß Gebäude zugleich mit . . .» Hier gab es offensichtlich unklare Überschneidungen, denn einmal wurden allgemein die Gärten mit zu den Schloßbauten gerechnet, zum anderen waren die Schlösser sowohl Pöppelmann wie auch Le Plat zugeordnet gewesen. Bei der Gewichtigkeit der wirtschaftlichen Gesichtspunkte in diesem Reglement dürfte jedoch eindeutig sein, daß diese Departementbildung sich nicht primär auf künstlerische Entwürfe bezog. Einer derartigen Anordnung hätte auch die übliche Praxis der gleichzeitigen Entwurfsbearbeitung durch mehrere Autoren widersprochen.

HEIDRUN LAUDEL

Planungen zum Dresdner Schloß

Zeit seiner Regierung beschäftigten August den Starken Pläne zum Ausbau des Dresdner Schlosses. Bei der allgemeinen Baulust des sächsischen Kurfürsten und polnischen Königs nimmt es nicht wunder, daß er bemüht war, gerade auch seiner Residenz ein würdiges Aussehen zu verleihen.

Das vorhandene Schloßgeviert – im wesentlichen unter Kurfürst Moritz (1547–1556) entstanden – vermochte schon im 17. Jahrhundert dem gewachsenen Repräsentationsbedürfnis und den vermehrten Anforderungen des Verwaltungsapparates nicht mehr zu genügen. Der Übergang angrenzender Bürgerhäuser in höfischen Besitz und die Errichtung der verschiedensten Festbauten in den sechziger und siebziger Jahren bezeugen das. Die Baumaßnahmen des Vorgängers Augusts des Starken, seines Bruders Johann Georgs IV., anläßlich der Feierlichkeiten zur Verleihung des englischen Hosenbandordens lassen erkennen, wo unmittelbare Veränderungen am Schloßgebäude besonders dringlich erschienen. Neben dem neugestalteten Haupteingang im Norden, dem sogenannten «Grünen Tor», gewährte vor allem der Einbau einer großzügigen Treppenanlage am Ende des östlichen Flügels einen angemesseneren Zugang zum Festsaal im zweiten Obergeschoß. Damit taucht hier in Dresden recht früh ein Element auf, das im deutschen Schloßbau im Hinblick auf ein fein nuanciertes Hofzeremoniell wachsende Bedeutung erhalten sollte.

Aber die beengten Verhältnisse und das Beispiel der Bauunternehmungen anderer deutscher Fürsten – allen voran das der Hohenzollern und der Habsburger – drängten zu weitreichenderen Veränderungen.

Dennoch hat der Gedanke, das alte Schloß völlig aufzugeben und einen Neubau zu errichten, nur eine kurze Zeit nach dem verheerenden Schloßbrand vom 25. März 1701, der den gesamten Ostflügel mit den Repräsentationsräumen und den Georgenbau in Schutt und Asche legte, eine ernsthafte Rolle gespielt.

Im Jahre 1703 ließ August der Starke seinen Landbaumeister Marcus Conrad Dietze das Projekt zu einem neuen Residenzschloß mit allen nur denkbaren Einrichtungen für festliche Gelegenheiten zeichnen (Abb. 98). Die Reste des alten Baues waren darin nur insoweit einbezogen, als sie sich zur Abrundung des Vorplatzes verwenden ließen. Man kann wohl davon ausgehen, daß mit Dietzes Riß der erste Gesamtplan eines neuen Schloßkomplexes vorlag, daß mit ihm alles bisher Angedachte zusammengefaßt wurde. Das Ergebnis war eine gewaltige Anlage, die den Aufbruch der Festungsbauwerke im Westen – sowohl des inneren Gürtels als auch der äußeren Umwallung – voraussetzte. Wir haben sie als komplettes Bild dessen anzusehen, was August dem Starken als baulichräumlicher Rahmen für höfische Repräsentanz vor Augen stand. Der König wollte einen Komplex von Staats-, Fest- und Wohnräumen, dessen Ausmaße selbst noch die jenes phantastischen Projektes Ducerceaus für Schloß Charleval (1673) übertrafen. Über eine Länge von 520 m waren von Ost nach West Vorplatz, Vorhof, der eigentliche Schloßbau, Wirtschaftsgebäude und verschiedene Festbauten aneinandergefügt. Gestalt und innere Ordnung des Hauptbaues waren dem Architekten nachweislich vorgegeben. August der Starke selbst hatte die an französischen Beispielen orientierte Dreiflügelanlage

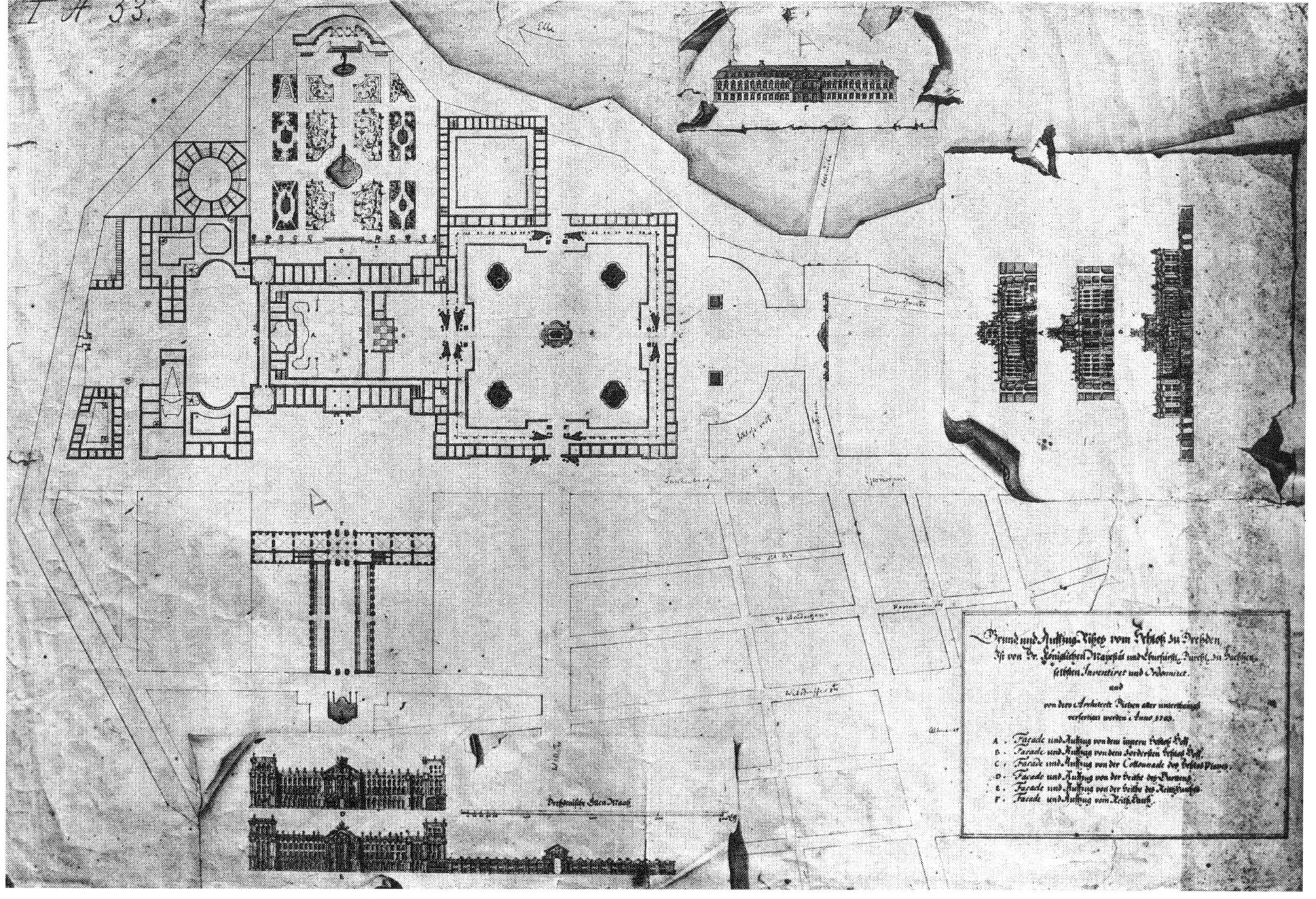

98 Marcus Conrad Dietze. *Grundriß und Ansichten zu einer neuen Schloßanlage in Dresden. 1703.* Beschriftet: «Grund- und Auffzug-Rißes vom Schloß zu Dreßden, Ist von Sr. Königlichen Mayestät und Churfürstl. Durchl. zu Sachßen selbsten Inventiret und Ordonniret und von dero Architecte Dietzen aller unterthänigst verfertiget worden Anno 1703.» Original seit 1945 verschollen.

mit dem eingeschobenen Treppenhaus und den Appartements als Kopfbauten in verschiedenen Skizzen zu Papier gebracht. Um so erstaunlicher ist es, daß dieses Raumschema in Dresden keine Nachfolge gefunden hat, wie auch andere Elemente des Dietze-Planes nie aufgegriffen worden sind.

Allerdings war in der Folgezeit selbst an eine teilweise Realisierung eines solchen Projektes nicht zu denken. August der Starke mußte im Nordischen Krieg größere militärische Niederlagen hinnehmen. Im Jahre 1706 begannen die schwedischen Truppen in Sachsen einzudringen. Statt die Festungsanlagen in irgendeiner Weise anzutasten, hatten sich die Bauarbeiten auf die Instandsetzung sämtlicher Militärbauwerke in und um die Stadt zu konzentrieren.

Dennoch dürfte gerade in jene Jahre die Suche nach einem generellen Konzept für die Dresdner Residenz fallen.

Überliefert sind uns aus dieser frühen Phase zwei in engem Zusammenhang stehende Grundpläne, von denen der eine einen Neubau, der andere den Ausbau des alten Schlosses vorsah. Dem etwas schematisch entwickelten Neubauplan (Abb. 99) kommt insofern besondere Bedeutung zu, als er die idealisierte Vorstufe der Mehrzahl der nachfolgenen Umbauprojekte darstellt. Nichts erinnert mehr an die Konzeption, die dem Dietze-Plan zugrunde gelegen hatte. Auffällig ist die weitgehende Geschlossenheit des gesamten Komplexes. Statt der Ehrenhofanlage zeigt sich nun eine einfache Folge von Gevierten: Vorhof, Schloßhof,

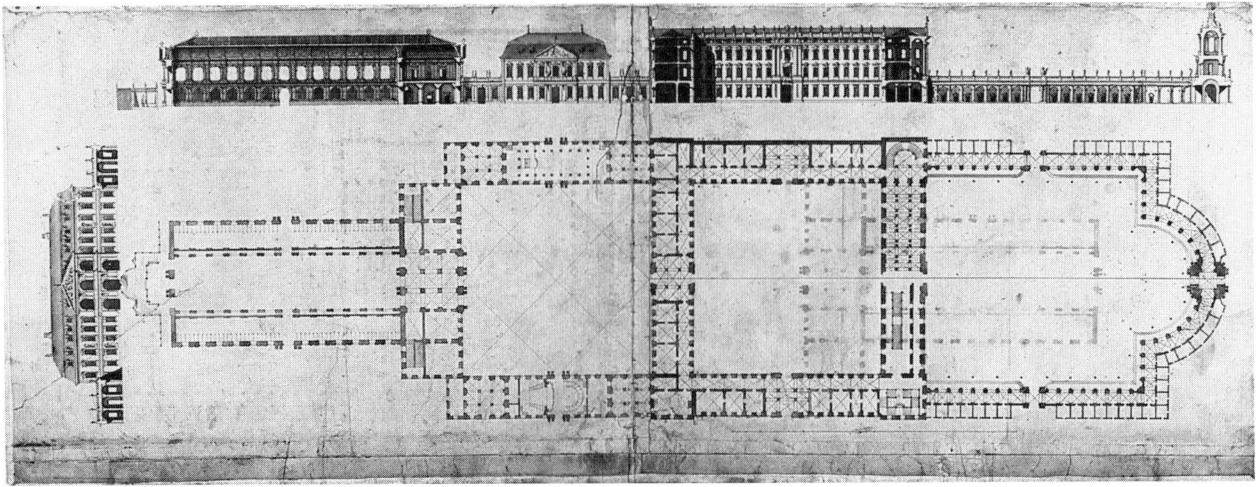

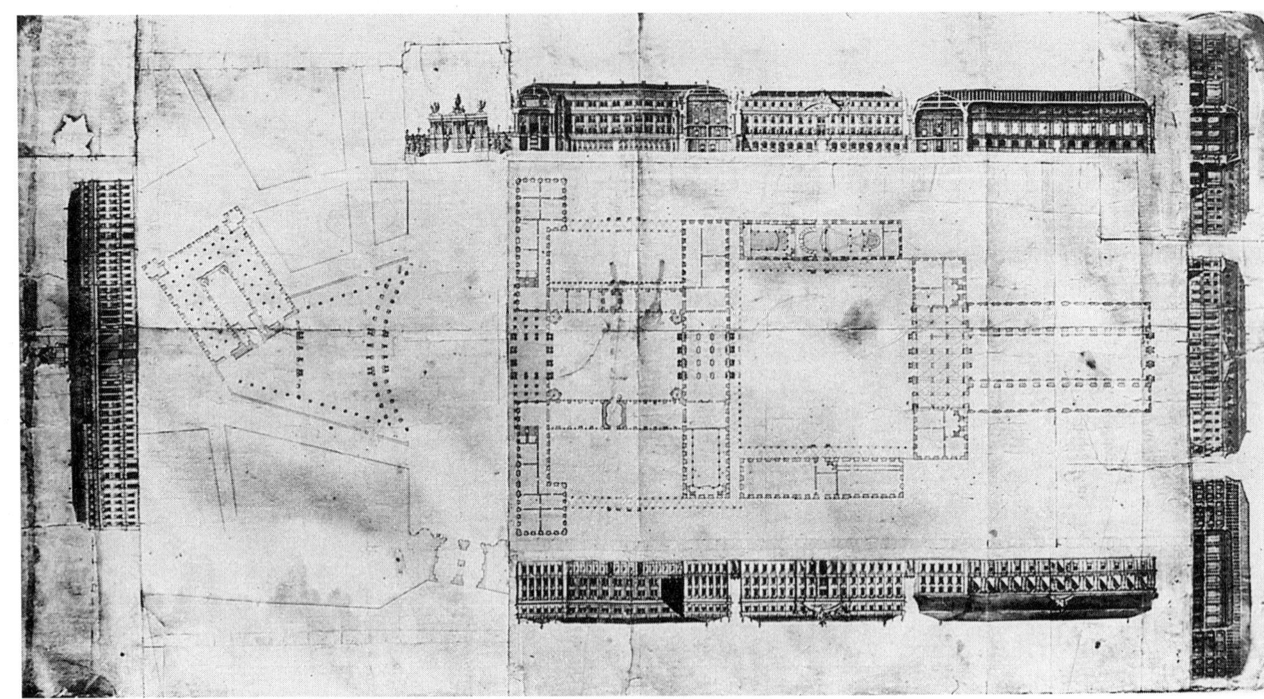

Festplatz. Auf die wirkungsvolle Tiefenstaffelung der
Baumassen – Sinnbild absolutistischen Schloßbaues –
war verzichtet worden. Bestimmend wurde jetzt offensichtlich die Absicht, den alten Bau – das heißt den
traditionellen Typ der Vierflügelanlage – einzubeziehen. Unter einer solchen Voraussetzung hatten
Schloßerweiterungen auch anderen Ortes zu wenig
differenzierten Raumgefügen aneinandergereihter
Hofräume geführt; etwa in Wien, wo ab 1660 die
Gevierte der alten Amalienburg und des Schweizerhofes
durch einen neu errichteten Trakt miteinander
verbunden worden waren.

   Bei dem zweiten Plan ist versucht worden, die Idee
dreier aufeinanderfolgender Hofräume unter Verwen-

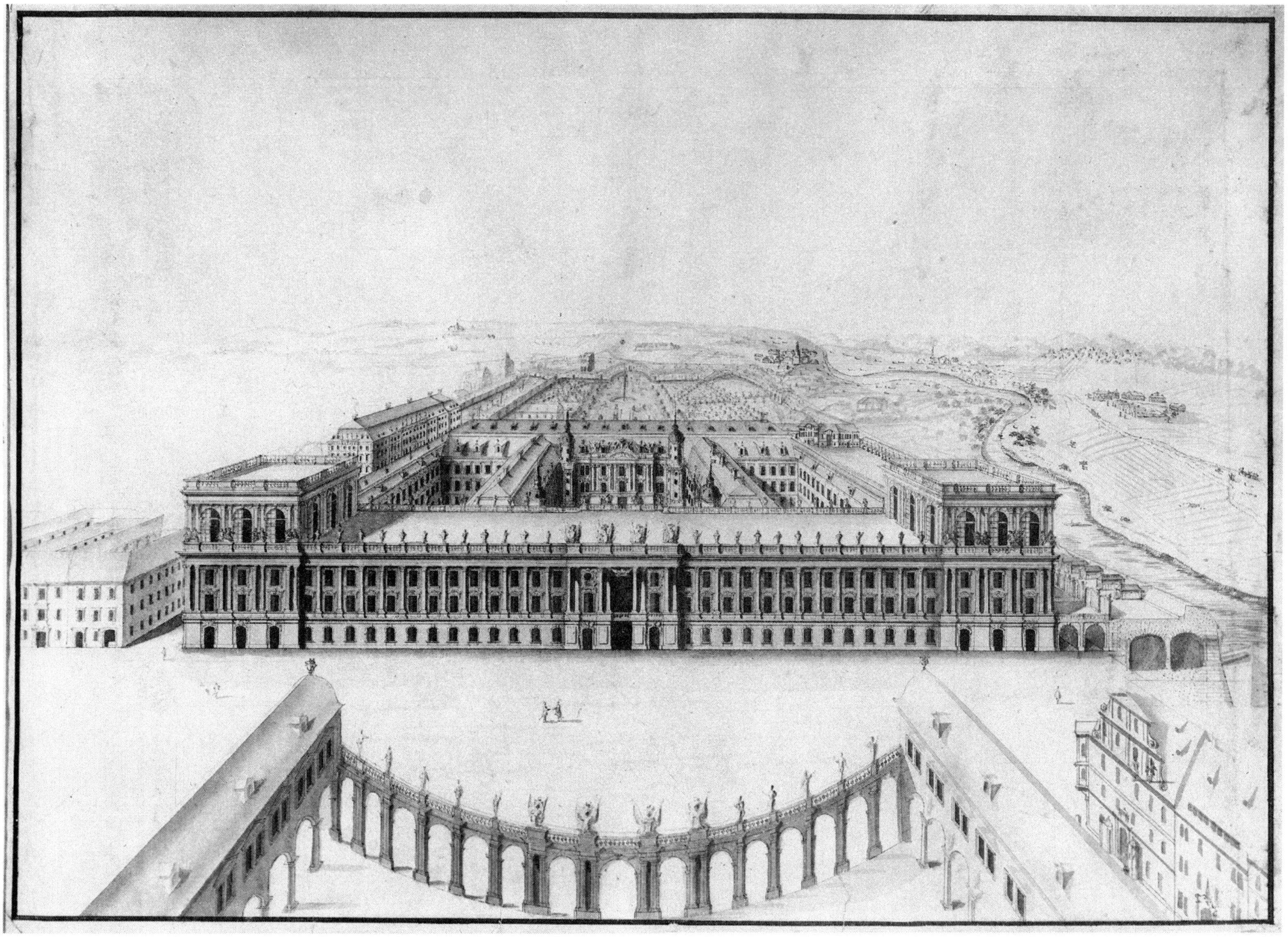

103 Matthäus Daniel Pöppelmann.
*Aufriß der Schauseite des Dresdner Schlosses
mit dreiachsigem Mittelbau und Seitenrisaliten,
von Kolossalsäulen geziert. 1711.* Feder, grau
getönt, Dächer und Turmkuppeln hellblau,
perspektivische Grundrißandeutung in Rot.
43,3×103 cm. Dresden, Sächsische
Landesbibliothek, Mscr. Dresd. L. 4/3.

104 Matthäus Daniel Pöppelmann.
*Aufriß der östlichen Schauseite des Dresdner
Residenzschlosses.* Dresden, Sächsische
Landesbibliothek.

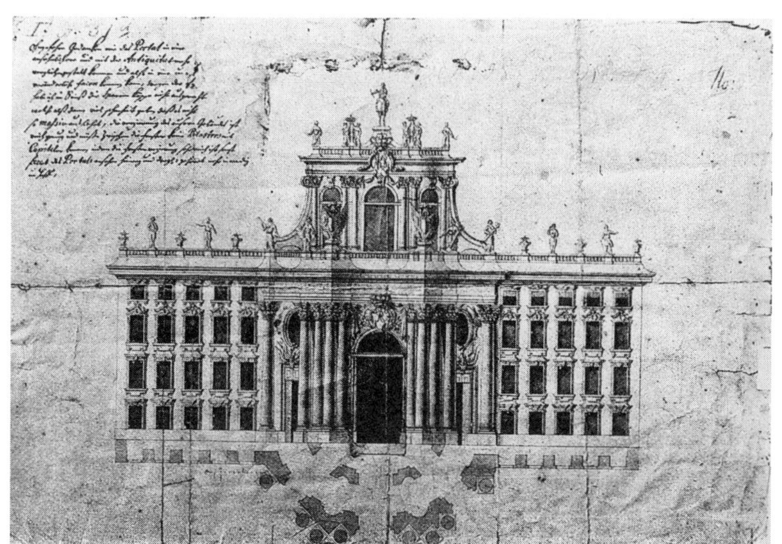

105 Matthäus Daniel Pöppelmann.
Aufriß zum Mittelbau der östlichen
Schauseite des Dresdner Residenzschlosses. 1711.
Original seit 1945 verschollen.

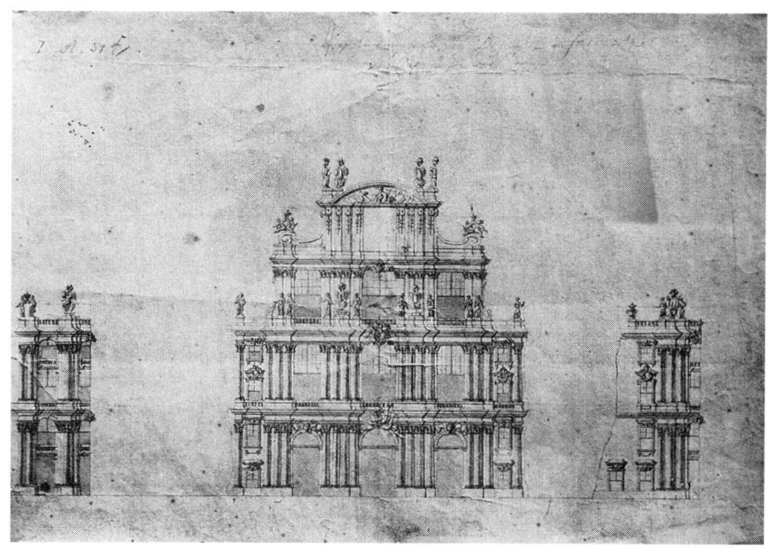

106 Matthäus Daniel Pöppelmann.
Aufriß zum gestuften Mittelbau der östlichen
Schauseite des Dresdner Residenzschlosses. 1711.
Original seit 1945 verschollen.

dung der intakten Teile des vorhandenen Schlosses umzusetzen (Abb. 100). Dabei sind Ost- und Westflügel über das Geviert des alten Baues hinausgeführt, so daß sich ihm im Norden und Süden von Galerien begrenzte Nebenhöfe anschließen. Diese Ausweitung ermöglicht im Westen die Anlage eines geräumigen zweiten Schloßhofes, im Osten die Entwicklung einer langgestreckten Prachtfassade. Wir haben hierin die tragende Idee der gesamten Planung zu erblicken, die in nur geringfügiger Abwandlung über mehr als zwei Jahrzehnte Gültigkeit behielt. Sie taucht noch in den Entwürfen Longuelunes um das Jahr 1730 auf.

Wie sehr auch den Bauherren dieses Kernstück des Umbauplanes – das erweiterte Schloßgeviert – überzeugt haben muß, beweist die Tatsache, daß er davon zwei Schaubilder anfertigen ließ (Abb. 101 und 102). In ihnen tritt uns die neue gestalterische Konzeption besonders eindrucksvoll entgegen. Nicht mehr Plastizität und pyramidale Auftürmung der Baumassen, wie sie Dietze vorgesehen hatte, sondern der zur ausgedehnten Schaufassade umgestaltete Ostflügel bestimmen den Gesamteindruck. Die Klassizität der Form, die dominierende Kolossalordnung tragen der neuen städtebaulichen Situation Rechnung. Es ist eine Paradefront gestaltet, die sich wie ein Riegel zwischen städtischen und engeren höfischen Bereich schiebt.

Zweifellos wurde mit der Idee, das alte Schloß einzubeziehen, eine realistischere Phase der Planungen eingeleitet. Freilich hätte auch der Umbau des vorhandenen Schlosses erhebliche finanzielle Mittel erfordert. Denn neben dem repräsentativen Neubau des Ostflügels war die völlige Umgestaltung der übrigen Teile und der Abbruch des Kleinen Schloßhofes geplant. Der Vorteil des Projektes lag daher vor allem in der möglichen sukzessiven Umsetzung. Besonders faszinierend mag der Gedanke gewesen sein, daß allein mit dem veränderten Wiederaufbau des östlichen Flügels an der Schloßstraße, der gleichsam wie eine Schauwand alles Dahinterliegende zu verdekken vermochte, der notwendige Eindruck von Großzügigkeit und Pracht erweckt werden konnte. So überrascht es nicht, daß sich die Entwurfsarbeiten zum Schloß sehr bald auf diesen Teil des Projektes konzentrierten.

Die Sächsische Landesbibliothek Dresden bewahrt eine ganze Serie von Aufrissen zum verlängerten Ostflügel (Abb. 103 und 104). Die einzelnen Blätter lassen sich nicht in eine strenge Abfolge bringen. Sie müssen von vornherein als Varianten erarbeitet worden sein. Allen Zeichnungen ist aber gemeinsam, daß die klassische Strenge der vorangegangenen Entwürfe aufgegeben worden ist. Nicht mehr die durchgängige Kolossalordnung, sondern Vor- und Rücksprünge und ein reich ausgebildeter Mittelbau geben der Fassade das Gepräge. Dem König muß insbesondere an der Gestaltung einer dominierenden Mitte gelegen

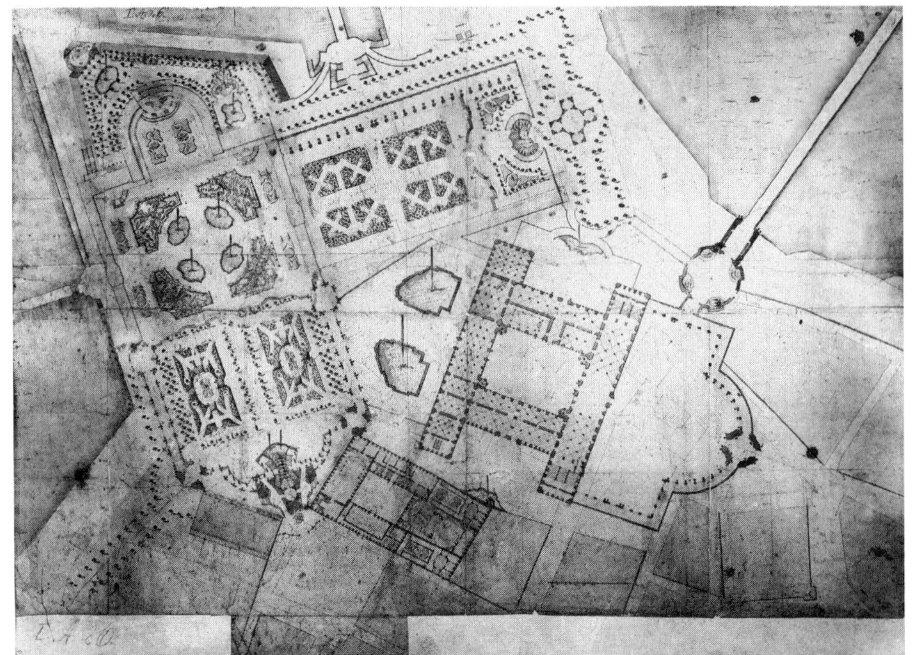

107 *Grundplan der gleichzeitigen Erweiterung
von Schloß und Zwinger mit Gartenanlagen in der
verlängerten Längs- und Querachse des
Zwingerhofes. 1713/14.* Bleistiftbeschriftung
im Bereich des Taschenbergpalais:
«Von diesem Platz verlangen Ihro K. M. die
Namen derer Häußer und den genauesten Preiß,
ingl. den Überschlag des Maurers und dero
gantzes Bauwerk in Gestalt des Comödien
Haußes zu verfertigen den Inneren Platz aber
sollte an Hrn Fritzschen gegeben und das
Desein so darauf gemacht benebst den Ueber-
schlag eingesendet werden, auch zugleich die
Zeit benennet, und wie balt es in fälligen
Stande könte gebracht werden.»
Feder, mehrfarbig angelegt; 91×124 cm;
mit Tektur. Dresden, Staatsarchiv,
OHMA I. A. 26

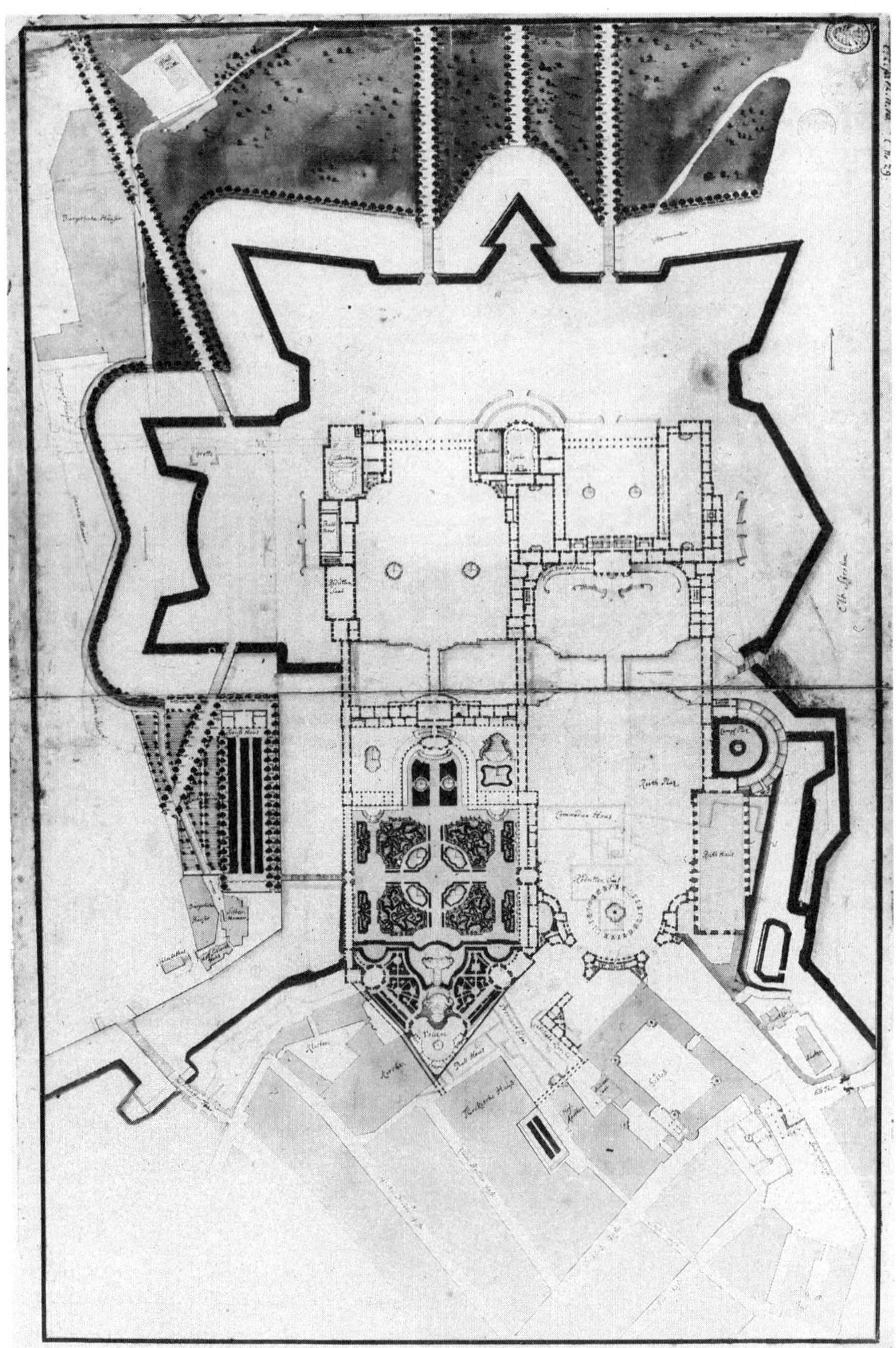

108 *Grundplan einer neuen Schloßanlage unter
Einbeziehung des Geländes hinter dem inneren
Befestigungsring. 1715.* Feder, mehrfarbig
angelegt, bestehende Bebauung in Grau.
58,2×89,5 cm. Dresden, Staatsarchiv,
Bibliothek des Sächsischen Ingenieurcorps
Nr. 35 e.

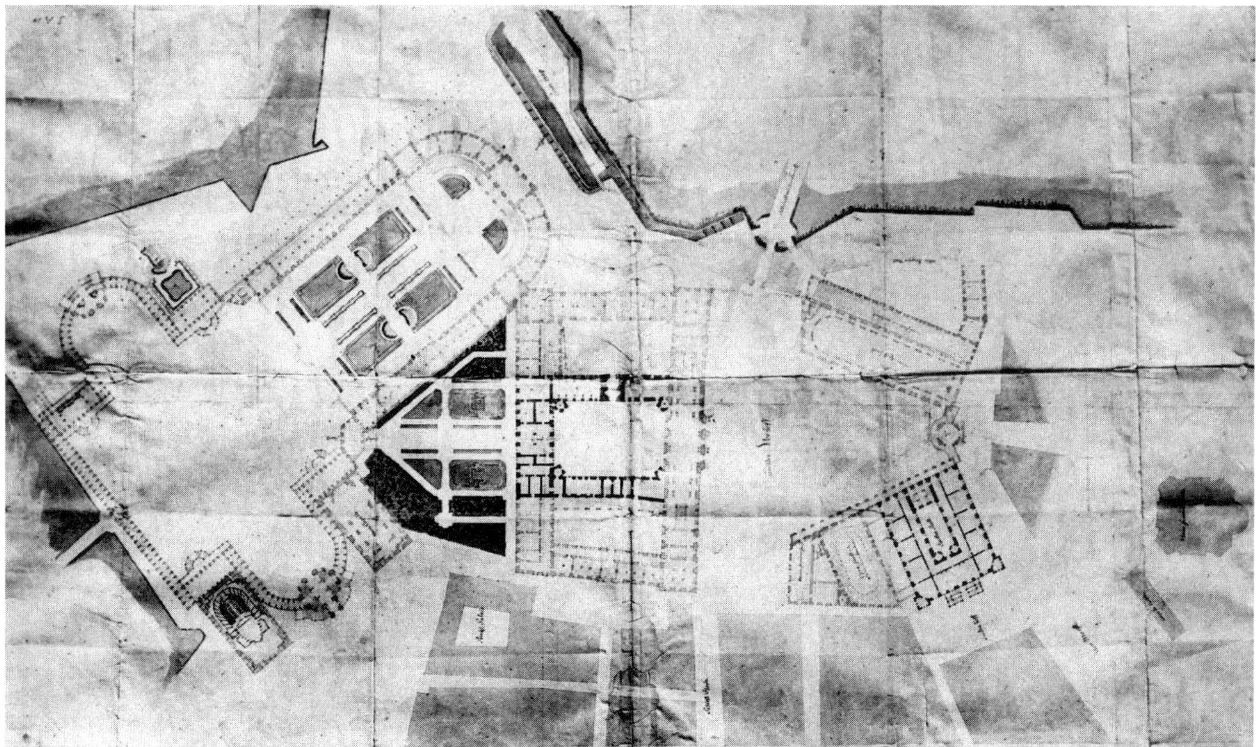

haben, denn zum Hauptportal sind mehrere Detail-zeichnungen angefertigt worden, die sich ehemals im Sächsischen Landeshauptarchiv befanden, uns heute aber nur noch durch zwei Abbildungen in Sponsels Tafelwerk überliefert sind (Abb. 105 und 106). Das eine der Blätter zeigt gebündelte Kolossalsäulen, die sich bis zum Hauptgesims erstrecken, auf einem zwei-ten sind mehrere Säulenordnungen übereinanderge-stellt.[1] Wir haben darin eine wesentliche Alternative zu sehen. Denn tatsächlich lassen sich nach der Glie-derung des Portales – Riesenkolossalordnung oder gestufter Aufbau – sämtliche Aufrisse in zwei Gruppen ordnen.

All diese Blätter sind mit einiger Sicherheit in das Jahr 1711 zu datieren. Auf einem der Detailpläne hat Sponsel die Aufschrift «. . . Augustus Rex P und Elect. . . . Sax MDCCXI» entziffern können.[2] Dar-über hinaus deutet das mehrfache Erscheinen des Adlers als Schmuckmotiv auf die Zeit des Reichsvika-riates Augusts des Starken vom April bis Oktober 1711.

Besonders aufschlußreich aber ist, daß auf einer Zeichnung zum Mittelportal in der Schrift der Zeit «Pöppelmannisch Erstes Dessein in facciata vom Schloß zu Dresden» zu lesen ist.[3] Das mag ein Hinweis darauf sein, daß Pöppelmann erst jetzt maßgeblichen Anteil an der Erarbeitung der Schloßbaupläne hatte. Der Baumeister war im Vorjahr auf Reisen geschickt worden, namentlich um sich in Wien und Rom «die itzige Arth des Bauens sowohl an Palaesten alß Gär-then zu ersehen». Aus den Akten geht auch hervor, daß ihm «Riße zu hiesigem Schloß Bau» mitgegeben wurden, die er mit den «vornehmsten Bau Meistern und Künstlern» beraten sollte.[4] Man könnte vermu-ten, daß die nunmehrigen, so andersgearteten Fassa-denrisse in erster Linie das Ergebnis der Eindrücke dieser Reise waren. Zweifellos wird Pöppelmann wäh-rend seines mehrmonatigen Aufenthaltes in Prag, Wien und Italien für dieses oder jenes Detail Anregun-gen erhalten haben. Beispielsweise läßt die Bündelung der Säulen an die Eingangshallen römischer Kirchen-bauten – etwa an die der SS. Vicenzo e Anastasio (1650) – denken. Betrachtet man die Fassaden aber in ihrer Gesamtheit, dann scheint weniger die Berüh-rung mit der Kunst ausländischer Meister als viel-mehr der Formwille des Königs wirksam geworden zu sein. August der Starke wünschte eine Front, die nicht mehr vornehmlich durch ihre Ausdehnung, son-dern durch die Dynamik der Formen und die Pracht der Details imponieren sollte. Aber dieses Streben nach Auflockerung widerspricht letzten Endes der Funktion des Baues im Gesamtgefüge, seiner Wirkung als Platzwand. An der teilweise etwas eklektischen Formensprache, die den Bauherren kaum überzeugt haben dürfte, wird das auch spürbar. Vielleicht haben wir darin einen der Gründe zu suchen, daß zwar seit 1707 einige Räume des alten Schlosses neu ausgestattet,[5] der Wiederaufbau des abgebrannten Teiles aber noch über Jahre hinausgeschoben wurde.

Wenn Matthäus Daniel Pöppelmann tatsächlich erst um 1710 zu den Planungen zum Dresdner Schloß herangezogen wurde, dann geschah das zu einem Zeitpunkt, da es nicht mehr um grundlegende räumliche Bezüge, sondern um Vorschläge für das konkrete Aussehen einzelner Bereiche ging. Etwa ab 1712 waren es die Ideen zu einer weiträumigen Anlage des Zwingergartens, die zu neuen Schloßerweiterungsplänen führten.

Als im Jahre 1709 die Verhandlungen um einen Bau im Zwingergarten am westlichen Festungswall einsetzten, war an eine Verbindung zum Schloß noch nicht gedacht. Erst in dem Maße, wie sich aus der einfachen, in die sogenannte «Scharfe Ecke» eingeschobenen Bogenterrasse durch Erweiterung nach Osten eine reizvolle Platzanlage zu entwickeln begann, wird die Idee aufgekommen sein, den Zwingergarten in die Schloßbaupläne einzubeziehen. An den nun entstehenden Perspektiven (Abb. 107), die allerdings ausschließlich den Zwingerhof darstellen, ist der Erfindungsreichtum des Architekten zu bewundern, der in schmuckreichen Pavillons und Galerien eine heitere Festarchitektur erstehen läßt. Angesichts der so bis ins einzelne durchgearbeiteten Schaubilder ist man erstaunt, in den Grundplänen nur einen ganz unentschiedenen, in mehreren Tekturen gegebenen Anschluß an den Schloßkomplex zu finden. Die Erklärung ist wohl in der Eigenheit des Bauherren zu suchen, der stets eine Vielzahl paralleler Projekte initiierte und zunächst auch Schloß und Zwinger unabhängig voneinander konzipieren ließ. So sehen wir diese Erweiterungsprojekte des zweiten Jahrzehnts vom Detail, vom Einzelraum her – gleichsam von innen nach außen – entwickelt, wobei an der Grenze des höfischen Besitzes nur ganz vorsichtig in das umgebende Stadtgefüge eingegriffen ist. Haben wir darin das Abbild des begrenzten Absolutismus Augusts des Starken zu erblicken? Immerhin hat der sächsische Kurfürst den politischen Einfluß der Stände zu keiner Zeit gänzlich auszuschalten vermocht – ein Umstand, der seine Bauvorhaben tatsächlich – zumal im Kern der Residenzstadt – eingeschränkt haben dürfte.

Unter den verschiedenen, z. T. nur skizzenhaft gegebenen Projekten dieser Jahre ragt ein Plan besonders heraus, weil auf ihm nicht nur der Zwinger, sondern auch das Schloß vollkommen durchgearbeitet ist (Abb. 108). Der exakt H-förmige Grundriß zeigt weiträumige Hallen und Säle, großzügige Galerien und Treppenläufe. Auf einen zweiten, von Festbauten umstellten Hof ist verzichtet. Die unbedingt notwendigen Räume des Theaters und der Kapelle finden wir in das umzubauende Taschenbergpalais eingeordnet. Ein solches Projekt muß ernsthaft ins Auge gefaßt worden sein. Denn in einer Bleistiftbemerkung Wackerbarths werden gerade von diesem Bau detailliertere Risse und genauere Kalkulationen gefordert. Den Schloßhof begrenzt eine von Kolonnaden gesäumte Exedra mit mittlerem Portalturm, die sich weit in den Stallhof hineinschiebt. Wir haben es hier mit einem beliebten Motiv zu tun, das fast ausnahmslos schon in den vorangegangenen Plänen aufgetaucht war. Dennoch sind es weniger die Baulichkeiten als vielmehr die ausgedehnten Gartenanlagen, die der Planung eine gewisse räumliche Großzügigkeit verleihen. Mit Zierbeeten, Bosketten, Wasserbecken, kleineren und größeren Fontänen, rahmenden Galerien, gliedernden Terrassen ist das gesamte Gelände vor der westlichen Festungsmauer in eine prachtvolle Anlage vielfältiger Räume verwandelt. Den Höhepunkt bildet ein monumentaler Kaskadenturm mit bogig geführten Treppenläufen. Den Aufriß dieses einzigartigen Bauwerkes, an dessen Errichtung dem König besonders gelegen war, hat Pöppelmann in seinem Zwingerwerk wiedergegeben.[6]

In den Jahren 1713/1714 entstanden, hat dieses Projekt über mehrere Jahre Gültigkeit besessen. Es handelt sich hier um jenes «große Dessein», auf das sich August der Starke noch im Frühjahr 1718 bezog.[7] Um so erstaunlicher ist es, daß uns aus eben diesem Zeitraum eine Planung überliefert ist,[8] die durch den Neubau eines Schlosses jenseits des inneren Befestigungsringes mit allen bisherigen Konzeptionen bricht (Abb. 110). Das neue Hauptgebäude erscheint als Zentrum eines weitverzweigten Systems von Plätzen, Arenen und Gartenanlagen, innerhalb dessen der Zwinger zum begleitenden Nebenhof geworden ist.

Eine Perspektive veranschaulicht uns die enorme Weite des geplanten Schloßhofes (Abb. 109). Reiter, Kutschen und Menschengruppen verlieren sich förmlich auf der gewaltigen Platzfläche, die wohl erst mit glänzenden Massenaufzügen eine den Raumverhältnissen angemessene Nutzung erfahren hätte. Die hier

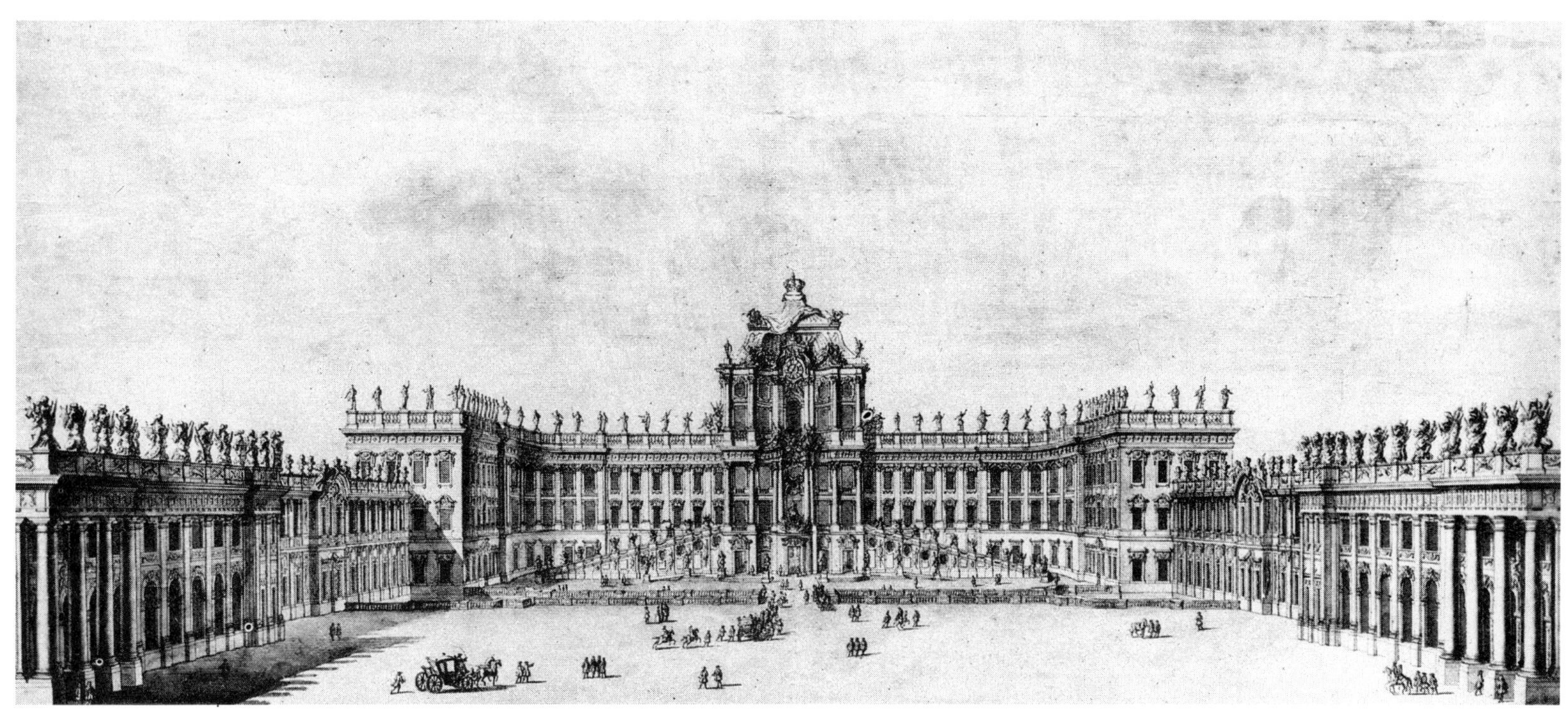

110 Matthäus Daniel Pöppelmann (?).
Perspektive eines neuen Schlosses im Bereich des
traditionellen Festplatzes an der Elbe unter
Einbeziehung des Geländes hinter dem
inneren Befestigungsring. 1715.
Feder, grau getönt. 42×85 cm.
Dresden, Staatsarchiv, Bibliothek des
Sächsischen Ingenieurcorps Nr. 35 c.

angeschlagenen Dimensionen werden im Bereich des bestehenden Stadtgefüges nicht durchgehalten. Die beiden Zufahrtsstraßen, für die ein riesiger Obelisk den Blickpunkt bilden sollte, wirken wie übriggebliebene Stümpfe einer viel umfassender gedachten Konzeption. Letzten Endes ist es nur der frühe Plan Dietzes gewesen, der mit einer breiten tangierenden Ausfallstraße – einer Verbindung des Platzes vor dem Marstall mit dem Palais im Großen Garten – die räumlichen Bezüge konsequent bis in die entferntere Umgebung fortgeführt hatte.

In der Literatur ist dieser Plan für einen Schloßneubau aus dem zweiten Jahrzehnt des 18. Jahrhunderts immer wieder mit der Frankreichreise Pöppelmanns in Zusammenhang gebracht worden.[9] Es fällt aber schwer, für dieses etwas eklektisch anmutende Gefüge den gleichen Autor anzunehmen, der wenig zuvor die so ganz andersgearteten Anlagen des Zwingergartens entworfen hatte. Das Hauptgebäude sollte vornehmlich der Bewahrung und Demonstration von Kunstgegenständen aller Art dienen. Das entsprach dem Vorhaben Augusts des Starken, die kurfürstliche Kunstkammer in einzelne – nach Sujet getrennte – Sammlungen aufzulösen. Der Grundplan zeigt eine Vielzahl von Ausstellungsräumen zu einem Zentrum

von Kunst und Wissenschaft des Landes vereinigt. Die bauliche Anlage wird hier Symbol absolutistischer Macht, die die geistigen Kräfte des Landes bindet. Auch darin ist Frankreich das Vorbild. Die schon Jahrzehnte bestehenden ausgedehnten Galerien des Louvre und von Versailles galten allgemein als beispielhafte Lösungen.

So hatte sich der König unabhängig von den approbierten Rissen das großartige Phantasiebild einer Residenz zeichnen lassen, in der höfischer Prachtentfaltung keinerlei Grenzen gesetzt zu sein scheinen. Auf die gegebenen Verhältnisse war in diesem Plan nur insofern Rücksicht genommen, als das vorhandene Schloß weitgehend unangetastet blieb. Das entsprach den unmittelbaren Intentionen des Königs, der seit Beginn des Jahres 1717 den Wiederaufbau des alten Kurfürstensitzes energisch vorantrieb.[10] Unter der Oberleitung Pöppelmanns war zu den Hochzeitsfeierlichkeiten des Kurprinzenpaares im September 1719 das zweite Obergeschoß zu einer prunkvoll ausgestatteten Repräsentations- und Fest-Etage ausgebaut worden. In einer klaren Abfolge führte der Weg bei Empfängen von der Englischen Treppe über den Riesensaal und weitere Festräume bis zu den Paradezimmern – dem Schlafzimmer und dem Audienzgemach

147

des Königs. Wenn mit diesem Ausbau auch nie die Ausmaße der in den Schloßerweiterungsplänen vorgesehenen Räumlichkeiten erreicht wurden, so zeigte die nunmehrige Anlage doch eine Vollkommenheit, wie es sie in Sachsen weder vor noch nach der Regierung Augusts des Starken gegeben hat.

Ganz sicher sind im Oberbauamt neue Projekte zum Residenzschloß erst entstanden, nachdem ab 1722 die Arbeiten am Zwinger wieder aufgenommen worden waren. Auf dem Titelblatt seines Kupferstichwerkes hat Pöppelmann den «Grundriß des anzulegenden Lust-Ortes», gehalten von «zween Bau-Genien», wiedergegeben (Abb. 8). Es dürfte sich dabei um das Vorzugsprojekt der zwanziger Jahre handeln. Denn die nach Norden verlängerten Galerien, die an der Elbe in einem bogig gefaßten Zentralbau enden, tauchen schon in den Gemälden Alexander Thieles zum Karussellfest vom 22. Februar 1722 auf. Es ist stark anzunehmen, daß Thiele dabei auf genauer durchgearbeitete Pläne zurückgreifen konnte, die aber nie bekannt geworden sind. Vielleicht wurden sie schon 1728 beim Brand der Räume des Oberbauamtes vernichtet.

Die ausschließliche Entwicklung des Zwingerhofes entlang seiner Querachse ergab sich zwangsläufig aus dem im Sommer 1718 gefaßten Beschluß, den Zwingerhof symmetrisch auszubilden, das heißt die Bogengalerie am Wall im Osten spiegelbildlich zu wiederholen. Für unsere Betrachtungen ist interessant, daß im unteren Teil des Blattes – an das Schloß angrenzend – ein von Verbindungsgalerien begrenzter fünfseitiger

Hof angedeutet ist. Er war in unterschiedlicher Gestalt schon vorher in allen Rissen, in denen eine Verbindung zwischen Schloß und Zwinger gesucht wurde, aufgetaucht. Zu den Feierlichkeiten des Jahres 1719 ist ein solcher Hof tatsächlich provisorisch errichtet worden. Wir entdecken ihn auf einem Kupferstich, mit dem das «Karussel der vier Elemente» im Zwingerhof festgehalten wurde.[11] Von den Zeitgenossen ist nicht allein nur die so entstandene nützliche Einrichtung eines bedeckten Ganges sondern ausdrücklich auch dessen «kostbare» Ausführung hervorgehoben worden[12] – übrigens ein Beweis, wieviel Sorgfalt man auch ephemeren Bauten angedeihen ließ.

Gegen Ende der Regierungszeit Augusts des Starken hat Zacharias Longuelune die tragfähigsten der bis dahin entwickelten Ideen noch einmal in einem Gesamtplan zum Schloß und Zwinger vereinigt (Abb. 109). Dem wohl letzten Projekt Pöppelmanns folgend, war darin der Zwinger mit langen Galerien zu einem kleinen Schloßgebäude an der Elbe geführt. Longuelune, der in den zwanziger Jahren zunehmend in der Gunst des Königs stand, hat in seinen Plan nichts grundlegend Neues eingebracht. Aber er besaß das nötige Geschick, um auch für die bislang noch unbefriedigend durchgebildeten Bereiche – für den Anschluß des Schlosses an den Zwinger und den Haupteingang im Osten – akzeptable Lösungen zu finden. So ist mit diesem Plan, der aus Anlaß der Neuordnung der kurfürstlichen Sammlungen entstanden war, eine Art Resümee aller Schloßbauprojekte der ersten Jahrzehnte des 18. Jahrhunderts gezogen.

MICHAEL KIRSTEN

Der Dresdner Zwinger

Die Anfänge des Zwingergartenbaus

Die Anfänge des Dresdner Zwingergartenbaus gehen auf den Wunsch Augusts des Starken zurück, im Festungszwinger westlich des Dresdner Schlosses eine Orangerie anzulegen. Erst 1673 bis 1696 war in diesem bis dahin ungenutzten Bereich zwischen den Wallanlagen eine Festbaugruppe, bestehend aus Reithaus, Schießhaus und Komödienhaus, entstanden. Südöstlich vom Reithaus hatte man einen in acht Beetquartiere unterteilten Garten geschaffen. Ungenutzt lag jedoch der Bereich zwischen dem Reithaus und der «Scharfen Ecke». Er bot sich an, die auf

halbrundem Grundriß konzipierte Terrassenanlage einer Orangerie aufzunehmen. Der von August dem Starken eigenhändig entworfene Grundriß (Abb. 119) entsprach den Gepflogenheiten zeitgenössischer Gartenbaukunst, die man in ähnlicher Form auch im Boseschen Garten zu Leipzig vorbildlich verwirklicht fand. Die Terrassen dienten bei all diesen Anlagen zur Aufstellung der in Kübel gepflanzten Orangenbäume, die man im Winter in dafür vorgesehene Räumlichkeiten umsetzte. Daß man zur Ausführung der Terrassenanlage kam, beweist uns ein Kommen-

111 *Dresden. Zwinger mit Theaterplatz, Hofkirche,
Schloß, Taschenbergpalais und Sophienkirche.*
Luftbild vor 1945. (ZLB/L 0242/74)

112   *Zwingerhof, Blick zum Glockenspielpavillon.*
Aufnahme vor 1945.

113   *Zwingerhof. Blick zum Wallpavillon;*
mit dem 1843 aufgestellten, bei der Zwinger-
restaurierung 1924/1936 entfernten Denkmal
für König Friedrich August den Gerechten.
Aufnahme vor 1924.

114 *Zwinger*. Luftbild vor 1945.
(ZLB/L 1706/74)

115 *Zwinger. Nymphenbad, Blick zur Kaskade.*
Zustand vor der Zwinger-Restaurierung
1924/1936.

116 *Zwinger. Blick über das Nymphenbad
zum Wallpavillon.*

117 *Zwinger. Kronentor mit Langgalerie.*
Aufnahme um 1934.

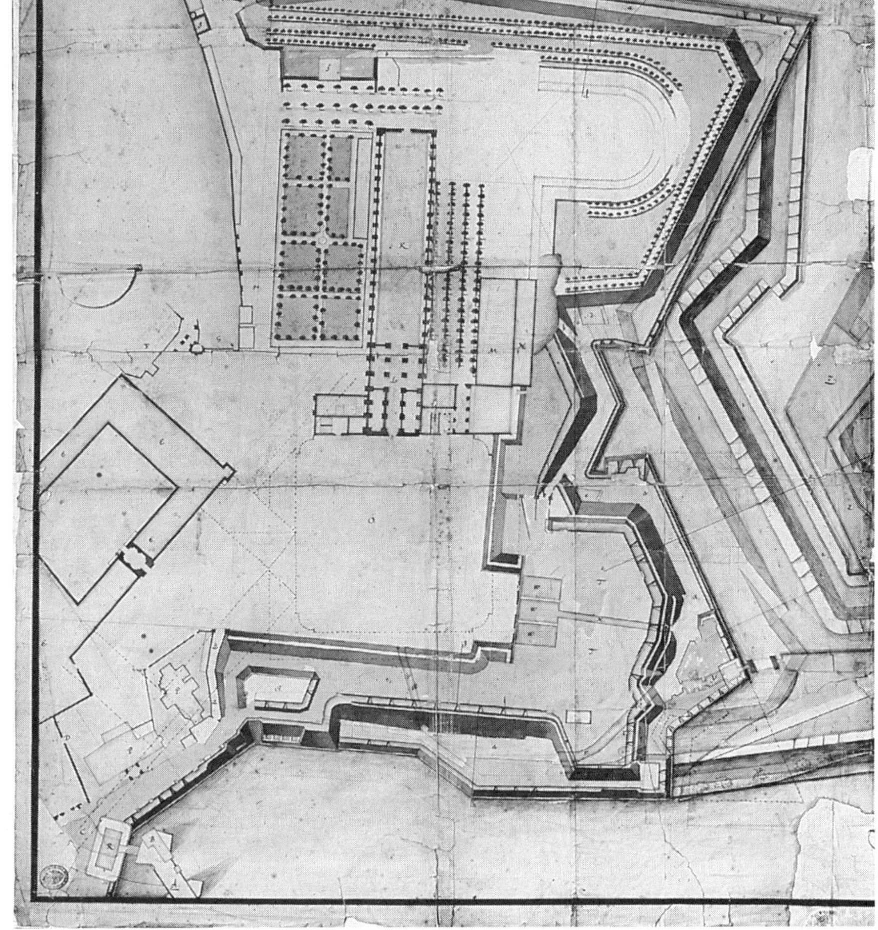

119 König August II., genannt August der Starke.
Eigenhändige Skizze zur Orangerie im Zwingergarten.
Um 1709. Graphit. 26×35,5 cm.
Dresden, Staatsarchiv, Rißfach 99, Nr. 14.

120 Constantinus Erich.
Lageplan zum Festungsgelände westlich vom Dresdner
Schloß. 1710. Signiert: «Constantinus Erich Ober
Ing. fecit 1710.» Feder, getönt. 132×173 cm.
Dresden, Staatsarchiv, OHMA Cap. I A Bl. 31.

121 Elias Peine.
Darstellung des Boseschen Gartens zu Leipzig. 1709.
Signiert und beschriftet: «Eigentlicher Grund-
riss des Bosischen Garten vor den Grimmischen
Thor zu Leipzig. gezeichnet von Elias Peine
Gaertner ao. 1709.» Kupferstich. 30,2×64,2 cm.

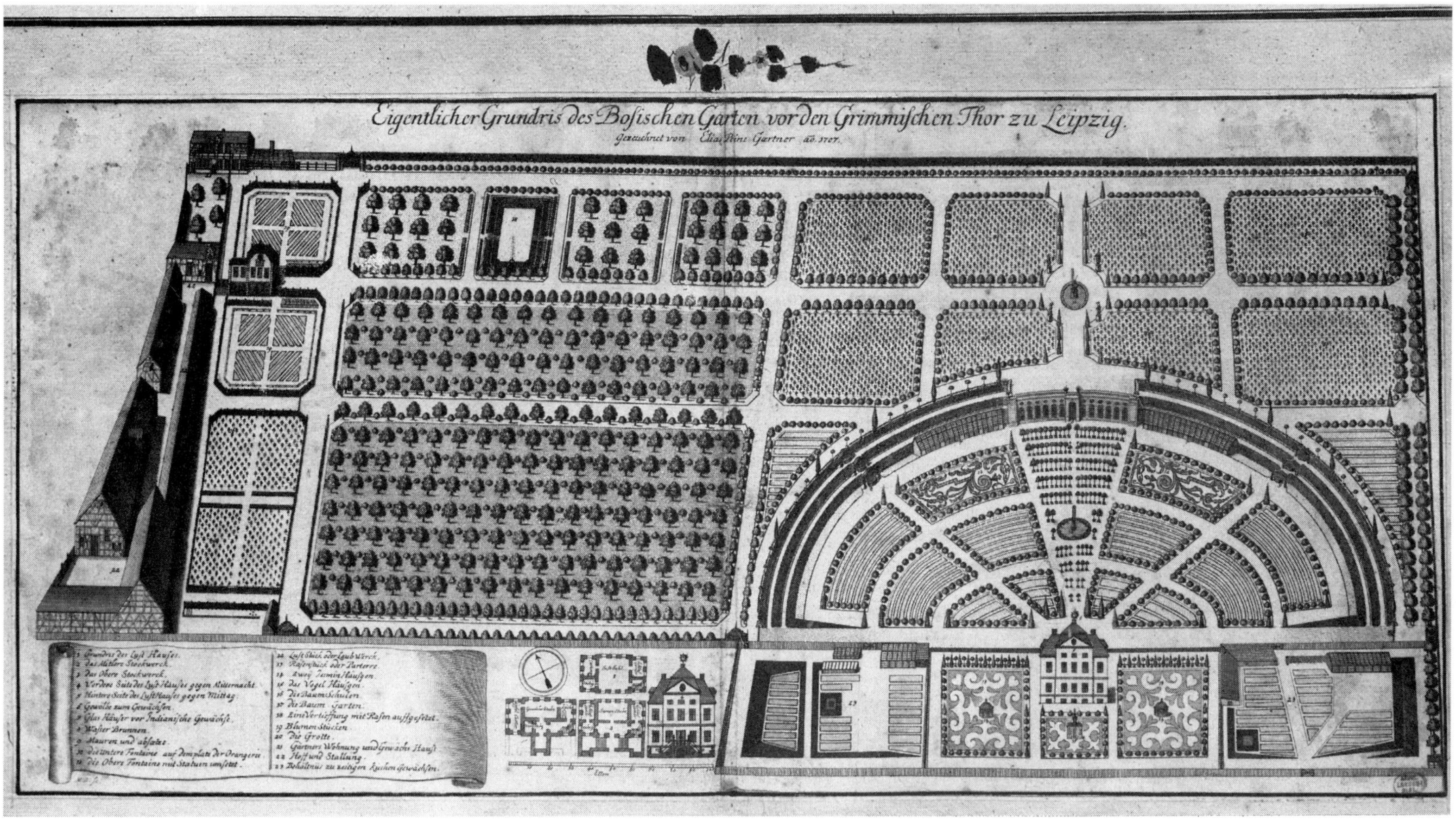

122 Michael Wenig.
*Darstellung des Albertschen
Hauses bei München.
Nach 1701.*
Inschrift: «Das Alber-
tische Hauß und
Capellen in der Au
nächst München.»
Kupferstich aus:
«Historicotopographico
descripto.
Das ist die Beschreibung
des Churfürsten- und
Herzogthums Ober-
und Niederbayern.»
München 1701–1726.

tar Pöppelmanns aus dem Jahre 1729, in dem er mitteilte, daß «anfänglich zu dem Dessein nur aufgemauerte Terrassen angelegt» waren. Am 10. August des Jahres 1709 waren dem Ober-Bau-Amt dafür «auf ein Jahr quartalsweise … 3000 Taler ausgesetzt» worden. Die Prinzipskizze des Königs hatte man leicht korrigiert, denn das Terrassenhalbrund lag nun tiefer im Wallbereich. Zwischen jenem und der nordwestlichen Bauflucht des Komödienhauses war auf diese Weise eine quadratische Parterreebene entstanden. Pöppelmann hatte damit die anfänglich vom König anvisierte Verschmelzung von Festbaugruppe und Orangerie vermieden (Abb. 119). Am 1. Juli 1710 wies August der Starke an, seine Orangerie aus dem Garten des Leipziger Kaufmanns Apel «von dar wegzunehmen, und nach Dresden bringen zu lassen». Der neue Bau wird sich demnach bereits in einem fortgeschrittenen Stadium befunden haben.

Die Treppenanlage im Bogenscheitel der Orangerie

Im Bogenscheitel der Orangerie sollte der Skizze Augusts des Starken zufolge eine Kaskade erbaut werden. Man entschied jedoch, an deren Stelle eine gewaltige Treppenanlage zu schaffen, die der Erschließung aller Terrassenebenen dienen sollte. Doch schon 1711 wurde die Anlage durch den Bau der die Treppe unmittelbar flankierenden Bogengalerien ihrer einstigen Funktion enthoben. Diesen Zustand veranschaulicht eine leider verschollene Perspektive des Zwingerhofes. Die Darstellung einer vergleichbaren Treppenanlage im Garten des «Albertschen Haußes in der Au nächst München» belegt die ursprüngliche Funktion einer solchen Treppe. Jeder Treppenabsatz diente auch hier der Erschließung eines Terrassenniveaus.

Die Treppenanlage im Bogenscheitel des Dresdner Zwingergartens ist darüber hinaus durch einige bisher unveröffentlichte Pläne zu belegen. Zum ersten ist dies ein Grundriß der Treppe, der diese im Kontext der sich seit 1711/12 anschließenden Bogengalerien zeigt. Des weiteren sind an dieser Stelle einige um 1712/13 geschaffene Pläne zur Erweiterung von Schloß und Zwingergarten zu nennen, in denen die Treppe erscheint.[1] Graphitkorrekturen deuten hier bereits an, daß versucht wurde, die Anlage durch

123 *Zwinger. Treppenanlage im Rahmen des ursprünglich geplanten Terrassenhalbrunds 1709.* Rekonstruktion Michael Kirsten; Zeichnung Manfred Wagner 1986.

124 *Zwinger. Treppenanlage inmitten beider Bogengalerien 1712.* Rekonstruktion Michael Kirsten; Zeichnung Manfred Wagner 1986.

125 *Zwinger. Treppenanlage nach dem Umbau im Rahmen ihrer Integration in den Wallpavillon nach 1714.* Zeichnung Manfred Wagner 1986.

126 *Zwinger. Wallpavillon über der großen Treppe.* Zeichnung Manfred Wagner 1986.

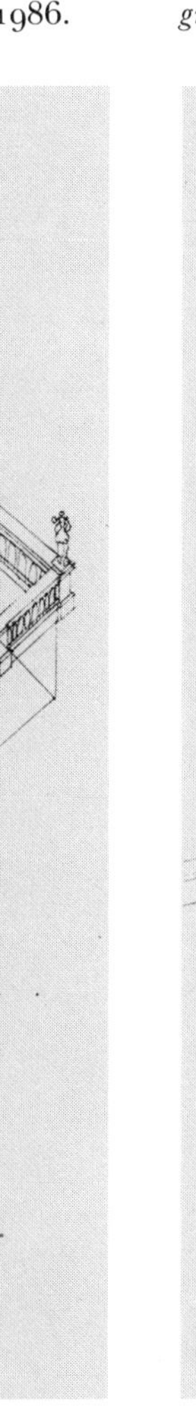

127 *Zwinger. Vorentwurf zu einer Nische
mit Kaskade. Um 1709.* Feder, laviert,
Wasser blau angelegt. 37,1×29,7 cm.
Dresden, Sächsische Landesbibliothek,
Mscr. Dresd. L 4/20.

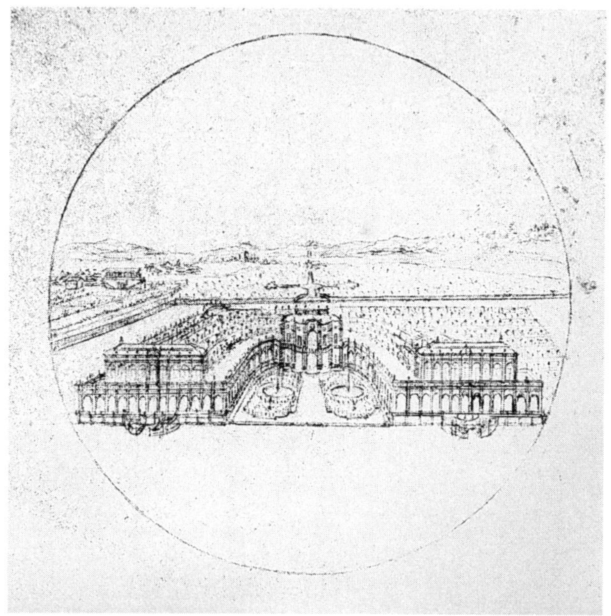

128 J. G. Fritzsche.
Medaillenentwurf mit einer
Darstellung der Orangerie im
Zwingergarten. 1711/1712.
(Auf einem Blatt mit
17 Medaillenentwürfen
als Nr. 17). Feder, Pinsel.
Durchmesser 6,1 cm.
Dresden, Münzkabinett,
Archiv: Entwürfe zu
Medaillen für August den
Starken, M 211m
Bl. 10c.

129 J. G. Fritzsche.
Medaillenentwurf mit einer
Darstellung der Orangerie
im Zwingergarten. 1711/12.
Feder. Dm. 7,2 cm.
Dresden, Münzkabinett,
Archiv: M 211m Bl. 9a/b.

einen Pavillon zu überbauen. Bereits der dem König im Juli 1712 vorgelegte Medaillenentwurf zeigt anstelle der Treppe einen Pavillon. Doch erst nach 1715 sollte der Wallpavillon über der «großen Treppe» erbaut werden. Die das erste Podest erschließenden Stufen ersetzte man durch eine geschwungene, dem Gesamtbau vorgelagerte Treppe. Anstelle des darüberliegenden Treppenpaares wurde eine im Zentrum des Bauwerks gelegene Stufenfolge geschaffen, die von

Das weitere Schicksal des Dresdner Zwingergartens dürfte wesentlich von dem Wunsche des Königs bestimmt worden sein, die soeben mehr oder weniger vollendete Orangerie durch den Bau von Lusthäusern und von Räumlichkeiten zur Aufbewahrung der Orangenbäume im Sinne eines Lustgartens zu komplettieren. Während das Lusthaus des Bosischen Gartens noch inmitten der Parterreebene stand, entwarf Pöppelmann für den Zwingergarten eine Gruppierung aus drei größeren Pavillons, die durch Galeriebauten untereinander verbunden sein sollten. Der Medaillenentwurf zeigt uns mit Sicherheit die von ihm vertretene Version. Daß Pöppelmann für die Erhaltung der im Scheitel des Halbrundes gelegenen Treppe plädiert hätte, ist kaum vorstellbar, da deren Formensprache im Widerspruch zu jener der Galeriearkaden stand.

Für die Entwurfsgenese dürfte seine Wien-Rom-Reise im Jahre 1710 recht bedeutsam gewesen sein. In Wien lernte Pöppelmann den durch Lucas von Hildebrandt (1668–1745) entworfenen Garten des

zwei Wasserbecken flankiert wird. Die verbleibenden Treppenpaare wurden dem Wallpavillon integriert, der unter diesen Voraussetzungen seinen so charakteristischen Grundriß erhielt.

Noch 1719 war die Erinnerung an den gewaltigen Treppenkomplex nicht verblaßt, so daß die Zeitgenossen, Bezug nehmend auf das erste Obergeschoß des Wallpavillons, noch immer vom «Saal über der großen Treppe» sprachen.

Palais Schönborn kennen. Auch dieser erhielt damals eine recht ähnliche Baugruppe. Ob 1710 bereits Pläne zur ebenfalls durch Hildebrandt erst 1712–15 erbauten Orangerie zu Göllersdorf vorlagen, bleibt ungewiß. Die Analogie zur nordwestlichen Baugruppe des Dresdner Zwingers ist auch da unverkennbar.

Daß die Idee zu einer solchen Anlage nicht erst in Wien gereift sein muß, beweist ein Stich, der in diesem Zusammenhang erstmals von Hermann Heckmann genannt wurde: Die Darstellung einer Arkade für das Vogelschießen in Dresden 1699. Besonders charakteristisch für die von Pöppelmann geschaffene Baugruppe ist jedoch die große Tiefe des durch Galeriebauten flankierten Platzraumes. Pöppelmann hatte sich nicht nur auf den Bereich des Terrassenhalbrundes beschränkt. Er hatte die ganze Tiefe des der Orangerie vorgelagerten Parterres ausgenutzt und damit das für den Zwingergarten fortan prägende Grundrißmotiv geschaffen. Auch das Nymphenbad muß im Rahmen dieser ersten Baugruppe geschaffen, zumindest jedoch

Die erste Baugruppe

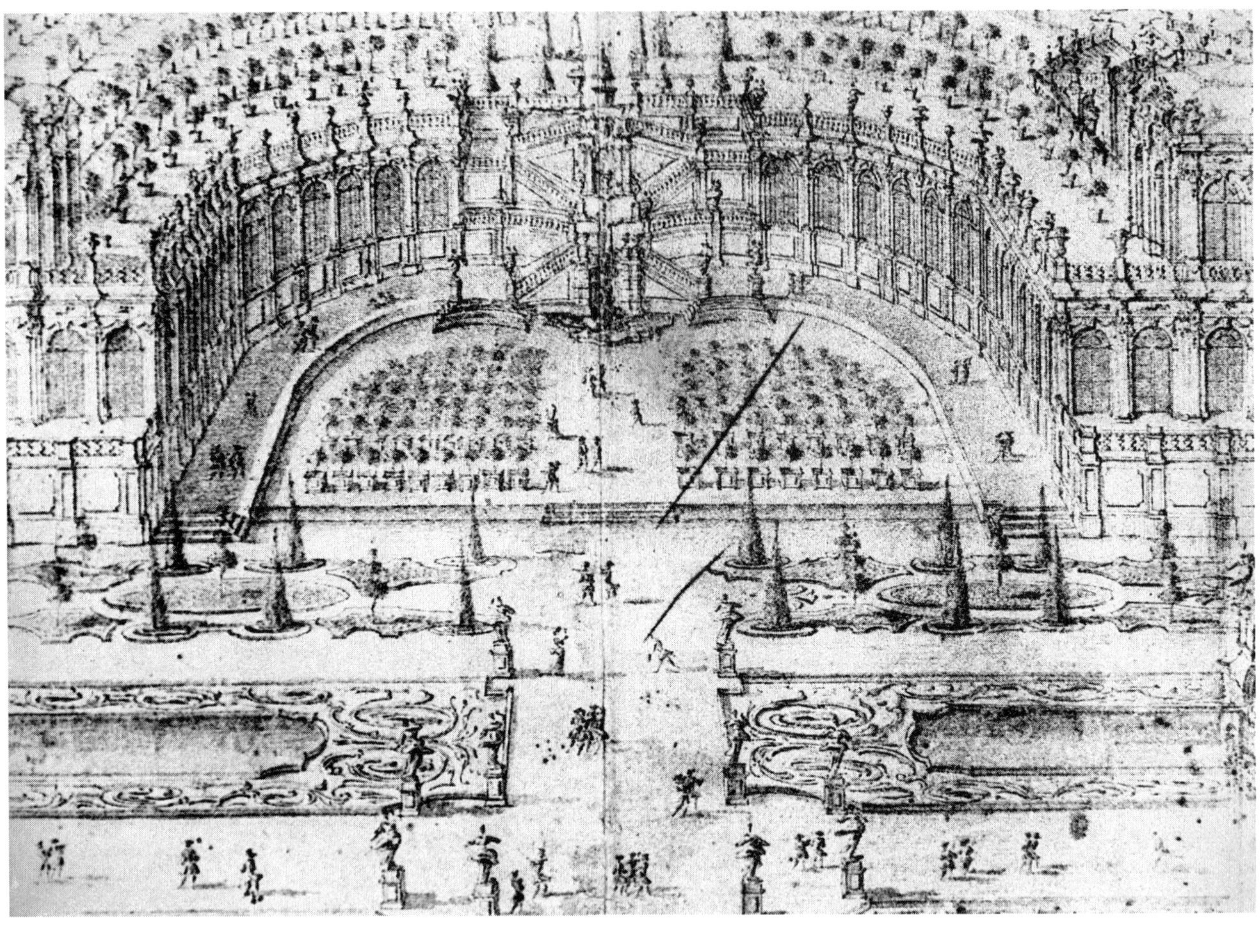

konzipiert worden sein. Der Medaillenentwurf zeigt bereits eine Andeutung des Bades, bei dessen Geburt Wassertheater italienischer Villen Pate standen. Die Formen der Bogengalerien wie auch die der Pavillons knüpfen an Dresdner Bautraditionen an. Verwiesen sei insbesondere auf die hölzernen Festspielanlagen, die jeweils für eine nur kurze Frist auf dem Freiraum westlich des Dresdner Schlosses erbaut wurden.

Nach Pöppelmanns eigenem Zeugnis begann man im Jahre 1711 mit der Ausführung dieser Baugruppe. Für die Errichtung des auf der Grabenseite gelegenen Pavillons machte sich eine Öffnung des Walls erforderlich, gegen die Graf Wackerbarth wiederholt protestierte. Am 9.8.1711 teilte ihm August der Starke mit, daß er «wahrgenommen (habe), daß die im Zwinger-Garten angelegte Orangerie auf keine (andere)

Arth in Ordnung zu bringen» sei und er «aller dafor besorgenden Verantwortung» enthoben sei. Bereits im Juli 1711 wurde die Anschaffung von Kupferblechen zur «Bedeckung derer beyder Hälften derer Arcaden» im Januar, Juni und Dezember 1712 «zu... weiterer Bedeckung derer Arcaden und Beyder Salons» vermerkt. Um 1713 waren beide Pavillons, die Galerien bereits um 1712 im Rohbau vollendet.

Zur Freistellung der Orangerie beschloß August der Starke, «daß ein Teil von dem daran stoßenden Reithaus abgetragen, und dadurch ein größerer Platz gewonnen werde». In seinem Schreiben vom 16. Dezember 1711 wies er an: «... daß obenerwähntes Reithaus nach dem von uns selbst angefertigten Riß an der Fronte gegen die Festung an bis in die Gleiche mit dem Comödienhaus abgetragen werde».

Die Erweiterungspläne

Von großer Bedeutung für das weitere Schicksal des Zwingergartens war der Entschluß, denselben «in eine Symetrie mit dem Schloße zu bringen». Gemeint war damit der Anschluß an den geplanten Schloßneubau. Das früheste Stadium dieser Überlegungen veran-

schaulicht ein Grundriß, dem die oben erwähnte perspektivische Darstellung weitgehend entspricht. Beide sind ins Jahr 1712 zu datieren.

Auf der Grundlage einer Kreuzung der Hauptachsen von Orangerie, Schloßalt- und Schloßneubau ver-

131 *Entwurf zu einem Portalpavillon inmitten der Langgalerie. Um 1712/13.* Feder, laviert, Graphitkorrekturen. 59,4×41,4 cm. Dresden, Sächsische Landesbibliothek, Msc. Dresd. L 4/18.

132 *Entwurf zu einem Torturm inmitten der Langgalerie. Um 1713/14.* Feder, laviert. 62,9×48,3 cm. Dresden, Sächsische Landesbibliothek, Mscr. Dresd. L 4/24.

133 *Entwurf zur Langgalerie mit dem Kronentor. Zwingerhofseite. Um 1714.* Feder, laviert, Kuppel und Wasserkaskaden der Brunnen blau angelegt. 63,8×248 cm. Ausschnitt. Dresden, Staatsarchiv, Schrank VIII, Fach II, Nr. 30.

suchte Pöppelmann eine beziehungsreiche Kombination herzustellen.

Ein ebenfalls um 1712 geschaffener Lageplan[2] variiert die bisherigen Vorstellungen. Anstelle des elbseitig geplanten Schloßneubaus tritt eine weiträumige Gartenanlage, die den Zwingerhof nach der Elbe zu öffnet. Zwei Baukörper flankieren dieselbe südöstlich und geben den Blick frei auf eine den Garten elbseitig abschließende Kaskade. Der eigentliche Schloßneubau liegt nun in der Längsachse der Orangerie. An den Bau der Langgalerie, für deren Bedeckung erst 1714 Kupferbleche geliefert wurden, war damals noch nicht gedacht. Auch die endgültige Form des über der Treppe zu erbauenden Wallpavillons war zu diesem Zeitpunkt noch immer nicht gefunden.

Ein um 1713/14 geschaffener Erweiterungsplan zeigt bereits Fortschritte in Bezug auf den Gedanken, die das Parterre vor der nordwestlichen Baugruppe flankierenden Terrassen durch Galeriebauten zu ersetzen. Erstmals erscheint darüber hinaus der Grundriß zu einem Torturm inmitten dieser Galerie.

Gewöhnlich galt ein solches Bauwerk als Introitus zu größeren Baukomplexen. So zeigt bereits einer der ersten Entwürfe zu einem Neubau des Dresdner Schlosses ein dem Kronentor ähnliches Bauwerk in

der auch jenem zugedachten Funktion. Vergleichbar ist in diesem Zusammenhang auch das von Jean de Bodt (1670–1745) für das Potsdamer Stadtschloß im Jahre 1701 geschaffene Fortunaportal. Pöppelmann fixierte auf diese Weise eine der beiden für den Zwingergarten bestimmenden Hauptachsen, die noch im 19. Jahrhundert Gottfried Semper (1803–1870) anregten, das Ensemble elbseitig zu erweitern. Im südöstlichen Vorfeld des späteren Zwingerhofes plante man einen Kaskadenturm, an dessen Stelle auf einer Tektur der Entwurf zu einem Museum trat.

Auch für den Wallpavillon lagen zu diesem Zeitpunkt bereits recht verbindliche Vorstellungen für dessen Grundriß und für Möglichkeiten einer Integration der Treppenanlage vor. Ein offenbar erst nach Pöppelmanns Frankreichreise 1715 geschaffener Vorentwurf für die Erweiterung des Dresdner Schlosses und den Neubau einer Vielzahl von Repräsentationsbauten zeigt Bogengalerien und Pavillons der nordwestlichen Baugruppe, ebenso die Langgalerie mit Kronentor. Für den südöstlichen Bereich des Zwingerhofes war nach wie vor ein Kaskadenturm konzipiert. Den Gedanken an eine Kreuzung der drei Längsachsen von Orangerie, Schloßalt- und Schloßneubau hatte man aufgegeben.

Der weitere Ausbau des Zwingergartens mit Kronentor und Wallpavillon

Während sich Pöppelmann beim Bau der Bogengalerie und der sie flankierenden Pavillons im Rahmen der in Dresden heimischen Formensprache bewegte, gelangen ihm für Kronentor und Wallpavillon geniale Entwürfe, denen das Ensemble seinen Weltruhm verdankt. Schaut man zurück auf die Genese des Kronentores wie auch des Wallpavillons, sieht man sich mit einer der Ausführung völlig verschiedenen Formensprache konfrontiert. Anstelle dieser Bauwerke waren einst Architekturen geplant, die in ihrem formalen Repertoire zwischen Schloßneubau und der bis dahin vollendeten Orangerie zu vermitteln hatten. Zum Kronentor ist uns ein um 1712/13 geschaffener Plan überliefert, der das Bauwerk mit kräftiger Rustika im Erdgeschoß, frei stehenden Säulen im Obergeschoß und einer Kuppel zeigt, die auf einer kräftigen Balustrade im Attikabereich ruht. Erst als um 1714 die Separierung des Zwingerhofes aktuell wurde, stand einer ausschließlich an der bereits realisierten Orangeriebaugruppe orientierten Vervollkommnung der Anlage nichts mehr im Wege. Nun setzte das für den Zwinger so charakteristische Bestreben einer Verschmelzung von Bildwerk und Architektur ein, was auf engstes Zusammenwirken von Pöppelmann und

Permoser schließen läßt. Die Portalentwürfe beseelte seitdem ein völlig neuer Geist. Erhalten blieb der Entwurf zu einem Herkulestor. In ihm ist der neue Charakter der Bauformen bereits voll ausgeprägt. Der Entwurf zu einem eingeschossigen Pavillon schließt sich diesem sehr eng an.

Ein Vorentwurf zu Kronentor und Langgalerie, in deren südlicher Hälfte ein weiteres Portal dargestellt ist, zeigt den Portalpavillon in einer mit der Ausführung fast identischen Gestalt.

Wahrscheinlich zeigt auch der Kupferstich aus der im Jahr 1729 erschienenen Beschreibung des Zwingergartens eine Entwurfsvariante. All diese Entwürfe eint die Herkunft des in ihnen verarbeiteten formalen Repertoires, welches dem Bereich des Szenischen entstammt. Man denke nur an die derselben Sphäre angehörigen Triumphpforten, Trauergerüste, Festdekorationen und nicht zuletzt an die Altarentwürfe des Johann Bernhard Fischer von Erlach (1656–1723).

Pöppelmann hatte Gelegenheit, die von jenem entworfenen Ehrenpforten von 1690 und 1699 kennenzulernen. Sie fußen auf dem Motiv des in der römischen Kunst geschaffenen dreitorigen Blocks des Triumphtores und gediehen unter der Hand eines

134   Bernardo Bellotto.
Der Zwingerhof. 1749–1753.
Öl auf Leinwand. 134×237 cm.
Dresden, Gemäldegalerie Alte Meister,
Galerie-Nr. 629.

135 Johann Alexander Thiele.
Caroussel Comique Rennen im Zwinger. 1722.
Signiert und beschriftet: «Eigentliche
Abbildung, des von Ihro Königl. Majest.
in Pohlen, und Churfürstl. Durchl. zu Sachsen,
den 17. February 1722, zum Beschluß des Car-
nevals allhier in Dreßden gehaltenen Caroussel
Comiques, Rennen, wie auf die vier Elemente
die Attaque verrichtet wird, gemahlt von
Alexander Thielen.»
Öl auf Leinwand. 106×168 cm. Dresden,
Gemäldegalerie Alte Meister, Galerie.-Nr. 3603.

136   Johann Alexander Thiele.
Caroussel Comique Aufzug im Zwinger. 1722.
Signiert und beschriftet: «Eigentliche
Abbildung, des von Ihro Königl. Majest.
in Pohlen, und Churfürstl. Durchl. zu Sachsen,
den 17. February 1722, zum Beschluß des Car-
nevals allhier in Dreßden gehaltenen Caroussel
Comiques, Aufzug, gemahlt von A. Thielen.»
Öl auf Leinwand. 106×168 cm. Dresden,
Gemäldegalerie Alte Meister, Galerie-Nr. 3604.

137   Bernardo Bellotto.
Der ehemalige Zwingergraben in Dresden.
Zwischen 1749 und 1753.
Öl auf Leinwand. 133×235 cm.
Dresden, Gemäldegalerie Alte Meister,
Galerie-Nr. 609.

138 *Entwurf zu einem Pavillon. Um 1714.*
Feder, laviert, Graphitkorrekturen.
38,9×32,2 cm.
Dresden, Sächsische Landesbibliothek,
B 1978 Sax. G. 2816.

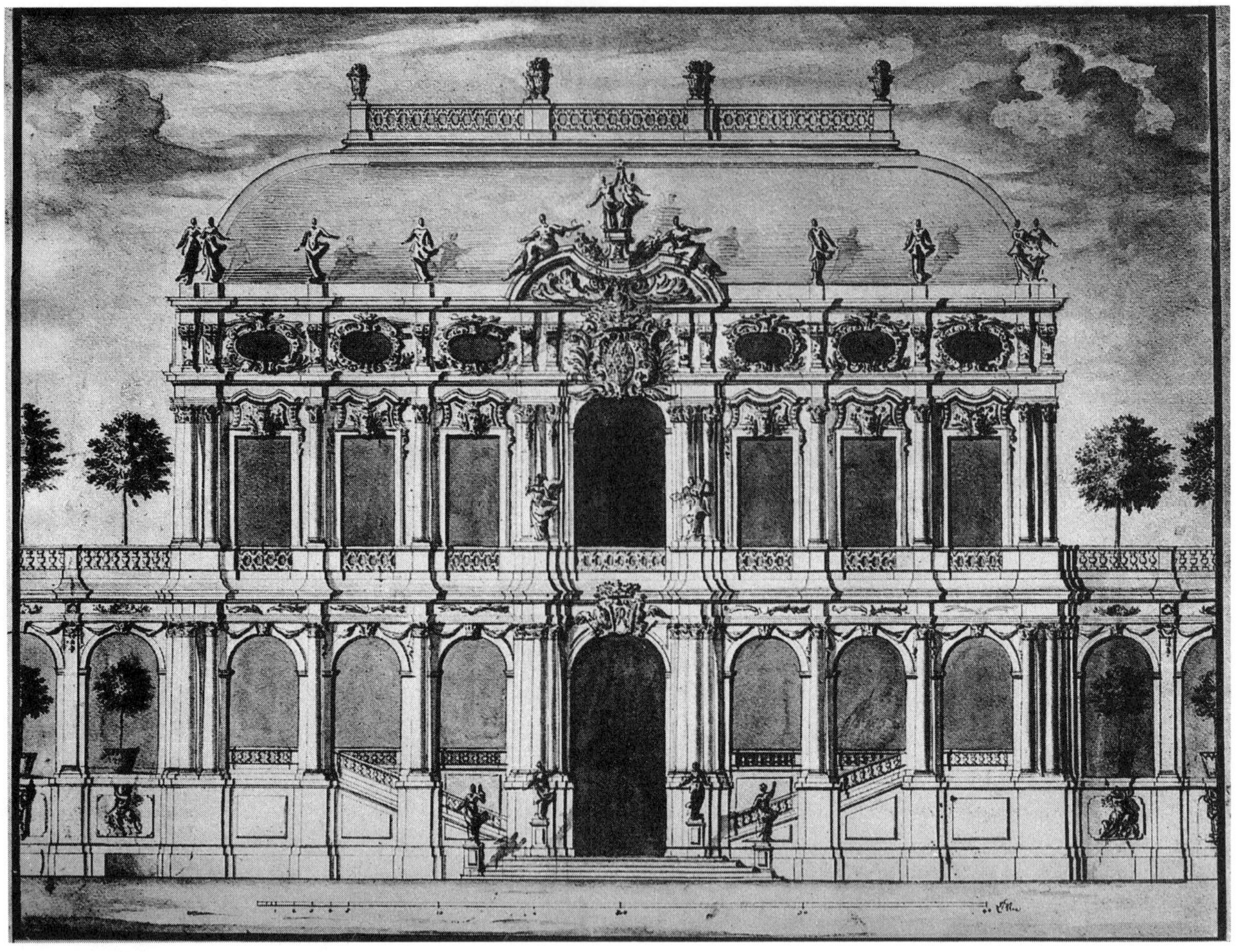

über die Bildhauerei zur Architektur gelangten Künstlers durch die Fülle dekorativ-plastischen und figürlichen Schmucks gleichsam selbst zum Abbild einer «pompa festivalis». Die Verschmelzung von Architektur und Plastik war auch bei Fischer von Erlach, hier allerdings in vergänglichen Materialien, angelegt.

Erstmals im Kronentor wurde eine solche, bisher nur im Rahmen von Feierlichkeiten gebräuchliche Festdekoration in Stein gebannt. Nur aus diesem Grunde blieb sie der Nachwelt als «überraschender Einzelgänger» erhalten. Die ins Auge fallende Bezugnahme auf Bauwerke des Wiener Hofes dürfte Ausdruck der Konkurrenz und der ideellen Abhängigkeit vom Beispiel der Habsburger sein. Zum Bauverlauf ist uns nur soviel bekannt, daß man am 17. April 1715 69 Kupferbleche «zur Bedeckung des Ersten Portals und der Galerien am Stadtgraben» empfing. Der Bau dürfte daher 1714 begonnen worden sein und war spätestens im Jahre 1718 vollendet.

Noch um 1713 ging man von dem Bestreben aus, die Treppenanlage im Scheitel der Orangerie einem Pavillon auf rechteckigem Grundriß[3] zu integrieren. Auch in diesem Fall haben die nach 1710 geschaffenen Entwürfe zur Schauseite eines Schloßneubaus Pate gestanden.

Der nach 1715 zur Ausführung gelangte Entwurf übertraf die drei genannten jedoch bei weitem an Originalität. Anstelle der unorganisch und steif die Galerie sprengenden rechteckigen Baukörper setzte Pöppelmann den sich konvex wölbenden Pavillon in die sich für den Betrachter konkav darstellende Bogengalerie. Das Motiv der aufgesprengten Form, des in gegenläufigem Sinne aufgesprengten Giebels kehrt hier im Grundriß wieder und wird als zutiefst organisch empfunden. Stärker noch als am Kronentor verschmelzen hier Bildwerk und Architektur zu einer genialen Einheit. Pöppelmann und Permoser dürften zu etwa gleichen Teilen am Entwurf beteiligt gewesen sein. Auf der Suche nach den Gestaltungsgrundlagen ist auch im Falle des Wallpavillons ein Exkurs nach Wien zu empfehlen. Das Gartenbelvedere des Palais Schönborn wurde in anderem Zusammenhang bereits

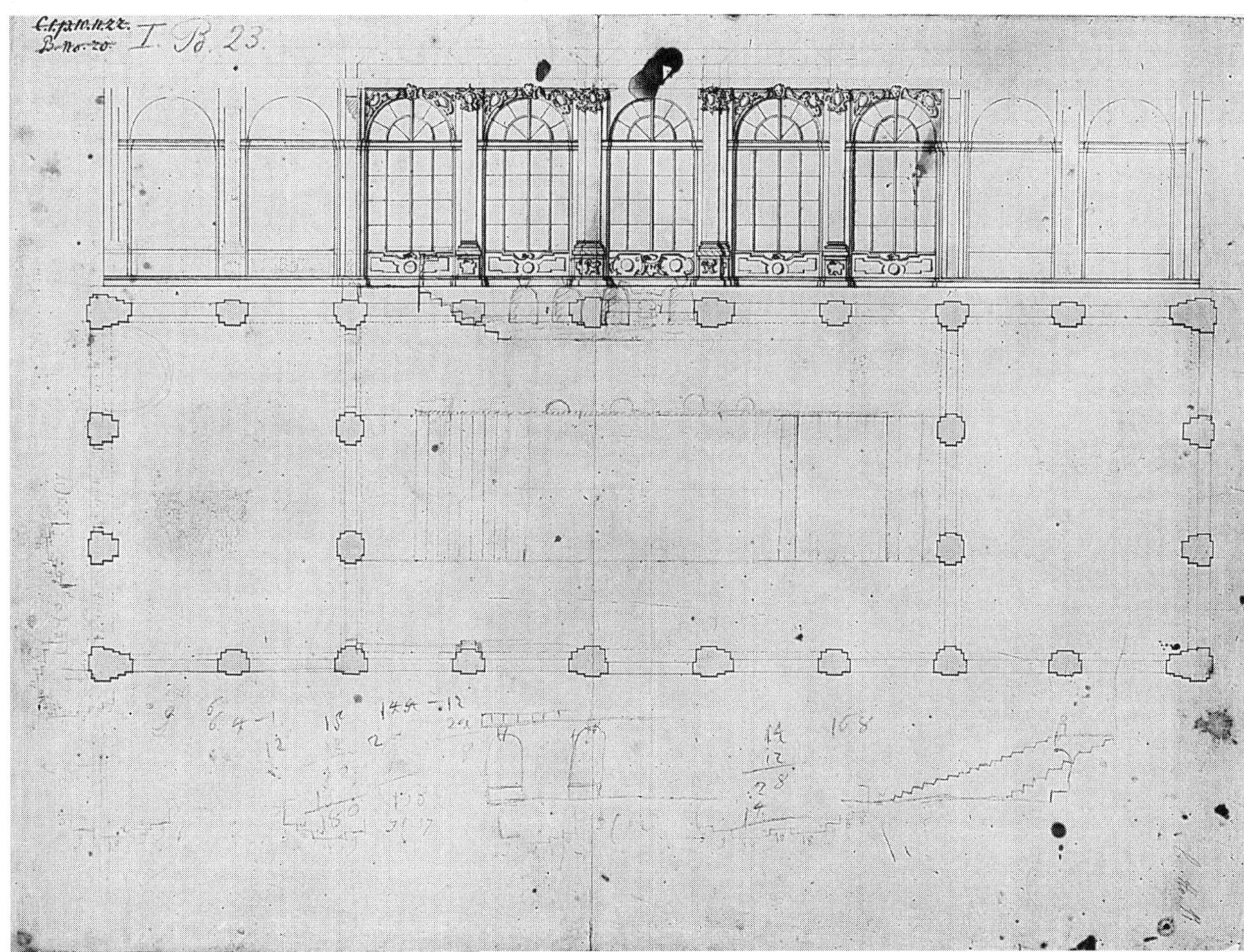

140 *Entwurf zu Grund-
und Aufriß des Interieurs vom
Obergeschoß des Mathema-
tisch-Physikalischen Salons
im Zwinger. Um 1713/14.
Feder, getönt, Graphit-
korrekturen.
41,5×56 cm.
Dresden, Staatsarchiv,
OHMA Cap. I B., Bl. 23.*

genannt. Doch stärker noch ist der Wallpavillon Sa-
kralbauten des böhmischen Barocks verpflichtet.
Heinrich Gerhard Franz gebührt das Verdienst, erstmals darauf hingewiesen zu haben. Im Unterschied
zu den böhmischen Bauten löste Pöppelmann jedoch
eine jede Grundform durch Bildwerk und plastischen
Dekor derart auf, daß eine heitere, bizarre Dynamik
anstelle dramatischer Bewegung und stürmisch-mo-
numentaler Zerklüftung trat.

Noch im Juni 1719 war von Kupferlieferungen für
die Bedeckung des Wallpavillons die Rede. Im September wird auch dieser äußerlich vollendet gewesen
sein.

Weitere, in Pöppelmanns Kupferstichwerk gezeig-
te, nicht aber realisierte Architekturen schließen sich
formal den Entwürfen zum Kronentor an.

Mit dem Innenausbau der Pavillons begann man
spätestens um 1715, so daß, wie schon Fritz Löffler
feststellte, Pöppelmann die in Versailles empfangenen
Impressionen hier bereits verarbeiten konnte. Im
Obergeschoß des Mathematisch-physikalischen Salons sowie des «Französischen» Pavillons entstanden
Festsäle, die durch die ununterbrochene Folge der
Bogenstellungen aus allen vier Himmelsrichtungen
von Licht durchflutet wurden.[4] Die Räume erhielten
einen Hauptsaal von fünf Achsen, der sich durch drei
von Pilastervorlagen geschiedene Bögen beiderseits
nach einem Vorsaal mit je zwei Achsen öffnete. Der
illusionistisch bemalte Plafond erwuchs aus einem
prächtigen Kranzgesims. Die zwischen den Bogenstellungen verbleibenden Wandflächen ließ Pöppelmann
durch verschiedenfarbigen sächsischen Marmor ver-
kleiden. Eine besondere Aufwertung erfuhr der Festsaal im Obergeschoß des «Französischen» Pavillons
durch die Verlegung eines Marmorfußbodens unter
Einbeziehung einer großen Marmortafel.[5]

Während das Erdgeschoß des Pavillons als Vorsaal
zum Nymphenbad keinerlei bemerkenswerte Ausstattung erhielt, entwarf Pöppelmann für dessen Pendant
im Mathematisch-Physikalischen Salon eine Grotte,
die 1813 aufgegeben wurde. Erhalten blieb nur die
Darstellung in Pöppelmanns Kupferstichwerk.

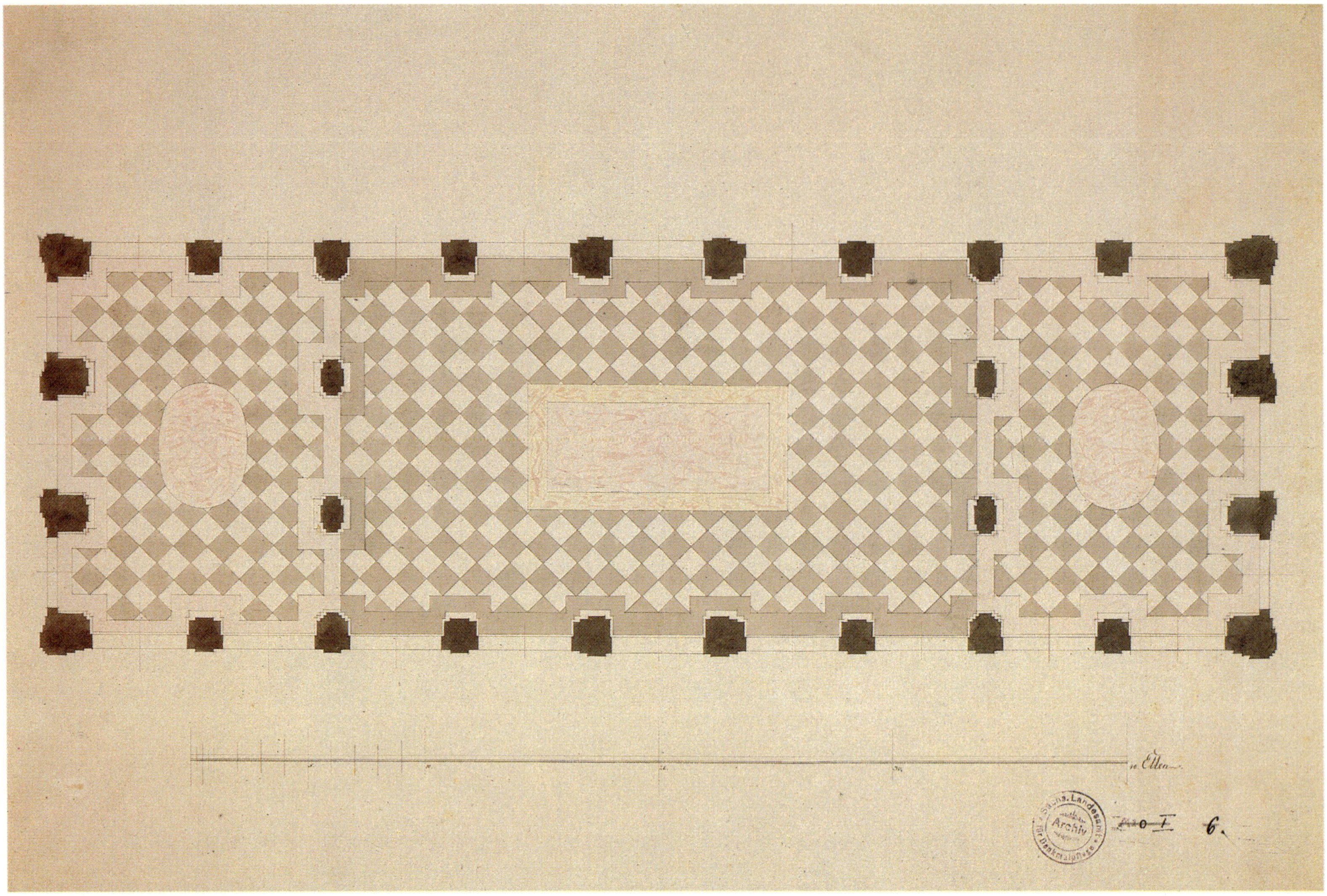

141 *Entwurf zum Fußboden des Marmorsaals*
im Französischen Pavillon des Zwingers. Um 1712.
Feder, Pinsel, farbig angelegt. 42,8×62,3 cm.
Dresden, Institut für Denkmalpflege,
Planarchiv, M 10. I. 6.

142 *Originales Kapitell aus dem Marmorsaal*
im Französischen Pavillon des Zwingers. Um 1715.
Stuck.

143 *Aufriß, Schnitt und Grundriß zu einem Entwurf für die Einwölbung der Galerien im Zwinger. 1722.* Feder, laviert, Graphitkorrekturen. 36×27,2 cm. Dresden, Staatsarchiv, Loc. 774. Den Zwingergartenbau betreffend, Bl. 131.

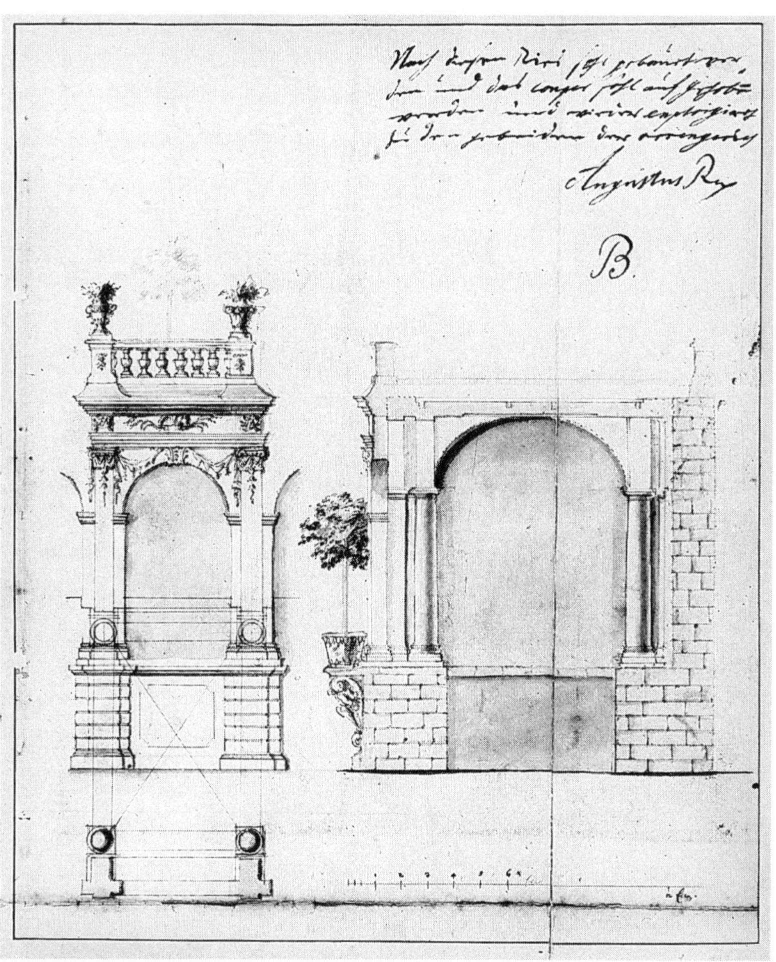

144 *Aufriß, Schnitt und Grundriß zu einem Entwurf für die Einwölbung der Galerien im Zwinger. 1722.* Beschriftet: «Nach diesem Riss soll gebaut werden und das couper aufgehoben werden und wieder emploigiert zu den gebäuden der orangerie Augustus Rex.» Feder, laviert, Graphitkorrekturen. 37×28,3 cm. Dresden, Staatsarchiv, Loc. 774. Den Zwingergartenbau betreffend, Bl. 154.

Am 22. Februar 1718 gab August der Starke zu wissen, «daß dieser Zwingergartenbau nach dem approbierten Grundriß als ein besonderes und nicht in einer Symetrie mit dem Schloß stehendes Werk . . . zu bringen» sei. Er gab an, in welcher Reihenfolge die Vollendung des Zwingergartenbaus zu erfolgen hätte. Demnach beabsichtigte man 1718 noch immer, den südöstlichen Bereich des Zwingergartens durch eine Kaskade zu schließen.

In Anbetracht der für das Jahr 1719 geplanten Feierlichkeiten anläßlich der Vermählung des Kurprinzen Friedrich August II. (1696–1763) mit der Erzherzogin Maria Josepha (1699–1757) aus dem Hause Habsburg war kurz darauf erneut der Wunsch nach einem Festspielplaz erwacht. Die bis dahin unvollendeten Galerie- und Pavillonbauten boten sich dafür an, ähnlich den Arkaden der hölzernen Amphitheater zur Umrahmung eines Festspielplatzes zu dienen. Solch neue Zweckbestimmung vor Augen, fänd Pöppelmann schließlich zu der genialen Lösung einer Wiederholung der nordwestlichen Baugruppe auf der dieser gegenüberliegenden Seite und schuf damit die einmalige, für den Zwinger so charakteristische Grundrißform. Den Wunsch nach einer Kombination der Anlage mit Opernhaus und Redoute befriedigte Pöppelmann, indem er die Stirnseiten der gewünschten Baukörper hinter den Pavillons der südöstlichen Baugruppe verbarg. Da nunmehr alle Kraft auf die Vollendung von Oper und Redoute verwendet wurde, sah man sich gezwungen, Teile der südöstlichen Bogengalerie und den Stadtpavillon behelfsmäßig in Holz zu erbauen. Den sich elbseitig öffnenden

Zwingerhof schloß Pöppelmann durch eine hölzerne Tribüne. Erst als im Jahre 1723 die nachträgliche Einwölbung der bis dahin durch Holzbohlen abgedeckten Galeriebauten abgeschlossen war, erfolgte die Fertigstellung des Stadtpavillons und der anschließenden Bogengalerien. Dies konnte bis auf die bildhauerischen Arbeiten im Jahre 1728 abgeschlossen werden. Im gleichen Jahre verwandelte sich der nunmehr musealen Zwecken dienende Bau in ein «Palais Royal des Sciences». Noch immer hegte Pöppelmann jedoch den keineswegs geheim gehaltenen Wunsch einer Erweiterung des Zwingerhofes in Richtung Elbe. Seine diesbezüglichen Vorstellungen präsentierte er noch einmal im Jahre 1729 mit der Darstellung eines Zwingergrundrisses im Titelblatt des Kupferstichwerkes.

Dreh- und Angelpunkt der den Zwingergarten prägenden Ikonographie ist Herkules Saxonicus, dessen «Bild-Säule theils als eines Ober-Aufsehers . . ., theils als eines Welt-Unterstützers, wie er die Himmel-Kugel auf seinen Schultern trägt, in Abzielung auf die damahlige Reichs-Stadthalterschaft unseres Heldenmüthigen Königs, in der Höhe über der großen Treppe ausgestellt».

Pöppelmann, der diese Erklärung im Vorwort seines Kupferstichwerkes gab, verwies damit auf eine der zwölf Taten des Herkules. Um sich von Atlas die Äpfel der Hesperiden bringen zu lassen, die «. . . von vielen eigentlich . . . als wahrhafftige Pomerantzen-Aepfel verstanden werden», mußte er jenem für kurze Zeit das Himmelsgewölbe tragen. Nur durch eine List gelang es Herkules, die Last wieder an Atlas abzugeben. Diese Erzählung bot sich als mythologische Parallele zur im Jahre 1711 ausgeübten Reichstatthalterschaft Augusts des Starken ausgezeichnet an.

Noch um 1713 beabsichtigte man anstelle des Kronentores in der Mittelachse des geplanten Schloßneubaus ein Herkulesportal zu errichten. Erst mit der später erfolgten Projektierung des Wallpavillons wurde diese Idee aufgegeben, und das Kronentor mußte seine aus ikonographischer Sicht zentrale Aufgabe an jenen abgeben. Trotz Aufgabe des Herkulestores im Sinne der erwähnten Zeichnung findet sich am Kronentor eine Fülle motivischer Anspielungen auf Herkules. Vielleicht lag also auch der Bauausführung ursprünglich ein dem genannten Entwurf ähnliches Konzept zugrunde.

Schwierigkeiten, die bei der Deutung des übrigen Skulpturenprogramms am Kronentor auftraten, führten wiederholt und wohl auch berechtigt zu der Vermutung, daß einige der hier aufgestellten Bildwerke einst für andere Zyklen und Zusammenhänge konzipiert wurden. Das die Symbolkraft des Tores nach wie vor bestimmende Motiv ist jedoch die von der Kuppel und deren Akanthusranken getragene Krone, die sich, umgeben von vier polnischen Adlern, eindeutig als polnische Königskrone ausweist.

Sinnfälliger erscheint das Programm des Wallpavillons. Wie bereits erwähnt, wurde in dem die Weltkugel tragenden Herkules auf die Reichsstatthalterschaft Augusts des Starken angespielt. Vier sich um die Wappenkartusche gruppierende Skulpturen zeigen eine Anspielung auf das Parisurteil. Anstelle von Prinz Paris trat August der Starke und anstelle des Apfels die polnische Königskrone. Die übrigen vier Skulpturenpaare, wohl Gruppen der vier Winde, verkünden den Ruhm des Herkules Saxonicus in alle vier Himmelsrichtungen. Die Mittelkartusche ziert das Kursächsisch-polnische Wappen, über dem auch hier die polnische Königskrone dargestellt ist.

Getragen wird diese Ebene, in der sich Politik und Mythologie kaum entflechtbar durchdringen, von Kräften der Natur, von Faunen und Satyren. Eine sich dieser ikonographischen Ebene anschließende Welt ist die der Nymphen, für die man in Form einer Grotte, grottenähnlichen Architekturen und Brunnenanlagen das erforderliche Umfeld schuf.

Trotz mancher noch offen bleibender Fragen in Bezug auf das ikonographische Programm zeichnen sich doch einige Hauptakzente ab. Bildwerk, Relief und Skulptur dienten im wesentlichen einer Demonstration der Machtvollkommenheit von August dem Starken in seiner Eigenschaft als Reichsvikar, König und Kurfürst. Das Bildprogramm beinhaltet eine Glorifikation seines Regiments unter Bezugnahme «auf die gehabte Absicht der Erfindung», nämlich den Gartengedanken. Die Blüte des Gartens, in dem Hercules Saxonicus die Pflichten eines Oberaufsehers versieht, ist ein Bild der Erfolge des «guten Regiments» von August dem Starken in seinem Staatswesen.

HANS NADLER

Daten zum Wiederaufbau des Zwingers
nach der Zerstörung 1945

13./14. 2. 1945 Starke Zerstörung durch Sprengbomben und Brandmunition. Erhalten blieben: Das Nymphenbad, die Umfassungsmauern der 4 Eckpavillons, der Langgalerien, des Stadtpavillons und des Kronentores. Der Wallpavillon war bis auf die Mauerschäfte, die aus dem Lot geraten waren, zerstört, desgleichen war auch die anschließende elbseitige Bogengalerie durch Sprengbombenvolltreffer aufs schwerste beschädigt.

In den ersten Wochen nach der Zerstörung Bergung der «letzten wertvollen Reste des Zwingers» durch H. Ermisch, unterstützt von etwa 15 Mann einer Sanitätsabteilung – vgl. Brief von Ermisch an Prof. Paul Rösler vom 4. 3. 1946. Nach Angaben von Ermisch waren von 850 Figuren, Vasen und dekorativen steinernen Dachaufbauten etwa 300 instandzusetzen bzw. zu ergänzen oder neu in Stein zu hauen.

17. 6. 1945 Denkschrift «Ist der Wiederaufbau des Zwingers möglich?» von Dr.-Ing. Hubert Ermisch.

Die statische Sicherung des Zwingers in den 20er Jahren hatte sich bewährt. Ermisch schreibt dazu: «Aller Voraussicht nach wären die Pavillons und Terrassen wie Kartenhäuser zusammengefallen, hätte nicht die sorgfältige statische Durchsicht der großen Wiederherstellungsperiode und die Sicherung der Terrassenflächen und Mauern mit Stahlbetondecken dem sehr labilen Bau des 18. Jahrhunderts eine Stabilität gegeben, die uns heute die Rettung möglich macht.»

14. 8. 1945 Beratung zur Bergung von Kunstgut, Beräumung, Sicherung und Wiederaufbau des Zwingers.

Teilnehmer: Dr. Conert, Stadtbaurat, Dr. Bachmann, Landesdenkmalpfleger, Dr. Zimmermann, Zwingerbauhütte bzw. Landbauamt, Dr. Grohmann, Leiter der Kulturabteilung bei der Landesverwaltung Sachsen.

18. 8. 1945 Freigabe von 150 Kubikmeter Bauholz für den Aufbau des Kronentores durch Oberstleutnant Solowjew.

August 1945 Beginn planmäßiger Bergung von Architektur- und Plastikteilen im Zwinger unter Mitarbeit freiwilliger Helfer, u. a. auch 25 Schüler unter Leitung des Bildhauers Albert Braun als Vorarbeit für den Wiederaufbau.

Herbst 1945 Neugründung der Zwingerbauhütte unter Leitung von

1945–1951 Dr. Hubert Ermisch
(geb. 1883, gest. 1952)

1951–1964 Prof. Arthur Frenzel
(geb. 1899, gest. 1975)

Stellvertretender Leiter: Dr. Max Zimmermann
(geb. 1881, gest. 1962)
Leitende Bildhauer: Albert Braun
(geb. 1899, gest. 1962) Fritz Schlesinger
Kupfertreibarbeiten: Werkstatt Bildhauer
Walter Flemming, Meister Alfred Hörnig

1964–1965 Architekt Herbert Schneider

1965 Auflösung der Bauabteilung «für kulturhistorische Bauten» (Zwingerbauhütte) und Eingliederung der Mehrzahl der Mitarbeiter als Bauabteilung in das Institut für Denkmalpflege, Arbeitsstelle Dresden, unter Leitung von Architekt Herbert Schneider.

Oktober 1945 Als Leitbetrieb für alle Baumaßnahmen im Zwinger arbeitet die Baufirma Hermann Ulrich mit 40 Arbeitskräften an den ersten Sicherungen.

Abtransport des seit Kriegsende im Ostteil des Zwingers gelagerten Kriegsgerätes und der Munition.

ab April 1946 Kupfertreibarbeiten: Konservierung, Restaurierung und Neuanfertigung von Teilen der Krone und der 4 polnischen, aus Kupfer getriebenen Adler für das Kronentor. 1 Adler wurde völlig neu getrieben. 3 Adler konnten unter Einarbeitung wesentlicher Originalteile wiederhergestellt werden. Neuanfertigung der in Kupfer getriebenen Abluftaufbauten für die 4 Eckpavillons nach alten Zeichnungen und fotografischer Dokumentation aus den Jahren 1924–1936.

19. 7. 1947 Urkunde über den Wiederaufbau des Kronentores wird eingebaut. Der Dachstuhl wird als Zimmererarbeit in Holz durch die Firma Hermann Ulrich ausgeführt. Für den Abbund verantwortlich ist Zimmerpolier Otto Steinborn.

Sommer 1947 Richten der durch Bombensog 22 cm verformten hofseitigen Wand der Bogengalerie K (Südwest). Durch Bauschrauben mit je 12 – 30 t Tragkraft wurden die Gewölbe der Bogengalerie angehoben und mit 14 Flaschenzügen die Außenwände zentimeterweise in die alte Lage zurückgebracht und anschließend das Gewölbe wieder abgesetzt.

1947 Wallpavillon.
Alle Mauerschäfte des Obergeschosses waren um etwa 20 cm aus dem Lot, ein Schaft war völlig zerstört.
In eigener Verantwortung läßt Ermisch die Schäfte ebenfalls mit Bauschrauben und Flaschenzügen richten, den zerstörten Schaft neu aufmauern und stabilisiert den Wallpavillon mit einem Stahlbetonringanker in Hauptsimshöhe. An den gefahrvollen Sicherungsarbeiten dieser Jahre waren folgende Meister und Poliere tätig:
Reinhold Jerenz, Otto Steinborn, Franz Kleinstück, Bruno Kaltschmidt, Kurt Schuster.
Leitung: Baumeister Hermann Ulrich.

1947–1950 Errichtung der massiven Dachkonstruktionen über den 6 Pavillons. Je nach der Möglichkeit der Beschaffung von Profileisen wurden unter Leitung von Emil Kramer (Elbtaleisenwerk) 6 unterschiedliche Dachkonstruktionen für die einzelnen Pavillons ausgeführt. Betonwerk Menzel in Doberlug-Kirchhain stellte 600 qm Bimsbetondielen unter Verwendung von Andernachter Bimsstein bereit für die Eindeckung der Pavillons und fertigte alle benötigten Sonderformate nach Angabe von Baumeister Hermann Ulrich in bester Qualität an. Darüber wird ein Zementestrich mit eingelegten Holzleisten zur Befestigung der Kupferdeckung aufgebracht.

Bogengalerie L (Nordwest)
Nur 3 Fensterachsen der Bogengalerie L waren erhalten, jedoch durch unmittelbare Sprengbombeneinwirkung stark zerrüttet. Sie wurden ausgesteift und gesichert. Die zerstörten Grundmauern der Bogengalerie L wurden auf schweren Steinbögen neu errichtet. Im Französischen Pavillon wurden 2 Kreuzgewölbe und ein Schaft in traditioneller Form aufgemauert.

1951 Bildhauer Geist erhält von Ermisch den Auftrag zur Anfertigung einer Kopie des Herkules mit der Weltkugel als Bekrönung des Wallpavillons.
Bildhauer A. Braun fertigte dafür aus geborgenen Steinresten das Original, das von Balthasar Permoser stammte, als Modell für Bildhauer Geist.
Die Aufstellung der gefertigten Kopie erfolgte erst 1963.

April 1951 Vollendung der Langgalerie N (Südost) für Porzellansammlung.

Mai 1951 Freigabe eines Teiles des Innenhofes für die Öffentlichkeit.

Juli 1951 Vollendung des Kronentores.

1951 Erweiterung des Stadtgrabens nach Westen bis zum Zwingerteich, die Erdmassen wurden zur Begrünung von Trümmerschutt eingesetzt.

April 1952 Vorläufiger Abschluß der Wiederherstellung der südöstlichen Langgalerie für Porzellansammlung.

Juni 1952 Fertigstellung des Mathematisch-Physikalischen Salons (Obergeschoß und Treppenhaus).

1954 Beginn der Modellierung der 3 Giebel des Wallpavillons auf der Grundlage einer Montage der Abgüsse von originalen Teilen, die als Bruchstücke aus den Trümmern geborgen wurden.

August 1954 Vollendung des östlichen Anbaues (Porzellansammlung)

1955 Vollendung des Glockenspielpavillons.

Mai 1955 Vollendung der Bogengalerie K (Südwest für Mathematisch-Physikalischen Salon

März 1956 Vollendung der Bogengalerie L (Nordost) für Naturwissenschaftliche Sammlung.

1956 Vollendung des Ostflügels der Gemäldegalerie.

1960 Fertigstellung der Gemäldegalerie und Übergabe am 30. Oktober. Gesamtkosten des Wiederaufbaues der Gemäldegalerie: 7,9 Millionen.

1960 Vollendung des Französischen Pavillons mit vereinfachter Wiederherstellung der Innenräume, Galerie-Café (I.OG). Bergung von Stuck- und Marmorteilen der originalen Ausstattung für die beabsichtigte Rekonstruktion des Marmorsaales.

1963 Bei der Innenraumrestaurierung des Deutschen Pavillons Versuch der Wiederherstellung der barocken Atmosphäre durch Farbgestaltung.

1963 Vollendung des Wallpavillons.

29. 4. 1963 Urkunde über den Abschluß der Wiederaufbauarbeiten wird durch Polier Bruno Kaltschmidt in die steinere Weltkugel des Herkules Saxonicus, dessen Original von Balthasar Permoser signiert war, eingelegt. Sie schließt mit den Worten: «. . . mit dem Wunsch, daß das Bauwerk nie wieder durch einen Krieg zerstört werde und daß der Wille zum Frieden über die Kräfte des Krieges siegen möge.»

bis 1963 erhielten alle Innenräume eine provisorische Ausstattung, um ihre museale Inanspruchnahme zu ermöglichen.

1965 Beräumung der Baustelle und vorläufiger Abschluß der 5. Zwingerrestaurierung 1945–1965. Gesamtkosten 1946–1965: 11,8 Millionen, davon 2,7 Millionen aus Mitteln der Zwingerlotterie.

ab 1968 Versuche zur Steinkonservierung an originaler Plastik durch Bildhauer Edgar Ponndorf.

1970 Gutachten des IfD zur Wiederherstellung der von Pöppelmann entworfenen Gartenanlagen im Zwingerhof und auf dem Wall.

1976 Ausmalung der Bogengalerie I nach Originalbefunden (Porzellansammlung), Gärtnerische Bearbeitung der Wallanlagen, Entgrünung, Neupflanzung von Hecke und Linden. Neubeschotterung und Aufstellen von Steinbänken auf dem Zwingerwall.

1977 Blau-grüne Abfärbung der Fenster im gesamten Zwingerbereich nach Canaletto-Bildern.

1977/79 Freilegen und Wiederherstellung der dekorativen Ausmalung in der nach Plan von Gottfried Semper 1850/52 erbauten Eingangshalle im Anbau A (Porzellansammlung).

1979 Sicherung der Langgalerie N (Porzellansammlung) und Abfärbung nach originalen Befunden.

1980 Gutachten «zu einigen Verwitterungsschäden an Sandsteinen des Dresdner Zwingers, ihren Ursachen und den Möglichkeiten ihrer Behebung» (Materna, Beeger). «Bauzustandsanalyse Zwinger» (Rikkensdorf, Aust 1981).

1981/82 Einbau der ständigen Ausstellung «J. F. Böttger und sein Werk» im Porzellanpavillon.

1981/82 Anbau altes Kupferstichkabinett: Nach 1945 Atelier des leitenden Bildhauers Albert Braun, Instandsetzung der Entwässerung, der Balustraden und Einbau eines Plattenbelages in Sandstein.

1982/84 Rekonstruktion der Langgalerie O (Südwest), Balustradensanierung. Einbau offener Sandsteinrinnen und Sandsteinplatten, Isolierung mit Walzblei, Fassadenreinigung und Hydrophobierung der Wandbrunnen und Fassaden über der Sockelzone.

1983 Beauftragung von Dipl.-Ing. Ulrich Aust als Zwingerbaumeister mit der Leitung aller Baumaßnahmen im Zwingerbereich.

1983/84 Sanierungsarbeiten in der Langgalerie O (Südwest), Innenraum, im Keller Ausbau der Raumachsen 17, 18, 19 als Bergungsraum zur Verwahrung originaler Sandsteinplastik.
Erneuerung des Fußbodenbelages in Sandsteinplatten nach alter Gliederung, Freilegen der ursprünglichen Raumarchitektur, Rekonstruktion der historischen Brüstungsfelder (von etwa 1724), statische Sicherung der Gewölbe, malermäßige Instandsetzung einschließlich Fensteranstrich, Erneuerung der technischen Anlagen.

1984/85 Erarbeitung denkmalpflegerischer Zielstellungen für Marmorsaal, Kronentor, Anbau B (IfD).

1984 ICOMOS-Ausstellung in der Langgalerie O (Südwest), Thema: «Denkmale und Denkmalpflege in Dresden – ein Beitrag zur Wahrung und Entwicklung der kulturellen Identität der Stadt».

1985 Beginn genereller Instandsetzungsarbeiten an Kronentor und Bogengalerie M (Nordost) durch den VEB Denkmalpflege.

GÜNTHER MEINERT

Das große Opernhaus am Zwinger

Durch die Niederlage Schwedens im Nordischen Krieg, den Warschauer Vergleich 1716 und den mit Schweden abgeschlossenen Waffenstillstand wurde August der Starke endgültig als König von Polen anerkannt. Das wettinische Haus trat damit in die Reihe der ersten Fürstenhäuser Europas ein. Das sollte durch die Vermählung des Kurprinzen Friedrich August mit der Erzherzogin Maria Josepha von Österreich bekräftigt werden. Aus diesem Anlaß waren repräsentative Festlichkeiten und prunkvolle Opernaufführungen vorgesehen.

Für die Aufführung von Opern mußte jedoch erst ein entsprechendes Gebäude errichtet werden. Das alte Opernhaus von Wolf Caspar von Klengel war 1708/09 zur katholischen Hofkirche umgebaut worden. Das kleine Komödienhaus eignete sich nicht für einen Ausbau. Der Plan zur Errichtung eines Opernhauses im oder am Taschenbergpalais mußte aufgegeben werden, da der Platz zu klein erschien und der Rat der Stadt wegen Feuersgefahr Einspruch erhob. Wahrscheinlich auf Vorschlag des Generalinspektors Wackerbarth und des Oberlandbaumeisters Pöppelmann befahl August der Starke den Bau eines Opernhauses an der Südostecke des Zwingers. Der Grundstein wurde am 1. September 1718 gelegt. Um den Baugrund für den Neubau zu erhalten und zu sichern, mußten mehrere Grundstücke angekauft, Häuser abgerissen und Reste der alten Stadtmauer beseitigt werden. Dazu berief man Bergleute aus Freiberg. Verzögert wurden diese Arbeiten durch Nachrutschen der Erdwälle infolge starken Regens. Wegen starken Frostes im Januar 1719 und wegen Ausbleibens der Entlohnung für die vom Amt verpflichteten Bauarbeiter kam es zwischen den Handlangern und den Aufsehern zu Streitigkeiten und so schließlich zum Streik. Die Arbeiten mußten zeitweilig unterbrochen werden.[1] Das Heranführen der für den Dachstuhl und sonst benötigten Langhölzer aus dem Tharandter und Grillenburger Wald konnte infolge der aufgeweichten Straßen und des Mangels an Zugvieh nur sehr langsam erfolgen. Mit all diesen Schwierigkeiten hatte Pöppelmann ständig zu kämpfen.

«Den äußerlichen Opera-Hausbau leitete Mathias Daniel Pöppelmann, den inneren Ausbau nebst den Scenen, Maschinen und der Vergoldung des Amphitheatri schuf Alessandro Mauro, der auch die Pläne entworfen und ausgearbeitet hatte.»[2] Den venezianischen Theaterarchitekten Mauro hatte der Kurprinz Friedrich August 1717 in Italien verpflichtet. Mit Mauro kamen Girolamo Mauro, sechs Maler, fünf Zimmerleute und zwei Dolmetscher nach Dresden.

Der von Pöppelmann entworfene Bau war äußerlich ganz schlicht. Durch die Errichtung des Redoutenhauses am Deutschen Pavillon konnte eine gewisse Symmetrie innerhalb der Zwingeranlage erreicht werden. Das Opernhaus hatte eine lichte Länge von 53,6 m und eine lichte Breite von 23,65 m. An den Längsseiten waren die Mauern 2,30 und an den Schmalseiten 1,70 bzw. 2 m stark. Die Bühne war 32 m tief, die Szenenöffnung betrug 11,4 m. Von der Bühne führten zweiarmige 1 m breite Treppen mit 68 Stufen zum Schnürboden.

Drei Raumkompartimente gliederten den Bau: das Bühnenhaus, das die Hälfte des Gesamtraumes einnahm, das Bühnenportal und das Proszenium und deutlich davon abgesetzt der Zuschauerraum. Die Inneneinrichtung war vollständig aus Holz. Das ca. 3,50 m tiefe Proszenium war mit Logen ausgestattet und wurde von korinthischen Dreiviertelsäulen gerahmt. Atlanten aus der Werkstatt Permosers trugen die Säulen. Der Zuschauerraum hatte eine Tiefe von 16 m. Um das Parkett waren die Ränge etwa halbkreisförmig angeordnet, jedoch nicht in Logen mit Trennwänden unterteilt. Der abgeschlossene Orchesterraum lag zwischen Proszenium und Parterre. Der bevorzugte Platz für die vornehmsten Gäste war die erste Parkettreihe. Die am Parkett seitlich angeordneten Sitzreihen waren für die Damen bestimmt. In der Mittelachse der Ränge befand sich ein in den Zuschauerraum hervortretender und wohl für das Kurprinzenpaar bestimmter Balkon. Die Decke überspannte eine Malerei auf Leinwand von A. Mauro. Das Theater hätte 2000 Personen fassen können, aus Sicherheitsgründen waren jedoch nur 1100 bis 1200 zugelassen. Die Gesamtkosten des Baus betrugen 147 917 Tl., 13 Gr., 7 Pf.

Das Theater war, was die technisch-materielle Seite der Bühneneinrichtung anlangte, ausgezeichnet ausgestattet. Im Innern des Zuschauerraumes waren jedoch – wohl auch infolge allzu großer Eile – die neue-

145   Carl Heinrich Jacob Fehling.
Innenansicht des Opernhauses am Zwinger. Nach 1719.
Beschriftet: «Vue laterale du grand Theatre roial, avec les Loges et le Parterre.»
Feder, Pinsel, grau laviert. 56,5×72,2 cm.
Dresden, Kupferstich-Kabinett, Inv.-Nr. C 5693.

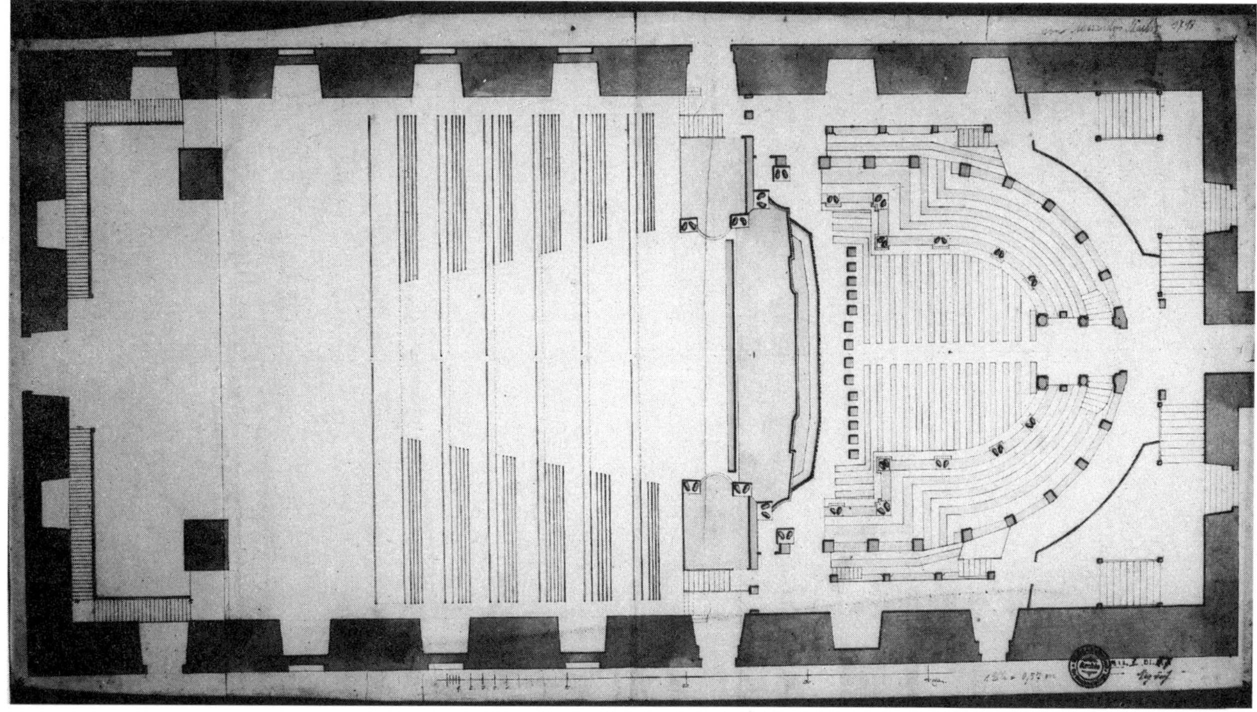

146   *Grundriß des Opernhauses am Zwinger. 1719.*
Feder, getönt, Grundriß des Zuschauerraumes verschiedenfarbig angelegt. 103,5×56 cm.
Dresden, Institut für Denkmalpflege, M 11, I, Bl. 87.

sten Erfahrungen im Theaterbau nicht berücksichtigt. Eine organische Verbindung zwischen den Rängen und dem Proszenium wurde nicht erreicht. Logen fehlen in den Rängen, obwohl die Pläne für das 1690 in Hannover von Tomaso Giusti errichtete Opernhaus hier vorgelegen haben (jetzt in der Sächsischen Landesbibliothek Arch. 273 For. Max.). So wurde das

Theater im Laufe der nächsten Jahrzehnte mehrfach umgestaltet (1738 von Andrea Zucchi, 1749/50 von Giuseppe Galli Bibiena).

Seit 1782 als Redoutensaal benutzt, wurde es bei den Kämpfen zwischen den königlichen Truppen und den Revolutionären im Mai 1849 durch Beschuß und Brand zerstört.

NORBERT OELSNER UND HENNING PRINZ

Zur Neugestaltung der Repräsentations- und Fest-Etage des Dresdner Residenzschlosses unter Leitung von Matthäus Daniel Pöppelmann 1717 bis 1719

Am 1. Februar 1718 erteilte August der Starke Matthäus Daniel Pöppelmann den schriftlichen Befehl, die «Führung» bei den Baumaßnahmen an den Schloßgebäuden zu übernehmen.[1] Mündlich war dies bereits geschehen. Im Mittelpunkt der Arbeiten am Dresdner Residenzschloß stand dabei die Umgestaltung des gesamten 2. Obergeschosses als dessen Kernstück. Das 2. Obergeschoß hatte seit der Errichtung des kurfürstlichen Residenzschlosses im 16. Jahrhundert als Repräsentations- und Fest-Etage Reichtum und Macht des sächsischen Territorialstaates und seiner Fürsten bei Staats- und Festakten sichtbar zu verdeutlichen. Zu den wichtigsten, meistenteils durch kleinere Zwischengemächer voneinander getrennten Räumen dieser Fest-Etage zählten der Schießsaal im westlichen Teil des Südflügels, die sogenannten Brandenburgischen Gemächer einschließlich Tafelgemach im Westflügel, Steinerner Saal, Turmzimmer und Riesengemach im Nordflügel. Den gesamten Ostflügel nahm der Riesensaal ein, in welchem im 16. und 17. Jahrhundert die bedeutendsten staatlichen Zeremonien und Festlichkeiten Kursachsens stattfanden.

Unter August dem Starken in den Status eines königlichen Schlosses erhoben, erreichte die Funktion des 2. Obergeschosses eine neue Qualität in Einheit von Gestaltung und Nutzung.

Nach dem Schloßbrand des Jahres 1701, bei dem im 2. Obergeschoß der Riesensaal, das Riesengemach

mit Nebenräumen sowie die erst 1692/93 erbaute Englische Treppe zerstört wurden, bestanden die unterschiedlichsten Pläne vom teilweise bis zum völligen Neubau eines Residenzschlosses, die jedoch nicht realisiert werden konnten.

Nachdem man bereits im Februar 1717 mit dem Wiederaufbau der abgebrannten Teile des Schlosses begonnen hatte, faßte August der Starke im Februar 1718 den Entschluß, die gesamte Repräsentations- und Fest-Etage des Residenzschlosses neugestalten zu lassen. Sie sollte den neuen Ansprüchen einer absolutistisch geprägten Hofhaltung, Politik und Staatsauffassung sowie den Ambitionen eines kunstverständigen Herrschers gerecht werden. Diese Aufgabe wurde unter der Leitung Matthäus Daniel Pöppelmanns beispielhaft gelöst. Dabei stand ihm insbesondere Raymond Le Plat zur Seite. Bestimmend für Anordnung, Funktion und Ausstattung der Räume war das bestehende Hofzeremoniell. Es gelang Pöppelmann und Le Plat in genialer Weise – bei einigen entscheidenden Veränderungen – den vorhandenen Renaissancegrundriß dafür zu nutzen. Im Ergebnis dieser Neugestaltung erhielt das 2. Obergeschoß die in sich geschlossenste, klarste Abfolge von Repräsentations-, Staats- und Festräumen während der gesamten Zeit des Bestehens des Schlosses mit den kurfürstlich-königlichen Paradezimmern als krönendem Höhepunkt. Als beabsichtigte Wirkung ist das Erleben der Raumfolge in ihrer

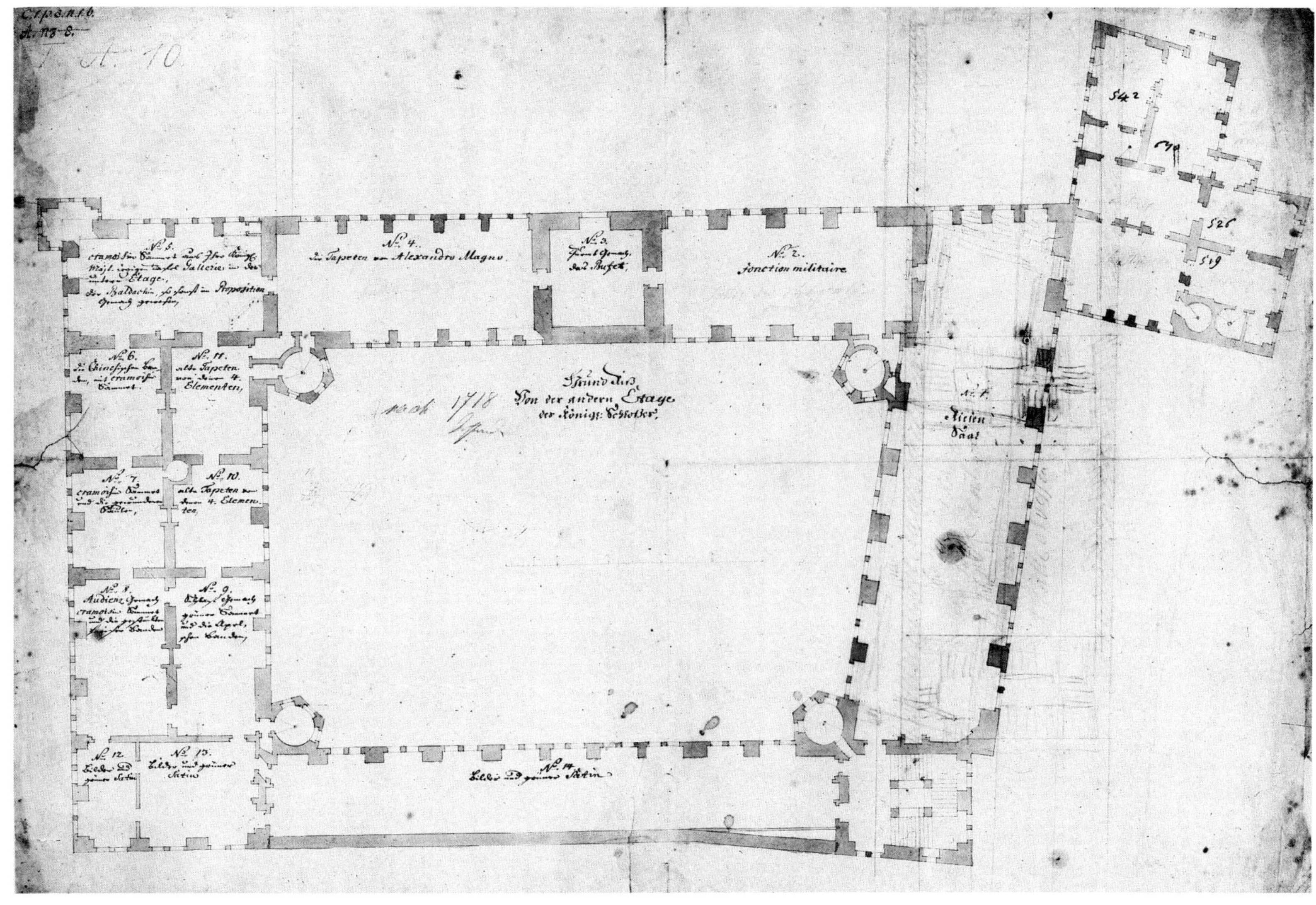

147 *Dresden. Residenzschloß.*
Grundriß des zweiten Obergeschosses. Um 1719.
Beschriftet: «Grund Riß Von der anderen Etage
des Königl.: Schloßes.» Außerdem Bezeichnung
einzelner Räume. Dresden, Staatsarchiv,
OHMA Cap. I A, Nr. 10.

Gesamtheit erkennbar, da man, um in die Paradezimmer zu gelangen, sämtliche in ihrer Ausstattung und Funktion aufeinander abgestimmten Repräsentationsräume zu durchschreiten hatte. Die fertiggestellte Repräsentations- und Fest-Etage konnte bei den Hochzeitsfeierlichkeiten des Kurprinzen mit der Kaisertochter Maria Josepha den Hochzeitsgästen aus ganz Europa präsentiert werden.

Die große Schloßtreppe – die Englische Treppe – über die der Besucher sich in das 2. Obergeschoß begab, war neuerstanden. Zur Verbesserung der Lichtverhältnisse hatte man den angrenzenden Schösserturm abgebrochen sowie die Fenster erhöht und verbreitert. Als ersten Raum des 2. Obergeschosses betrat der Besucher den Riesensaal, der als Saal der

Garde den Auftakt innerhalb der neugestalteten Repräsentations- und Fest-Etage bildete. Dieser größte Saal des Schlosses war bereits 1718 fertiggestellt worden. Er fand bei unterschiedlichsten Festlichkeiten, insbesondere bei den Redouten – Maskenbällen nach venezianischem Vorbild – Verwendung. Diese «Karnevalslustbarkeiten» trugen einen öffentlichen Charakter und waren jedermann mit einer entsprechenden Kostümierung zugänglich. Der Riesensaal zeigte jetzt eine mit großen Voluten gerahmte Spiegeldecke und erhielt zusätzlich Tageslicht durch die Gaupen des Mansarddaches. Zu seiner Ausstattung gehörten sieben Kristallkronleuchter, viele Wandleuchter und große ovale Spiegel.

An den Riesensaal schloß sich unmittelbar das Rie-

148 *Dresden. Residenzschloß. Audienzgemach (Thronsaal), Blick nach Osten.* Aus den Darstellungen zu den Festlichkeiten *1719*. Kupferstich. 23,3×35,7 cm.

149 *Dresden. Residenzschloß. Schlafzimmer, Blick nach Westen.* Aus den Darstellungen zu den Festlichkeiten 1719. Beschriftet: «Chambre du Lit de l'Appartement de parade au Roy. Ou sa Majesté et la Reine ont reçue la premiere visite de la Princesse Royale apres son arrivée et Entrée Solemnelle, et réception dans la Ville et Château de Dresden. le 19 Aoust 1719». Kupferstich. 22,6×36,7 cm.

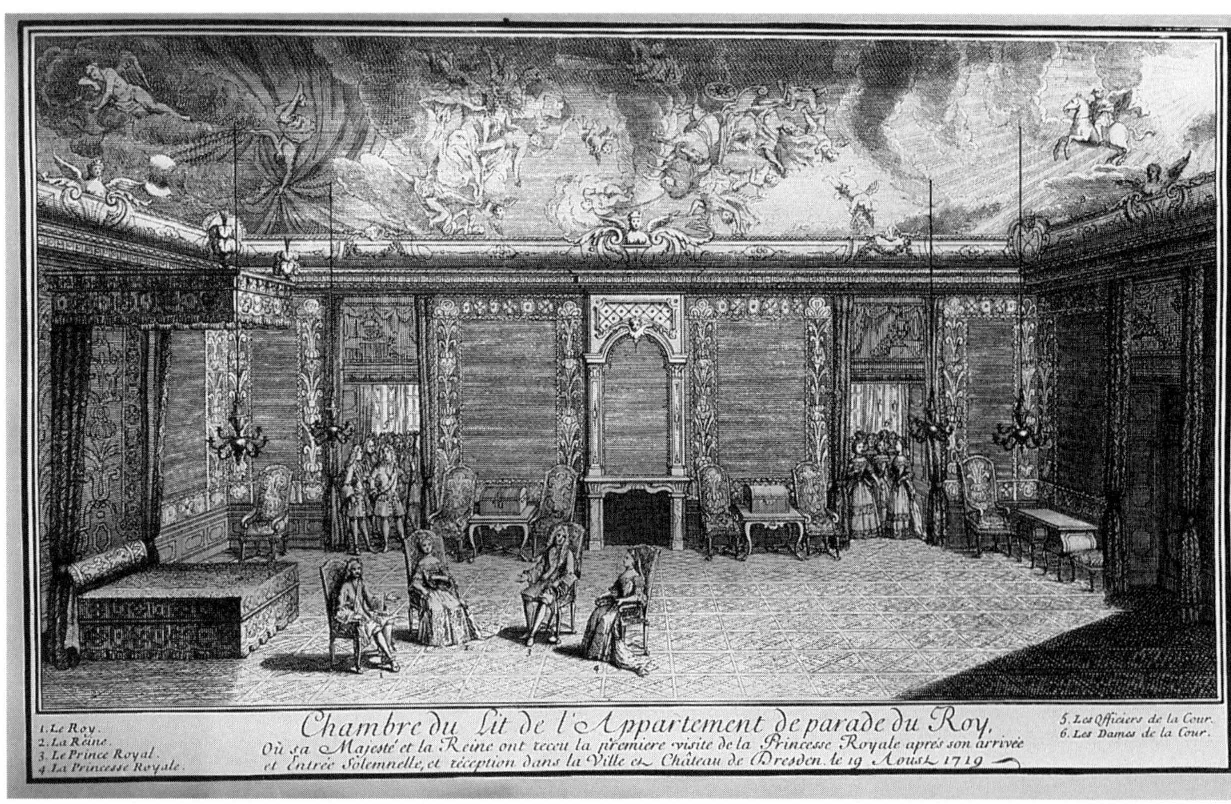

sengemach an. Dieses eröffnete dem Besucher die Raumflucht des Nordflügels, für die bei der Neugestaltung die konsequente Verwirklichung des Enfiladesystems entscheidend war. Gleichzeitig verzichtete man auf eine Wiederherstellung der kleinen Nebengemächer des Riesengemaches und erweiterte selbiges zu einem ausgesprochen repräsentativen Saal mit variabler Nutzung. So diente es z. B. als Spielzimmer, Tanzsaal, 1718 Propositionssaal. Die Ausstattung bestand u. a. aus verschiedenen Kron- und Wandleuchtern sowie Spiegeln. Von raumbestimmender Wirkung waren zehn unter der Bezeichnung «fonction militaire» angeführte Gobelins, die Szenen aus den Feldzügen zur Abwehr der Expansionsbestrebungen Ludwigs XIV. zeigten. August der Starke hatte sie 1708 in Brabant erworben.[2]

Vom Riesengemach aus gelangte der Besucher in das Turmzimmer. Man hatte es in der Art der Spiegelkabinette unter der Bezeichnung «Bufet» für die Zurschaustellung der silbernen und vergoldeten Prunkgefäße besonders prachtvoll hergerichtet. Die großen Gefäße standen auf Podesten über dem Fußboden, die kleineren auf an den Wänden angebrachten, geschnitzten und vergoldeten Konsolen.

Zur Verbesserung der Wirkung des nächstfolgenden Steinernen Saales trug neben der vorgenommenen Erhöhung der Fenster insbesondere eine Vergrößerung der Raumhöhe um zwei Ellen bei. Die Wände schmückten sechs prächtige, ebenfalls in Brabant gefertigte Gobelins mit Darstellungen aus der Geschichte Alexanders des Großen[3]:
1. Der Übergang über den Granikos
2. Die Schlacht mit dem Perserkönig Darius
3. Die Schlacht mit König Porus
4. Die Unterwerfung des Porus
5. Der Einzug Alexanders in Babylon
6. Alexander und die Familie des Darius.
Zwischen den Fenstern befanden sich große Spiegel. Die Formen des Kehlgesimses standen denen der Marmorsäle des Zwingers nahe. Obgleich fester Bestandteil der absolutistisch geprägten Repräsentations- und Fest-Etage äußerte sich in der Hauptfunktion dieses Saales die gegensätzliche Tendenz. Er dokumentierte den für den Verlauf der sächsischen Geschichte bedeutsamen Sachverhalt, daß es auch August dem Starken nicht gelang, die Mitbestimmung der Stände zu beseitigen. Seit 1722 als Propositionssaal bezeichnet, fand hier bei Eröffnung der Landtage die feierliche Staatszeremonie der landesherrlichen «Proposition» (Verkündung des Verhandlungsgegen-

standes) statt. Nach Abschluß der Ständeversammlung wurde in diesem Saal der «Landtagsabschied» ebenfalls feierlich vollzogen.

Mit dem anschließenden Tafel- oder Eckgemach betrat man das erste der kurfürstlich-königlichen Paradezimmer des Westflügels. Diese gingen aus den Brandenburgischen Gemächern hervor und bildeten den auf die großen Festsäle folgenden Bereich der «offiziellen staatlichen Repräsentation und Machtausübung» durch den Kurfürsten-König. Sowohl in Funktion als auch in Gestaltung bestand zwischen den Paradezimmern ein enger Zusammenhang. Das Tafelgemach, das ebenfalls erhöht und dessen Fenster vergrößert worden waren, erhielt seine festliche Ausstattung u. a. durch karmesinrote Samtbekleidung der Wände, Spiegel und drei Supraporten. Über einem prächtigen Kamin befand sich ein Prunkporträt Augusts des Starken, gemalt von Louis de Silvestre.

Mit karmesinrotem Samt waren auch die beiden zwingerseitig folgenden Räume ausgekleidet. Dabei zeigte das nördliche die sogenannten chinesischen Banden (Panneaustreifen in Seidenwirkerei mit Chinoiserien), das südliche «gewundene reich mit Silber und Gold, auf bunder Seyde durchwürckte Seulen».[4] Auch kostbare goldradierte, blau bzw. rot hinterlegte Spiegel sowie jeweils sechs Tafelbilder mit Szenen aus der antiken Mythologie gehörten zum Inventar dieser Räume. Entsprechend dem Hofzeremoniell führten sie als 1. und 2. Antichambre hin zum Höhepunkt der gesamten Raumfolge, dem Audienzgemach mit danebenliegendem Schlafzimmer. Diese beiden kurfürstlich-königlichen Paradezimmer verkörperten im Sinne der angestrebten Darstellung der absolutistischen Staatsidee in der Neugestaltung des 2. Obergeschosses die bedeutendsten und zentralsten Staats- und Repräsentationsräume Kursachsens. Im Unterschied zum französischen Hofzeremoniell unter Ludwig XIV., dessen Schlafzimmer in Versailles zum Symbol absolutistischer Hofhaltung schlechthin geworden ist, bildete jedoch nach dem am Dresdener Hof geltenden Reglement das Audienzgemach die höchstrangigste Räumlichkeit für die feierlichen Staatsakte und öffentlichen Audienzen. Das Schlafzimmer diente dagegen, wie auch der Empfang des Brautpaares 1719 zeigt, dem Sichzurückziehen, dem Untersichsein der hohen Herrschaften. So ist es nicht verwunderlich, daß das Audienzgemach das Schlafzimmer in Kostbarkeit und Reichtum seiner Ausstattung noch übertraf.

Um die erforderlichen Raumverhältnisse zu schaffen, wurden zwei der ehemaligen Brandenburgischen

Gemächer nach Süden erweitert. Kamine und Türgewände aus farbigem Marmor gehörten ebenso zur Innenausstattung wie Supraporten und geschliffene Spiegel. Für die Wandbekleidung des Audienzgemaches fand wiederum karmesinroter Samt Verwendung. Die Pilaster mit reichen Reliefstickereien in Gold werden als die «gestückten Pariser Banden» bezeichnet. Die erstrangige Bedeutung des Audienzgemaches bestimmte auch den Inhalt des Deckengemäldes von Louis de Silvestre, das eine «ideale politische Konzeption zum Ausdruck» brachte (H. Marx). Es stellte – allegorisch für August den Starken – den die Laster zu Boden stoßenden und Weisheit, Wahrheit, Gerechtigkeit und Stärke beschützenden Herkules dar. An der Südseite des Gemaches befand sich auf einem Podest unter einem Baldachin der Audienzstuhl. Das Schlafzimmer, in dem man das Paradebett Augusts des Starken aufgestellt hatte, war mit grünem Samt ausgekleidet. Mit den erwähnten «Apelschen Banden» dürften die Borden und pilasterartigen Streifen gemeint sein. Sie waren mit Applikationen von Goldbrokat auf roter Seide versehen und mit «grünem» Samt ausgelegt.[5] Die ebenfalls von Silvestre stammenden Deckenmalereien wiesen mythologische und allegorische Motive auf, u. a. Aurora, die Winde, die Horen. Im Gegensatz zu den Paradezimmern befanden sich die eigentlichen Wohngemächer Augusts des Starken im 1. Obergeschoß des Südflügels und seit 1719 in der 1. Etage des Georgenbaues.

Nördlich des Paradeschlafzimmers lagen die beiden Retiraden, ausgestattet mit Gobelins, die vier Elemente darstellend.

Befruchtend für die Gestaltung der Paradezimmer des Dresdner Residenzschlosses wirkten in gewisser Weise die Paradezimmer im Wiener Winterpalais des Prinzen Eugen von Savoyen.

Ein großartiger Gedanke der Gestaltungskonzeption fand durch die Errichtung der Gemäldegalerie im Rahmen und als eigenständiger Teil der Repräsentations- und Fest-Etage zwischen den Paradezimmern und der Englischen Treppe seine Verwirklichung. Mit den beiden Bilderkabinetten im Westflügel und vor allem dem Bildersaal (Grande Gallerie) im Südflügel entstand ein Raumkomplex, der sich an die vorgestellte Abfolge der eigentlichen Fest- und Staatsräume als vornehmlich musealen Zwecken dienender Bereich anschloß. Die Galerie erstreckte sich nach Beseitigung der bisherigen Raumeinteilung über die gesamte Länge des Südflügels. Als nunmehr längster Saal des Schlosses entsprach sie mit ihrer Hängewand im Süden und der Fensterreihe nach Norden den Vorstellungen des 18. Jahrhunderts von einer Bildergalerie. Die Gemälde präsentierten sich dem Betrachter auf grünem Satin, Statuen und Büsten aus Marmor und Bronze steigerten die Wirkung des Raumes und gehörten mit zur musealen Ausstattung. Ebenfalls mit grünem Satin waren die Hängewände der beiden Bilderkabinette bespannt.

In ihrer Geschlossenheit und hohen Qualität muß die Neugestaltung der Repräsentations- und Fest-Etage des Dresdner Residenzschlosses als eine ausgezeichnete Leistung M. D. Pöppelmanns, R. Le Plats und der beteiligten Künstler und Handwerker gewertet werden.

150 *Dresden. Residenzschloß. Audienzgemach (Thronsaal).*
Entwurfszeichnung zum Thronsessel unter Baldachin
mit Teil der Wandgestaltung. Erstes Drittel
18. Jahrhundert. Feder, Bleistift, Wasserfarben.
35,3×21,8 cm. Dresden, Institut für Denkmalpflege,
M 58. I. Bl. 53.

151 *Dresden. Residenzschloß. Erstes Vorzimmer
(Antichambre) der Paradezimmer.*
Kriegszerstört. Aufnahme 1933.

152 *Dresden. Residenz-*
schloß. Audienzgemach
(Thronsaal)
König Augusts II.,
genannt August der Starke.
Kriegszerstört.
Aufnahme 1930.

153 *Dresden. Residenz-*
schloß. Schlafgemach
der Paradezimmer.
Kriegszerstört.
Aufnahme 1930.

154 *Wandpilaster aus dem Audienz-*
gemach (Thronsaal) König Augusts II.
im Dresdner Residenzschloß.
Anfang 18. Jahrhundert.
Holzkonstruktion mit Textil-
bespannung. Stützgewebe aus
Leinen, Stickuntergrund aus
Goldbrokat, darüber bis zu drei
Schichten aufgenähte
Applikationsteile. Material:
Metallgespinst aus vergoldetem
Silberlahn mit Seidenseele.
Höhe 274 cm. Ausschnitt.
Dresden, Museum für Kunst-
handwerk, Inv.-Nr. 47 967.

155   Matthäus Daniel Pöppelmann,
Zacharias Longuelune, Raymond Le Plat.
Westwand des Bronzenzimmers des Grünen Gewölbes.   *1727–1729.* Rekonstruktion durch
VEB Denkmalpflege Dresden 1986. Aufbau in der
Pöppelmann-Ausstellung Dresden 1987.

156　*Dresden. Residenzschloß. Grünes Gewölbe.*
Juwelenzimmer. Nord- und Westwand, Mittelpfeiler.
Aufnahme 1933.

157   *Dresden. Residenzschloß. Grünes Gewölbe.*
Pretiosensaal. Aufnahme 1904.

158   Matthäus Daniel
Pöppelmann,
Carl Friedrich Pöppelmann,
Raymond Le Plat.
*Westliches Wandfeld der Südwand
des Pretiosensaales des Grünen
Gewölbes. 1724.*
Restaurierung durch
VEB Denkmalpflege Dresden
1986. Aufbau in der
Pöppelmann-Ausstellung
Dresden 1987.

GERHARD GLASER

Die Rolle Matthäus Daniel Pöppelmanns
bei der Einrichtung der Sammlung «Grünes Gewölbe»
im Dresdner Residenzschloß

Als der «Bau im Grünen Gewölbe, von dato den 1. Juny 1723 angefangen»[1] zur Einrichtung der Räume
für ein Museum des Kunsthandwerks und der Kostbarkeiten, wie es August der Starke in seinem Ideal-
entwurf für ein Museumszentrum[2] konzipiert hatte,
begann, war Matthäus Daniel Pöppelmann bereits
61 Jahre alt, als Oberlandbaumeister mit Amtspflich-
ten überhäuft. Wie weit beeinflußte er direkt die auf
künstlerische Einheit von Ausstellungsstück und
Raumarchitektur abzielende Gestaltung dieser
Raumgruppe?

Nach dem Reglement des Sächsischen Oberland-
bauamtes fielen «In des Ober Landbaumeisters Pöppelmanns Departement . . . alle Schloß- und darzugehörige, auch Land Gebäude, und In des Architecte
le Plat Departement gehen nebst denen innerlichen
Ausbauungen und Verzierung derer Gemächer, auch
Schloß Gebäude zugleich mit. Alle dreye (Pöppelmann, Le Plat und Karcher, später Longuelune,
d. Verf.) aber werden in denen Deliberationen und
executionen derer Risse in vorerwehntem Oberbau
Ambt gezogen, dahero ihnen nachgehends obliegt,
dahin zu sehen, dass dieses, so beschlossen worden,
auch so exequiret wird, als es Ihro Königl. Majt.
Dienst erfordert.» So dürfte keine Entwurfszeichnung
– wir kennen nur drei – und keine der Vorzeichnungen
auf den gekalkten Wänden des Pretiosensaales ohne
die Beeinflussung Matthäus Daniel Pöppelmanns zur
Ausführung freigegeben worden sein. Die Kontrolle
der entwurfsgerechten Ausführung war außerdem
durch die Abzeichnung aller Rechnungen gewährleistet, die M. D. Pöppelmann, dem Bau-Reglement fol-

193

gend, immer als erster der Architekten vornahm. Aus der zweiten Bauperiode des Grünen Gewölbes, 1727 bis 1729, sind zahlreiche Rechnungen erhalten, die mit dem Satz eingeleitet werden: «Auff Hohen Befehl undt fernere Anordnung des Herrn Ober Landt Bau Meisters Pöppelmanns . . .».

Eine stilkritische Untersuchung der Wandarchitekturen des Grünen Gewölbes führt zu dem Schluß, daß sich M. D. Pöppelmann durchaus nicht nur auf die organisatorische Seite der Bauaufgabe beschränkte, sondern mit dem für ihn charakteristischen Formengut die Architektur der Räume prägte. Der für ihn charakteristische «Plattenstil», wie ihn Gerhard Franz[3] mit Hinweis auf die Entwürfe für Schloß Moritzburg, die Bearbeitung des Taschenbergpalais, die Sockelzonen des Zwingers kennzeichnet, findet sich ganz besonders im Silberzimmer, im Eckkabinett, im Weißsilber- und Elfenbeinzimmer, ist auch im Pretiosensaal, Juwelen- und Bronzenzimmer spürbar. Ein weiteres Merkmal der Architektur Pöppelmanns besteht darin, daß im Gegensatz zu Longuelune die Plastik die architektonische Grundstruktur immer übergreift und nicht klar von ihr getrennt ist. In den Detailformen dem Zwinger am nächsten steht das Weißsilberzimmer. Die blockhaft gearbeiteten Kapi-

telle ähneln sehr denen des Marmorsaales im Französischen Pavillon. Die rechtwinklig an den Ecken ausgeschnittenen Spiegel der Pilastersockel oder die auch im Elfenbein- und Bronzenzimmer vorkommenden Füllungsspiegel mit Viertelkreisen an den Ecken sind in den Sockelzonen des Zwingers ebenso ausgebildet. Die Sockelprofile dieses Raumes insgesamt sind, in Holz übersetzt, denen der Zwingerbalustraden sehr ähnlich.

Unter den drei, nur photographisch überlieferten, Entwurfszeichnungen erweist sich die als besonders interessant, die ein Wandarrangement der Ostwand des Pretiosensaales darstellt. Diese Wand, vor der 1724 zunächst der große Juwelenschrank Aufstellung fand, deren Felder deshalb nicht mit dem Sockel übereinstimmten, wurde nach 1727 noch einmal geändert. Da das sicher sehr schnell geschehen mußte, war ein operatives Eingreifen des leitenden Architekten notwendig, was sich in dem von einer geübten Hand zeugenden flüchtig gezeichneten Blatt anschaulich dokumentiert. Es interessierten nicht mehr der schon vorhandene Sockel, auch nicht die Einzelformen der Konsolen oder der Hofstaat des Großmoguls im Einzelnen, der sehr summarisch dargestellt ist, sondern nur die Gesamtgestaltung der Wand und die Einbin-

161 Carl Friedrich
Pöppelmann.
*Entwurfszeichnung für den
westlichen Teil der Südwand
des Pretiosensaales im
Grünen Gewölbe. 1724.*
Zeichnung 1945 verbrannt.

162 Matthäus Daniel
Pöppelmann.
*Entwurfsskizze für den südlichen
Teil der Ostwand des Pretiosen-
saales im Grünen Gewölbe.
Nach 1727.*
Zeichnung 1945 verbrannt.

dung des Kabinettstückes in ihre Architektur. Es ist so verständlich, daß Wandbekrönung und Baldachin über dem Kabinettstück am besten durchgezeichnet sind. Der ausgeführte und bis heute erhaltene Zustand gleicht dem skizzierten. Der Duktus der Zeichnung entspricht dem der Ideenskizze M. D. Pöppelmanns zur Menagerie im Schmeltzgarten in Dresden oder dem seiner Skizzen zu einem Tor, die nach Heckmann[4] Vorstudien zur Niedertorbrücke in Zwickau sein könnten.

Die beiden anderen überlieferten Zeichnungen, die Kuppelausmalung des Eckkabinetts und die Südwand des Pretiosensaales betreffend, zeigen eine gänzlich andere Hand. Besonders der Entwurf für den Pretiosensaal, dünnlinig und akkurat, die zurückliegenden Flächen etwas dunkler angelegt, die Schatten sorgfältig laviert – der Einfluß Longuelunes ist erkennbar – ist sehr vergleichbar mit Zeichnungen für sächsische Bauten in Polen, so das Sächsische Palais in War-

schau, die Resurrektionskirche in Ujasdow, den Petit Salon in Warschau oder die Schloßkapelle in Grodno, die Walter Hentschel[5] für Carl Friedrich Pöppelmann, viertes Kind und zweiter Sohn Matthäus Daniel Pöppelmanns, und dessen Zeichner, Anton Friedrich Richter, nachweisen konnte.

Die Frage nach dem Architekten des Grünen Gewölbes kann zusammenfassend vielleicht so beantwortet werden, daß Matthäus Daniel Pöppelmann die künstlerische und organisatorische Oberleitung wahrnahm, Carl Friedrich Pöppelmann als persönlicher Referent Augusts des Starken, der «die Königlichen Erfindungen, Deßeins und Projecte so dann ins Reine und zu Exccution bringen mußte»,[6] zumindest einen Teil der Entwürfe fertigte, Raymond Le Plat als «Ausstattungsleiter» beratend wirkte und Zacharias Longuelune im Rahmen der Beratung aller Entwürfe im Oberbauamt vor allem in der zweiten Bauperiode seinen Einfluß geltend machte.

JOACHIM MENZHAUSEN

Pöppelmann und Dinglinger

Architekten und Juweliere haben eigentlich kaum Gemeinsamkeiten. Betrachtet man aber Johann Melchior Dinglingers «Hofstaat zu Delhi am Geburtstag des Großmoguls Aureng Zeb» im Grünen Gewölbe und vergleicht ihn mit dem Zwinger, dann treten bedenkenswerte Ähnlichkeiten in Erscheinung. Beides sind Festplätze aus Arkaden, die einen Hof umschließen; über den Ecken erheben sich Pavillons und in den Zentren noch höher aufragende, fast turmartige Bauten. Die Gemeinsamkeiten müssen noch deutlicher gewesen sein, als der Zwinger 1719 bei der Hochzeit des Kronprinzen mit einer Kaisertochter zum ersten Mal als Festplatz diente, weiß getüncht, mit goldgehöhten Dekorationen unter blau gestrichenen Dächern. Er muß zierlicher gewirkt haben, und mit den Aufzügen der Gruppen, die, in einheitliche Farben gekleidet, die Festspiele ausführten, fast wie ein wirklicher «Hofstaat des Großmoguls». Obwohl Pöppelmann den Bau in der Vorrede seines Kupferstichwerkes eine römische Schauburg genannt hat, in deutlichem Bezug auf das Collosseum, wies der arkadenumstellte Hof mit seinen offenen Toren mehr Ähnlichkeit mit indischen Bauten der Mogulzeit auf, als

man heute gewahr wird. Schon J. Fergusson schrieb 1862 in seiner «History of modern Architecture» (S. 338 f.): «The most original, and perhaps also the most picturesque building in Germany of this age, is the Zwinger ... The thing most like it is perhaps the Kaiser Bagh at Lucknow.» (Zitiert nach: Carl Justi, Das augusteische Dresden. Dresden 1955). Kupferstiche hatten den Europäern die Kenntnis jener ostasiatischen Gebäude übermittelt. Macht und Reichtum der Mogule und die Pracht ihrer höfischen Künste wurden damals in ganz Europa bewundert.

Die enge Verbindung von Architektur und Plastik und der ineinanderverwobene Reichtum von Einzelmotiven beider Künste, wie er am Zwinger einzigartig in Erscheinung tritt, ist sonst an europäischer Architektur nicht, wohl aber in der Goldschmiedekunst anzutreffen, auch in ornamentalen Vorlageblättern, von denen sie vielfach ausgeht.

August der Starke, der neben zahllosen Goldschmiedewerken aufgewachsen war, die auf die «Geheime Verwahrung» – damals schon Grünes Gewölbe genannt – die Kunstkammer und die Hofsilberkammer verteilt waren, hat Zeit seines Lebens zu dieser

Kunst eine besondere Neigung gezeigt. Die Entwicklung Dinglingers zum Schöpfer beispielloser Juwelierkunstwerke ist nur deshalb möglich gewesen. Zugleich aber scheint die besondere Ästhetik dieser Gattung die künstlerische Haltung des Königs wesentlich geprägt zu haben. Dies ist nicht verwunderlich bei dem Herrscher eines Landes mit einer traditionell hohen technischen Kultur, die durch die kulturprägende Stellung des Bergbaus in Sachsen seit dem späten Mittelalter verursacht worden war. Dies erklärt andererseits auch die Makellosigkeit des Details, die die Erzeugnisse aller Künste und Gewerke des augusteischen Barocks auszeichnet.

Betrachtet man den Zwinger unter diesen Gesichtspunkten, so wird man der Tatsache gewahr, daß die detailreiche Behandlung aller figurativen und nichtfigurativen Teile eine eigentümliche stilistische Konsequenz hat. Es scheint eher möglich, sich die Torbauten reduziert auf das Maß von Tafelaufsätzen vorzustellen, als zu glauben, daß das Kronentor 36 Meter hoch ist – wie ein etwa 10-stöckiges Gebäude unserer Tage. Es ist schwer, sich bewußt zu machen, daß die Blumenkörbe über den Hermen des Wallpavillons tonnenschwer sind, die Figuren in den Nischen des Kronentores etwa doppelt lebensgroß. Tatsächlich haben der Architekt Pöppelmann und der Bildhauer Permoser alles getan, um diesem Staatsbau von hohem politischem Anspruch Schwere und Monumentalität zu nehmen und ihn zierlicher erscheinen zu lassen, als er eigentlich ist. «Die rechte Zierlichkeit» ist eine ästhetische Grundforderung gewesen, die man in Anweisungen des Königs und in schriftlichen Äußerungen seiner Künstler immer wieder antrifft. Sie bewirkte die zahllosen horizontalen Unterteilungen, die gebündelten, gleichsam rasch fließenden Profile, aber auch die Durchbrechungen der Horizontalen durch Vertikale, die die Bildung großer pathetischer Formenzusammenhänge verhindern und das heiter bewegte Erscheinungsbild hervorbringen.

Die innenarchitektonischen Entsprechungen zum Zwingerbau findet man in den von Pöppelmann entworfenen Dekorationen des Grünen Gewölbes. Hier komponierte er ein Gehäuse für die Goldschmiedekunst aus Lack, Spiegelglas und vergoldetem Holz, eine Ausstattung, die wie ins Große übertragene Goldschmiedekunst wirkte. Bedenkt man noch, daß Balthasar Permoser für Dinglinger Kabinettstücke in Elfenbein und Ebenholz gearbeitet hat, daß er anderen Goldschmieden Formen für den Abguß in Silber schuf, genauso wie er Pöppelmanns Zwinger mit Sandsteinskulpturen ausgestaltete, so ergibt sich ein Zusammenhang, der offensichtlich bis in die Tiefe der künstlerischen Strukturen reicht. Das Große und das Kleine waren austauschbar.

Dieser ungewöhnliche Sachverhalt bewirkte, daß der Zwinger nicht nur als der architektonische Sonderfall dargestellt wurde, der er ist, sondern auch als ein stilistischer, erklärbar aus dem Genie seiner Schöpfer und schwer einzuordnen in die allgemeine europäische Entwicklung. Fritz Löffler schreibt, er gehöre «zu den befremdendsten Kunstdenkmalen in ganz Mitteleuropa». Wilhelm Pinder erklärt ihn als Architektur um ihrer selbst willen. Martin Wackernagel formuliert, hier läge ein «naturentsprechendes und schon beinahe rokokoartig leichtes und graziöses Dekorieren» vor. Eberhard Hempel schlug vor, den Stil als Sonderform zu begreifen und ihn «sächsisch-augusteisch» zu nennen: «Er stellt den Übergang vom Barock zum Rokoko in charakteristisch sächsischer Prägung dar, wobei sich Entgegengesetztes verbindet: Kraftvolles und Zartes, Kühnes und Zurückhaltendes, Schlichtes wie überströmend Reiches». Georg Dehio befindet: «Kein Bau des Jahrhunderts zeigt ein gleiches Maß von spontaner Genialität» und zieht den Schluß: «Auf die stilgeschichtliche Nomenklatur kann es bei einem so persönlichen Werke nicht ankommen». Er meint, es läge «eine geistige Verwandtschaft mit gewissen Erscheinungen der oberitalienischen und französischen Frührenaissance vor». Während Eberhard Hempel von «der gleichmäßigen, an Trianon erinnernden Flucht der Galerien mit ihren rundbogigen Fenstern und langgezognen horizontalen Dachterrassen» schreibt, erklärt Dehio: «Die Ahnen sind jedenfalls in Italien, nicht in Frankreich zu suchen. Die Wucht und Schwere des italienischen Barocks ist nicht herübergenommen; doch auch 'Rokoko' ist es nicht».

Fast alle diese bewundernden, tastenden, widersprüchlichen Äußerungen sind übertragbar auf einen anderen kunstgeschichtlichen Sonderfall, die Kabinettstücke Dinglingers. Auch sie sind als befremdlich, höchst persönlich und jenseits stilgeschichtlicher Nomenklatur zu kennzeichnen. Auch in ihnen erscheinen Ingredienzien des italienischen Hochbarocks, des Louis XIV. (auch der deutschen Renaissance), aufs freieste gemischt mit Exotismen unter dem Gesetz der Zierlichkeit, aber Rokoko ist es in der Tat noch nicht, sondern ein Protorokoko. Der Dresdner Eberhard Hempel hat das subjektiv Bedingte darin am präzisesten benannt, als er im Hinblick auf den Zwinger schrieb: «Pöppelmann und Balthasar Permoser waren die beiden genialen Persönlichkeiten am Dresdner Hofe, die in erster Linie den Ideen Augusts des Starken künstlerische Formen gegeben haben.» Der König ernannte in der Tat keinen Kunstintendanten, der nach seinen Maßgaben den verbindlichen Formkanon für alle Künste festgelegt hätte. Zahlreiche Zeugnisse bestätigen, daß er selbst mit seinen Architekten, Bildhauern, Goldschmieden und Porzellangestaltern sprach oder korrespondierte. Seine Künstler kamen aus verschiedenen Ländern und brachten die unterschiedlichsten Wahltraditionen ein. Da der König sie offentsichtlich respektierte, geriet der Stil zu jenem vielzügigen, verwirrenden Bild, das die zitierten Äußerungen reflektieren. Aber er gab die Anregungen zu außerordentlichen Werken, den Sonderfällen, und er gab das Maß: nicht zu groß, nicht zu schwer und so fein wie möglich. Daher also stammen zugleich Vielfalt und Einheit, im Großen wie im Kleinen.

WALTER MAY

Das Holländische und das
Japanische Palais

Da das Holländische Palais in Altendresden nach einer wenig mehr als zehnjährigen Existenz in dem Umbau zum Japanischen Palais aufgegangen ist, besitzen beide Palais eine gemeinsame Baugeschichte. Bauherr des Holländischen Palais war Jakob Heinrich Graf von Flemming, seit 1712 Generalfeldmarschall und dirigierender Geheimer Kabinettsminister Augusts des Starken, der 1714 das Grundstück schon mit der ausdrücklichen Absicht, es zu bebauen, gekauft hatte. Palais und Garten waren im Laufe des Jahres 1716 fertiggestellt und wurden bereits im Mai 1717 von August dem Starken erworben.[1]

Das Holländische Palais bestand aus einem zweigeschossigen Corps de logis mit reich geschmücktem Mittelrisalit und zwei eingeschossigen Seitengebäuden. Sie umfaßten einen Hof, der stadtseitig durch ein Gitterwerk geschlossen war. Die ständig wiederkehrende Angabe, das Palais habe ursprünglich nur aus dem zweigeschossigen Hauptgebäude bestanden, dem erst 1717/18 der Schmuck des Mittelrisalits und die beiden Seitengebäude hinzugefügt worden seien,[2] ist unzutreffend. Aus den Akten über den Besitzwechsel und einer Beschreibung des Palais von 1716[3] geht eindeutig hervor, daß es zum Zeitpunkt der Erwerbung durch August den Starken bereits in der Form existierte, wie es aus danach entstandenen Abbildungen bekannt ist.

Die falsche Vorstellung von dem ursprünglichen Aussehen des Holländischen Palais hat dazu geführt, als Architekten Johann Rudolph Fäsch in Betracht zu ziehen, der den Grundriß des Corps de logis 1722 als Musterentwurf für ein Gartenhaus veröffentlicht hat.[4] Doch diese Veröffentlichung hat wenig Gewicht für die Zuschreibung des Entwurfes an Fäsch, da er sich auch bei anderen Beispielen an Dresdner Bauten angelehnt hat, die nicht von ihm stammten. Demgegenüber ist ein gestalterischer Zusammenhang – allerdings als ein sekundärer Zustand – zwischen den Seitengebäuden und dem Corps de logis schon immer gesehen und mit Pöppelmann in Verbindung gebracht worden. Aus der einheitlichen Gliederung mit Rechteckfeldern in den Fensterachsen, die sich bei Pöppelmann häufig findet, hebt sich nur der Mittelrisalit des Hauptgebäudes heraus. Im Aufbau seiner Mittelachse mit verdoppelten Säulen und Pilastern, die leicht aus der Wandebene herausgedreht sind, in dem durchgehenden Vertikalzug, der die horizontalen Architekturglieder sprengt oder überspielt, und in dem aufgebrochenen Giebel wiederholen sich die Gestaltungsmittel des Kronentores im Zwinger, das zur gleichen Zeit im Bau war, und des ihm wohl vorausgegangenen Portalturmentwurfes[5], der wie der Mittelrisalit des Palais von einer Herkulesstatue bekrönt wird. Hinzu kommt, daß Pöppelmann eine Ansicht des Holländischen Palais in sein 1729 erschienenes Kupferstichwerk über den Zwinger aufgenommen hat, und das zu einem Zeitpunkt, als es durch den Umbau zum Japanischen Palais verschwand. Das kann in diesem Zusammenhang nur bedeuten, daß er auf diese Weise ein eigenes, nicht mehr existierendes Bauwerk

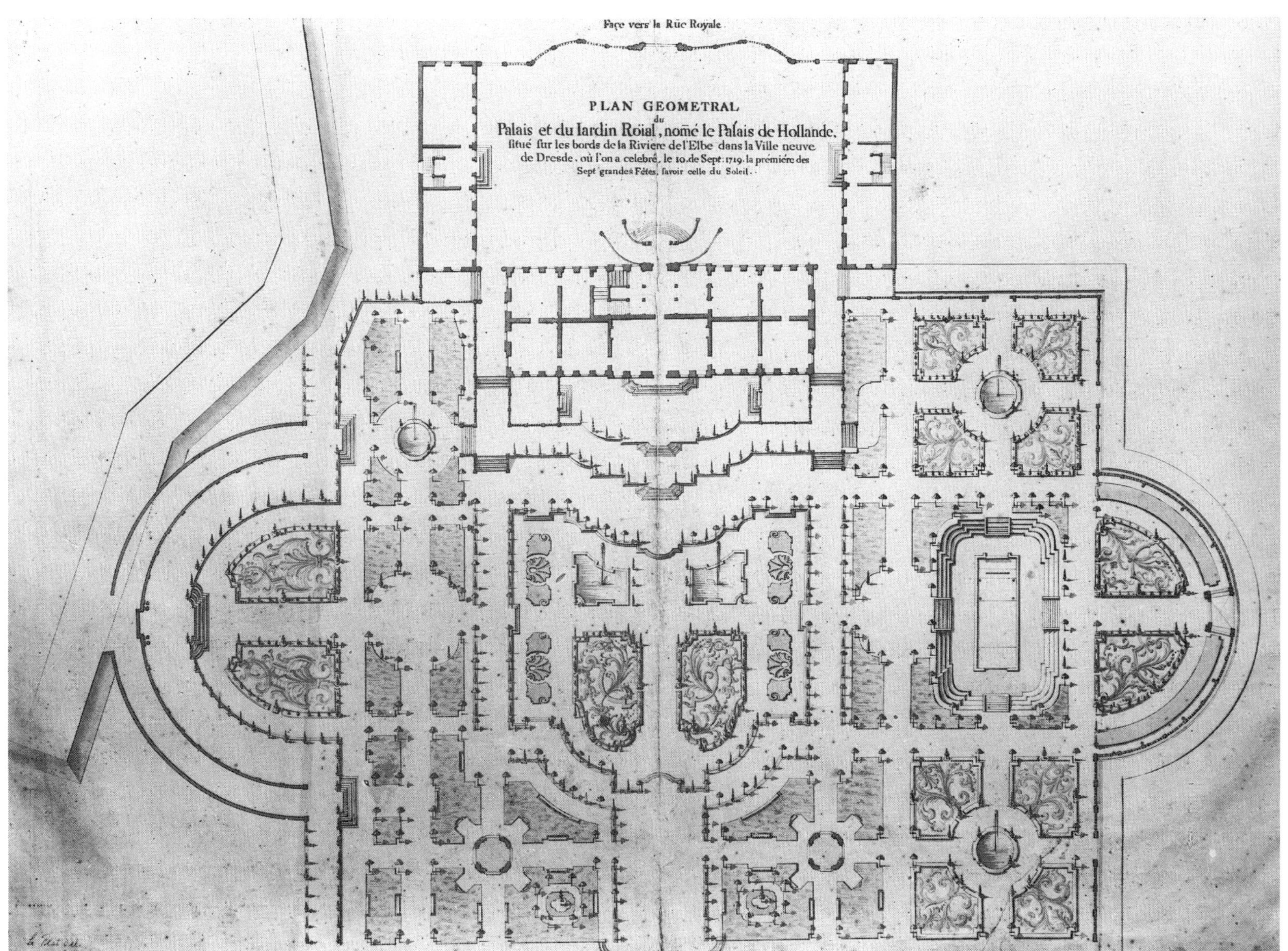

163 *Grundriß des Holländischen Palais und Gartens. Zustand von etwa 1716–1727. Gezeichnet nach 1731. Signiert: «Le Plat del.» Inschrift: «PLAN GEOMETRAL du Palais et du Jardin Roial, nomé le Palais de Hollande, situé sur les bords de* la Riviere de l'Elbe dans la Ville neuve de Dresde, ou l'on a celebré, le 10. de Sept. 1719. la prémière des Sept grandes Fêtes, savoir celle du Solei.», am oberen Blattrand «Façe vers la Rue Royale», am unteren «Bords de la rivière de l'Elbe.» Bleistift, Feder und Pinsel in Grau. 62,7×90,4 cm. Dresden, Kupferstich-Kabinett, in Ca 202.

---

vorstellen und festhalten wollte. So läßt sich mit großer Gewißheit annehmen, daß das 1715/16 errichtete Holländische Palais auf einen Entwurf Pöppelmanns zurückgeht. Es nimmt unter seinen Arbeiten eine bedeutsame Stellung ein, weil es seine übliche, als Plattenstil bezeichnete Gliederungsweise mit Rechteckfeldern mit den festlichen Formen des Zwingerstils verbindet, so daß sich hier zwei Gestaltungsweisen zusammenfinden, die in seinem Schaffen sonst unverbunden nebeneinander stehen.

Mit der Anlage des Holländischen Palais übernahm die Dresdner Barockarchitektur erstmals den in Frankreich entwickelten Typus der Maison de plaisance, wodurch sein Grundriß bei Fäsch als Muster für ein Gartenpalais erscheinen konnte. Da aber der Entwurf dazu entstanden war, bevor Pöppelmann 1715 die französische Architektur unmittelbar kennenlernte, ist das Vorbild nur in den Äußerlichkeiten erfaßt, und wo die konventionelle, symmetriegebundene Starrheit des Grundrisses aufgegeben wird, bleibt es unverstanden: Die Treppenanlage wird zwar ohne Beziehung zur Mittelachse einseitig an das Vesti-

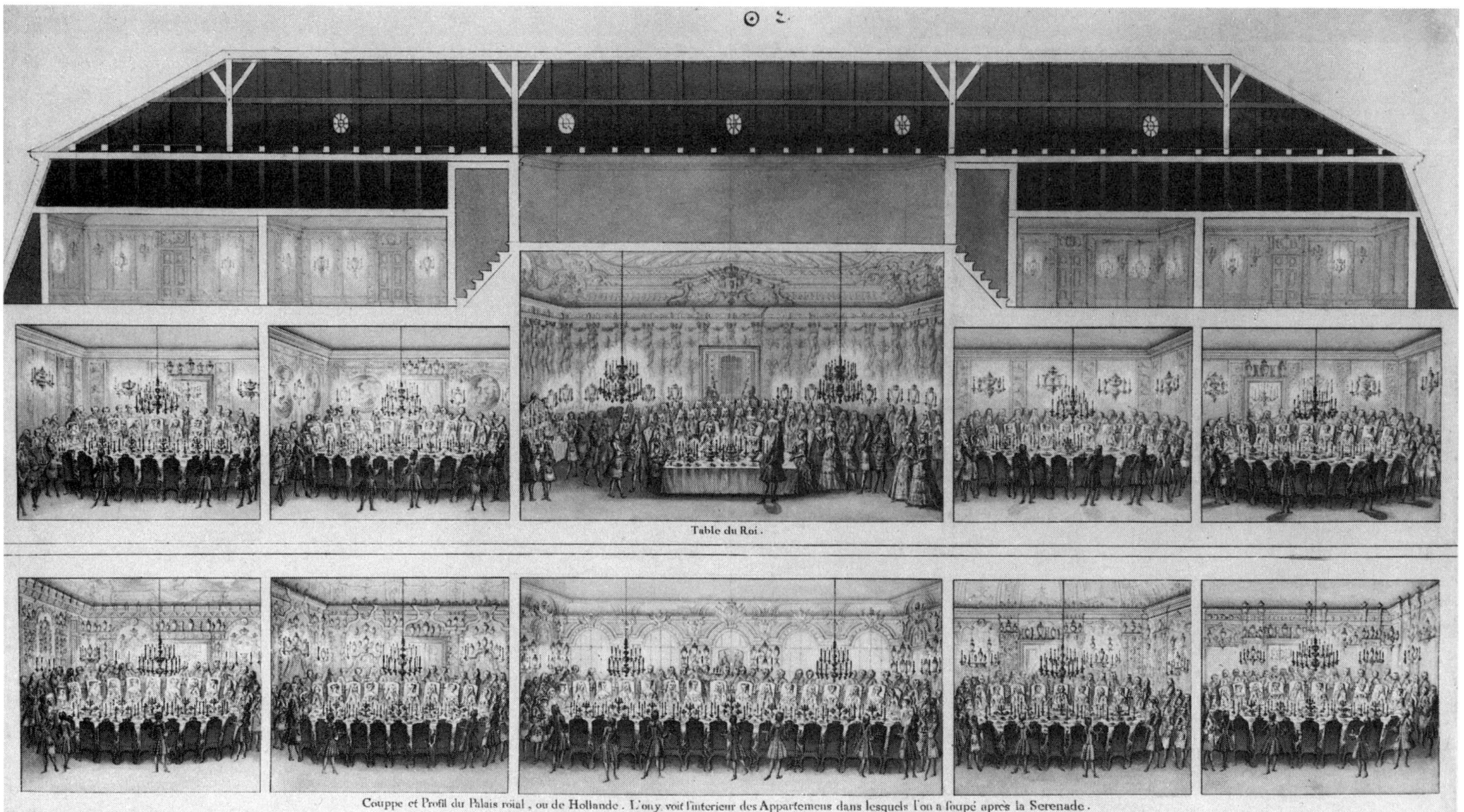

164 *Längsschnitt durch das Holländische Palais mit dem Souper am 10. September 1719. Zwischen 1720 und 1732. Signiert: «Le Plat del.» Inschrift: «Table du Roi. Couppe et Profil* du Palais roial, ou de Hollande. L'on y voit l'interieur des Appartements dans lesquels l'on a soupé après la Serenade.» Bleistift, Feder und Pinsel in Schwarz und Grau. 54,5×91,7 cm. Dresden, Kupferstich-Kabinett, in Ca 202, p. 81.

---

bül angeschlossen, kommt aber nicht zur Wirkung, da sie von Pfeilern getragen wie in einem bürgerlichen Wohnhaus durch alle Geschosse reicht und sich nicht auf die Verbindung der beiden Hauptgeschosse beschränkt. Die schon erwähnte, 1716 verfaßte Beschreibung des Palais ist zugleich eine Architekturkritik, deren Maßstab die gleichzeitige französische Architektur ist und die am Holländischen Palais die fehlende Degagierung der Räume wie überhaupt den Mangel an Commodité beanstandet. Unter dem Gesichtspunkt der beginnenden Régence mußte auch die Proportionierung der Gebäude sowie der barocke Aufwand in der äußeren und inneren Ausschmückung kritikwürdig erscheinen.

Hervorgehoben wird dagegen die bezaubernde Lage des Palais und die Schönheit der Aussicht, die es bietet. Die Wahl dieses Bauplatzes wird dem Geschmack des Grafen Flemming zugeschrieben, der aber infolge seiner Abwesenheit von Dresden als Kommandierender der Feldzüge in Pommern und Polen das Bauwerk, für das er umfangreiche Mittel aufgewandt hatte, überhaupt noch nicht gesehen hatte, und wohl auch nicht einmal den Entwurf dazu. Er mußte es sich beschreiben lassen, und noch kein halbes Jahr später überließ er dem König das Palais, das er nie benutzt hatte, zu Bedingungen, die sehr günstig für ihn waren. Unter anderem erhielt er das Palais in der Pirnaischen Gasse zurück, das er ein Jahr zuvor an den König verkauft hatte, das er aber mindestens bis Ende 1716/Anfang 1717 noch hatte nutzen dürfen. Die ganzen Umstände legen die Vermutung nahe, daß Flemming den Bau des Holländischen Palais wohl weniger aus eigener Neigung, sondern auf Veranlassung Augusts des Starken durchgeführt hatte. Die Wahl des Bauplatzes entsprach dem städtebaulichen Konzept des Königs, die Residenz der Elbe zuzuwenden und ihren Lauf mit Palais und Gärten zu begleiten.[6] Auch der weitere Ausbau des Palais, mit dem sich August der Starke über Jahre hin beschäftigte, spricht dafür, daß er

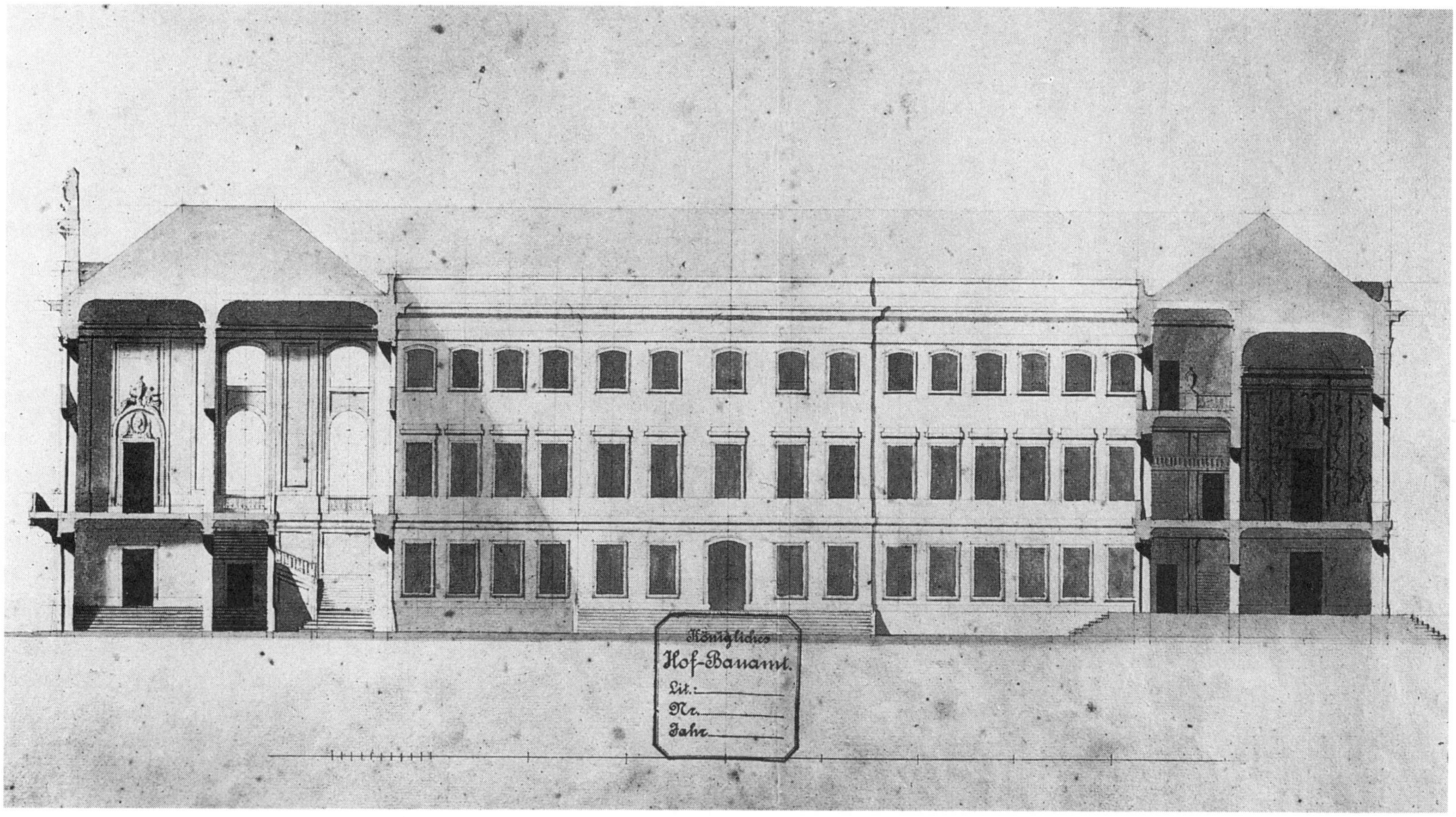

165 Zacharias Longuelune.
Entwurf zur Erweiterung des Holländischen Palais.
Schnitt durch den Hof gegen den Elbflügel. 1722.

Bleistift, Pinsel in Blaßrot, Blaßgrau und
Grauviolett. 45,1×84,3 cm. Dresden, Institut
für Denkmalpflege, M 30. D. Bl. 1.

166 Matthäus Daniel Pöppelmann.
Entwurf zur Erweiterung des Holländischen Palais.
Schnitt durch Seitenflügel und Hof gegen den

Elbflügel. Wohl 1726. Bleistift, Pinsel in Grau,
Ocker und Gelb. 36,9×56,8 cm. Dresden,
Institut für Denkmalpflege, M 16. IV. Bl. 22.

schon von Anfang an die treibende Kraft in dieser Angelegenheit gewesen war, und der Kauf des Flemmingschen Palais im Mai 1716 dürfte mit der Absicht erfolgt sein, es nach einer gewissen Zeit gegen den Palaisneubau an der Elbe einzutauschen.

Das Holländische Palais und sein Garten waren am 10. September 1719 der Schauplatz für das erste der sieben Planetenfeste, die anläßlich der Hochzeit des Kurprinzen stattfanden. Die zuvor 1717/18 durch den König veranlaßten Veränderungen am Palais beschränkten sich auf seine Ausstattung und Ausschmückung, auf die «Änderung der Zierathen»,[7] die auf den neuen Besitzer Bezug nehmen mußten. Das Palais wurde auf kunstvolle Weise mit der Porzellansammlung des Königs «und anderen kostbaren Dingen, welche Indien und Japan lieferten», ausgeschmückt und die Räume «indianisch» ausgestattet, mit ostasiatischen Papier- und Stofftapeten, mit Lackvertäfelungen und -bespannungen, die zum Teil ostasiatische, zum Teil sächsische Arbeiten waren, und mit chinoisierenden Malereien.[8] Diese nahezu das gesamte Bauwerk umfassende, in ihrem Umfang außergewöhnliche Ausstattung von fremdländischem Reiz führte schon 1719 zu der Bezeichnung Japanisches und Indianisches Palais,[9] und damit erhebt sich die Frage, ob der Name «Holländisches Palais» wirklich, wie überliefert, von einer Nutzung 1716/17 durch den holländischen Gesandten herrührt, die nur sehr kurzzeitig gewesen sein kann. Aber vor Böttgers Erfindung galt Holland durch seine Handelsbeziehungen und durch seine den Porzellancharakter nachahmenden Delfter Fayencen als das europäische Land des Porzellans, und es waren Holländer, die August dem Starken die ostasiatischen Porzellane lieferten,[10] so daß Holland als Synonym für Porzellan aufgefaßt werden kann. Wenn August der Starke die eigentlich treibende Kraft bei der Errichtung des Palais gewesen ist – und seine ersten umfangreichen Porzellanerwerbungen fallen in diese Zeit um 1715 –, könnte der Gedanke eines Porzellanpalais schon von Anfang an eine Rolle gespielt haben und auch eine Erklärung bieten für das Aufgreifen des Typus der Maison de plaisance. Die Baugruppe des Holländischen Palais entspricht der Anlage von Le Vaus Trianon de porcelaine im Park von Versailles, das in seiner Ausschmükkung holländische und chinesische Dekorationsmotive vereinigte.[11] Es hatte zwar bereits 1687 dem Grand Trianon Hardouin-Mansarts weichen müssen, aber sein Aussehen war durch Stiche bekannt.

Im Dachgeschoß des Holländischen Palais, das August der Starke offenkundig zur Präsentation eines Teils der königlichen Sammlungen bestimmt hatte, war – mindestens seit 1721 – die bisher im Residenzschloß befindliche Kunstkammer untergebracht.[12] Den aktiven Anteil des Königs auch an ihrer neuen Aufstellung belegt ein Grundriß des Mansardengeschosses mit seinen eigenhändigen Notizen zur Raumverteilung.[13] Damit erweist sich die Annahme als unzutreffend, das Palais sei 1722 oder 1723 um ein Geschoß erhöht worden.[14] Sie stützt sich auf die für 1722 überlieferten Planungen für seine Erweiterung, auf die 1723 vorgenommenen Bauarbeiten und auf einen Stich von Johann August Corvinus, der das Corps de logis und die Seitengebäude mit einem zusätzlichen Mezzaningeschoß darstellt. Obwohl der Stich in das Abbildungswerk über die kurprinzliche Hochzeit aufgenommen wurde, braucht er nicht in allen Einzelheiten als verbindlich angesehen zu werden.[15] Corvinus hat seinen Stichen offenbar verschiedentlich Baupläne zugrunde gelegt, denn auch seine Darstellung des Schlosses Moritzburg zeigt einen Abschluß des Mittelrisalits, der in dieser Form wohl geplant, aber nie ausgeführt worden ist. Zwischen 1722 und 1727 haben am Holländischen Palais keine größeren Umbauten stattgefunden. Die Kunstkammer blieb bis zum März 1727 dort untergebracht, als der Umbau zum Japanischen Palais begann,[16] und die Arbeiten von 1723 beschränkten sich auf unbedeutende Veränderungen.[17]

Der Grund für die 1722 einsetzenden Planungen zur Erweiterung des Holländischen Palais dürften einerseits in dem Platzbedarf der ständig wachsenden Porzellansammlung des Königs, für die schon das Souterrain in Anspruch genommen werden mußte, und in dem Wunsch, sie noch glanzvoller zu präsentieren, zu suchen sein und andererseits in der Absicht Augusts des Starken, das Palais zum dominierenden Ausgangspunkt für die städtebauliche Gestaltung des westlichen Teils von Altendresden werden zu lassen. Die Planungen, denen, wie ausdrücklich hervorgehoben, ein Entwurf des Königs zugrundelag und mit deren Ausarbeitung Zacharias Longuelune beauftragt war,[18] sahen die Anlage eines Vierflügelbaues vor, wofür der König die Verlegung der Festungswerke ins Auge gefaßt hatte. Während an den Entwürfen noch gearbeitet wurde, entschloß er sich jedoch zu einer Änderung in der zeitlichen Abfolge seiner Bauten. Die Vorhaben in Altendresden sollten an die letzte Stelle rücken und die dafür bestimmten Gelder zur Beendigung der anderen Bauten verwendet werden.

Die Planungen für Altendresden und die Erweiterung des Holländischen Palais scheinen 1725 wieder aufgenommen worden zu sein.[19] Offenbar wurde zunächst nur daran gedacht, den Hofflügeln stadtseitig Pavillons anzufügen und vielleicht auch die Gebäude aufzustocken. Im Verlauf der Planungsarbeiten wurde die Erweiterung immer umfangreicher. Die Entwürfe verbanden Haupt- und Seitengebäude zu einem offenen Dreiflügelbau, schlossen ihn durch eine Galerie mit Torpavillon und gelangten schließlich wieder zur Vierflügelanlage, diesmal mit markant abgesetzten Eckpavillons, die mit ihren hochgezogenen geschwungenen Dächern zunächst allein den Umriß des Baukörpers akzentuierten. Das Projekt, das der König im März 1727 zur Ausführung bestimmte, wies noch keine Kuppeln über dem Portikus und dem Elbflügel auf. Die Seitenflügel waren, wohl um Abstand zu den Festungswerken zu gewinnen, hinter die Eckpavillons zurückgenommen und das den Elbflügel bildende Corps de logis des Holländischen Palais war ohne Veränderung der Fensterachsen in den Vierflügelbau einbezogen. Die endgültige Form des neuen Palais wurde erst, ähnlich wie seinerzeit beim Zwinger, während des Baues gefunden, der am 9. April 1727 mit der Grundsteinlegung für die Errichtung der drei vorderen Flügel begonnen wurde. 1732 erfaßten die Bauarbeiten auch das alte Corps de logis, wobei es in Höhe und Gliederung des Baukörpers den drei anderen Flügeln angeglichen wurde, und 1733 war das Palais äußerlich im wesentlichen vollendet.[20]

Die sehr einfache Grundrißanlage des Japanischen Palais erklärt sich aus der ausschließlich repräsentativen Funktion der Räume. Wie bei dem im Grundriß verwandten Museumsentwurf Longuelunes von 1727/28[21] handelt es sich um eine Folge von Schauräumen. Demgegenüber ist die äußere Erscheinung des Palais von ausgesprochener Originalität. In ihr sind zwei extrem unterschiedliche Gestaltungsauffassungen verschmolzen, die heiter gelöste, dekorative der Dresdner Barockkultur und die streng rationale der französischen Klassik des 17. Jahrhunderts, die hier erstmals in einem königlichen Bau so deutlich zu Wort kommt. Sie ist ein Ergebnis der kollektiven Planungsarbeit des Oberbauamtes, wobei der Anteil der einzelnen Architekten zwar erkennbar bleibt, sich aber nur zum Teil abgrenzen und bestimmen läßt.

Als Architekten des Japanischen Palais werden schon im 18. Jahrhundert übereinstimmend de Bodt, Longuelune, Pöppelmann und Knöffel genannt.[22] De Bodt hat nach 1728 in die unter seiner Aufsicht stehenden Arbeiten eingegriffen. Die Ausführung des kuppelbekrönten Portikus zeigt unverkennbar seine Handschrift. Longuelune hatte die Planungen von 1722 bearbeitet, und die von seiner Hand stammenden Entwürfe für eine Erweiterung als Vierflügelbau gehören in diese Zeit.[23] Seine Mitwirkung in der zweiten Planungsphase äußert sich in der Gestaltung des elbseitigen Mittelrisalits, der de Bodts Kuppelform übernimmt, im übrigen aber die charakteristische, sich in einem festen Rahmen bewegende Gliederungsweise Longuelunes erkennen läßt. Die Lisenengliederung der Fassaden geht nur indirekt auf ihn zurück, sie wird schon in den Entwürfen der Dresdner Architekten angewandt.

Deren Anteil ist weit schwieriger voneinander zu trennen, zumal auch die Zeichentechnik der Pläne keine sicheren Aufschlüsse darüber geben kann. Longuelune, der nahezu ausschließlich mit planerischen Aufgaben beschäftigt war, zeichnete seine Entwürfe größtenteils selbst. Von Pöppelmann und Knöffel können wegen ihrer umfangreichen Bauleitungs- und Verwaltungsaufgaben kaum eigenhändige Zeichnungen erwartet werden. Die für sie arbeitenden Kondukteure des Oberbauamtes übernahmen im Laufe der zwanziger Jahre die Zeichentechnik Longuelunes. Ihre Zeichnungen unterscheiden sich zwar noch von denen Longuelunes, lassen aber höchstens anhand individueller Stilmerkmale erkennen, ob der Zeichner für Pöppelmann oder Knöffel gearbeitet hat.

Die Chinoiserien, die sich beim Holländischen Palais auf die Innendekoration beschränkten, sind am Japanischen Palais ein bestimmendes Gestaltungsmittel auch des Äußeren, das sich auf reizvolle Weise mit der akademischen Formensprache der Franzosen verbindet. Das Element der Chinoiserie ist unzweifelhaft durch die Dresdner Architekten eingebracht worden. Bei Longuelune und de Bodt fehlt es völlig wie auch in den anfänglichen Entwürfen, bei denen die Eckpavillons noch nicht aus dem Baukörper heraustreten. Ihre Hervorhebung, auf die der Bauherr Wert gelegt haben dürfte, mußte sich auch in der Dachgestaltung äußern. Ein wohl auf Knöffel zurückgehender Entwurf sah kuppelförmige Dächer vor, die dann in geschwungene Mansarddächer umgewandelt wurden. Aus dem zunächst nur leicht vorgezogenen Mittelrisalit der Platzfront wurde ein Säulenportikus, und damit erscheinen Gestaltungsmotive, die zuvor schon – wohl von Pöppelmann – in Pillnitz angewandt worden waren. Auch weitere Details wie die «indianischen» Baldachine über den Fenstern der Eckpavil-

167 Jean de Bodt.
Entwurf für das Japanische Palais. Aufriß
der Straßenfront. 1731/32. Beschriftet: «AR».
Rückseitig beschriftet: «Le palais d'hollande.
Holl. Palais Façade. projet du portique du

Palais d'hollande principale.»
Feder in Schwarz, Pinsel in Grauviolett und
Blaßblau. 50,2×129,3 cm. Dresden,
Staatsarchiv, OHMA Cap. II. Nr. 16, Bl. 9.

168 *Entwurf für das Japanische Palais. Schnitt*
durch die Seitenflügel und den Hof gegen den
Elbflügel. Wohl 1731. Feder, Pinsel, graue und
farbige Tusche. 56,1×172,9 cm. Dresden,
Staatsarchiv, OHMA Cap. II, Nr. 11.

169 *Dekorationsentwurf für das Dach des Japanischen Palais. Wohl 1731.* Feder, Pinsel in Schwarz, Grau, Blau, Gelb, Sepia und Deckweiß. 30,2×129,9 cm. Dresden, Institut für Denkmalpflege, M 16. VII. Bl. 11.

170 *Entwurf für eine Wanddekoration im Japanischen Palais. 1731.* Beschriftet: «No. 10. X. Krack-Porcelain.» Feder, Pinsel in Rot, Braunviolett und Gelb. 45,9×68,4 cm. Dresden, Staatsarchiv, OHMA Cap. II, Nr. 15²⁶ᵏ.

lons und die Vertikalgliederung mit eingetieften Spiegeln, die an den Rücklagen an die Stelle der Lisenen tritt, stimmen mit der Gestaltungsweise Pöppelmanns überein. Die Hoffassaden zeigen in diesem Entwurfsstadium die etwas tektonischere Auffassung Knöffels mit Lisenengliederung und einfachen Pfeilerarkaden, die im weiteren durch Chinesenhermen geschmückt werden und damit das Pöppelmannsche Atlantenmotiv vom Wallpavillon des Zwingers übernehmen. Die endgültige Gestalt des Palais wurde gefunden, als auch die Mittelteile der Hauptflügel durch eigene Dächer pavillonartig hervorgehoben wurden. Die anfänglichen Entwürfe, die ihnen ebenfalls einen chinoisierenden Charakter zu geben suchten, wurden zugunsten der majestätisch klaren Kuppelform de Bodts, der «dome à l'imperiale», verworfen. So zeigt sich am Japanischen Palais mit besonderer Deutlichkeit das Zusammenwirken der verschiedenen künstlerischen Kräfte und Auffassungen, das in jenen Jahren für die Bauten Augusts des Starken charakteristisch war. Eine bedeutende Rolle kommt dabei dem König selbst zu. Sein vorgegebenes Projekt und seine ständige Einflußnahme dürften die Anlage als Vierflügelbau mit Eckpavillons und Kuppeln in der Mittelachse bestimmt haben, die deutlich von der Zentralbauidee beeinflußt ist. Auch der Gedanke, dem Bauwerk chinoisierende Züge zu verleihen, dürfte eine Idee des Königs gewesen sein, die von Pöppelmann und Knöffel gestalterisch umgesetzt wurde. Die Entwürfe, die der Ausführung zugrundegelegt wurden, sind im wesentlichen ihnen zuzuschreiben. Die unmittelbare Mitwirkung de Bodts und Longuelunes beschränkte sich auf die stadt- und elbseitigen Mittelpavillons.

Wie schon im Holländischen so sollten auch im Japanischen Palais die Porzellane einen Bestandteil der Innendekoration bilden. Schon in einem sehr frühen Planungsstadium, als noch an eine Erweiterung des Holländischen Palais zu einem Dreiflügelbau gedacht war, wurde die Sammlung nach Art und Herkunft der Porzellane auf die einzelnen Räume verteilt.[24] Zur Vervollständigung der Dekoration war die Herstellung weiterer Gegenstände vorgesehen, wie überhaupt die Ausstattung des Palais das technische und künstlerische Leistungsvermögen der eigenen Manufaktur unter Beweis stellen sollte. So war die Aufstellung der Porzellane im Sinne einer Steigerung geplant: Während die Räume des Erdgeschosses mit den ostasiatischen Porzellanen ausgeschmückt werden sollten, war das Hauptgeschoß den sächsischen Erzeugnissen vorbehalten.[25]

Für die dekorative Eingliederung der Porzellane in die Raumgestaltung gibt es detaillierte Entwurfszeichnungen.[26] Eine erste Plangruppe ist 1731/32, noch unter August dem Starken und wohl unter Aufsicht der für die Gesamtplanung verantwortlichen Architekten entstanden, wobei in erster Linie an Pöppelmann und Knöffel zu denken ist. Das Porzellan wird hier als ein Gestaltungsmittel verwendet, das innerhalb der Wanddekoration die ornamentalen Akzente setzt. Eine zweite Plangruppe wurde 1735 von Longuelune geschaffen. Er ordnet das Porzellan gleichmäßig flächenfüllend in die streng architektonische Wandgliederung ein, und er ergänzt seine Zeichnungen mit der ausführlichen Erläuterung des ikonographischen Programmes, das seinen Entwürfen zugrundeliegt.

Die Dekorationsentwürfe Longuelunes zeigen, daß auch nach dem Tode Augusts des Starken noch daran gedacht war, seine Planungen auszuführen. Aber da die Sammelleidenschaft seines Sohnes mehr auf Gemälde als auf Porzellan gerichtet war, fehlte der entscheidende Antrieb. Die Arbeiten am Palais wurden zwar noch bis zum Ende der dreißiger Jahre weitergeführt, aber neben dem schwindenden Interesse dürften die dann einsetzenden Schlesischen Kriege vollends verhindert haben, daß die Porzellanausstattung zustandekam. Damit war eines der außergewöhnlichsten Projekte Augusts des Starken unvollendet geblieben. In welch glanzvoller Weise hier Erzeugnisse des Kunsthandwerks in einer künstlerischen Einheit mit der sie beherbergenden Architektur vorgeführt werden sollten, davon kann die Einrichtung des Grünen Gewölbes eine ungefähre Vorstellung vermitteln. August der Starke hatte sich jedoch nicht mit der Ausstattung einiger Räume als Porzellankabinette oder -galerien, wie es sie auch anderswo gab, begnügen wollen, sondern er hatte etwas in Europa Einzigartiges geplant, ein ausschließlich dem Porzellan gewidmetes und in seiner gesamten Gestaltung darauf bezogenes Schloß. Aber auch das allein zustandegekommene, ganz und gar zur Schaustellung des Porzellans vorgesehene Bauwerk, monumental in der Anlage und im Aufbau, und in seiner Erscheinung doch eingestimmt auf die Kleinteiligkeit und Zierlichkeit der Gegenstände, mit denen es ausgeschmückt werden sollte, eingestimmt auf den durch sie heraufbeschworenen reizvollen Zauber einer fernen exotischen Welt – ein solches Bauwerk bleibt außergewöhnlich genug, und es gibt im europäischen Barock kein zweites mit einem vergleichbaren künstlerischen Anspruch.

171 *Elbansicht des Schlosses Pillnitz. 1721.* Beschriftet: «PILLNITZ. Das Koenigl. Schloß an der Elbe. del.: ao 1721.» Foto nach verschollener Pinselzeichnung.

HEINRICH MAGIRIUS

Schloß Pillnitz

Das alte Schloß Pillnitz, eine unregelmäßige Baugruppe des 16. und 17. Jahrhunderts, erhob sich etwa dort, wo heute der Nordflügel des «Neuen Palais» steht. Südlich davon – zur Elbe zu – ließ Christoph von Loß 1594/96 eine Schloßkirche errichten. Unmittelbar an der Elbe soll sich auf dem heute noch vorhandenen kellerartigen Unterbau, dem «Löwenkopf», ein Lusthaus befunden haben. Westlich von Schloß und Kirche erstreckte sich ein schon im frühen 17. Jahrhundert berühmter Lustgarten. Ein dreigeschossiges Garten-Lusthaus aus dieser Zeit hat sich im östlichen Seitenflügel des Wasserpalais erhalten; es wurde 1983 bei der Restaurierung der Fassade entdeckt. Die schöne landschaftliche Lage des Schlosses Pillnitz zwischen Elbestrom und Berghängen reizte offenbar auch die späteren Besitzer zur weiteren Ausgestaltung des Gartens. So soll die Gräfin Cosel, die Pillnitz von August dem Starken als Geschenk erhalten hatte, um 1712 die Charmillen, die Heckenquartiere, stromabwärts vom «Lustgarten» angelegt haben. Vielleicht geht auf sie auch ein nur in Zeichnungen überlieferter Saalbau zurück, der sich wahrscheinlich an der Stelle des Mittelpavillons des Wasserpalais befunden hat.

1988 vorgenommenen archäologischen Untersuchungen zufolge kann es als erwiesen gelten, daß die Dreiergruppierung der Pavillons des Wasserpalais bereits Vorgänger, wahrscheinlich aus der Zeit der Gräfin Cosel, gehabt hat. Sicher ist, daß sich August der Starke nach der Verhaftung der Gräfin Cosel seit 1720 selbst dem Garten und den Lustgebäuden in Pillnitz zugewendet hat. Die Umgestaltung des teilweise bereits vorhandenen Baues zu einem «indianischen Lustgebäude» lag offenbar in der Hand von Matthäus Daniel Pöppelmann. Im Frühjahr 1721 waren bereits die heutigen Seitenpavillons vorhanden; in ihnen befanden sich Appartements, die anläßlich von Gartenfesten bewohnt wurden. Umgebaut wurde zu dieser Zeit der mittlere Saalbau. Unter der Regie des Grafen Wackerbarth und nach Entwürfen von Pöppelmann entstand damals der Mittelpavillon in seiner endgültigen Form, allerdings noch ohne die erdgeschossigen Verbindungsbauten zu den Seitenpavillons und ohne die Treppenanlagen zur Elbe hin. Hier fand die Chinamode in Deutschland ihren ersten architektonischen Ausdruck. Die Pavillongruppe zeigt Anklänge an den von Stichen her bekannten

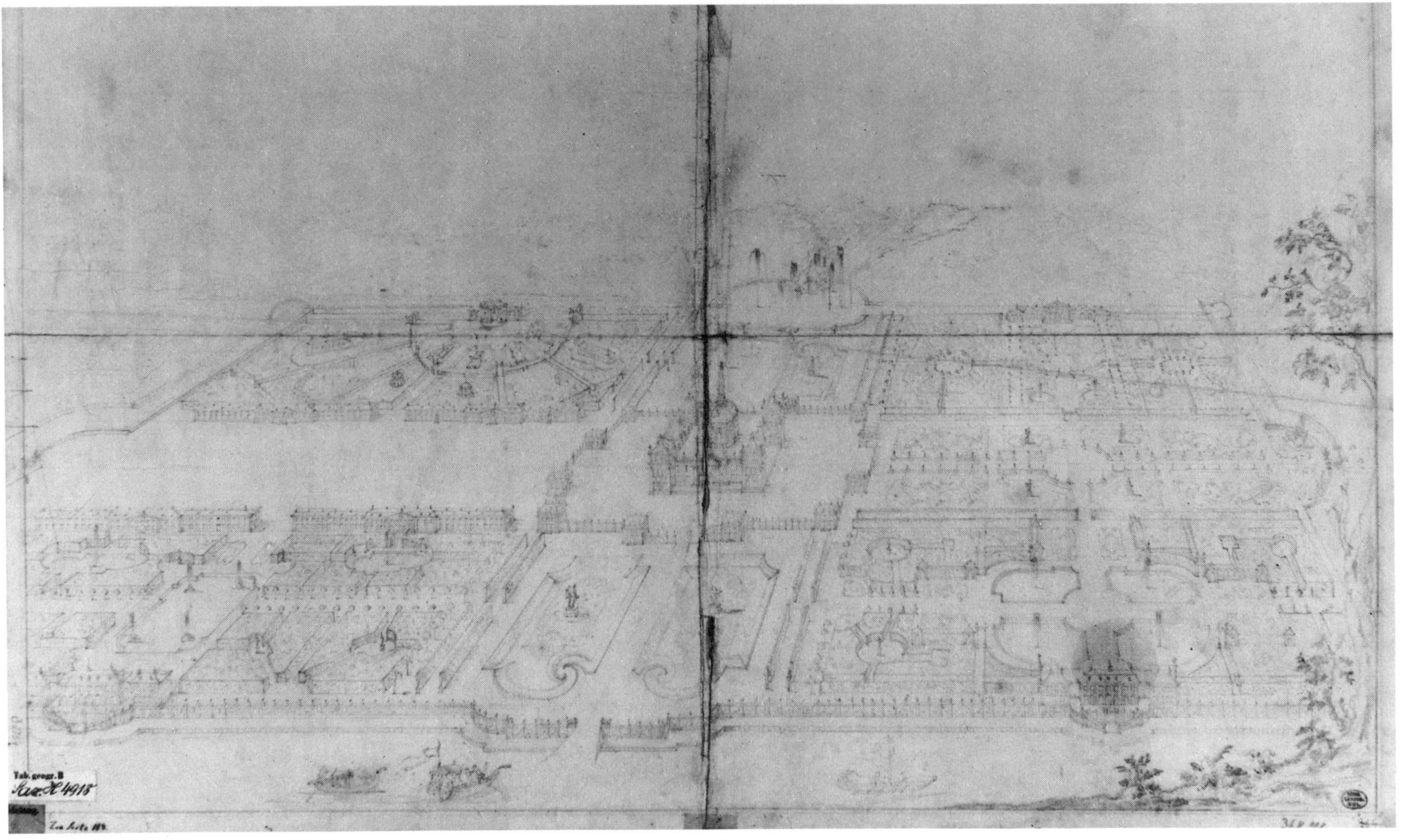

172   Johann Alexander Thiele (?).
Vogelschau zu einer Schloßanlage in Pillnitz.
Wohl 1721. Ausschnitt.

Bleistift. 52,8×77,5 cm.
Dresden, Sächsische Landesbibliothek,
Tab. geogr. II, Sax. H 4918.

Kaiserpalast in Peking. Die farbige Bemalung der Wandflächen im Sinne von weißen Platten mit blauen Figuren erweckte den Eindruck von ostasiatischem Porzellan. Mit weiß-blauen Fliesen sollte auch der Saalbau ausgestaltet werden. Zu dieser Pavillongruppe von 1721, aus der sich später das Wasserpalais entwickelt hat, gehörte eine auf den Berg hin ausgerichtete Gartenachse. August der Starke war schon während des Saalbaues mit dem Ergebnis nicht zufrieden. Mindestens im Frühjahr 1721 – vielleicht aber schon 1720 – trug er sich mit Plänen für ein riesiges zentralbauartiges Schloß, das zunächst elbabwärts neben dem Lustgarten entstehen sollte. Die «große Perspektive» – wohl 1721 gezeichnet – vermittelt einen Eindruck von den zahlreichen und weit ausgreifenden Plänen, die dazu im Oberbauamt entwickelt wurden. Die Planung von Versionen für ein Zentralbau-Schloß lag 1721–22 hauptsächlich in der Hand von Zacharias Longuelune. Währenddessen wurde

aber auch an dem bereits Geschaffenen weitergearbeitet; dabei blieb offenbar Pöppelmann maßgebend. Seinen Plänen entsprechend wurde 1722 die obere Treppenanlage zur Elbe hin errichtet. Durch die erdgeschossigen Verbindungsbauten wurde die Baugruppe des Wasserpalais zu einem Bauorganismus verschmolzen. Spätestens im Jahre 1723 entstanden Pläne, die eine Reduzierung der geplanten neuen Schloßanlage zeigen. das neue Schloß sollte sich nun unmittelbar an den Lustgarten anschließen, zunächst stromabwärts, dann stromaufwärts.

Letztere Position hatte den Vorteil, daß eine geplante Straßenachse von Dresden aus unter Einbeziehung des schon vorhandenen Lustgartens auf das Schloß ausgerichtet werden konnte. Unter diesen Aspekten entstand wohl 1723/24 das Bergpalais als Gegenstück zum Wasserpalais. Gleichzeitig wurde die Allee nach Dresden hin geplant und somit der Lustgarten und die Charmillen völlig neu orientiert. Um den Lustgar-

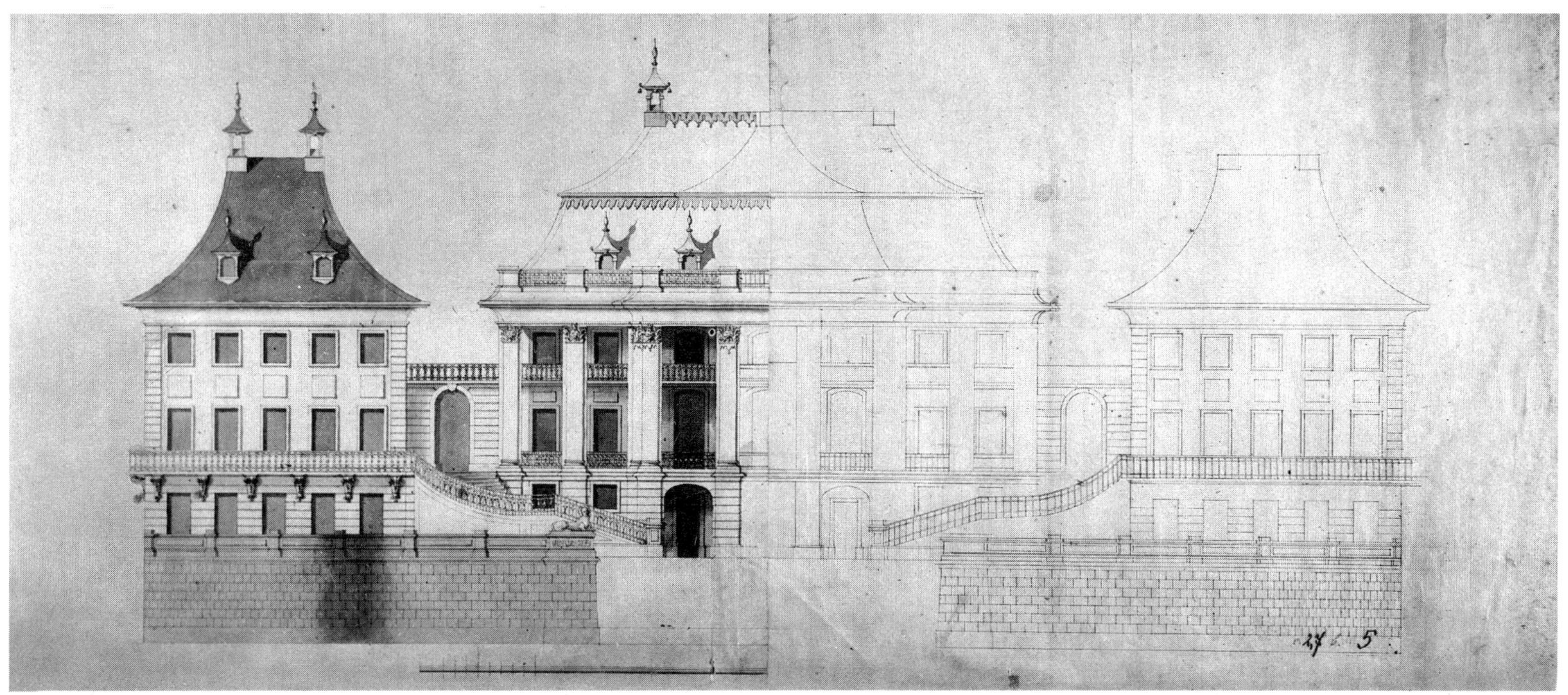

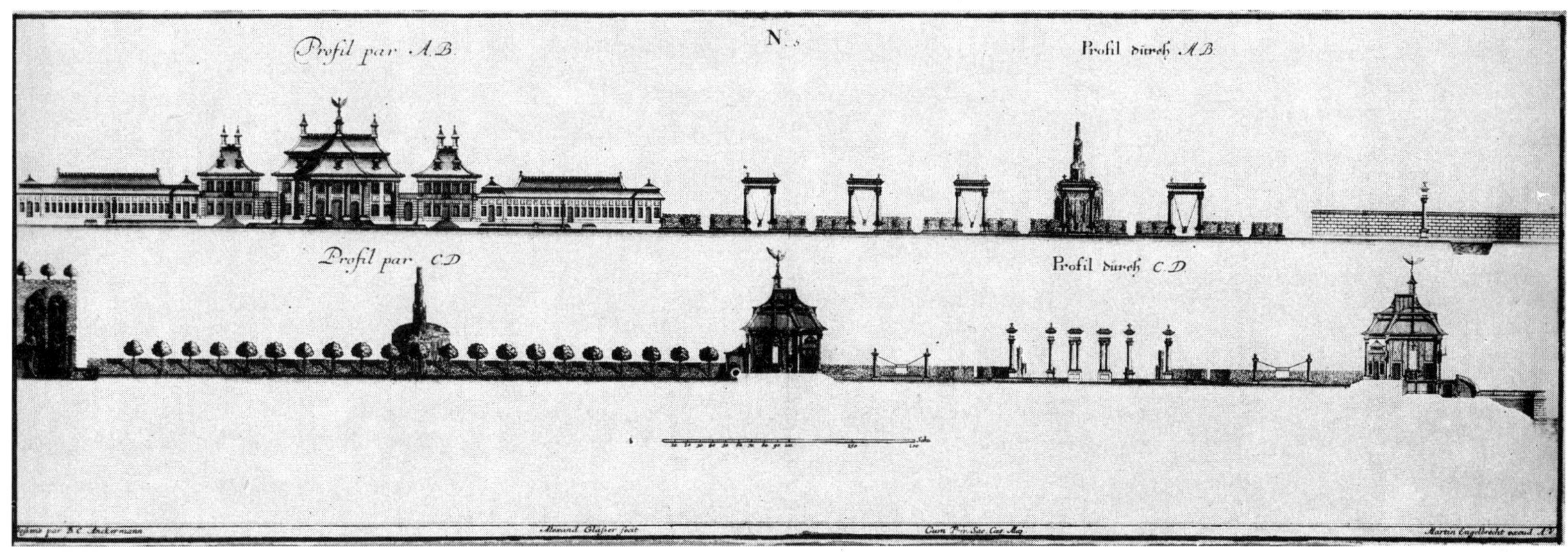

173 *Umbauvorschlag für die Elbfront des Wasserpalais in Pillnitz. Um 1723.*
Feder, teilweise Wasserfarben. 46,1×105,6 cm.
Dresden, Institut für Denkmalpflege, M 27, Bl. 5.

174 Alexander Gläßer.
Profil durch den Lustgarten gegen Süden mit dem Wasserpalais und gegen Osten mit Schnitt durch Berg- und Wasserpalais. Um 1730.
Signiert: «Dessiné par B. C. Anckermann, Alexander Glässer fecit, Cum Priv. Sac. Ceas. Maj. Martin Engelbrecht excudit A. V.»
Beschriftet: «Profil par A B, Profil durch A B / Profil par C D, Profil durch C D.»
Kupferstich. 60,9×21,1 cm.

ten architektonisch fester zu fassen, legte Pöppelmann neben Wasser- und Bergpalais je zwei langgestreckte eingeschossige Flügel an, die als Orangerie und Spielsäle genutzt wurden. In Vorbereitung des geplanten Schloßbaues wurde im Sommer 1723 die alte Schloßkirche abgebrochen. Als Typus für einen Schloßbau eignete sich nun ein Zentralbau nicht mehr. Auf den König selbst geht die Idee eines H-förmigen Schlosses zurück, dessen «Höfe» sich zur Elbe und zum Berge hin öffnen sollten. Wieder wurde Longuelune die Durcharbeitung der Architektur übertragen. Im Januar 1724 verabschiedete der König den Schloßbau in diesem Sinne. Wahrscheinlich war im Jahr 1724 aber noch vieles andere am Park, an Wasser- und Bergpalais zu tun, so daß mit dem Bau nicht begonnen werden konnte. Wahrscheinlich ist in diesem Jahre

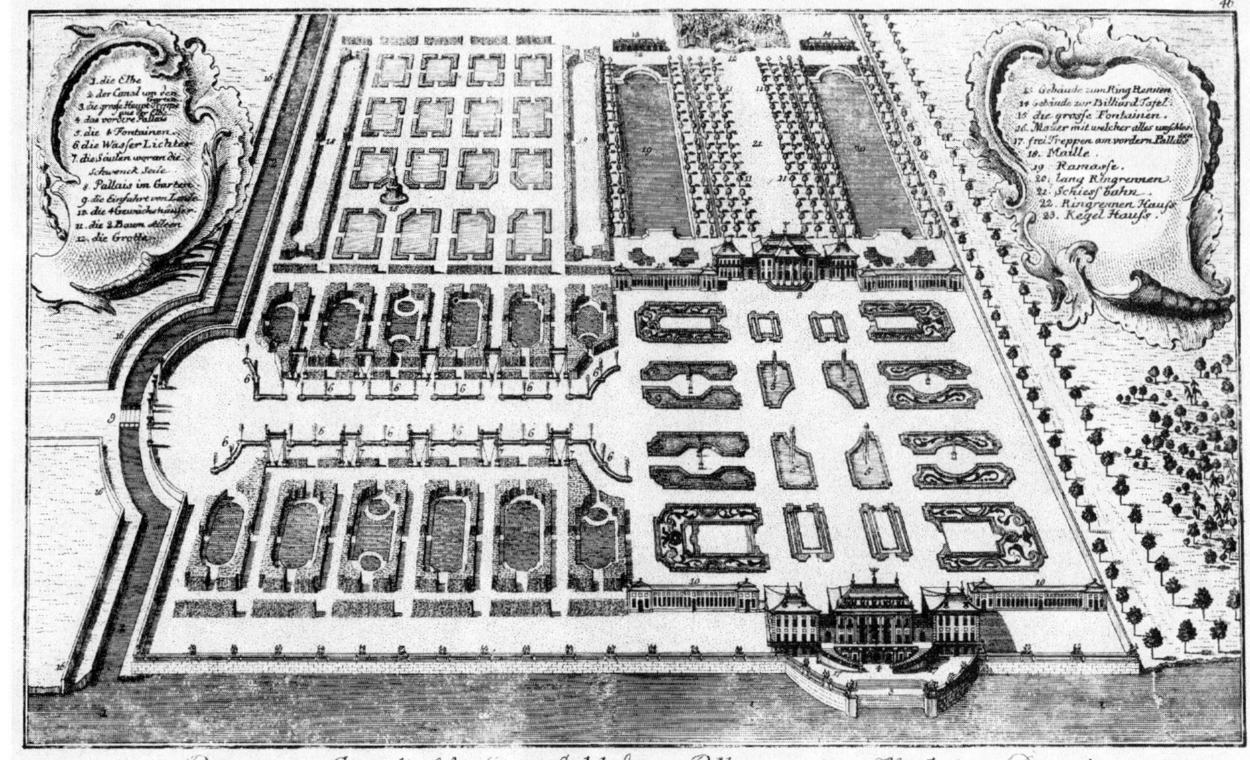

175 *Ansicht von Schloß Pillnitz mit Gartenanlage.* Inschrift: «Prospect des Churfürstl. Lust Schlosses Pillnitz, eine Meile von Dresden». Links und rechts oben Erläuterungen zu einzelnen Bauteilen. Bauzustand zwischen 1725 und 1731. Kupferstich. 27×43,5 cm.

die untere Treppe am Wasserpalais nach den Plänen von Longuelune gebaut worden. Auch an einem provisorischen Redouten- und Ringrennhaus im Park wurde gearbeitet. Da im Juni 1725 in Pillnitz die Hochzeit von Augusta Constantia von Cosel, einer Tochter Augusts des Starken, mit dem Grafen Friedrich von Friesen gefeiert werden sollte, mußte im Bereich des Pillnitzer Lustgartens ein gewisser Bauabschluß erreicht werden. Unter dem Zeitdruck war an einen Abbruch des alten und den Bau eines neuen Schlosses nicht mehr zu denken. Da die Kirche aber bereits verlegt war, man einen Speisesaal benötigte und dem Lustgarten ein architektonisch befriedigenderes Gesicht zu geben wünschte, entschloß man sich – wohl erst im Frühjahr 1725 – zum Bau des sogenannten «Venustempels», einer Pavillongruppe mit achteckigem Mittelsaal und vier damit verbundenen quadratischen Sälen. Die klassizistisch anmutende Architektur dieses Baues geht nicht auf Pöppelmann zurück. Für den Achteckbau diente eine von Longuelune 1719 für den großen Garten entworfene Festarchitektur als nur leicht abgewandelte Grundlage. Longuelune selbst hat die wohl unter Zeitdruck entstandenen Pläne auch nicht entwickelt, vielleicht war Johann Christoph Knöffel der Autor.

Nach 1725 wendete sich das Interesse Augusts des Starken von Pillnitz ab; nur noch hin und wieder wurden hier Feste gefeiert.

Nachdem unter Kurfürst Friedrich August III. Pillnitz zur ständigen Sommerresidenz der Wettiner geworden war und sich bauliche Erweiterungen nötig machten, löste man die Bauaufgabe einer Schloßerweiterung in den achtziger und neunziger Jahren des 18. Jahrhunderts mit größter Behutsamkeit gegenüber den Pöppelmannschen Bauten. Die erdgeschossigen Seitenflügel wurden durch zweigeschossige Trakte mit der charakteristischen geschwungenen Dachform ersetzt und damit der Lustgarten zu einem Schloßhof umgebildet. Als architektonische Beeinträchtigung wirkt dagegen die Überbauung der bis dahin erdgeschossigen Verbindungsbauten zwischen der mittleren Pavillongruppe um 1790. Nach dem Brand des alten Schlosses 1818 errichtete Christian Friedrich Schuricht folgerichtig in der elbparallelen Mittelachse des Lustgartens sein Neues Palais, bei vielen klassizistischen Details doch in formaler Angleichung an die Pöppelmannschen Palais. So fand die zur Zeit Augusts des Starken unvollendet gebliebene Bauidee, in Pillnitz ein Schloß zu bauen, noch mehr als hundert Jahre später ihre Verwirklichung.

176   *Schloß Pillnitz.*
Luftaufnahme. Vor 1945.
(ZLB/L 0356/72)

177 Johann Alexander Thiele.
Elbansicht des Schlosses Pillnitz. 1726.
Signiert und beschriftet: «Vue du Chateau
Royal et des Environs du coté du midi. Prospekt
von dem Königl. Lust Schloß Pillnitz an der
Elbe und umliegenden Gegend wie sich solches
gegen Mittag presentiret. Dedié à Sa Maj. le
Roy de Pologne, et Electeur de Saxe avec
Privilege de Sa Maj. le Roi de Pol. Elect. de
Saxe par Son plus humble plus obeisant et plus
soumis serviteur Alexander Thiele. A. Thile
ad viv. delin. pinx. et sculpsit 1726.»
Radierung. 38,9×57,6 cm.

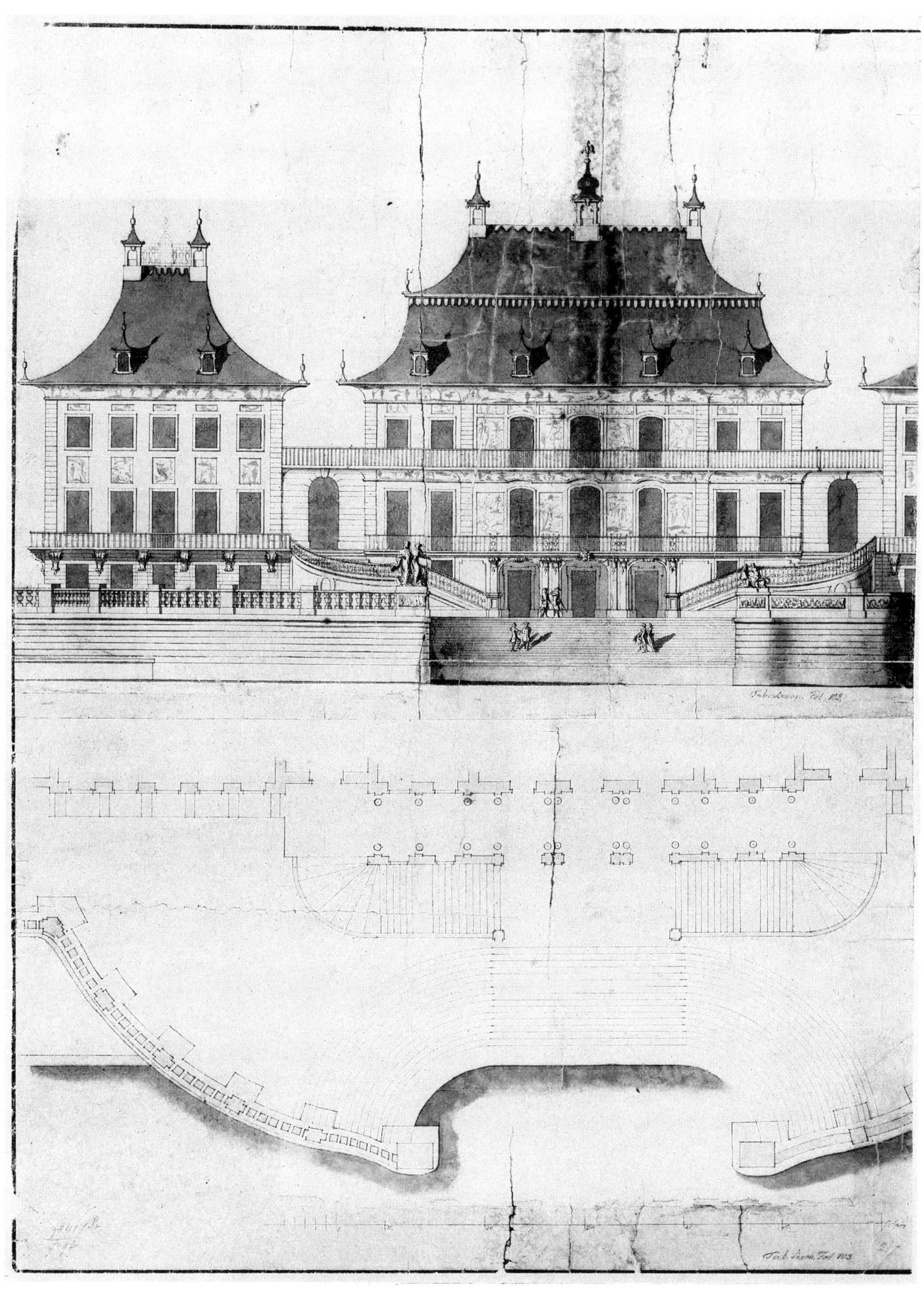

178 Matthäus Daniel Pöppelmann.
Elbansicht des mittleren Pavillons und des westlichen
Seitenpavillons des Wasserpalais Pillnitz, darunter Grundriß
der vorgelagerten Treppenanlagen. *1721 oder 1722.*
Feder, Wasserfarben. 71,4×51 cm.
Dresden, Institut für Denkmalpflege, 342, 1971.

179 a/b *Pokal mit dem Bildnis König Augusts II., genannt August der Starke, und Ansicht von Schloß Pillnitz. Nach 1722.* Farbloses Glas mit Schliff, farbiges Email, Vergoldung, Granate. Höhe 20,6 cm. Emailbildnis wohl von Georg Friedrich Dinglinger. Emailmalerei/Schloßansicht von Johann Heinrich Meyer. Dresden, Museum für Kunsthandwerk, Inv.-Nr. 37 290.

180 *Schloß Moritzburg.*
Luftaufnahme von Südwesten. Vor 1945.
(ZLB/L 0641/71)

181 *Schloß Moritzburg. Blick in den Monströsensaal.*
Gemälde auf Leder mit Szenen aus dem Leben
der Göttin Diana. Neobarocker Deckenstuck.

182 *Schloß Moritzburg. Blick in den Speisesaal.*

183 *Schloß Moritzburg. Blick in die Eingangshalle.*
Mittelhalle. Aufnahme um 1935.

184   Johann Alexander Thiele.
Landschaft mit Schloß Moritzburg. Ausschnitt. 1736.
Öl auf Leinwand. 106×154 cm.
Dresden, Gemäldegalerie Alte Meister.
Inv.-Nr. Mo 2150.

MONIKA SCHLECHTE

Schloß Moritzburg

Der Friedewald, unweit von Dresden gelegen, galt schon seit jeher als eines der bevorzugten Jagdgebiete der Wettiner. Im Jahr 1542 erbaute Kurfürst Moritz nahe dem Orte Eisenberg (heute Moritzburg) am sogenannten Mosebruchteich das Jagdschloß Moritzburg. Der durch H. v. Dehn-Rothfelser errichtete Rechteckbau mit vier Ecktürmen an der Wehrmauer ließ deutlich das französische Vorbild Chambord erkennen. Von den zahlreichen Um- und Anbauten, die folgten, seien nur zwei genannt: W. C. v. Klengel erbaute in den Jahren 1661–1672 an der Westseite der Wehrmauer eine Kapelle, die sich bis in unsere Zeit erhalten hat. J. G. Starcke veränderte mit dem unter Johann Georg IV. durchgeführten Umbau in den Jahren 1691–1693 die Gestalt des Hauptgebäudes beträchtlich.[1] Er trug den Renaissancegiebel ab, erhöhte den Bau und schloß ihn mit einem nach beiden Seiten abgewalmten Satteldach. Trotz dieser Veränderungen konnte das bescheidene Jagdschloß weder in Größe noch in Gestalt den Ansprüchen Augusts des Starken genügen. Bereits 1703 sind erste Planungen zur Umgestaltung des Schlosses im Zusammenhang mit einer tiefgreifenden und großzügigen Verän-

derung in der es umgebenden Landschaft zum barocken Tiergarten nachweisbar. 1718 werden diese Planungen wieder aufgegriffen und in Pöppelmanns Hand gelegt. Zu Beginn des Jahres 1723 erteilt August der Starke Pöppelmann den Befehl zu einem Umbau,[2] der das Schloß völlig verändern sollte – es erhielt seine noch heute unverwechselbare Gestalt. Den Kern des neuen Gebäudes bildete das von Starcke aufgestockte Jagdhaus. Dessen vierachsige Südfront wird durch Pöppelmann dreiachsig mit plastischer Betonung der mittleren Fensterachse umgebaut und erhält durch illusionistische Malerei den Charakter eines Mittelrisalits. Die Fassade war ebenfalls illusionistisch gegliedert. Es entsteht unter Pöppelmanns Leitung bis zum Jahre 1727 ein Schloßbau, dessen vier angebaute Flügel durch «Seitengebäude» mit den aufgestockten Rundtürmen der ehemaligen Wehrmauer verbunden wurden.

Um die «Egalité» zu wahren, versetzte man die beiden hinteren ca. 2 m nach Norden. Als Pendant zur Klengelschen Kapelle wurde der Speisesaaltrakt im Osten geschaffen. Die Monumentalität des sich auf einer Terrasse erhebenden Schlosses wird sowohl

219

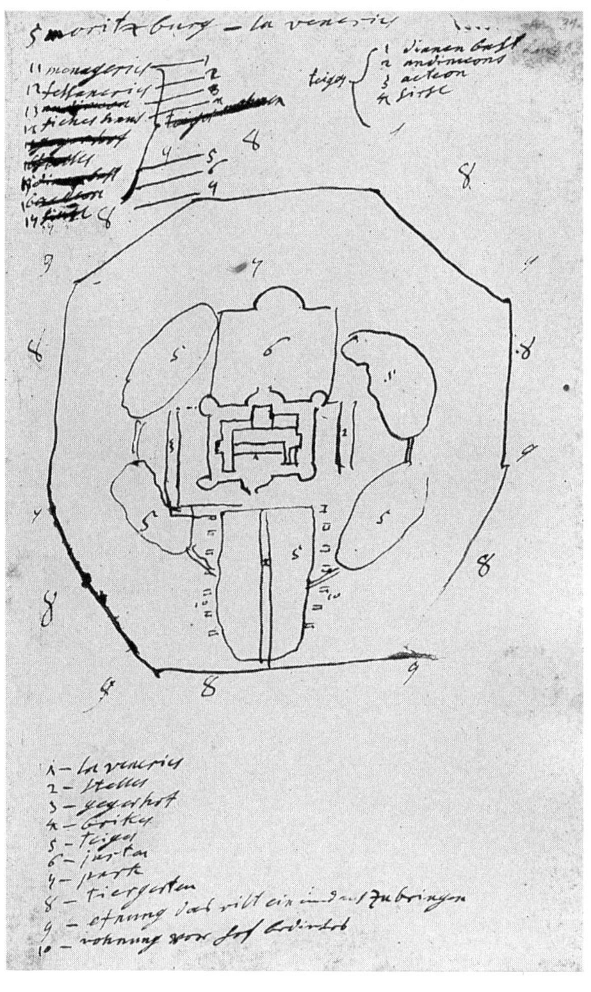

durch den nun eine Insel umschließenden regulierten Teich als auch durch die von Dresden kommende, sich auf dem Damm verjüngende Allee gesteigert, die als Hauptachse, das Schloß durchlaufend, im Norden durch den Garten in die freie Waldung führt. M. D. Pöppelmann war nicht nur wesentlich an den Entwürfen für das Schloß und die gesamte Anlage beteiligt, sondern er stand auch dem Bau mit innerer Verbundenheit vor. Er inspizierte über den Schloßbau hinaus die Arbeiten an der Fasanerie, Menagerie, am Entenfang und am Stall.[3] Er ist zur Stelle, wenn 1732 einige Zimmer für den König neu ausgestattet werden;[4] und als 1733 wegen des Todes Augusts des Starken in Moritzburg die Türen im Schloß versiegelt wurden, blieb eine offen, nämlich die, hinter der sich «seine» Zimmer befanden.[5]

Auch der neue König weiß seine Dienste zu schätzen. Er beauftragt ihn, an dem Inventar des Schlosses mitzuarbeiten.[6] 1734, so wird fälschlicherweise angenommen, legt Pöppelmann «seine Tätigkeit als Oberlandbaumeister nieder»,[7] tatsächlich jedoch bittet der inzwischen 73-jährige, ihn «in Ansehung seines hohen Alters, von der ihm bisher oblegenen Moderation . . . der Anschläge»[8] zu entlasten. Aber er bleibt Oberlandbaumeister, und seine Reisen führen ihn in den Jahren 1734/35 im Auftrage des Königs u. a. nach Elsterwerda, Mühlberg, Torgau, nach Schleinitz, Radewitz und Sedlitz und immer wieder nach Moritzburg.[9] Im Laufe der Bauarbeiten scheint sich ein vertrauliches Verhältnis zwischen ihm und dem Amtmann Tüllmann in Moritzburg entwickelt zu haben, dessen Sohn Pöppelmanns Enkelin heiratete.[10] Er hinterlegte sowohl sein erstes als auch sein zweites Testament beim Moritzburger Amtmann, obwohl für ihn als Dresdner Bürger das Amtsgericht Dresden zuständig gewesen wäre. Welche Bedeutung Moritzburg für Pöppelmann gehabt hat, geht aus einer Notiz in seinem Nachlaßverzeichnis hervor: In einem Zimmer seiner Wohnung hing neben den Bildnissen des Kaisers, Augusts des Starken, dessen Gemahlin, August III. und der Königin ein Gemälde vom «Moritzburger Schloß in vergoldetem Rahmen».[11]

187 Matthäus Daniel Pöppelmann. *Entwurf für die Schloßanlage Moritzburg. Zwischen 1718 und 1723.* Beschriftet: «Grund-Riss von Moritzburger Schloss und anderen Gebäuden mit der Situation nach Ihre Königl. Maj. Dessein . . .». Feder, Pinsel, mehrfarbig getönt. 61,5×90,5 cm. Dresden, Staatsarchiv, OHMA Cap. V, Nr. 30.

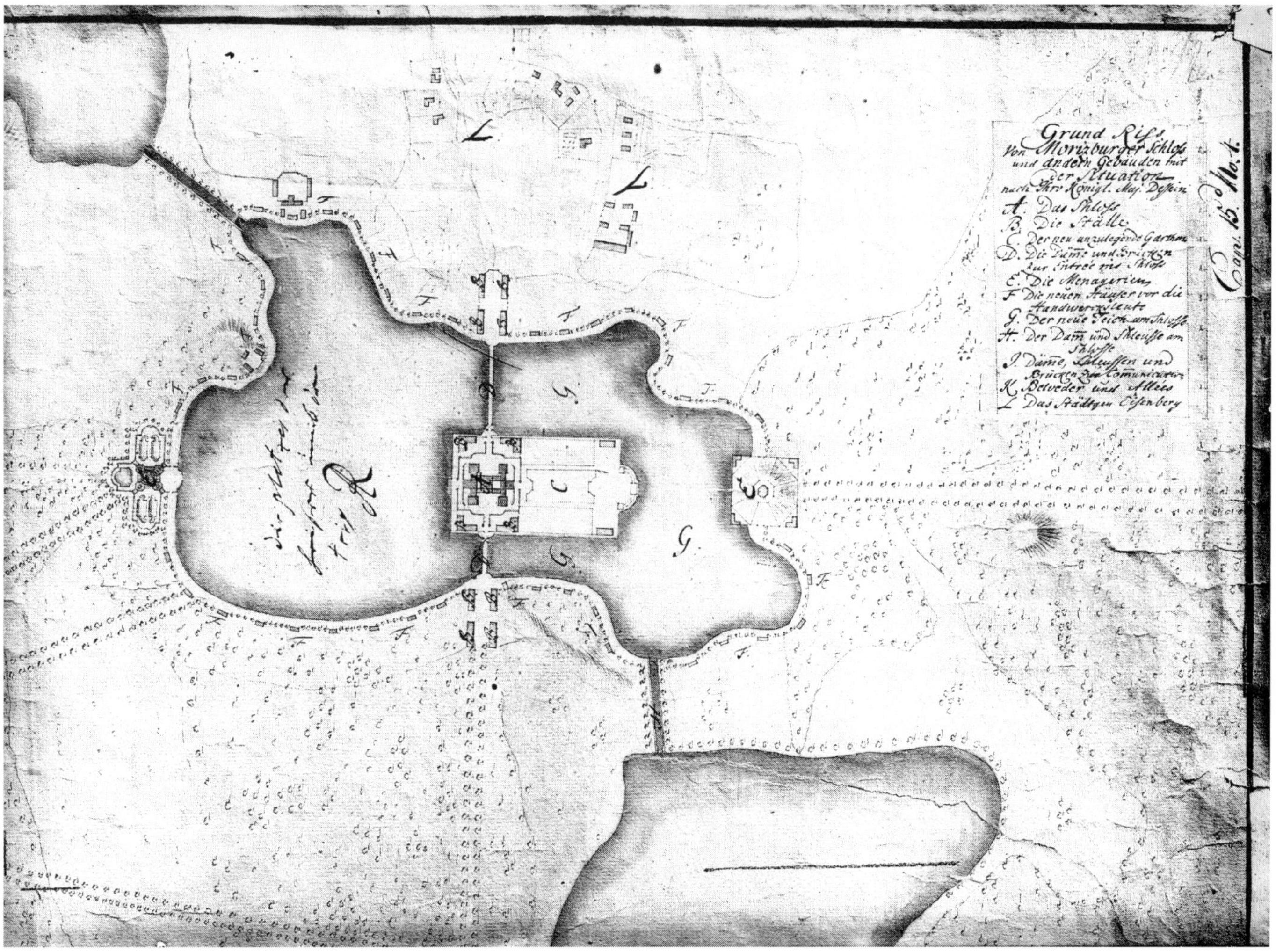

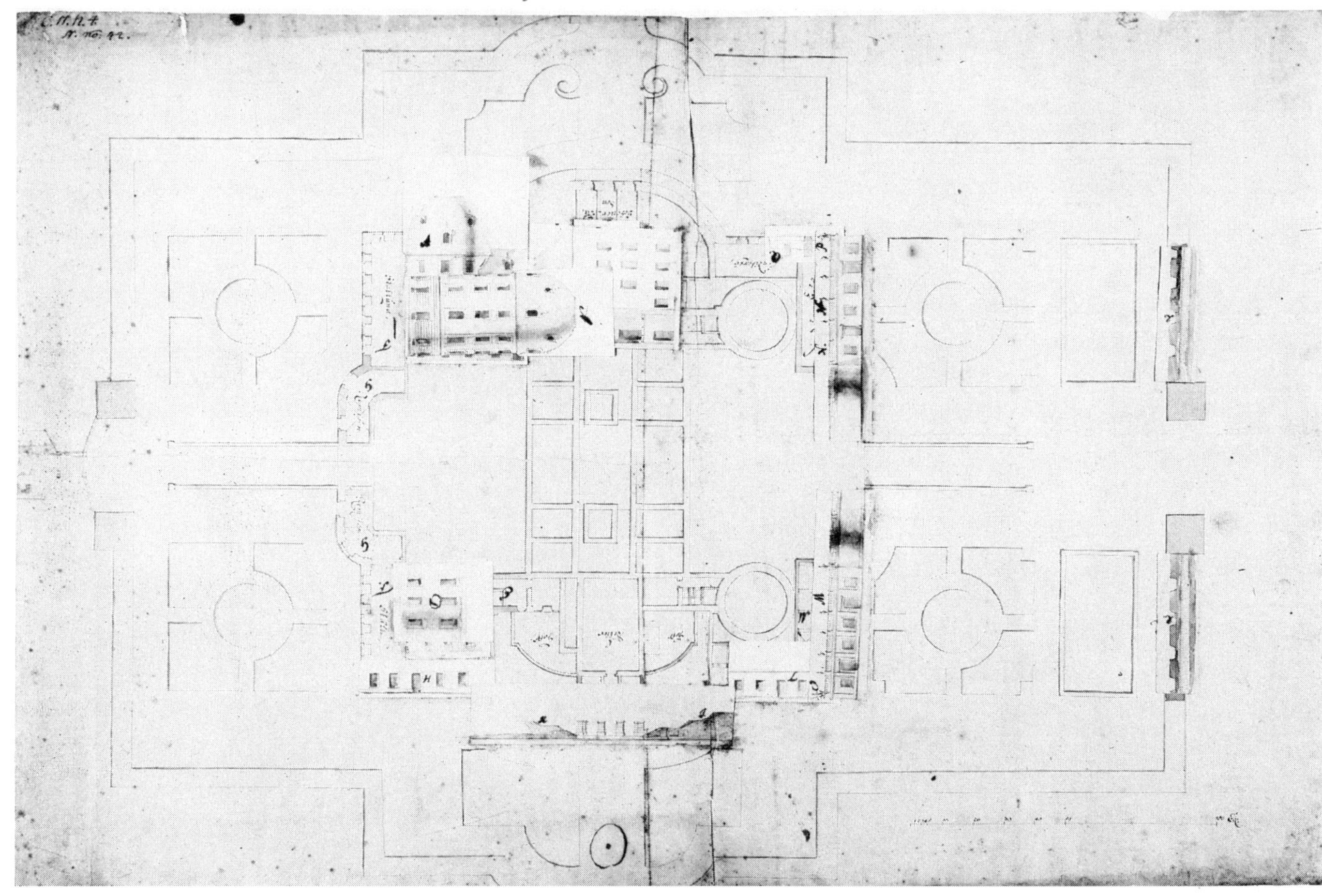

188 *Grundriß von Schloß Moritzburg (mit Deckblättern) und der Schloßinsel 1723/24.* Feder, Pinsel. 86×59 cm. Dresden, Staatsarchiv, OHMA Cap. V, Nr. 14.

189 *Westansicht des Schlosses Moritzburg während des barocken Umbaus. Um 1724.*
Beschriftet: «Façade von der Kirch Seite des Schloßes Moritzburg». Darunter Planetenzeichen für Jupiter. Feder, Wasserfarben. 41,1×43,3 cm. Dresden, Staatsarchiv, OHMA Cap. V, Nr. 22.

190 *Entwurf für die Eingangsseite von Schloß Moritzburg mit Schnitt durch den Speisesaaltrakt. 1723/24.*
Beschriftet: «Façade und Durchschnitt der fordern Seite, von der Haupt Entrée gegen Dreßden, beym Schloß Moritzburg». Feder, Pinsel, rot, grau laviert. 38×58 cm. Dresden, Staatsarchiv, OHMA Cap. V, Nr. 21b.

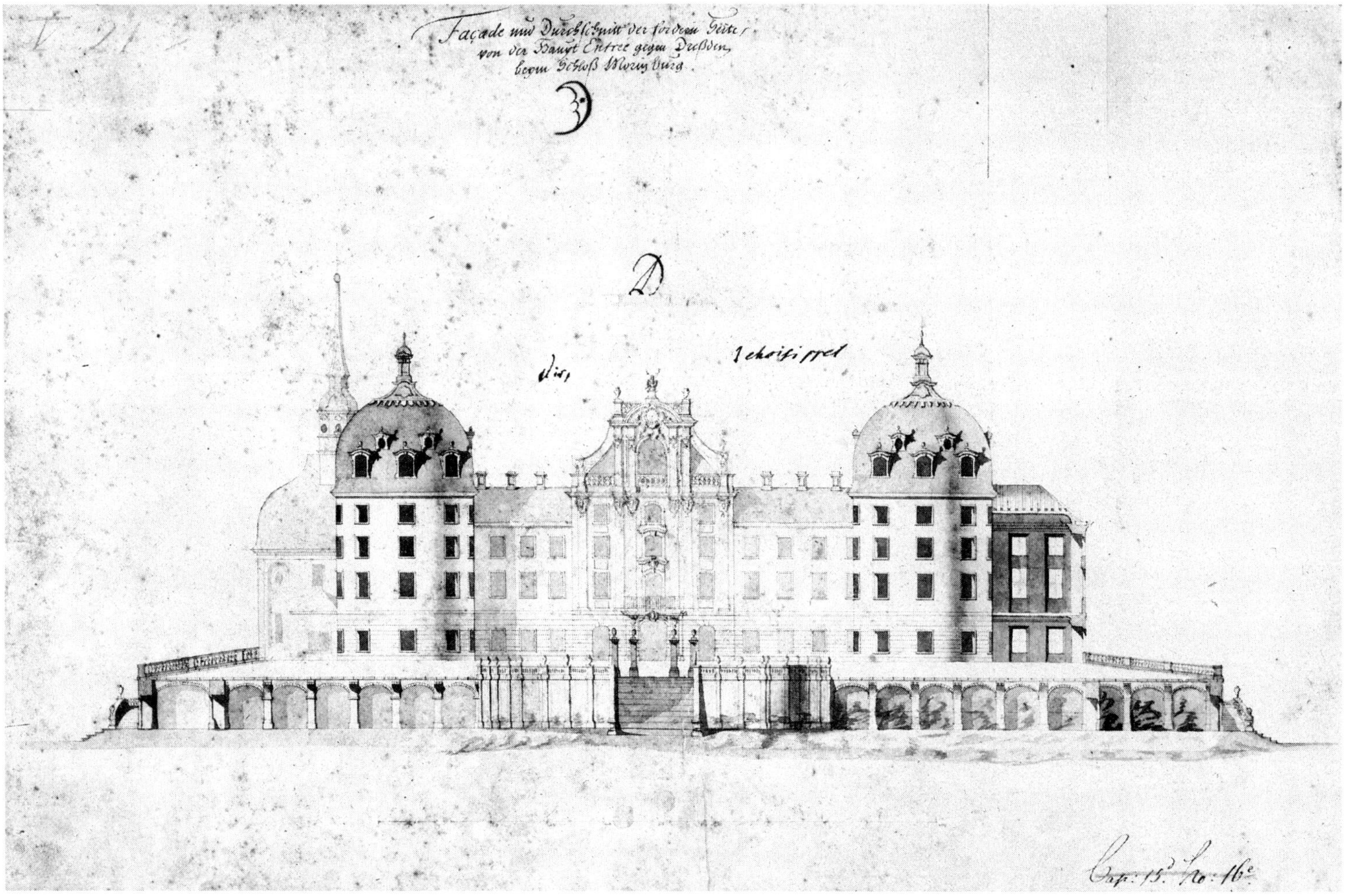

191 *Fassadenentwurf für die Eingangsseite
von Schloß Moritzburg. Um 1725.* Feder, Pinsel.

Ehemals Dresden, Institut für Denkmalpflege,
M 25 A, Bl. 31 (Original verschollen).

192 Johann August Corvinus.
Ansicht von Schloß Moritzburg. 1733.
Signiert: «Johann August Corvinus sculpsit Aug.
Vindel 1733». Beschriftet: «Prospect des

Königl. Pohln. und Chur-fürst. Sächs. schönen
Jagd-Lust Schlosses, vormahls Moritzburg jetzo
Dianenburg genannt.»
Kupferstich. 52×84 cm.

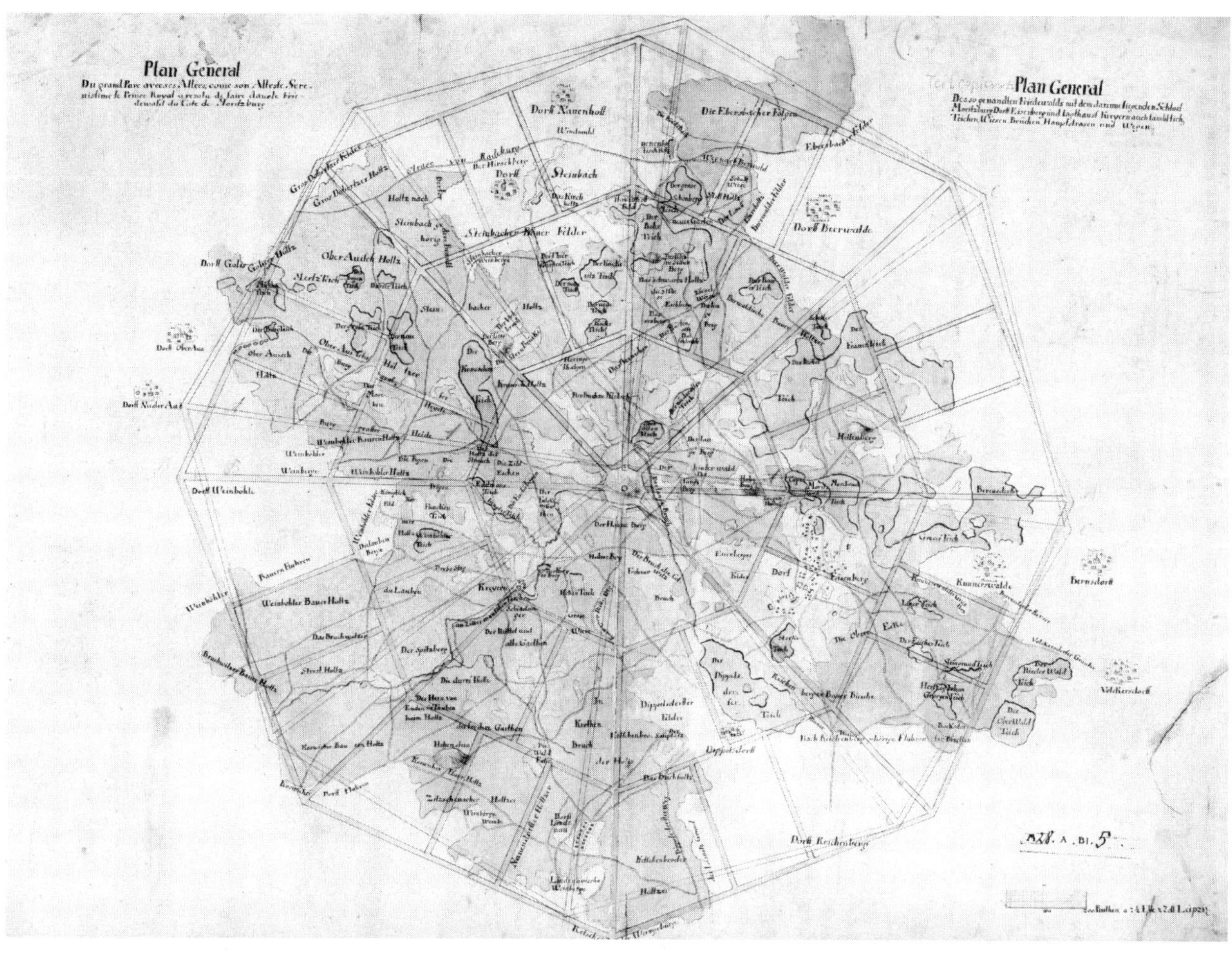

193 Plan des großen Tiergartens im Friedewald. Vor 1723. Beschriftet oben links französisch, oben rechts deutsch: «Plan General Des so genandten Friedewalds mit dem darinne liegenden Schloss Moritzburg Dorff Eisenberg und Jagthauss Kreyern auch sämbtliche Teiche, Wiesen, Brüchen, Hauptstrasen und Wegen». Feder, mehrfarbig getönt. 57×76,5 cm. Dresden, Institut für Denkmalpflege, M 28 A, Bl. 5.

Die Jagd und der Tiergarten Moritzburg

An der Wende vom 17. zum 18. Jahrhundert erfreute sich die aus England und Frankreich kommende Parforce-Jagd zunehmender Beliebtheit. Wie keine der bisher praktizierten Jagdarten war diese geeignet, im Sinne feudal-absolutistischer Repräsentation die Größe des Landesherrn zu unterstreichen. War bei der vorher bevorzugten Hetzjagd die Anzahl des erlegten Wildbrets für den Erfolg entscheidend, so beschränkte sich die Parforce-Jagd auf das Erlegen weniger, zumeist kapitaler und zu diesem Zweck besonders gehegter Stücke. Die Jagd selbst war in entscheidendem Maße geprägt durch das Recht der Jagdausübung, das auf landesherrlichen Wildbahnen und Jagdgerechtigkeit fußte. Die Theorie des Jagdregals hatte dahin geführt, daß der Landesherr sich nicht nur das Recht zu jagen, sondern auch die Ausübung selbst meistenteils vorbehielt. Eines der höchsten Regalien war die Parforce-Jagd auf die Hirsche. Mit der Einführung dieser Jagdart ergaben sich Konsequenzen für die Gestaltung des Jagdterrains. Für Moritzburg finden sich erste Planungen zu einem Tiergarten von größeren Dimensionen bereits unter Johann Georg IV. August der Starke erweiterte das zu gestaltende Gebiet so, daß es tatsächlich über den ganzen Friedewald ausgedehnt wurde. Der Tiergarten hatte die Form eines Oktogons, dessen acht Schneisen in einem Zentrum zusammenliefen. Gleichzeitig mit der Planung des Tiergartens wurde auch die Form des alten Jagdschlosses in Frage gestellt. So sind auch die ersten Umbaupläne bereits im Zusammenhang mit der Unterbringung verschiedener für die Jagd benötigter Bauten, wie Fasanerie, Menagerie, Entenfang und Stall zu sehen. Eine chronologische Aufstellung der verschiedenen Entwürfe macht deutlich, wie stark der Tiergarten die Form der Schloßanlage prägte, das betrifft v. a. die axialen Beziehungen. Erst der Plan Pöppelmanns zeigt mit der Wahl eines zentralbauähnlichen Baukörpers die Lösung von der Ost-West-Achse des Tiergartens zu einer, diese kreuzenden Süd-Nord-Achse der Schloßanlage.

HENNING PRINZ

Das Hauptgebäude des Taschenbergpalais

Das Taschenbergpalais entstand in mehreren zeitlich getrennten Bauabschnitten. Während die beiden Seitenflügel erst in den Jahren nach 1755 errichtet wurden, auch der große Hof erhielt in dieser Zeit seine endgültige Form, geht das den Baukomplex beherrschende Hauptgebäude auf den Anfang des 18. Jahrhunderts zurück. Letzteres, in den Jahren 1705–1708 am Taschenberg erbaut, war der wesentlichste Teil eines Wohnpalais für Anna Constanze von Hoym (1706 Standeserhöhung zur Reichsgräfin von Cosel). Einige Unregelmäßigkeiten der Grundrißbildung weisen eindeutig auf eine Einbeziehung älterer Bausubstanz hin. Es handelt sich dabei um das 1693/94 errichtete und am 15. 6. 1705 in den Besitz der Bauherrin gekommene Haugwitzsche Haus, dessen Grund- und Aufrisse jedoch unbekannt sind.[1] Daß das Palais durch Umbau bzw. Erweiterung dieses Gebäudes entstand, läßt auch die Aussage einer Quelle, «daß das Haugwitzsche Hauß 70 000 Thlr. überm Kaufpretium zu bauen gekostet hat», vermuten. Diese Hypothese wird durch einige andere Tatsachen gestützt. So ordnete schon spätestens Anfang Mai 1706 der Oberlandbaumeister Christoph Beyer an, ein Deckengemälde für ein bestimmtes Zimmer zu fertigen.[2] Eine eindeutige Darstellung der Baugeschichte des Hauptgebäudes ist z. Z. noch nicht möglich. Untersuchungen an der Ruine könnten zur weiteren Klärung beitragen.[3] Neben dem 1706 am Bau beteiligten Oberlandbaumeister Christoph Beyer wird im selben Jahr ebenfalls im organisatorischen Sinne der Oberlandbaumeister Johann Friedrich Karcher erwähnt. Karcher dürfte wesentlichen Anteil an der Gestaltung des Palais genommen haben. Marperger berichtete 1711: «Dem Landbaumeister Karger hat das prächtige Gräffliche Coselische Palatium ihre Kunstreiche Aufführung mit zu dancken».[4] Der erste uns zum Palais überlieferte Riß scheint jedoch von der Hand des «Cammerdessineurs» Augusts des Starken, J. C. Naumann zu sein.[5] Die ursprüngliche Absicht, einen Vierflügelbau zu errichten, kam nicht zur Verwirklichung. Im Jahre 1712 nahm man die Bauarbeiten am Palais wieder auf. Im Zusammenhang dieser, von August dem Starken angeordneten Maßnahmen ist das Wirken M. D. Pöppelmanns am Taschenbergpalais nachweisbar. Es handelte sich dabei wahr-

scheinlich um die Gestaltung von Innenräumen. Diese Quellenaussagen bedeuten keinesfalls, daß Pöppelmann nicht schon früher zu Arbeiten am Palais herangezogen worden sein könnte. Auch die während der Jahre 1705–1712 anzunehmende und teilweise nachweisbare Anteil- und erhebliche Einflußnahme der Gräfin Cosel und Augusts des Starken auf das Projektierungs- und Baugeschehen ist zu beachten. Das Palais, ein entscheidender Schritt in der Entwicklung des Dresdner Wohnpalaisbaues, wies eine großzügige Grundrißstruktur auf. Drei Vestibüle im Erdgeschoß und ein weitläufiges Treppenhaus garantierten die notwendige Kommunikation und Repräsentation. Die prächtig ausgestatteten Räume, darunter ein sich über zwei Etagen erstreckender Saal, ein Goldenes Kabinett und ein Spiegelzimmer bildeten straßenseitig gelegene Enfiladen. Reiche Plastik wiesen besonders die Nord- und die Ostfassade des Palais auf. Die beiden mittelachsigen Portale gehören zu den besten Beispielen Dresdner Portalarchitektur des 18. Jahrhunderts. Östlich des Palais entstand ein Garten mit einem Wasserspiel, sowie ein Gartenhaus.

Zu Ende des Jahres 1713 war die Stellung der Gräfin Cosel am Dresdener Hof erschüttert. Sie mußte das Palais verlassen. Es erhielt 1715/16 eine teilweise Neumöblierung. In der Zeit nach 1712 entstanden auch im Zusammenhang mit den Zwinger- und Schloßprojekten verschiedene Erweiterungspläne zum Taschenbergpalais. So u. a. ein Projekt, bei dem das bestehende Hauptgebäude mit einem Ballsaal, einem Redoutensaal und einem Theater einen repräsentativen Gebäudekomplex bilden. Noch Anfang 1718 untersuchten Pöppelmann und Mauro auf Befehl Augusts des Starken die Variante, das geplante Opernhaus an der Kleinen Brüdergasse am Palais zu errichten. Alle diese Vorstellungen kamen nicht zur Ausführung. Im Sommer 1718 beschloß August der Starke, das Taschenbergpalais für das Kurprinzenpaar (Hochzeit 1719) einrichten zu lassen. Die notwendigen Baumaßnahmen erfolgten im wesentlichen 1718/19. Bei diesen Um-, Erweiterungs- und Einrichtungsarbeiten dürfte M. D. Pöppelmann zusammen mit Raymond Le Plat eine leitende Funktion ausgeübt haben. Zudem ist die Mit- und Zuarbeit anderer Baubeamter als eine selbstverständliche Tatsache anzu-

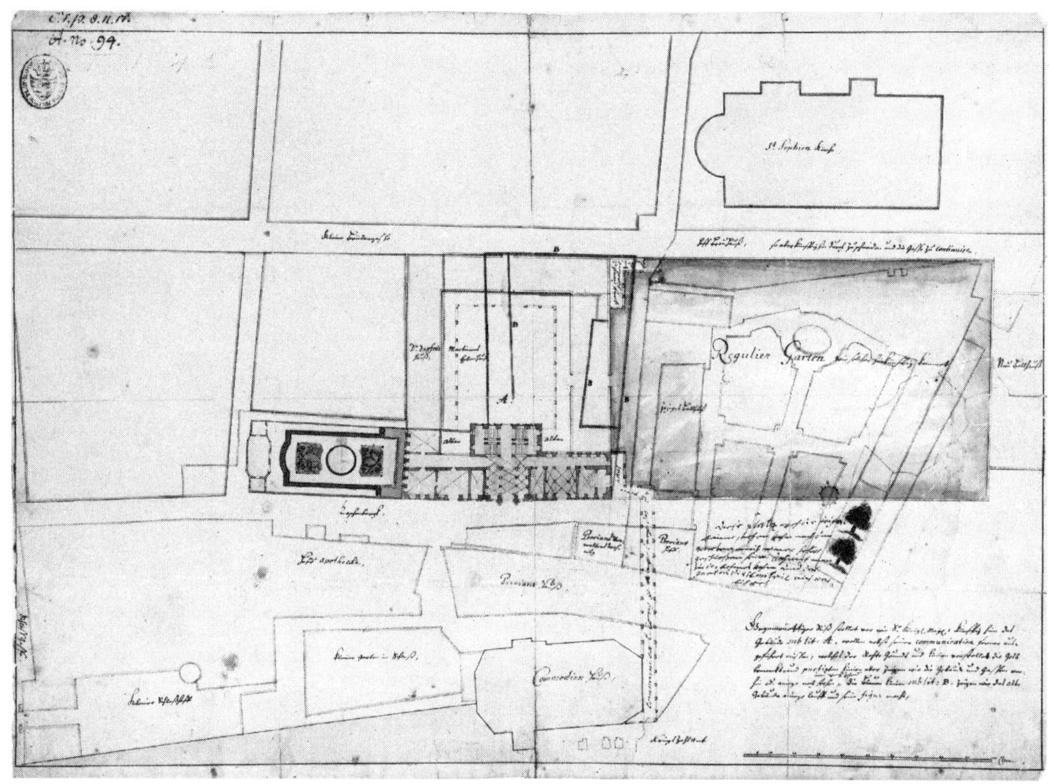

194 Johann Christoph Naumann (?).
Plan zum Palais am Taschenberg. 1705.
Beschriftet: «Gegenwärttiger Riß stellet vor
wie Sr. Königl May: künfftig hin das Gebäude
sub lit: A. wollen nebst seiner communication
ferner ausgeführet wissen, welches der Rothe
Grundt und Linien vorstellet die Gelb bemerckt
– und punctirten Linien aber zeigen wie die
Gebäude und Gassen vorhin od. aniezo noch
stehen – » (hier Ergänzung von der Hand
Augusts des Starken «und wek kohme») «die
Blauen Linien sub lit: B. zeigen wie das alte
Gebäude aniezo laufft und seine Figur macht.»
Außerdem mit verschiedenen eigenhändigen
Anmerkungen Augusts des Starken.
Tusche, Tinte, Feder, Wasserfarben, Pinsel.
40,5×54,2 cm. Dresden, Staatsarchiv,
OHMA, Cap. IB, Nr. 11.

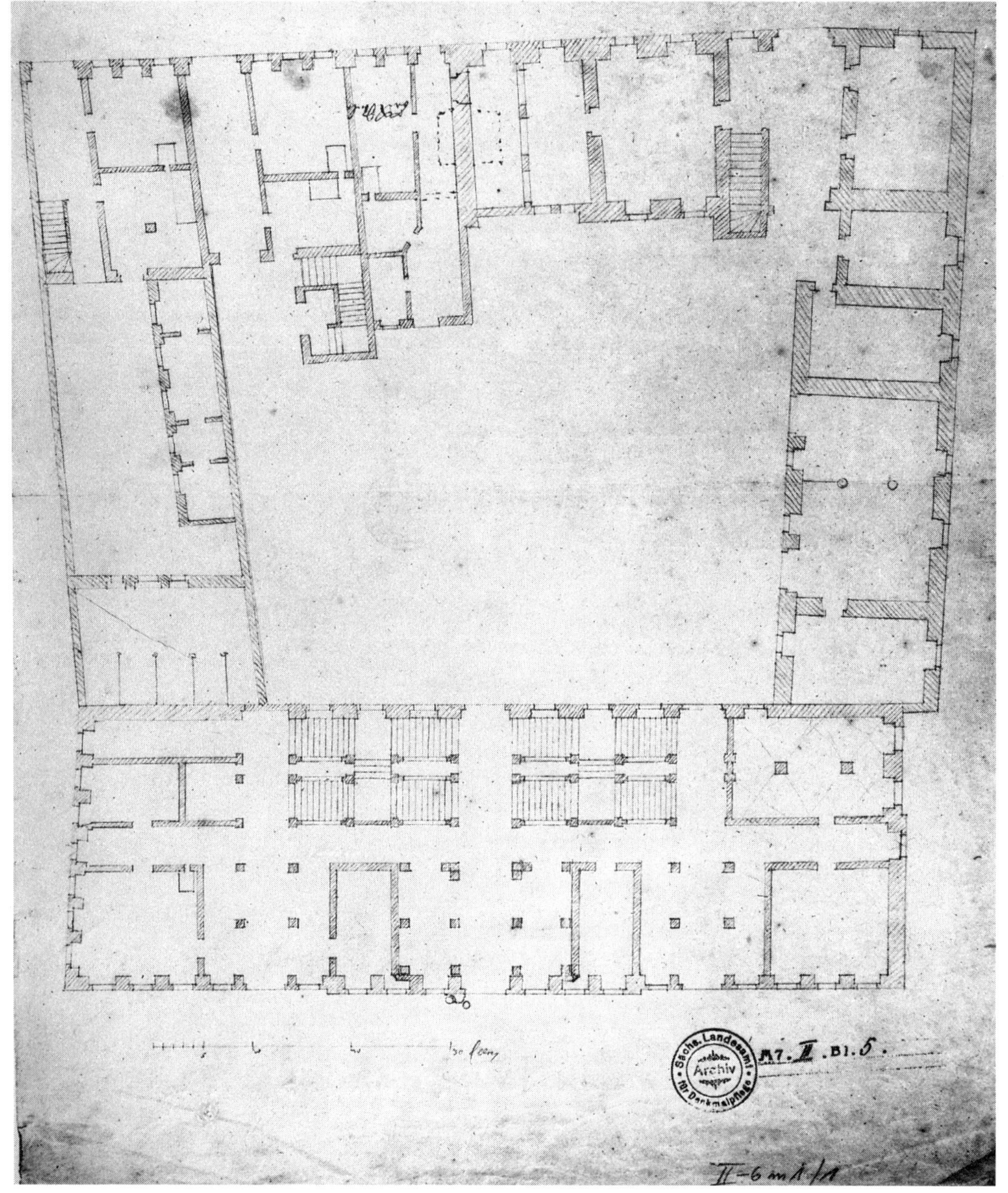

195 *Taschenbergpalais. Grundriß vom Erdgeschoß.
Nach 1706.* Auf der Rückseite beschriftet:
«Printzel. Hauß.» Bleistift, Tinte.
58,9×39,9 cm. Dresden, Institut für Denkmalpflege, M 7, III, Bl. 5.

196 *Taschenbergpalais. Mittelrisalit des Hauptgebäudes.* Aufnahme 1934.

197 Bernardo Bellotto.
Die ehemalige Kreuzkirche zu Dresden.
Ausschnitt: Blick in die Kreuzgasse.
Zwischen 1749 und 1753.

Öl auf Leinwand. 196×186 cm.
Dresden, Gemäldegalerie Alte Meister,
Galerie-Nr. 616.

10.A.Widemann.10.
H.R.Mai.
Heinrich Fleischer, Schneider.
Blättertabak-Handlung
Richard Böhmig.
Gustav Junck, Schneider.
Corset, Wäsche & Weisswaaren Magazin.
Fabrik
Naturalien- & Zoologische Handlung
L.H.Hromada.

199 *Blick auf das Taschenbergpalais vom Schloßturm aus.* Aufnahme 1934.

200 *Taschenbergpalais. Aufriß der Nordfassade
des Hauptgebäudes, Balkongrundrisse und
Erdgeschoßgrundriß des Hauptgebäudes. Nach 1705.*

Feder, Tusche, Pinsel, Wasserfarben, Bleistift.
57,2×52 cm. Dresden, Institut für Denkmalpflege, M 7, II, Bl. 11.

201 *Taschenbergpalais. Erweiterungsprojekt.*
Aufriß der Westfassade. Nach 1712.
Tusche, Feder, Wasserfarben, Pinsel.
43×97 cm. Dresden, Sächsische Landesbibliothek, L. Mscr. Dresd. L 4, Bl. 26.

202 *Taschenbergpalais. Aufriß der Ostfassade*
des Hauptgebäudes. Um 1710. Tusche, Feder,
Pinsel. 43,1×46,6 cm.
Dresden, Sächsische Landesbibliothek,
L. Msc. Dresd. L 4, Bl. 27.

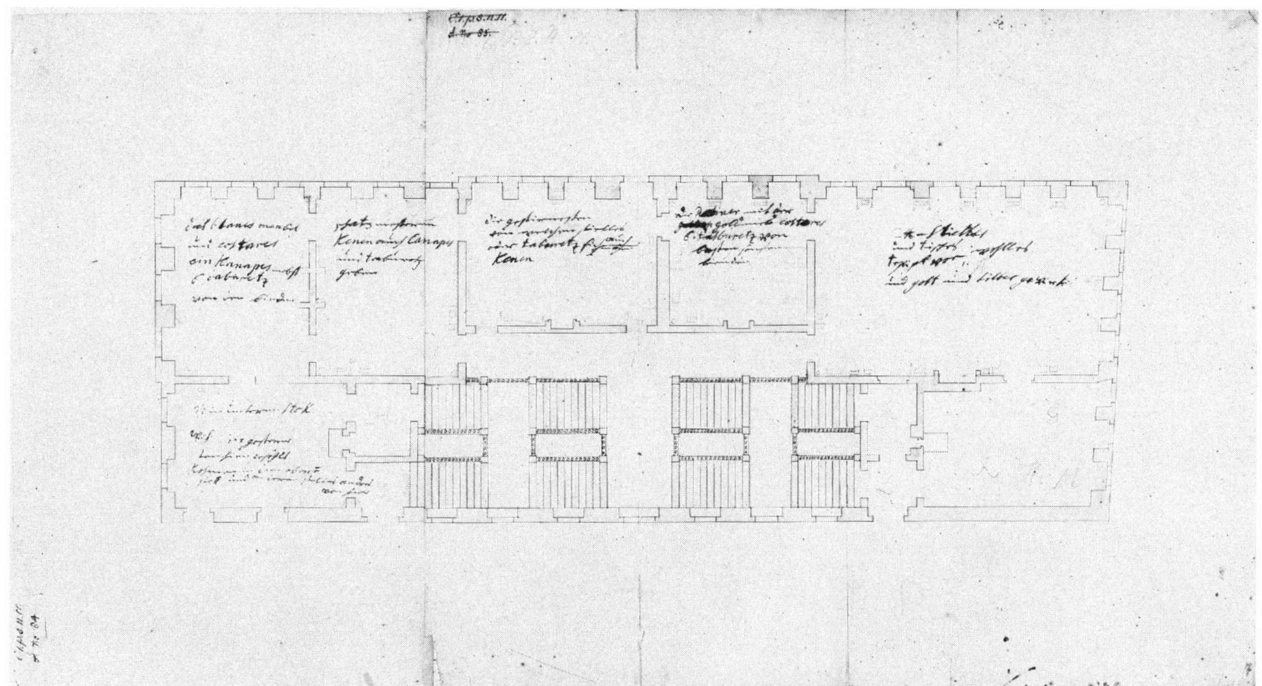

203 *Taschenbergpalais. Grundriß des ersten Obergeschosses des Hauptgebäudes. Um 1714/1717. Tusche, Tinte, Feder, Wasserfarben, Pinsel, Bleistift. 47,5×88 cm. Dresden, Staatsarchiv, OHMA Cap. I B, Nr. 4.*

nehmen. Sie entsprach der Arbeitsorganisation im Oberbauamt. Eindeutig beweisen die Quellen jedoch die intensive Einfluß- und Anteilnahme Augusts des Starken an Projektierung und Baudurchführung. Die Einrichtung des Palais am Taschenberg für das Kurprinzenpaar betrachtete der Kurfürst-König nicht als endgültige Lösung. Erweiterungsvorstellungen im Sinne der schon in den Planungen um 1713/14 auftretenden Absichten sind auch für die Jahre nach 1719 nachweisbar. Zur Gewinnung von Räumlichkeiten brach man 1743 bedauerlicherweise die östliche Hälfte der Treppenanlage des Hauptgebäudes ab und teilte den großen Saal in mehrere Zimmer auf.[6] In den Jahren 1843–1848 wurden die Mansarddächer durch niedrig gehaltene Dächer ersetzt.

Diese und andere Veränderungen beeinträchtigten das ursprüngliche Erscheinungsbild des Palais wesentlich.

HENNING PRINZ

Das Palais Große Schießgasse 10

Das Palais Große Schießgasse 10 entstand zwischen 1712 und 1715 durch Umbau und Erweiterung eines älteren Adelshauses. Dieses hatte der Bauherr, der Hofrichter zu Wittenberg Wolf Ehrich von Bennigsen 1712 von der Familie Vitzthum erworben. In der Kunstgeschichtsschreibung wird M. D. Pöppelmann als Schöpfer des Palais angenommen. Die ausgewerteten Quellen geben jedoch keinerlei Auskunft über die am Bau beteiligten Architekten. Das langgestreckte Grundstück lag unmittelbar am Festungswall und schloß die Moritzstraße städtebaulich nach Osten ab. Eine mit Seiten- und Hintergebäude versehene Anlage war daher nicht möglich. Nach Norden zu stand das Palais in unmittelbarem Baublock mit Bürgerhäusern. Südlich des Gebäudes befand sich ein Vorhofplatz. Da ein hier beabsichtigter Erweiterungsbau unterblieb, bildete bis zum Abbruch des Gebäudes ein einfacher Brandgiebel die Südfassade. Die zwanzigachsige Straßenfassade des fünfgeschossigen Gebäudes besaß einen sechsachsigen Mittelrisalit und zwei dreiachsige Seitenrisalite zwischen vier Rücklagen zu je zwei Achsen. Ein Gesims trennte das Erdgeschoß von den Obergeschossen. Durch das über dem dritten Obergeschoß befindliche Hauptgesims erhielt

204 *Palais Große Schießgasse 10 in Dresden.*
Aufriß der Straßenfassade. Gezeichnet um 1745.
Beschriftet: «Brühlsches Palais a. d. Schießgasse!» Tusche, Feder, Pinsel, Wasserfarben.
53,6×73,7 cm. Dresden, Institut für Denkmalpflege, M 14, I b, Bl. 1.

das wesentlich niedrigere vierte Obergeschoß den
scheinbaren Charakter eines Dachgeschosses. Ein mit
Schleppgaupen und neun Schornsteinköpfen versehenes Mansarddach schloß den Bau nach oben ab. Reiche hochwertige Stuckarbeiten im Bereich der Obergeschosse betonten die Risalite. Im Mittelrisalit
faßten die phantasievollen Ornamente jeweils zwei
Achsen zusammen. Für das vierte Obergeschoß traf
dies jedoch nicht zu. Hier befanden sich zwischen den
Mittelrisalitfenstern Blumen- und Fruchtgehänge.
Von der symmetrischen Gestaltung der Obergeschoßfassaden wich die der Erdgeschoßfassade ab. So befand sich das große Hauptportal an der rechten Seite
des Mittelrisalites. Diese auffallende Asymmetrie be

ruht auf der Verwendung älterer Bausubstanz bei der
Realisierung funktioneller und repräsentativer Anforderungen. Denn das Hauptportal ist in der Mittelachse der Eingangshalle und des großzügigen Treppenhauses angeordnet, deren Lage höchstwahrscheinlich durch die vorhandene Bausubstanz schon
vorgegeben war. Die Grundriß- und Treppenhausstrukturen standen denen des Taschenbergpalais
(Hauptgebäude) nahe. Wie bei letzterem lag zwischen
Eingangshalle und Treppenhaus ein das Gebäude im
Erdgeschoß längs teilender Gang. Dieser ermöglichte u. a. die notwendige Verbindung zwischen den
Wirtschaftsräumen, dem Pferdestall und dem einzigen Treppenhaus des Palais. Wirtschaftsräume und

Pferdestall, durch eigene Eingänge von außen aus zugänglich, waren ansonsten funktionell vom repräsentativen Zugang getrennt. Auch die Grundrißlösung der Obergeschosse entsprach Repräsentationsanforderungen. Die sechs straßenseitigen Räume, darunter der im Mittelrisalitbereich befindliche Saal, bildeten durchgehend eine Enfilade. Nach dem Wall zu unterbrach das Treppenhaus und das sich unmittelbar daran anschließende Vestibül dieselbe Grundstruktur der Raumanordnung. Zwischen den Raumfluchten bestanden überall Querverbindungen.

Die Besitzer des Palais wechselten öfters. Bennigsen verkaufte 1727 das Grundstück an Johann Friedrich Eosander von Göthe. Von 1728–1730 besaß es der Kabinettsminister Ernst Christoph Graf von Manteuffel. 1746 kam das Palais an den Kurfürsten und König, der es 1747 an den Premierminister Heinrich Graf von Brühl verkaufte. Bewohnt wurde es von dessen Bruder, dem Oberstallmeister Hans Moritz Graf von Brühl. Seit Mai 1748 gehörte das Wallgelände vom Pirnaischen Tor bis Höhe Schreibergasse zum Palais. Unter den späteren Besitzern sind u. a. Carl Heinrich von Heinecken und die Familie Poncet zu erwähnen. Einige Eigentümer vermieteten ganze Etagen als repräsentative Wohnungen. Während der Belagerung Dresdens im Jahre 1760 wurde das Palais durch Artilleriebeschuß beschädigt. 1886 brach man das Palais ab, um die Durchführung der Moritzstraße nach dem Johannisplatz, später Teil der Johann-Georgen-Allee, zu ermöglichen. Schon die zeitgenössische Kritik erkannte, «daß der Abbruch des Hauses für die künstlerische Gestaltung Dresdens einen schweren Verlust bedeutet».[1] Das trifft auch für das Palais als Geschichtsdenkmal zu. Außerdem war mit dieser Maßnahme ein Eingriff in die historisch gewachsene Struktur der Altstadt verbunden.

HENNING PRINZ

Das Palais Vitzthum

Das ab 1719 zwischen Kreuzgasse, Weißer Gasse und Frohngasse entstandene Palais Vitzthum wird auf einem zeitgenössischen Stich als Werk M. D. Pöppelmanns bezeichnet. Jedoch ist bei der Errichtung dieses Palais auch das Wirken George Bährs, George Haases und Johann Christoph Knöffels quellenmäßig belegbar.[1] M. D. Pöppelmann gehörte einer Kommission an, die im Februar 1719 einen Bericht und einen Lageplan über die beim beabsichtigten Palaisbau sich ergebenden neuen Baufluchten vorlegte. Seine Mitarbeit ist somit bei der Klärung städtebaulicher Fragen exakt nachweisbar. Der Bauherr des Palais war der Kabinettsminister und Oberkammerherr Friedrich Graf Vitzthum von Eckstädt.[2] Er beziehungsweise seine Ehefrau erwarben 1718 und 1719 sechs Grundstücke und das Hintergebäude eines siebenten Hauses, auf deren Gelände dann das Palais entstand. Bereits 1721 konnte der Neubau eingeweiht werden. Einen wesentlichen Anteil bei der Baudurchführung hatte auch die Gräfin Vitzthum.[3] Nachdem ihr Ehemann 1726 in einem Duell fiel, verkaufte sie den kostbaren Palast an den Kabinettsminister Johann Jacob Heinrich Graf von Flemming. Dieser besaß das Grundstück bis zu seinem Tode 1728. Von Flemmings Witwe erwarb es 1729 der Kabinettsminister Carl Heinrich Graf von Hoym.[4] Hoym beging 1736 als Gefangener auf dem Königstein Selbstmord. Das Palais wurde zur Rentkammer eingezogen.[5] 1737 schenkte es der Kurfürst und König der Fürstin Friederike Charlotte Lubomirska. Da ab 1739 Graf Rutowsky, ein Sohn Augusts des Starken, das Palais bewohnte (aber nicht besaß!), nannte man es auch Rutowskysches Palais.[6]

Das Palais Vitzthum war einer der stattlichsten und repräsentativsten Adelspaläste Dresdens. Die Geschoßhöhen des zweiflügligen und dreigeschossigen Gebäudes betrugen jeweils 5,65 m. Durch das in der Mittelachse des Kreuzgassenflügels angeordnete Portal betrat man die weiträumige Eingangshalle. Diese war, wie alle Erdgeschoßräume, gewölbt. Links derselben lag das großzügige dreiläufige Haupttreppenhaus, das vom Hof aus durch Vestibüle Tageslicht erhielt. Im Erdgeschoß besaß das Palais einen Gartensaal und ein aus Marmor gefertigtes Bad. Ansonsten hatten hier die umfangreichen Wirtschaftsräume sowie Pferdeställe und Wagenremisen ihren Platz. Das erste Obergeschoß war die Haupt- und Repräsentationsetage des Palais. Die klare und geschickte Grund-

rißlösung ist bemerkenswert. Vom Treppenvestibül aus konnten die beiden hofseitigen Raumfluchten betreten werden. Im Enfiladesystem waren auch die straßenseitigen Räume in beiden Gebäudeflügeln angeordnet. Nur daß hier ein Ecksaal die zwei Raumreihen unmittelbar verband. Mehrere Querverbindungen zwischen hof- und straßenseitigen Enfiladen gestatteten eine umfangreiche und variable Kommunikation. Während die größeren repräsentativen Säle sich im Kreuzgassenflügel befanden, lagen intimere Räume und Nebengelasse im Weiße-Gassen-Flügel. In dessen nördlichem Teil ordnete man eine Nebentreppe und einen Bedienungsgang an. Die Inneneinrichtung war kostbar und von hohem künstlerischem Wert. Heinrich Christoph Fehling wird als Schöpfer der Deckengemälde genannt. Auch entsprechende Stuckarbeiten dürften vorhanden gewesen sein. Für die Repräsentationsräume waren die spiegelverkleideten Wandpfeiler zwischen den Fenstern und die ebenfalls mit Spiegeln versehenen Kamine charakteristisch. Kristallkronleuchter und kostbare Wandleuchter verstärkten den festlichen Eindruck der Säle und Kabinette. Wertvolle Möbel, Gemälde und Tapisserien vervollständigten die Ausstattung. Im Kreuzgassenflügel befand sich hofseitig der sich über zwei Geschosse erstreckende große Saal. Besonders zu erwähnen sind die beiden westlich des großen Treppenhauses nach der Weißen Gasse zu gelegenen kleineren Räume. Der südliche derselben hatte den Charakter eines Porzellan- und Pretiosenkabinettes. Das nördliche Zimmer dürfte eine ähnliche Funktion besessen haben. Auch eine Bibliothek und eine Galerie werden in einer Quelle erwähnt. Den als Garten gestalteten Hof des Palais zierten Fontainen, «Grotten» und eine wertvolle Orangerie. An der nördlichen und östlichen Grundstückseite umfaßten Galerien den Hof, auf denen im Sommerhalbjahr die in Kübeln gepflanzten Orangenbäume standen. 1760 wurde das Gebäude durch Artilleriebeschuß stark beschädigt. In der Nacht vom 21. zum 22. Februar 1786 brach im Palais ein Brand aus. Das Gebäude brannte angeblich 66 Stunden.

Anstelle der Ruine errichtete man vier größere Bürgerhäuser.[7]

REINER GROSS

Feste und Feierlichkeiten am Hofe Augusts des Starken – Widerspiegelung absolutistischer Machtpolitik

Die Regierungszeit Augusts des Starken ist nicht nur durch eine weitausgreifende, europäische Belange berührende Außenpolitik, eine merkantilistische Wirtschaftsweise sowie durch eine Blüte von Kunst und Wissenschaft gekennzeichnet, sondern gleichermaßen auch durch die Veranstaltung großer Feste und Feierlichkeiten am kurfürstlichen Hof in Dresden und am königlichen Hof in Warschau. Davon haben manche Zeitgenossen mit größerer Genauigkeit als von politischen Ereignissen berichtet. Von Ballettaufführungen, italienischer und französischer Komödie, Hofbällen, Festessen und Maskenbällen bis zu ausschweifenden Karnevalsveranstaltungen, sogenannten Großen Wirtschaften, Schlittenfahrten, Jagden, Ringrennen und Schützenfesten reichten die Vergnügungen des Landesherrn und seines Hofes. Daran nahmen neben dem Hofstaat im Grunde die Residenz und das umliegende Land mehr oder minder lebhaften Anteil. Die Stadtbevölkerung ebenso wie die Landbevölkerung waren Mitbeteiligte bei Aufzügen oder Zuschauer, aber auch Hoflieferanten und Lohnarbeiter, die in aufblühenden Manufakturen und handwerklichen Unternehmungen die vielfältigen Aufträge des Hofes für solche Festlichkeiten zu erledigen hatten. Die Feste und Feierlichkeiten wurden teilweise über Monate hinweg gründlich vorbereitet, und zwar unter entscheidender persönlicher Einflußnahme Augusts des Starken. So ist schließlich der bis heute erhalten gebliebene Eindruck entstanden, daß am Dresdner und

Warschauer Hof zur Zeit Augusts des Starken mehr gefeiert als ernsthafte Innen- und Außenpolitik betrieben wurde. Rudolf Kötzschke als einer der besten Kenner sächsischer Landesgeschichte hat dies anläßlich des 200. Todestages dieses Wettiners dahingehend formuliert, daß ein Ziel das Handeln Augusts des Starken bestimmte, «das Streben nach persönlicher Macht und der seines fürstlichen Hauses, und wo nicht wirkliche Macht gewonnen werden konnte, dann wenigstens nach ihrem schimmernden Schein.»

Bei tiefergehender Betrachtung obliegt es aber keinem Zweifel, daß sich auch hinter diesem «schimmernden Schein» ernsthaftes politisches Bemühen verbarg. Höfische Feste und Feierlichkeiten gehörten seit Jahrhunderten zur feudalstaatlichen Repräsentanz, im markmeißnischen Feudalstaat des 13. und 14. Jahrhunderts ebenso wie im albertinischen Kurfürstentum Sachsen in der zweiten Hälfte des 16. und im 17. Jahrhundert. Als beispielsweise Kaiser Matthias gemeinsam mit seinem Bruder Ferdinand, dem späteren Kaiser Ferdinand II., im Jahre 1617 in Dresden weilten, um das protestantische Kursachsen für die kaiserliche Politik weiter zu gewinnen, veranstaltete Johann Georg I. in Dresden und Torgau außerordentliche große Festlichkeiten. Die hierbei getroffenen politischen Absprachen hatten für Beginn und Verlauf des Dreißigjährigen Krieges in seinem ersten Dezennium entscheidende Bedeutung. Weitere ähnlich bedeutsame Besuche fürstlicher Personen, aus deren Anlaß große Hoffestlichkeiten begangen wurden, können angefügt werden, so 1631 in Leipzig beim Fürstentag, 1647 beim Aufenthalt von Kronprinz Christian V. von Dänemark in Dresden, 1652 und 1657 beim Besuch des Kurfürsten von Brandenburg, 1668 anläßlich des Aufenthaltes des Großprinzen von Toscana in Dresden mit einem Dankfest zum Friedensschluß zwischen Spanien und Frankreich oder 1672 und 1678 in Dresden beim Besuch des Prinzen Georg von Dänemark. In der Regierungszeit von Johann Georg III. und Johann Georg IV. verging fast kein Jahr, in dem nicht zu Ehren auswärtiger Potentaten Feste veranstaltet wurden. In den achtziger Jahren des 17. Jahrhunderts standen dabei die Pflege freundnachbarlicher Beziehungen zu Brandenburg, zu den anderen angrenzenden Territorialstaaten wie Anhalt-Zerbst, Anhalt-Dessau und Ansbach-Bayreuth sowie Dänemark im Vordergrund. Dabei wurden dynastische Verbindungen vorbereitet und geschlossen, die aus kursächsischer Sicht die mögliche Vergrößerung des Territoriums auf dem Wege der Erbfolge zum Ziele hatten. An solch lange Traditionen von großen Hoffesten knüpfte der junge Kurfürst Friedrich August I. an und adaptierte gleichzeitig die vielfältigen Anregungen, die er an anderen Residenzen europäischer Staaten vor und nach 1694 sammeln konnte. Die Feste erreichten unter seiner Regierung in Dresden und Warschau einen Höhepunkt höfischer barocker Festkultur und wurden zugleich ein wichtiger Bestandteil augusteischer Regierungspolitik. Das zeigte sich an wichtigen politischen Ereignissen in Kursachsen und in Europa. Dabei ragen die Festlichkeiten der Jahre 1695, 1697 anläßlich der Krönung von Friedrich August zum polnischen König, 1709 bei Anwesenheit von König Friedrich IV. von Dänemark in Dresden, 1719 anläßlich der Vermählung von Kurprinz Friedrich August mit Maria Josepha von Habsburg, der Tochter Kaiser Josephs I., 1727 nach der Genesung von August dem Starken, 1728 anläßlich des Besuchs von König Friedrich Wilhelm I. in Preußen und 1730 mit dem Zeithainer Lager heraus.

Im Juni 1698 weilte Peter I. incognito mit seiner ersten «Großen Gesandschaft» auf der Rückreise von Holland nach Wien erstmals in Dresden und nahm enge politische Kontakte mit dem sächsisch-polnischen Hof auf, die ein Jahr später zum Bündnis zwischen Rußland, Kursachsen/Polen und Dänemark gegen Schweden führten, das den Auftakt zum Nordischen Krieg bildete. In den ersten Jahren des Nordischen Krieges, die für August den Starken mit politi-

schen und militärischen Niederlagen sowie dem zeitweiligen Verlust der polnischen Königskrone verbunden waren, wurden dagegen kaum große Feste oder Karnevalsfeierlichkeiten abgehalten, zumindest verzeichnen die eigentlich vollständig überlieferten Akten des Oberhofmarschallamts für die Jahre von 1702 bis 1704 und von 1706 bis 1708 keinerlei Karnevalsfeierlichkeiten. Auch bei Anwesenheit von König Karl III. von Spanien im Jahre 1703 und von Königin Anna Maria von Portugal im Jahre 1708 in Dresden wurden aufgrund der politischen Situation keine großen Feste gefeiert. So scheint doch das landläufige Bild der Korrektur zu bedürfen, daß sich der Wettiner angesichts seiner Niederlage in kostspielige Hoffeste gestürzt haben soll. Erst als sich die Niederlage von Karl XII. von Schweden in der Ukraine abzeichnete, feierte August gemeinsam mit Friedrich IV. von Dänemark vom 22. Mai bis 2. Juli 1709. Es ist gewiß, daß das Damenfest, das von Pöppelmann ausgestattete Feuerwerk, das Fußturnier, das Karussell der vier Erdteile, der Götteraufzug mit Nachtring- und Quintanrennen, die Bauernwirtschaft mit acht Nationen, das Vogelschießen und das Nachtschießen nur den äußeren Rahmen für die ernsthaften politischen Verhandlungen über das weitere Vorgehen gegen Schweden abgaben. In diese Reihe gehören ebenfalls die Aufenthalte von Zar Peter I. 1711 und 1712 in Dresden und des preußischen Königs 1710 in Leipzig.

Zu einem in der Regierungszeit Augusts des Starken nicht wieder erreichten Höhepunkt barocker höfischer Festlichkeiten wurden die Vermählungsfeierlichkeiten des Jahres 1719. Am Anfang des Jahres 1719 betrauerte man in Dresden den Tod von König Karl XII. von Schweden mit einer offiziellen Kammer-Trauer, obwohl man sicher froh war, einen der hartnäckigsten politischen Gegner verloren zu haben. Wenige Monate später gelang der kursächsischen Außenpolitik der erfolgreiche Abschluß der Verhandlungen mit Österreich über die eheliche Verbindung zwischen den Habsburgern und den albertinischen Wettinern, die am 20. August mit der Vermählung von Kurprinz Friedrich August mit Maria Josepha von Habsburg vollzogen wurde. Das war für August den Starken der weitaus wichtigere Grund für die Festlichkeiten vom 2. bis 26. September, die unter seiner persönlichen Leitung standen. Es war dies nicht nur ein großes höfisches Fest, sondern es war ein politisches Ereignis europäischen Ranges, gelangten doch mit dieser Heirat die Wettiner in den engeren Kreis erblicher Nachfolger auf dem Kaiserthron. Nichts zeigt die Verbindung von außenpolitischem Machtstreben, innenpolitischer Stabilität des absolutistisch regierten sächsischen Feudalstaates und seine wirtschaftliche Stärke so deutlich wie die sieben Planetenlustbarkeiten, die am Abend des 26. September mit dem «Berghäuer Fest» im Plauenschen Grund abgeschlossen wurden. In der chronikalischen Aufzeichnung des Oberhofmarschalls wurde im Bewußtsein dieser Machtdemonstration ausgeführt: «So wurde zu denen ersten sechs Planeten Festins so viel Pomp, Magnificens und was nur zum Splendeur und angenehmen Divertissements dienen kann, angewendet, daß es schiene, faßt ohn möglich zu sein, auf des Saturn als das Siebende und letzte etwas besonders reales und galantes auszufinden. Endlich fiel man auf das Bergwerkswesen, als welches eines der vornehmsten Stükken, so dem Saturno zugeeignet wird. . . . Ob nun wohl dieses Festin in Ordnung der Zahl nach das letzte gewesen, auch in prächtigen Splendeur denen anderen noch vorzuziehen ist, indem es nicht von lauter hohen Personen, die in Gold- und Silberstück, mit fremden Pretiosen und Edelgesteinen bekleidet gewesen, bestanden, so ist doch gewiß, daß es eine besondere Realität gehabt, denn desgleichen niemaln gesehen worden, auch wenige Potentaten in ihren Ländern so vollkommen haben können.» Es waren etwa 1700 Bergbeamte und Freiberger Bergleute, die, alle berg- und hüttenmännischen Arbeiten versinnbildlichend, die erneut gewachsene Wirtschaftskraft des kursächsischen Staates symbolisch darstellten.

Elf Jahre später demonstrierte August der Starke in dem gleichfalls von vielen höfischen Festlichkeiten umrahmten sogenannten Zeithainer Lager die nach 1719 durch eine Heeresreform geschaffene neue kur-

sächsische Armee. In diesem großangelegten militärischen Übungslager wurde vor allem den europäischen Mächten und den Nachbarn, voran Brandenburg-Preußen, die Schlagkraft dieses Machtinstruments vorgeführt. Die Ernsthaftigkeit dieses bis dahin größten Manövers ist ebenso nicht zu bezweifeln wie seine außenpolitische Bedeutung. Dem war sich August der Starke vollauf bewußt, denn er ließ beim Schlußfeuerwerk am 24. Juni 1730 die Worte in Riesenlettern aufleuchten: Sic fulta manebit [sc. pax]! (Auf eine solche Armee gestützt, wird er dauern, der Friede!).

Es versteht sich nahezu von selbst, daß aufgrund der politischen und gesellschaftlichen Bedeutung, die allen solchen Festen und Feierlichkeiten beizumessen waren, eine hohe künstlerische Form angestrebt wurde. Inhalt und Form sollten zu einer Einheit verschmolzen werden. Deshalb wurden für die Ausgestaltung dieser Feste alle verfügbaren Künstler herangezogen, Architekten und Maler ebenso wie Musiker, Sänger, Tänzer, Dichter, Bildhauer, Gold- und Silberschmiede. Pöppelmann entwarf und baute Lusthäuser und Lustschiffe für Feuerwerke 1709 und 1730, die Gebäude und Zelte für das Zeithainer Lager 1730 und natürlich den Zwinger in Dresden als besonderen architektonischen Rahmen für alle Festlichkeiten. Balthasar Permoser und Mauro, Louis de Silvestre, Johann Jakob Irminger, Johann Melchior Dinglinger, Johann Ullrich König, Jean de Bodt, Adam Friedrich Zürner, Johann Alexander Thiele, Benjamin Thomae: Sie und viele andere Künstler trugen mit ihrem Schaffen, ihren Ideen und Werken zu einem erheblichen Teil dazu bei, daß Dresden im ersten Drittel des 18. Jahrhunderts auch durch die Hoffeste eine Residenz europäischen Ranges wurde.

GUDRUN STENKE

Festarchitektur

Die Festarchitektur – Gelegenheitsbauten und Ausstattungen aus kurzlebigen Materialien wie Holz, Stuck, Leinwand, dekoriert mit Farbe und Laubwerk – erreichte mit der Blüte des höfischen Festwesens in den europäischen Fürstenhäusern im 18. Jahrhundert eine neue Bedeutung und glanzvollen Höhepunkt. Besuche fürstlicher Persönlichkeiten, Hochzeiten, Karnevale, Maskenbälle, der Geburtstag des Königs,

Manöver, Jagden, fürstliche Begräbnisse und andere Ereignisse waren Anlaß für die Errichtung verschiedenster Gelegenheitsbauten und Dekorationen. Es entstanden Zuschauertribünen von gewaltigen Dimensionen, Ehrenlogen für den Hof und dessen Gäste, Triumphpforten, Ehrentempel, Schranken und Pylonen als Begrenzung für Aufzüge, Schützenfeste und Ringrennen, Illuminationsgerüste und andere kunstvolle Kulissen als malerischer Hintergrund unterschiedlichster Veranstaltungen. Dabei beeinflußten sich nicht selten die reale Architektur und jene für einen begrenzten Zeitraum und aus einem bestimmten Anlaß gebaute Gelegenheitsarchitektur gegenseitig. Was kurzlebige Festdekoration sein sollte, konnte sich als Aufwertung einer vorhandenen städtebaulichen Situation erweisen und Ausgangspunkt für Pläne zur Nachbildung der Scheinarchitektur in Stein sein.

In der Reihe höfischer Feste und Feierlichkeiten der europäischen Fürstenhäuser waren jene am Hofe Augusts des Starken mit besonders hohem Aufwand inszeniert und hatten einen außerordentlichen Schauwert. Dabei wurde an alte Traditionen angeknüpft und manche Anregung aus anderen europäischen Residenzen aufgegriffen. Aufgabe der Angestellten des Oberbauamtes am Hofe in Dresden war es, mit ihren Entwürfen die Grundlagen für die Gelegenheitsbauten und -dekorationen zu liefern sowie deren Errichtung zu beaufsichtigen. Sie mußten gleichermaßen Baumeister, Theaterdekorateur, geschickter Festarrangeur und Mitwirkender sein. Für die mit den Entwürfen und dem Bau zahlreicher Festdekorationen Beauftragten ergaben sich vielfältige Aufgaben. Einen Eindruck von den im Auftrage Augusts des Starken errichteten Gelegenheitsbauten vermitteln bis in die Gegenwart die zeitgenössischen Darstellungen der verschiedenen Festlichkeiten von George Christian Fritzsche, Johann Samuel Mock, Johann Friedrich Wentzel und Carl Heinrich Jacob Fehling. Nur wenige Architekturzeichnungen von Festbauten sind erhalten geblieben. Matthäus Daniel Pöppelmann dürfte in seiner Funktion als Landbaumeister bzw. Oberlandbaumeister an vielen der Festbauten als Entwerfender, mindestens aber als lenkender Organisator beteiligt gewesen sein.

Einige herausragende Ereignisse während der Regierungszeit Augusts des Starken waren Ausgangspunkt für monatelange Festvorbereitungen und Bauvorhaben:

Festlicher Rahmen für vielfältige Veranstaltungen anläßlich des Besuches Friedrichs IV., König von Dänemark, in Dresden im Jahre 1709 waren unter anderem der Altmarkt und ein hölzernes Amphitheater westlich vom Schloß. Am 6. 6. 1709 fand im Amphitheater ein Damenfest statt, das die Maler Johann Samuel Mock und George Christian Fritzsche in mehreren farbigen Darstellungen festhielten. Ein Deckfarbenblatt des Hoftheatermalers Fritzsche zeigt den Aufzug der Wagen und Reiter in der hölzernen Arena vor dem Hintergrund des Schlosses mit dem von Klengel umgestalteten Schloßturm. Langgestreckte Arkadengalerien mit vier mittleren zweigeschossigen Pavillons umschließen den rechteckigen Festplatz zwischen dem Festungswall an der Elbe, dem Schloß und der Gruppe älterer Festbauten.

Vom Fußturnier auf dem Altmarkt am 10. 6. 1709 und den dafür errichteten Festbauten vermitteln die Darstellungen von Johann Samuel Mock einen anschaulichen Eindruck. Diese sind vor allem wegen der detaillierten Darstellung der den Altmarkt begrenzenden Häuserfluchten von außerordentlichem Wert. Hölzerne Balustraden begrenzen in der Mitte des Altmarktes den Turnierplatz. Offensichtlich als provisorische Aussichtspavillons für die königliche Familie und ihre Gäste sind an der West- und an der Ostseite des Altmarktes zweigeschossige Logenbauten aufgestellt. Motive dieser Festbauten am Altmarkt wurden anläßlich der Hochzeitsfeierlichkeiten im Jahre 1719 erneut aufgegriffen und gestalterisch vervollkommnet.

Bestandteil der Festprogramme am sächsischen Hofe waren auch Feuerwerke. Die dazu aufgebauten prächtigen Illuminationen und Feuerwerkskulissen hatten von allen Festbauten, die aus einem bestimmten Anlaß und für einen begrenzten Zeitraum errichtet wurden, die kürzeste Lebensdauer, da sie meist als Höhepunkt des Festes in Flammen aufgingen. Zu Ehren der Anwesenheit des Königs von Dänemark in Dresden wurde beispielsweise auf der Elbe nahe der Augustusbrücke eine künstliche schwimmende Bastion mit sechseckigem gekröntem Turm errichtet, die Mittelpunkt eines prächtigen Feuerwerks war.

Festbauten entstanden auch zum Geburtstag des Königs. Anläßlich des 49. Geburtstages Augusts des Starken wurde unter der Leitung M. D. Pöppelmanns im sogenannten Birkholtzschen Garten in Dresden ein Ehrentempel gebaut. Ein überliefertes Heft mit dem Titel «TEMPLE D'HONNEUR représenté au GRAND FESTIN donné aupre LE 49 JOUR DE LA NAISSANCE DE SA MAJ^{te} LE ROY DE POLOGNE ET ELECTEUR DE SAXE – erigé par le Sr. Pöppelmann premier Architecte du Roy» vermittelt einen Eindruck von den Festdekorationen und war wohl der Gräfin Dönhoff als Veranstalterin gewidmet. Die Darstellung eines Ehrentempels zeigt einen achteckigen Pavillon mit Kuppel zwischen flachgedeckten Gartensälen. Vasen, allegorische Figuren, Kartuschen, Ranken sind der reiche Schmuck dieser an Theaterdekorationen erinnernden Gelegenheitsarchitektur, die nur aus Holz konstruiert und mit Lein-

206 C. H. Fritzsche.
Feuerwerk auf der Elbe am 6. Juni 1709.
Deckfarben. 59,6×91,7 cm.
Dresden, Kupferstich-Kabinett,
Inv.-Nr. C 1968−792.

207   C. H. Fritzsche.
Aufzug der Wagen und Reiter zum Damenfest am 6. Juni 1709
im hölzernen Amphitheater westlich vom Dresdner Schloß.
Hauptansicht. Datiert 1710. Deckfarben. 59,1×91,6 cm.
Dresden, Kupferstich-Kabinett, Inv.-Nr. C 1968−791.

208 Johann Samuel Mock.
Fußturnier auf dem Altmarkt am 10. Juni 1709.
Deckfarben. 58,2×91 cm.
Dresden, Kupferstich-Kabinett, Inv.-Nr. C 1968−793

wand, Stuck, Farbe und Laubwerk dekoriert wurde. Der herausragende Höhepunkt höfischer Festlichkeiten während der Regierungszeit Augusts des Starken waren die Hoffeste im Jahre 1719 aus Anlaß der Vermählung des Kurprinzen Friedrich August mit Maria Josepha von Österreich. Die Feierlichkeiten vom 2. bis 26. September 1719 gestalteten sich zu einem politischen Ereignis höchsten Ranges, da durch die Verbindung der Habsburger und der Wettiner albertinischer Linie Kursachsen Anwärter auf die Kaiserkrone wurde.

Schauplatz der Hochzeitsfeierlichkeiten waren unter anderem der Altmarkt und der Zwinger in Dresden. Provisorische offene Zuschauertribünen und Herrschaftslogen wurden errichtet, von denen aus die Aufzüge, Turniere, Ringrennen verfolgt werden konnten. Den Turnierplatz auf dem Altmarkt umgaben Zuschauertribünen, an den Platzwänden mittig angeordnete Logenbauten und übereck gestellte Ehrenpforten. Die Ehrenpforten erinnern an Triumphbögen der römischen Antike. Ihre architektonischen Details zeugen von der Verwandtschaft dieser nur für eine begrenzte Zeit errichteten Gelegenheitsarchitektur mit ihren steinernen Vorbildern.

Die im Zwinger errichtete Festarchitektur ähnelte jener auf dem Altmarkt. Am 15. September wurde mit einem Jupiterfest die Einweihung des Zwingers feierlich begangen. Vor der noch unvollendeten nordöstlichen Zwingerseite stand eine provisorische hölzerne Zuschauertribüne mit aufsteigenden Sitzreihen und einer abschließenden oberen überdachten Pfeilerhalle. Als Pendant zum Kronentor trat aus der Mitte ein Pavillon, bekrönt von einem Obelisken, hervor. In Höhe der Tribünen wurde die Formensprache des Kronentores aufgenommen, in Höhe des überdachten Ranges war eine Herrschaftsloge eingerichtet. Tribünen und Pavillons wurden wohl auf dem für die Längsarkaden der nordöstlichen Zwingerseite bereits gemauerten Steinsockel errichtet.

Ehrenpforten entstanden auch an anderen Stellen der Stadt. Es ist überliefert, daß das jungvermählte Paar durch Ehrenpforten in Dresden einziehen sollte. M. D. Pöppelmann war wohl an den Entwürfen beteiligt, denn nach dem Fest erhielt er den Auftrag, drei Entwürfe von Ehrenpforten für ein geplantes Kupferstichwerk zu liefern. Jedoch ist nur ein Entwurf für eine Ehrenpforte erhalten geblieben.

Ergänzende Gelegenheitsbauten entstanden im Großen Garten im Rahmen der sogenannten Planetenlustbarkeiten auch zum Venusfest am 23. Septem-

210 Johann Friedrich Wentzel.
Ehrentempel zum 49. Geburtstag des Königs Augusts des Starken am 12. Mai 1718. Außenansicht.
Beschriftet: «Decoration generale du Festin donné au 49 Jour de la naissance de Sa May. le Roy de Pologne et Electeur de Saxe, celebré a Dresde.» Weitere ausführliche Erläuterungen. Feder, Pinsel in Schwarz, getönt. 44×97,5 cm. Dresden, Sächsische Landesbibliothek, Mscr. Dresd. J 3, Bl. 4.

ber 1719. Als Festplatz diente die Fläche zwischen den acht Pavillons, die noch eingeschossig ausgeführt waren. Es wurden Zuschauertribünen und ein Venustempel in der Achse des Schlosses am neu ausgeschachteten Palaisteich aufgebaut.

Zu den traditionellen Festlichkeiten am sächsischen Hofe gehörten Jagden in den Wäldern nahe der Residenz und Kampfjagden auf dem Schloßhof oder anderen Plätzen Dresdens. Der Zwinger für die dazu erforderlichen Tiere befand sich seit 1568 im Jägerhof. Unter der Regierung Augusts des Starken sollten großzügige Umgestaltungen und Erweiterungen mit Festbauten entstehen. M. D. Pöppelmann schlug u. a. den Bau eines ovalen Kampfplatzes nach dem Vorbild römischer Amphitheater vor. 5000 bzw. in einer Variante 8000 Zuschauer sollten in Rängen über den Tierboxen Platz finden. Jedoch kam keine der Planungen von M. C. Dietze und M. D. Pöppelmann zur Ausführung. Im Zusammenhang mit den Hochzeitsfeierlichkeiten im Jahre 1719 entstand schließlich eine hölzerne Tierkampfarena neben dem Jägerhof, die Motive der ursprünglichen Planungen aufnahm. Die offensichtlich aus Holz konstruierten Zuschauertribünen mit aufsteigenden Sitzreihen in zwei Rängen erhoben sich über den Tierboxen und umschlossen eine ovale Tierkampfarena. Ähnlich sind die Konstruktionen der hölzernen Zuschauertribünen an der nordöstlichen Zwingerseite im Jahre 1719 erklärbar.

Ganz anderer Art waren schließlich jene Festbauten, die in Vorbereitung des sogenannten «Campement bei Radewitz» – einer großen Heerschau der sächsischen Armee 1730 – zu errichten waren. Als Oberlandbaumeister hatte M. D. Pöppelmann die Aufsicht über alle Bauvorhaben. Ausgehend vom Dorfe Zeithain erstreckte sich das Manövergebiet in nordöstlicher Richtung, was dem Manöver später den Namen «Zeithainer Lager» gab. Die Vorbereitungen dauerten nahezu zwei Jahre. Zahlreiche Wirtschaftsgebäude wie Küchen, Keller, Schlachthäuser, Schuppen wurden gebaut. Auf der Elbe entstanden eine Schiffsbrücke und Behelfsbrücken. Zahlreiche Unterkünfte für die Gäste des Hofes waren in der Umgebung des Manövergebietes zu schaffen. Ein großer Pavillon stand in unmittelbarer Nähe des Exerzierplatzes. Von hier aus verfolgten der König und die Gäste des Hofes die Heerschau. Pyramiden aus Sandstein begrenzten das Manövergebiet. Das sogenannte «Königliche Hoff Lager» beim Dorfe Radewitz bestand hauptsächlich aus Zelten und Pavillons, die für das Zeithainer Lager als kurzlebige Unterkünfte entstanden.

245

211 Carl Heinrich Jacob
Fehling.
*Das Reiterballett des
Karussells der Vier Elemente
im Zwingerhof am
15. September 1719.*
Gezeichnet 1731.
Beschriftet: «La Foule.
Carousel des Elemens.
15ᵉ Figure.» Feder, Pinsel
in Schwarz, grau getönt.
56,5×88,7 cm. Dresden,
Kupferstich-Kabinett,
in Ca 200, 26 (59).

212 Carl Heinrich Jacob
Fehling.
*Tierkämpfe in der provi-
sorischen Arena neben dem
Jägerhof in Dresden. 1719.*
Beschriftet: «Combat des
Betes dans l'enceinte de
l'Hotel Roial de Venerie
à la Ville neuve de
Dresde.» Feder, Pinsel in
Schwarz, grau getönt.
57,2×88 cm. Dresden,
Kupferstich-Kabinett,
in Ca 202, 73.

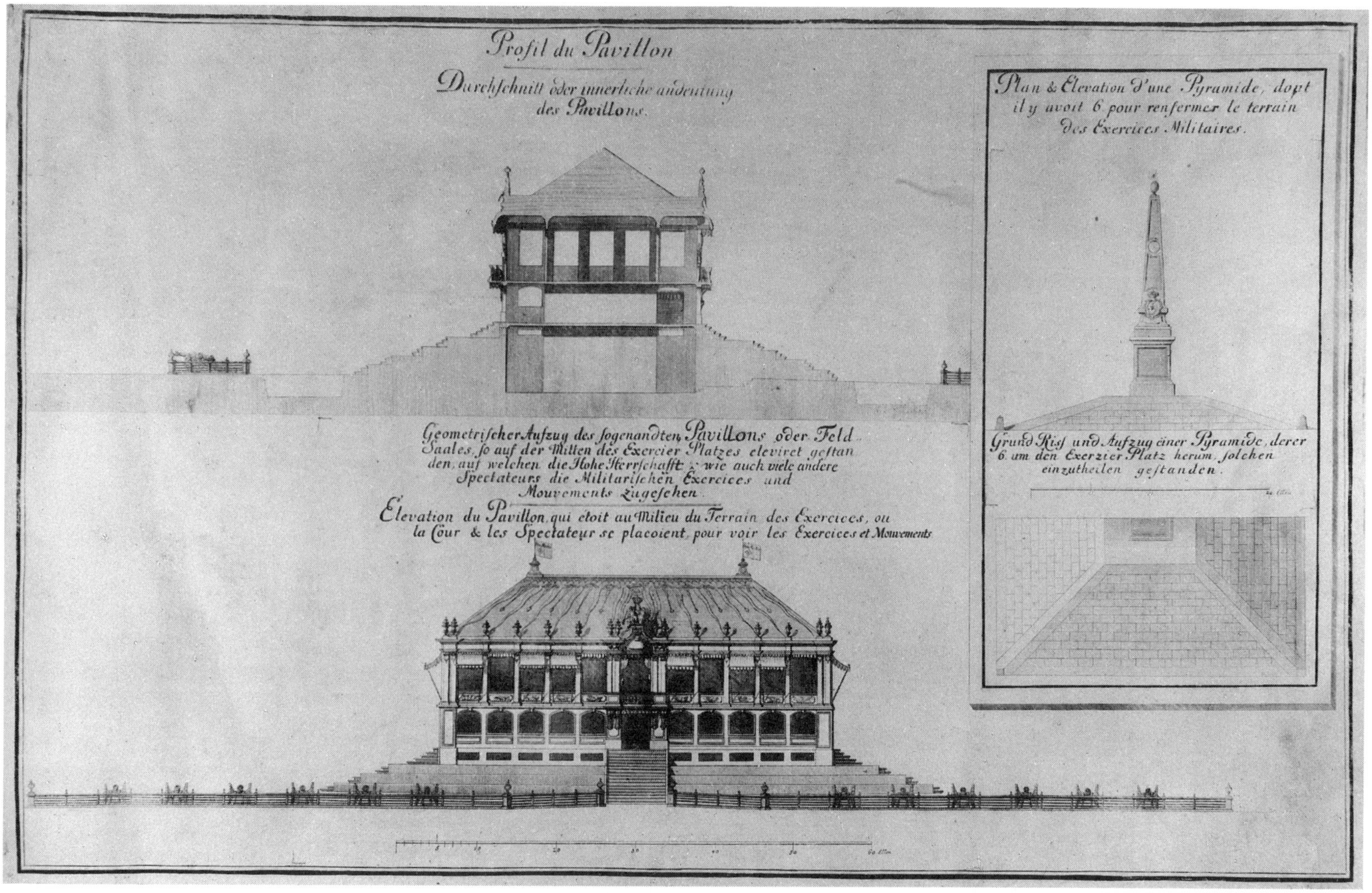

213 *Großes amtliches Kupferstichwerk über das «Zeithainer Lager». 1730.* Blatt 2. Königlicher Aussichtspavillon in der Mitte des Manöverplatzes. Ansicht und Schnitt sowie Ansicht und Grundriß einer «Pyramide». Ausführlich beschriftet. Kupferstich. 55×83 cm. Dresden, Sächsische Landesbibliothek, H. Sax. C. 220[n].

214 Matthäus Daniel Pöppelmann. *Entwurf für eine Ehrenpforte. 1719.* Tusche, Bleistift. 41,5×60 cm. Dresden, Institut für Denkmalpflege, M VI, Bl. 10.

WINFRIED BÖHNER

Matthäus Daniel Pöppelmann
und der Brückenbau

Das Wirken Matthäus Daniel Pöppelmanns im Oberbauamt umfaßte alle Bauwerksarten und beschäftigte
ihn daher auch mit Straßen, Toren, Brücken sowie
Wasserbauten, mit Bauaufgaben also, die bereits zum
Ingenieurbau zählten. Das Oberbauamt war zunächst
für das gesamte Bauwesen des Hofes und des Staates
zuständig, auch für Straßen und Brücken, und erreichte dadurch in der Zeit Pöppelmanns in seinem Durch-
setzungsvermögen auf dem Gebiet des Brückenbaus
seine französische Parallele von allen deutschen Ländern am nächsten, aber freilich erst 1742 Ansätze in
den ingenieurtechnischen Erkenntnissen, wie diese in
Frankreich durch die Ecole des ponts et chaussées
bekannt waren. Die von neuen Brückenbauprojekten
in Sachsen verwirklichten und teilweise noch erhaltenen Steinbrücken Pöppelmanns zeigen das hohe Niveau bei der Planung im Oberbauamt und damit die
Beispielhaftigkeit in Deutschland und stehen in der
Festigkeit und Haltbarkeit den französischen vergleichbaren Brücken in keiner Beziehung nach.

Zweifellos ist daran auch der bemerkenswerte Einfluß des Leiters des Oberbauamtes, Christoph August
Graf von Wackerbarth beteiligt, der die Oberaufsicht
über alle Zivil-, Befestigungs- und Militärgebäude
innehatte. Denn Wackerbarth verstand es, die Bauformen und Baukonstruktionen seiner Architekten mit
den besten Meistern aus den Innungen heraus weiter
zu entwickeln.[1] Solche berufene Landbauschreiber
und Landbaumeister erhielten dann auch die Aufsicht
über die Brücken, die Damm- und Wehrbauten und
prüften für die Genehmigung des Geldes die Brük-
kenbaueingaben von den Ämtern des Landes oder
kontrollierten die Reparaturen für Brücken- und Fluß-

bauten auf Übereinstimmung zwischen Ausführung
und Abrechnung. Insofern war ihre Aufgabe eine be-
ratende und kontrollierende Tätigkeit.[2] Daneben
planten sie die Projekte für die Brückenneubauten,
die aus den «Aufrissen» und den «Anschlägen» bestanden. Die Landbauschreiber und Kondukteure des
Oberbauamtes entwickelten sich dabei an den Aufgaben für den Brückenbau durch die Bewährung beim
Einsatz und durch Studium, wobei ihnen bedeutende
Brückenbaubücher zur Verfügung standen, wie das
von Gautier 1716, das von Leupold 1726 oder die
bekannten Bücher von Alberti 1565 oder Palladio
1570. Letztere enthielten Maßverhältnisse über die
Abmessungen von Bauteilen, Konstruktionsregeln
und Empfehlungen über die Ausführung der Grün-
dungen, Pfeiler, Gewölbe, Stirnmauern und Brüstun-
gen. Pöppelmann lenkte diese Ausbildung seiner Mitarbeiter. So erfüllte sich Pöppelmanns Wirken für den
Brückenbau in der konstruktiven, kostenplanerischen
und gestalterischen Beratung seiner Landbauschreiber Christian Andreas Siegert und Johann Daniel
Schumann und des Kondukteurs Johann Christoph
Knöffel beim Ausarbeiten der Aufrisse und Anschläge, wofür ihm sicherlich die Erfahrungen zugute kamen, die er auf seinen Reisen 1710 nach Rom und
1715 nach Paris gesammelt hatte.[3]

Matthäus Daniel Pöppelmanns Schaffen für den
Brückenbau hat sichtbare Spuren geplanter und gebauter Brücken hinterlassen. Die zwei erhaltenen
Steinbögen der Brücke in Waldheim, die zwei erhaltenen von einst drei Steinbögen der Brücke in Nossen
und die sechs Steinbögen der Brücke in Grimma beweisen die hohe Ingenieurbaukunst des Oberbau-

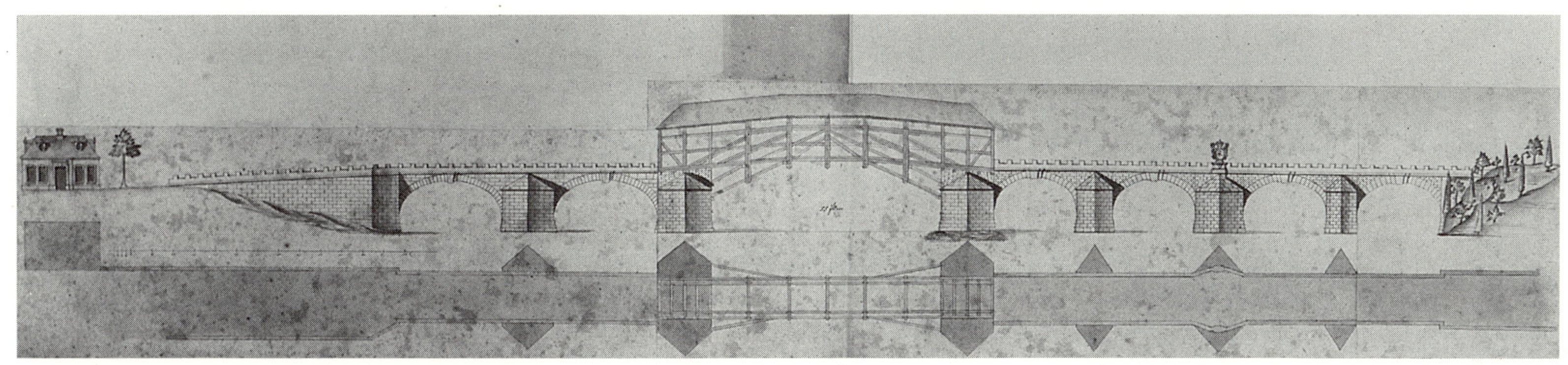

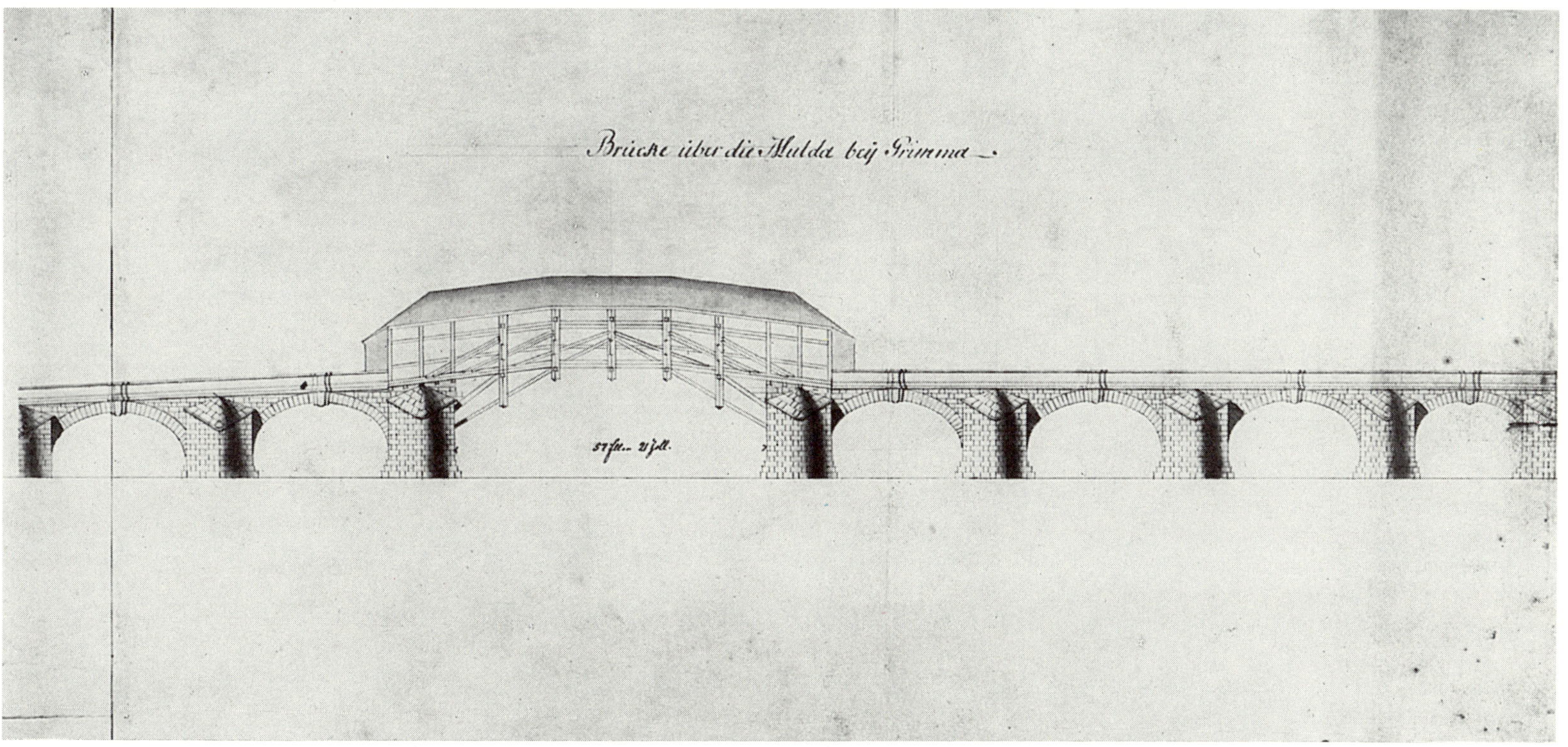

215 Johann Daniel Schumann.
Aufriß der Brücke in Grimma. 1715.
Tusche, Pinsel, Wasserfarbe. 22×120 cm.
Dresden, Institut für Denkmalpflege,
Planarchiv, Grimma M 44, Ic, Bl. 2.

216 Christian Andreas Siegert.
Aufriß der Brücke in Grimma. Um 1715.
Beschriftet: «Brücke über die Mulda bey
Grimma». Bleistift, Pinsel, Wasserfarbe.
44,5×65,5 cm. Ausschnitt.

Dresden, Institut für Denkmalpflege,
Planarchiv, Grimma M 44, Ic, Bl. 3.

amtes in der Wirkungszeit Pöppelmanns, die gekennzeichnet ist durch die Anwendung der
Festungsbauprinzipien auf den Brückenbau und die
sparsamste Dimensionierung der Bauteile. Auch die
zur Verfügung stehenden finanziellen Mittel zwangen
zur Anwendung ökonomischer Abmessungen der
Konstruktionen und damit zum Entstehen einer inge-
nieurmäßigen Planung. Bei der Brücke in Nossen ver-
wendete Pöppelmann 1715 die erst 150 Jahre später
im Eisenbahnbrückenbau üblichen Segmentbögen, in
Grimma 1716 den in Frankreich beliebten Korbbo-
gen. Mit seiner Formgebung der Schlußsteine, mit

seinem Fugenschnitt in den Gewölbestirnflächen und
mit der Gestaltung seiner Brückenbrüstungen (sichtbar noch auf der Anlegeterrasse vor dem Wasserpalais
in Pillnitz), übertrug Pöppelmann die Barockarchitektur in Sachsen auf seine Brücken. Sein
überragendes technisches und künstlerisches Können
an den drei großen Brücken in Waldheim, Nossen
und Grimma offenbarte sich nochmals 1727 beim
Umbau der Augustusbrücke in Dresden, als er diese
durch Erhöhung und Verbreiterung «in den vollkommensten Stand versetzte», wie sie dann bis 1907 das
Stadtbild Dresdens bereicherte.

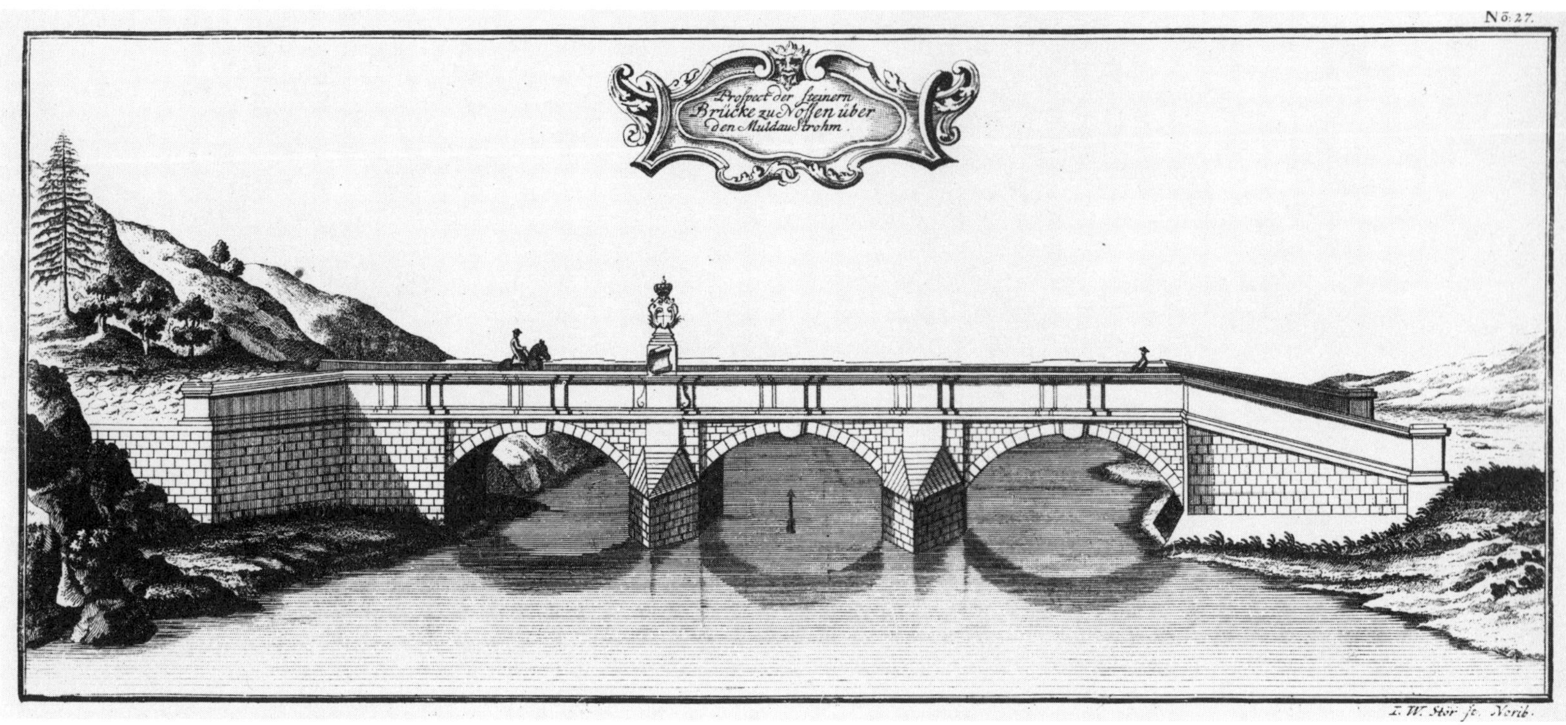

217 *Die Nossener Brücke. Aus Schramms Brückenbuch 1735.*
Signiert vom Stecher: «J. W. Stör sc. Norib.»
Inschrift: «Prospect der Steinernen Brücke
zu Nossen über den Mulden Strohm.» Kupferstich.

218 *Aufriß der Brücke in Waldheim. 1713.*
Falsch beschriftet: «(Nossner Brücke)».
Pinsel, Wasserfarbe, Tusche. 32×37,5 cm. Dresden,
Institut für Denkmalpflege, Planarchiv, Nossen,
M 44, Id, Bl. 1.

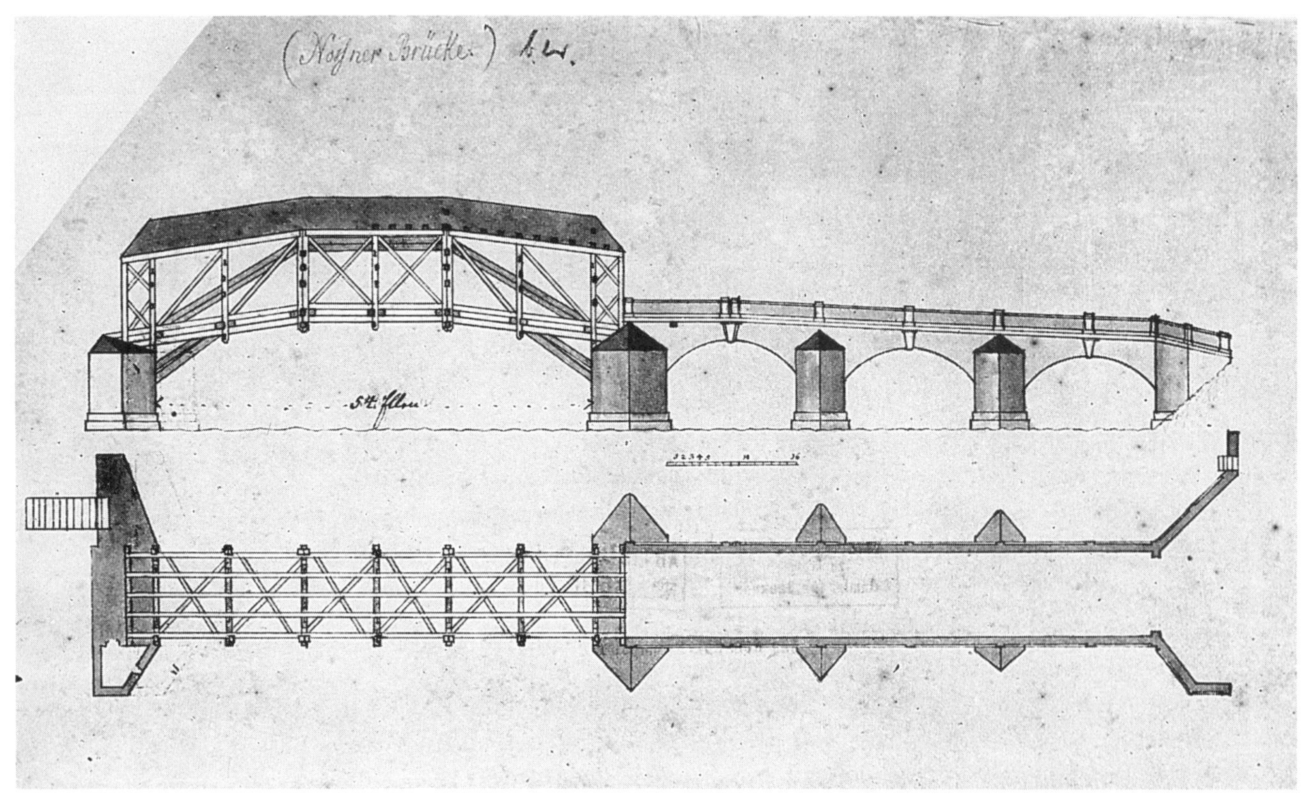

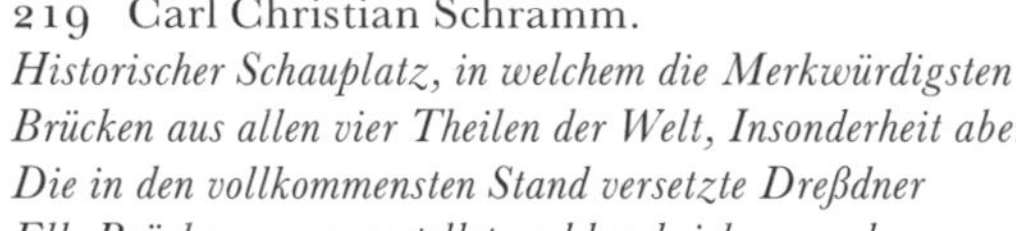

219 Carl Christian Schramm.
Historischer Schauplatz, in welchem die Merkwürdigsten
Brücken aus allen vier Theilen der Welt, Insonderheit aber
Die in den vollkommensten Stand versetzte Dreßdner
Elb-Brücke . . . vorgestellet und beschrieben werden. . .
Leipzig 1735. Titelseite.

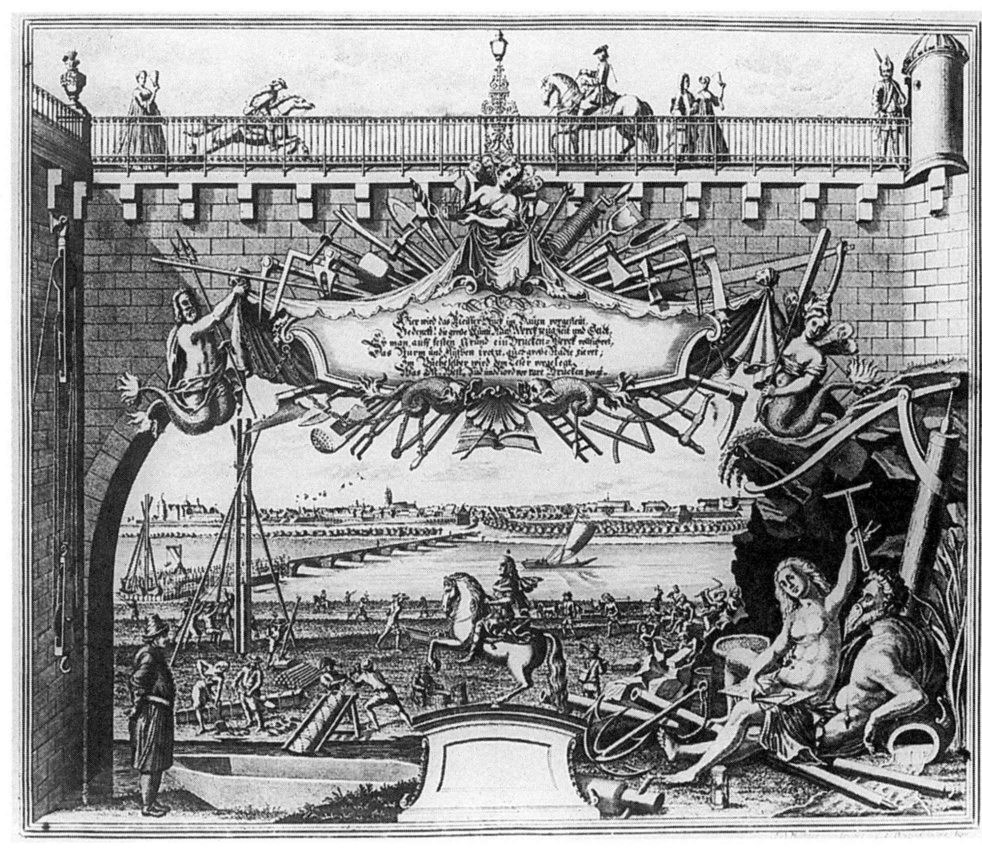

220 Jakob Leupold.
Theatrum Pontificale. Leipzig 1726.
Titelkupferstich mit einem Bogen der von
M. D. Pöppelmann umgebauten Augustus-
brücke (Hintergrund Panorama der Stadt
Wittenberg!).

HAGEN BÄCHLER

Die Dresdner Elbbrücke

Die Umgestaltung der alten Dresdner Elbbrücke
durch Pöppelmann als Architekten und durch den
Ratsmaurermeister Johann Christoph Fehre war Teil
des groß angelegten Planes Augusts des Starken für
den repräsentativen Ausbau seiner Residenz. Zudem
war der Umbau der auf das 13. Jahrhundert zurückgehenden, in der ersten Hälfte des 14. Jahrhunderts
durchgängig aus Stein ausgeführten Brücke notwendig geworden, weil ihre Sicherheit gefährdet war und
sie nicht mehr den Ansprüchen des gewachsenen Verkehrs und Handels genügte.[1]

Nachdem seit 1727 Voruntersuchungen durchgeführt worden waren, gab August der Starke gegen
den Widerstand der Stadt, die die veranschlagten
Kosten von 49 118 Talern nicht tragen wollte, 1728
den Befehl zum Baubeginn und übernahm vorerst
selbst die Finanzierung.[2] Der Oberlandbaumeister
konnte große praktische Erfahrungen für dieses Vorhaben einbringen, die er bei den zahlreichen Um-
und Erweiterungsbauten, als die sich ja die meisten
der realisierten königlichen Projekte erweisen, und
bei mehreren Brückenbauten im Lande, die unter
seiner Leitung entstanden waren,[3] erworben hatte.
In nur 16 Monaten – wenn die eigentliche Bauzeit
gerechnet wird[4] – wurde ein Umbau vollzogen, der
die Gestalt grundsätzlich veränderte und den kon-

struktiven Belangen ebenso Rechnung trug wie den funktionellen Anforderungen. Die Brücke wurde über die gesamte Länge erhöht und durch doppelte Kragsteine verbreitert. So konnten nun zwei Wagen nebeneinander passieren und links und rechts davon die Fußgänger auf gesonderten Gehsteigen. Die Vor- und Hinterköpfe der Pfeiler wurden verstärkt und hochgezogen und endeten in halbrunden Plattformen.

Anfang des 18. Jahrhunderts waren vollständig steinerne Brücken über breite Flüsse noch eine Seltenheit im Reich, von ihnen wurde die Prager als die breiteste, die Regensburger als die stärkste und die Dresdner vor dem Umbau als die längste bezeichnet. Über kein anderes sächsisches Bauwerk wurde in einer solchen Vielzahl zeitgenössischer Publikationen berichtet wie über die Brücke Pöppelmanns.[5] Die Bewunderung galt der menschlichen Schöpferkraft, natürliche Hemmnisse zu überwinden, die auf den Bauherrn übertragen wurde; dieses Bauwerk galt «für dessen größtes Meisterstücke»[6] und diente nachhaltig seinem Ruhm. Eine weitere Ursache für die große öffentliche Resonanz war der praktische Nutzen. Man lobte überschwenglich, daß die Brücke der «Bequemlichkeit der Stadt» diene, «jedermann mit trockenen Füßen sicher über dieselbe gehen» könne, daß die «Pfeiler überall mit Sitzen wohl versehen» seien und hob die «Nützlichkeit für das Gewerb» hervor.[7]

Pöppelmann kam den verschiedenen Anforderungen, die den Umbau veranlaßt hatten, in einer glücklichen Einheit nach und erreichte eine der Funktion gemäße Gestaltung, in der wohl generell das Maßvolle begründet liegt, das seine Bauwerke auszeichnet. Während er beim Zwinger mit der überschäumenden plastischen Fülle und den geschwungenen, durchbrochenen Wänden eine leichte, heitere Festarchitektur schuf, bewirkte er hier mit einfachen gestalterischen Mitteln strenge Klarheit und Ausdruck von Stabilität als Wesenszüge einer Brücke. Dieser Zusammenhang von Konstruktivem, Funktionellem und Gestalterischem ist auch in den einzelnen Elementen zu erkennen: Die der Verbreiterung dienenden doppelten Kragsteine wirkten zugleich als ornamentaler Schmuck. Die verstärkten hochgezogenen Pfeiler drückten Stabilität aus; oben als halbrunde Austritte gestaltet, verliehen sie der Brücke ihre charakteristische Lebendigkeit. Der durch unterschiedliche Erhöhung erzielte kräftigere Gesamtbogen brachte die Spannung und das Brückenschlagen zum Ausdruck; der massivere Pfeiler in der Mitte des Stromes betonte den neuen, weitaus höheren Scheitelpunkt. Diese architektonisch bedeutsame Stelle wurde außerdem durch Bildhauerarbeiten hervorgehoben: Auf der stromabwärts gelegenen Seite das Kruzifix von Christoph Abraham Walther von der alten Elbbrücke, für das Christian Kirchner einen von Zacharias Longuelune 1728 entworfenen hohen Felssockel geschaffen hatte, und dem gegenüber Plastiken, die Kursachsen und Polen symbolisierten.

Ursprünglich war statt des 1732 als Abschluß der Arbeiten wiederaufgestellten Kruzifixes das Reiterstandbild Augusts des Starken vorgesehen gewesen. Nach einem Entwurf von Longuelune sollte sich darüber hinaus an dieser Stelle die Brücke platzartig erweitern und mit leichten Gebäuden und zahlreichen Plastiken ausgestattet werden. Aus Gründen der Statik verboten sich solche Projekte. Deshalb wurde auch anstelle der geplanten steinernen Brüstung ein leichtes schmiedeeisernes Geländer angebracht. 48 Lampen sowie steinerne Vasen gaben dennoch tags und nachts der Brücke reichen Schmuck. Jetzt erschien den Zeitgenossen die Elbbrücke nicht mehr nur als die längste, sondern als die «stärkste, breiteste, schönste, festeste und ansehnlichste», die «ihresgleichen in gantz Europa nicht finden wird.»[8]

Die ganze künstlerische Bedeutung der Brücke ergibt sich aber erst aus ihrem städtebaulichen Stellenwert. Mit ihr setzte der König seine wohl von Venedig angeregte Lieblingsidee weiter um, die Elbufer mit der Reihe der Schlösser von Pillnitz bis Übigau prachtvoll zu bebauen; durch die Brücke wurde ein zentraler gestalterischer Akzent gesetzt. Zum anderen wurde mit ihr die Nord-Süd-Magistrale der im Aufbau befindlichen Neustadt fortgeführt. Dresden erhielt dadurch jene charakteristische Orientierung auf die Elbe, und es entstand die bemerkenswerte städtebauliche Situation, daß eine an einem breiten Strom gelegene Stadt an beiden Ufern eine gleichwertige Gestaltung erfuhr und die Stadtteile organisch miteinander verbunden wurden. Dazu gehört der sich anschließende Ausbau der Brückenköpfe, die auf der Neustädter Seite mit dem Blockhaus, dem Reiterstandbild, den Nymphenbrunnen und dem Rathaus und auf dem anderen Ufer mit dem aufgeschütteten Schloßvorplatz und der katholischen Hofkirche ihre großartigen Akzentuierungen fanden.

Die ehemalige Augustusbrücke bestimmte wesentlich die ästhetische Qualität des berühmten Dresdner Stadtbildes, bis sie aufgrund moderner Verkehrsanforderungen im ersten Jahrzehnt unseres Jahrhunderts einem Neubau weichen mußte.

221   *Die erneuerte Dresdner Elbbrücke.*
Gezeichnet um 1732. Ausschnitt. Beschriftet:
«Orthographischer Prospect der erneuert und erweiterten herlichen Elb Brücke zu Dresden gegen Abend anzusehen / Grund Riß von der Elb Brücke zu Dresden / Profil mitten durch einen Bogen / Profil mitten durch einen Pfeiler».
Feder, Wasserfarben. 33,1×282 cm.
Dresden, Institut für Denkmalpflege.

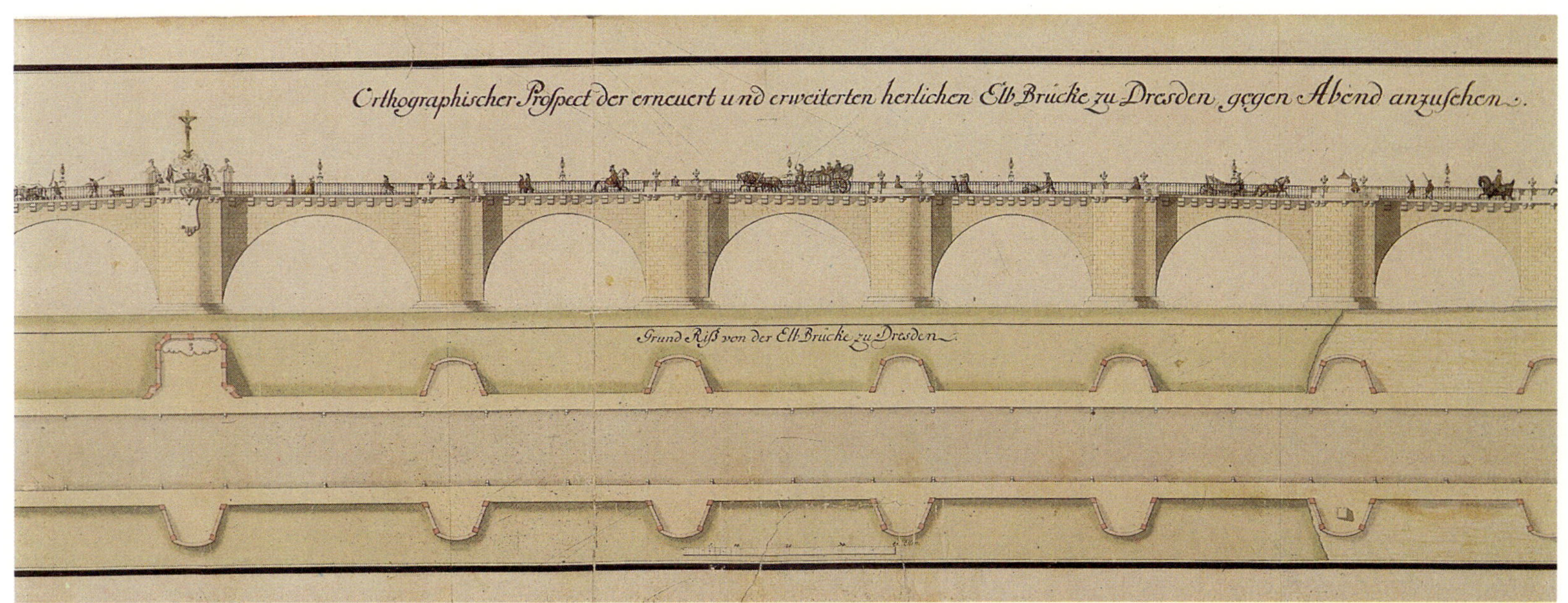

HORST FISCHER

Matthäus Daniel Pöppelmann
und der
Dresdner barocke Bürgerhausbau

Zu einem Werk- und Persönlichkeitsbild Sächsischer Barockbaukunst im Ergebnis der George-Bähr-Forschung

Die Forschung des Autors zu George Bähr und dem Sächsischen Barock[1] ließ von Beginn an, um 1955, die historische Identität der Darstellungen, die damals in bezug auf Matthäus Daniel Pöppelmann und den Dresdner barocken Bürgerhausbau bekannt waren, fraglich erscheinen. Skeptisch machte, daß man vorrangig Autorschaften einzelner Objekte behandelte, sie Pöppelmann jedoch nur zuschrieb, und daß man diese Autorschaftszuschreibungen ohne urkundliche Grundlagenarbeit allein durch Deutung stilistischer Erscheinungsbilder von Fassaden vornahm. Die Vorstellungen, die über den Dresdner barocken Bürgerhausbau bestanden, erweckten Zweifel, indem sie in einer Kunstleistung der ersten Hälfte des 18. Jahrhunderts offensichtlich in starkem Maße Entwicklungsmerkmale der späteren Zeit reflektierten: Architektur, Stil, Formausdruck, Kunstwert waren hier einzig zur Geniefrage gemacht. Bedenklich dabei stimmte die konträre Zeichnung des am Hofe tätigen Architekten Pöppelmann und der Handwerksbaumeister der Bürgerschaft. Das Œuvre, das man Pöppelmann zuschrieb, wurde unglaubwürdig.

Im weiteren Verlauf dieser Nachforschung fanden sich keine Archivalien und keine sonstigen authentischen Grundlagen, die belegen könnten, daß Matthäus Daniel Pöppelmann im Dresdner Bürgerhausbau mit den autorschaftlich zugeschriebenen Objekten in dem bedeutenden Maße wirksam gewesen ist, wie man es behauptet hat. Die Urkundenforschung ließ sehr bald auch in einzelnen Fällen die Irrtümlichkeit dieser Darstellungen erkennen. Sie veranlaßte den Autor, nachdrücklich darauf hinzuweisen, daß man dieses Pöppelmannbild des Bürgerhausbaues nicht weiter verfolgen sollte. Die neuere Forschung zu Pöppelmann selbst griff die Ergebnisse der Bähr-Forschung auf bzw. fand sie durch eigene Untersuchungen bestätigt.[2]

Im Ergebnis der George-Bähr-Forschung ist besonders für die Zeit vor Beginn des Zwingerbaues allgemein zu vermuten, daß Matthäus Daniel Pöppelmann Bürgerhäuser in Dresden gebaut hat. Auch weist die Bähr-Forschung für einen Sonderfall Dresdner barokker Bürgerhausbauten objektbezogene, im heutigen Baubestand noch erkennbare Entwurfsanteile des Oberlandbaumeisters Pöppelmann am Entwurfsbereich der Handwerksbaumeister nach (Dresden-Neustadt, Königstraße, heute Friedrich-Engels-Straße), und sie findet Pöppelmann an der Entwicklungsgeschichte eines Bürgerhauses beteiligt, deren autorschaftliche Widerspiegelung sie ebenfalls und wie von Beginn an in mehreren anderen Fällen begrifflich als Autorschaftskomplex und Autorschaftsdifferenzierung formuliert hat (Große Meißner Straße 15, heute historischer Gebäudekomplex im Hotel Bellevue). Außerdem zeichnet sich im Ergebnis der Bähr-Forschung ab, daß Pöppelmann auf verschiedene Weise objekt-unabhängig Einfluß auf den Bürgerhausbau seiner Zeit in Dresden genommen haben wird. Hierbei deutet sich auch Wirksamkeit Pöppelmanns an, die gänzlich eingeschlossen ist in das stadtbaulich kollektive Werkganze der Kunstleistung Dresdner barocker Bürgerarchitektur.

Die Darstellungen, die am Beginn der George-Bähr-Forschung zu Dresdner Bürgerhausbauten Matthäus Daniel Pöppelmanns vorhanden waren und noch im weiteren Verlauf der Arbeit publik wurden, enthalten kein Objekt, das autorschaftlich authentisch allein für Pöppelmann nachgewiesen und im Original oder im Abbild anschaubar bzw. in einer Beschreibung dokumentiert ist. Objektbezogene stilistische Rückschlüsse aus anderen Planungs- und Baubereichen Pöppelmanns, auch vom Zwinger, wurden kaum gezogen.

Trotzdem, ohne urkundlich verbürgtes Vergleichsobjekt, erhielt Pöppelmann Entwurfsautorschaften an Dresdner Bürgerhausbauten zugeschrieben. Man nahm dafür jeweils die Fassadenarchitektur zum Gegenstand und deutete sie stilistisch aus. Dabei ging es besonders um den Fassaden-Dekor, und fast ausschließlich handelte es sich um das Erscheinungsbild, das die Fassaden gegen Ende des 19. Jahrhunderts und zu Beginn des 20. Jahrhunderts boten. Man wertete die Fassadenarchitektur als solistische, virtuose Leistung eines alleinigen Hausbau-Entwurfsautors und schloß dabei von Unterschieden des Form-Aufwandes und des allgemeinen Form-Bildes auf individuell unterschiedliches Form-Vermögen, auf großes oder geringes Können eines solchen Autors. So deutete man in der jeweiligen Fassade einen Kunstwert als Ausdruck entweder überragender Schöpferkraft des Hofarchitekten Pöppelmann oder als Ausdruck durchweg mangelnder Fähigkeit der bürgerlichen, im Handwerk der Maurer und der Zimmerer tätigen Baumeister. Unterschiede der Herkunft und des Bildungsweges der Meister bestimmten das Werturteil. Das größere Können setzte man bei Pöppelmann, dem Architekten des Hofes voraus. Pöppelmann kam a priori zu, was nur ihm «zugetraut» wurde. Was geringer schien, ließ man den Baumeistern des Handwerks. Man deutete, urteilte für und gegen, und mit dieser Pro-kontra-Stilkritik schrieb man Autorschaften zu.

George Bähr zum Beispiel sei es 1732 im Entwurf zu einem Hausbau nicht gelungen, «durch Steigerung in der Kraft und Fülle des dekorativen Details Leben und Bewegung in die Fassade hineinzutragen». In Bährs Entwurf sei das Ornament (der Zierat, der Dekor, d. V.) zu «handwerklich». Es zeige sogar «etwas von kleinbürgerlicher Ängstlichkeit». Diese Stil- und Persönlichkeitskritik an Hand einer Fassadenzeichnung von 1732 erfolgte im Vergleich zur formenreicheren Zieratarchitektur, die im Baubestand nach 1900 sichtbar war, und die Entwurfsautorschaft dieses Zustandsbildes schrieb man Matthäus Daniel Pöppelmann zu. Dabei gründete man die Zuschreibung auf eine archivalische Aussage. Man kombinierte eine Baugenehmigung, die 1732 in Form eines vom Hofe «gezeichneten» Risses erteilt wurde, mit der Tatsache, daß Pöppelmann einer der Architekten dieses Hofes war.

Durch die Forschung zu George Bähr und dem Sächsischen Barock in großen, außerordentlich mühsam erschließbaren Urkundenkomplexen ist jedoch nachweisbar, daß es sich bei diesem gezeichneten Riß und allgemein bei einem auf solche Weise begrifflich gefaßten Riß nicht um das Ergebnis einer zeichnerischen Darstellung selbst handelt. Gemeint ist vielmehr ein Riß, der vom Oberbauamt des Hofes im üblichen Baugenehmigungsverfahren unterzeichnet, unterschriftlich signiert wurde. Die Nachforschung weist aus, daß man allgemein Hausbauplanungen genehmigte, indem die zugehörigen Risse «unterschrieben», «unterzeichnet» oder kurz «gezeichnet» wurden. Sie sind im Bausprachgebrauch vom «entworfenen» Riß als dem zeichnerischen Planungsergebnis zu unterscheiden. Pöppelmann war in keiner Weise der Entwurfsautor dieses Hausbaues. Genehmigt wurde die Rißausfertigung der Planung eines Maurermeisters und George Bährs.

Die Pro-kontra-Stilkritik und deren Autorschaftszuschreibung ist hier mit einer dementsprechenden isolierten Urkundeninterpretation verbunden – mit dem Mißverständnis einer sprachlichen Eigentümlichkeit jener Zeit in einer fragmentarischen Archivalienaussage.

Für Matthäus Daniel Pöppelmann ist im Ergebnis der Forschung zu George Bähr und dem Sächsischen Barock keine alleinige Entwurfsautorschaft an einem einzelnen Bürgerhaus urkundlich-authentisch nachweisbar. Gegenwärtig sind zwei Urkunden bekannt, die allgemein, ohne Objektbezug, für die Zeit bis 1711 belegen, daß Pöppelmann nicht nur für Gebäude im Auftrage des Hofes tätig war, sondern in Dresden auch Häuser für private Bauherren errichtete. Dabei ist nicht ausgeschlossen, daß es sich neben Palaisbauten des Hofadels auch um Wohnhäuser handelt, die von Bürgern der Stadt aufgeführt wurden. August Graf von Wackerbarth, der Generalintendant im Oberbauamt des Kgl. Hofes, beantragte 1711 beim König für den damaligen Kondukteur Matthäus Daniel Pöppelmann eine Gehaltserhöhung mit dem Be-

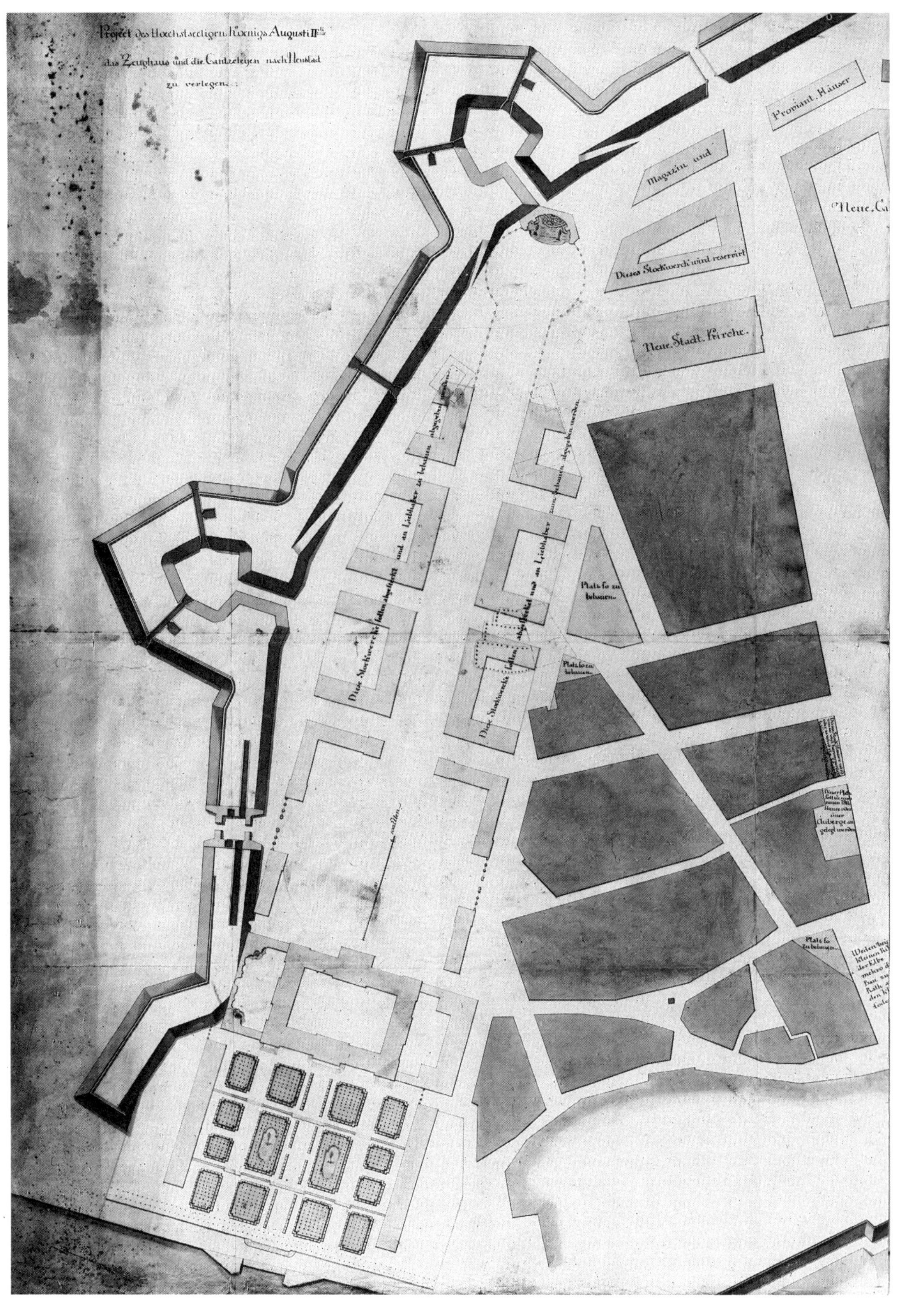

222 *Der große Plan von der Neustadt bei Dresden.
Kopie aus dem Oberbauamt. 1732. Ausschnitt: Die Allee
zum Japanischen Palais*. Feder, laviert.

Maße des Planes insgesamt: 120×160 cm. Dresden,
Staatsarchiv, Rißschrank XXVII, Fach 97, Nr. 26.

256

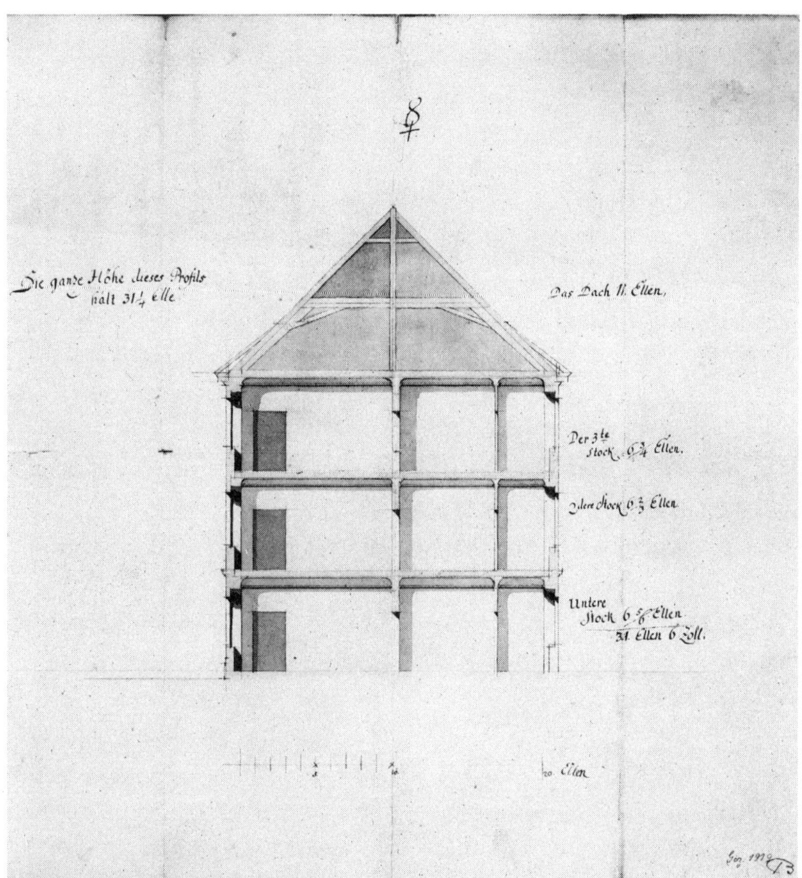

merken, Pöppelmann müßte sich «wegen gegenwärthiger und künftig zu führender Schloß Gebäude . . . . aller sonst gehabten privat Gebäude, dabey er sonst ein ergiebiges verdienen können, entschlagen . . .».[4]

Außerdem findet sich ein entsprechender Hinweis in der 1711 in Hamburg von Paul Jacob Marperger erschienenen «Historie Und Leben Der berühmtesten Europaeischen Baumeister So sich . . . durch ihre vortreffliche Gebäude . . . bekand gemacht . . .», sowie bereits in der 1710 in Berlin dazu veröffentlichten Vorrede: Es habe sich ein «Baumeister Nahmens Pepelman gleichfalls wegen stattlicher und kostbarer Privat Gebäude die er hin und wieder in hochbesagter Chur Sächsischer Residentz aufgeführt in kurz verwichenen Jahren großen Ruhm erworben». Nachweislich errichtete Matthäus Daniel Pöppelmann als Bauherr in dieser Zeit, 1694/95 und zwischen 1705 und 1710, jeweils ein Wohnhaus und veräußerte es nach dem Neubau wieder.[5]

Außerdem gibt die George-Bähr-Forschung urkundlich Anlaß, auch für spätere Zeit Bürgerhausbauten Matthäus Daniel Pöppelmanns nicht von vornherein auszuschließen. Johann Christian Hasche merkt 1784 in seinem Versuch einer Dresdner Kunstgeschichte bei Pöppelmann in einer Fußnote zu einem Hof-Maurermeister, einem Hof-Zimmermeister und einem Hof-Steinmetzmeister an, sie seien «unter ihm . . . als gute Werkmeister bei Aufführungen kön. und bürgerl. Gebäude bekant» gewesen. Es handelt sich um Meister, die erst nach Marpergers Veröffentlichung, im dritten Jahrzehnt und später, tätig waren, und auch in diesem Falle sind die «bürgerlichen» Gebäude im Unterschied zu den Gebäuden des Hofes und des Militärs eigentumsrechtlich als Privatgebäude zu verstehen. Diese Privatgebäude lassen sich auf Wohnbauten rechtmäßiger Bürger der Stadt beziehen. Bürgerrecht besaß, wer Augsburgischer Konfession war. Die Privatgebäude können jedoch auch den Wohnungsbau des Hofadels betreffen. Er ist vom Bürgerhausbau zu unterscheiden.

Zu der neuen Allee, die 1731 gegenüber dem Holländischen Palais, dem heutigen Japanischen Palais, auf Betreiben des Königs geplant und seit 1733 bebaut wurde, ist archivalisch und teilweise noch im originalen Bestand Pöppelmannsche Entwurfstätigkeit als Oberlandbaumeister für private Hausbebauung von Bürgern der Stadt nachweisbar.

Christoph August Graf von Wackerbarth wies 1732 die Ober-Zivil- und Militärbaukommission an, den Bauwilligen «zubedeuten, daß sie sich umb die Höhe und faciaten derer Gebäude bey dem Herrn Oberland-Baumeister Pöpelmann, welcher, weil Ihro Königl. Mj. ihn über diesen ganzen Bau dero Meynung mündlich in mehrern eröffnet, die Gutheit haben wird, die Riße zu gedachten Faciaten fertigen und denen Bauenden zustellen zu laßen, melden . . .» Dazu war schon im Jahre 1731 angeordnet worden, auf den neuen Grundstücken «die Häuser . . . dergestalt, daß das Holländische Palais selbige übergehe anzulegen und aufzuführen».

Der Baubestand läßt erkennen, daß man die Straßenfronten der Häuser mit Bezug auf das Palais unifiziert hat. Diese einheitliche Gestaltung wird vom König angeregt worden sein, und Pöppelmann wird sie in seinen Entwürfen dargestellt haben. Charakteristisch für die Fassadenarchitektur ist, daß sich der Zierat jeweils auf die Gebäudeachse am Haustor konzentriert (Abb. 222 und 223).

Der Grundriß und die Bebauung des jeweiligen eingeteilten Hausgrundstücks insgesamt jedoch wurden, wie sich urkundlich findet, durch die Bürger und deren Baumeister in der üblichen Weise ihrer Stadtbebauungspraxis selbst bestimmt. Dabei setzten die Bürger entgegen «denen vorgeschriebenen Rißen» der Fassaden der Straßenseite eine Geschoßgliederung durch, die praktischen Erfordernissen der Nutzung ihrer Häuser besser entsprach. Sie waren auf gute Vermietbarkeit der Wohnungen und auf dementsprechende Geschoßhöhen bedacht.

Pöppelmann wurde hier als Hofarchitekt in einem von städtebaulichen Intentionen des Königs bestimmten Sonderfall Dresdner Bürgerhausbebauung jener Zeit in Planungs- und Werkbereichen der Handwerks-Baumeister wirksam. Mit den Fassadenentwürfen hat er einen Anteil am Autorschaftskomplex dieser Häuserbauten.

Im Rahmen der Forschung zu George Bähr und dem Sächsischen Barock ging der Autor um 1960 im Zusammenhang mit der Beteiligung an städtebaulichen Entwürfen zur Gestaltung des Dresdner Neustädter Elbufers auch dem historischen Gebäudekomplex Große Meißner Straße Nr. 15 nach. In Übereinstimmung mit der Arbeitsstelle des Institutes für Denkmalpflege wies diese Untersuchung auf den bedeutenden Kulturwert der Anlage hin. Dabei mußte sie jedoch neue Kriterien für die erforderliche gesellschaftliche Wertschätzung des Hauses und für ein allgemeines Interesse an der Erhaltung bestimmen. Entgegen bisherigen Darstellungen zur Baugeschichte und Baugestalt des Hauses konnte sie dafür die allgemeine Publizität Matthäus Daniel Pöppelmanns nicht mehr wesentlich geltend machen. Sie wies damals eine Bau-Entwicklungsgeschichte und eine dementsprechende Autorschaftsdifferenzierung des Hauses nach, daran Pöppelmann nur partiell beteiligt ist.

Der größte Teil des Gebäudekomplexes entstand auf der Grundlage einer bereits im Anfang des 17. Jahrhunderts nachweisbaren Hofhausanlage in der Planung und Ausführung von Baumeistern des Handwerks als bürgerliche Wohn- und Brauhausbebauung zwischen 1685 und 1693 sowie vor allem in der Zeit zwischen 1723 und 1727 (Abb. 224). Danach, 1733, wurde das eben neuerrichtete und mordernisierte Bürgerhaus nach Entwürfen Pöppelmanns und in der Projektbearbeitung des Maurermeisters und Landbauschreibers Andreas Adam zur Nutzung durch die Königliche Kanzlei eingerichtet und mit zwei weiteren Gebäuden (östlicher Seitenflügel des vorderen Hofes sowie elbseitiges Quergebäude) ergänzt (Abb. 225 und 226). Dieses Haus ist in seiner Gesamtheit der vierseitig geschlossenen Doppelhofanlage und mit seiner reich ausgezierten Vordergebäudefassade kein Werk «von» Pöppelmann. Es wurde nicht von Pöppelmann sogleich und insgesamt als Kanzlei erbaut. Man hatte bislang auch in diesem Falle nicht die Möglichkeit einer bau- und nutzungsgeschichtlichen Entwicklung erwogen und nicht mit einer entsprechend autorschaftlichen Widerspiegelung gerechnet. Man suchte auch hier eine Objekt-Alleinautorschaft.

Außerdem wies die Nachforschung zu diesem Hause um 1960 im Zusammenhang mit der Arbeit über George Bähr und den Sächsischen Barock urkundlich nach, daß das Vordergebäude an der Meißner Straße bereits 1690, nach dem Stadtbrand von 1685, neu errichtet worden war und daß man dessen Straßenfront zwischen 1723 und 1727 in der Art einer vorhandenen Aufrißzeichnung in zeitgemäßen Formen neu

224 *Schnitt und Ansichten zur Neubebauung
und Bestands-Modernisierung des Gerveschen
Wohn- und Brauhauses an der Altendresdner
Meißner Straße. 1723/1727–1732.*

Feder, laviert. 48×60 cm.
Dresden, Institut für Denkmalpflege,
Planarchiv, M 17 E, Bl. 1.

gestaltet hat. Dazu ließ sich weiter folgern, daß der Zierat, der später im Vergleich zu diesem Aufriß der Fassadenmodernisierung von 1723/27 fehlte, ursprünglich als Malerei ausgeführt worden war und danach im Laufe der Zeit überputzt wurde. Der Baubefund nach Abnahme mehrerer Putzschichten für die Rekonstruktion beim Hotelbau 1983 bestätigte diesen Schluß urkundlich-wissenschaftlicher Nachforschung.

Die Darstellungen zu dem Hause hatten vordem diese Malerei übersehen. Sie erwogen nicht die Planung und die Ausführung einer differenzierten, teilweise plastisch ausgearbeiteten und teilweise nur illusionistisch gemalten Zieratplastik. Die spätere Formbestandsveränderung wurde stilistisch und autorschaftlich fehlinterpretiert, weil man auch hier das Formbild nur eines Bauzustandes fixierte und dieses Zustandsbild einem Hausbau-Entwurfsautor als einzigem Form-Inventor zuschrieb. Man täuschte sich, weil man typische Vorgänge der Planung und Ausführung Dresdner barocker Bürgerarchitektur unbeachtet ließ und einen später nur fragmentarisch sichtbaren Zieratbestand für das Ganze eines ursprünglich beabsichtigten und ausgeführten Fassadenbildes hielt.

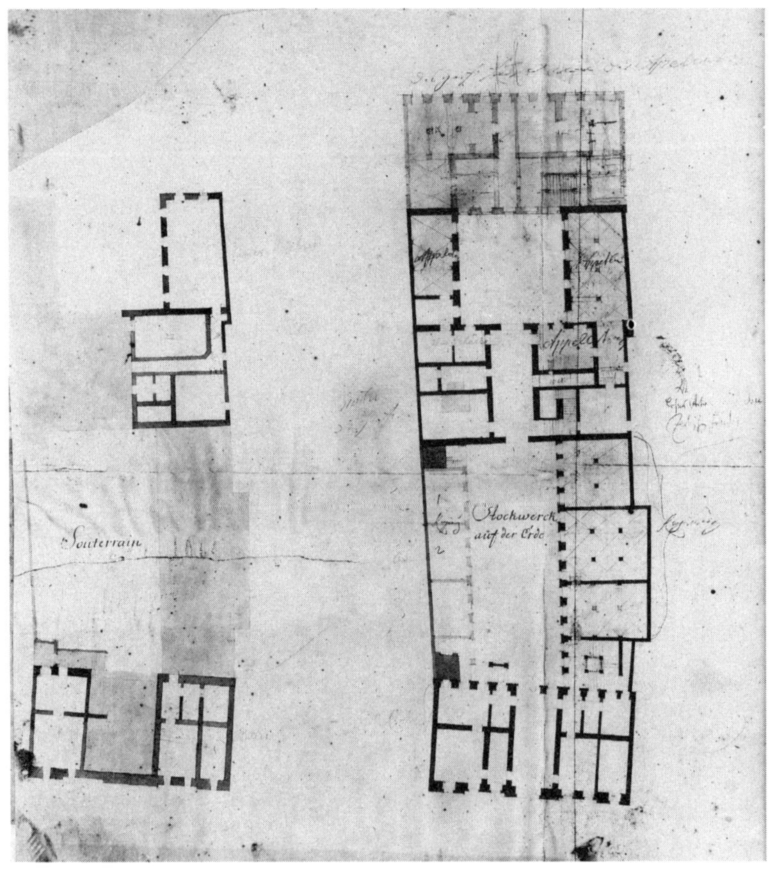

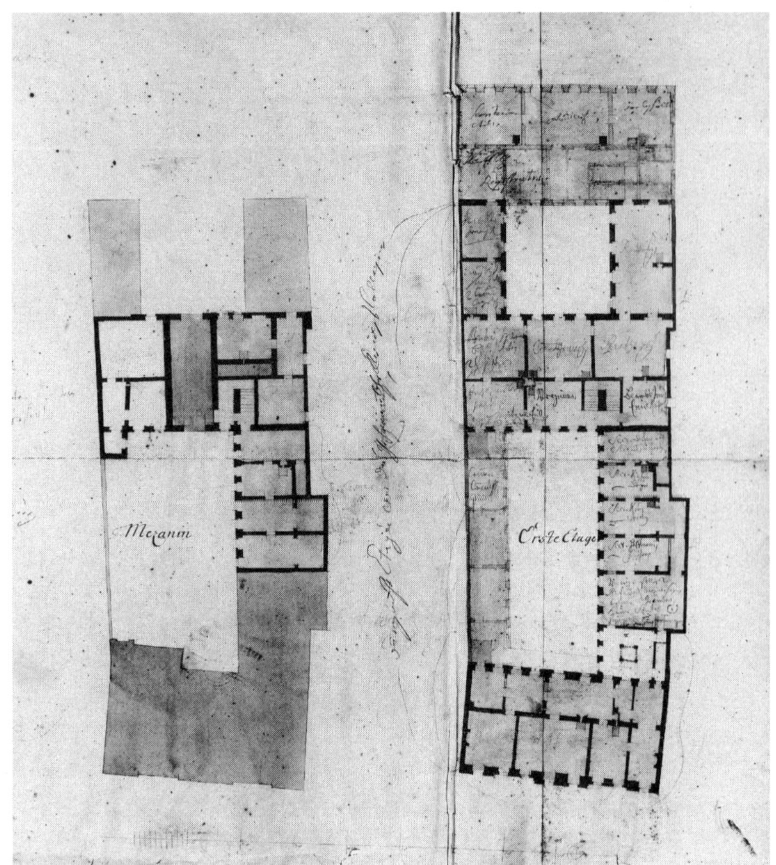

225 *Disposition zur Kanzleinutzung des ehemaligen Gerveschen Bürgerhausneubaus und weitere Entwurfsbearbeitung der beiden Ergänzungsneubauten. Ein Blatt mit sechs Grundrißzeichnungen. 1733. Ausschnitt: Grundriß vom Erdgeschoß.*

Baubestand: Feder, laviert. Planungen: Bleistift. Maße des Blattes insgesamt: 82×210 cm. Dresden, Institut für Denkmalpflege, Planarchiv, M 17 E, Bl. 10.

226 *Disposition zur Kanzleinutzung des ehemaligen Gerveschen Bürgerhausneubaus und weitere Entwurfsbearbeitung der beiden Ergänzungsneubauten. Ein Blatt mit sechs Grundrißzeichnungen. 1733. Ausschnitt: Grundriß der ersten*

Etage und des Mezzanin. Baubestand: Feder, laviert. Planungen: Bleistift. Maße des Blattes insgesamt: 82×210 cm. Dresden, Institut für Denkmalpflege, Planarchiv, M 17 E, Bl. 10.

Anteil an stadtbaukünstlerischer Kollektivität

Im Ergebnis der George-Bähr-Forschung ist über den nachweislich objektbezogenen Autorschaftanteil hinaus und außer eventuell noch erkennbaren Objekt-Alleinautorschaften vor allem auch nach objekt-unabhängigen Anteilen zu fragen, mit denen Pöppelmann wie andere Architekten und Baumeister im Dresdner barocken Wohnungsbau wirksam geworden sein könnte. Hier hat man verschiedene Wege allgemeiner Einflußnahme in Betracht zu ziehen. Eine Gelegenheit dazu bot sich für Pöppelmann wohl durch die Kommission des Oberbauamtes, bei der von den Bürgern die Hausbauplanungen zur Genehmigung einzureichen waren. Pöppelmann war als Oberlandbaumeister Mitglied dieser Kommission. Dabei sah man vor allem darauf, daß die Baureglements eingehalten wurden. Sie betrafen die städtebaulich-räumliche Einordnung und die Bauweise der Häuser, u. a. in Bezug auf den Feuerschutz. Um die Gestaltung von Fassaden, die später so ausschließlich Gegenstand der Pro-kontra-Stilkritik wurde, ging es nur im Ausnahmefall.

In anderen Zusammenhängen ist auch an stilistische Beeinflussung des Bürgerhausbaues zu denken. Ein solcher Weg zeichnet sich über die Künstler des Architekturzierates ab – über Bildhauer, Steinmetzen, Stukkateure und Maler, die in allen Bauauftragsbereichen des Sächsischen Barocks zugleich tätig waren, sowohl mit den Architekten des Oberbauamtes bei den Bauten des Hofes, zum Beispiel mit Matthäus Daniel Pöppelmann beim Bau des Dresdner Zwingers, als auch mit den Handwerksbaumeistern beim Wohnhausbau der Bürger, bei Kommunbauten für den Rat der Stadt, an Stadtpalais- und Landschloßbauten des Adels sowie im Kirchenbau verschiedenster Zuständigkeit.

Diese Künstler haben jedoch weitgehend eigenschöpferisch gearbeitet. Die Baumeister und die Zieratkünstler verbindet hier eine Gesamtheit jeweils selbständiger Leistungs-Anteile. Diese Komplexität läßt sich autorschaftlich kaum noch personifizieren. Nach der Formel «Ein Werk/ein Meister» ist sie nicht zu erfassen. Hier ist nicht nur das Einzelwerk zu verfolgen, sondern die Werk-Vielzahl, das stadtbauliche Werkganze der Bürgerarchitektur als Kunstleistung insgesamt selbst. Dabei geht es nicht nur um den einzelnen Meister, sondern um die Meisterschaft, in der quantitativen und in der qualitativen Bedeutung des Wortes – um stadtbaukünstlerische Kollektivität. Sie schließt auch Matthäus Daniel Pöppelmann ein. Pöppelmann hat darin genauso wie andere Architekten des Dresdner Oberbauamtes Anteil an wechselseitiger Wirksamkeit des höfischen Kunstkreises und der Planungs- und Werkbereiche bürgerlicher Baumeister, die selbständig die Stadt bebauten und gestalteten.

Die Forschung zu George Bähr und dem Sächsischen Barock erkennt in der stadtbaukünstlerisch bestimmten Bürgerarchitektur eine kulturell außerordentlich bedeutende Leistung des Dresdner Barocks.[8] Diese Kultur- und Kunstleistung der ersten Hälfte des 18. Jahrhunderts stellt sich ihr nach den Zerstörungen im Kriege 1945 als ein im besonderen verpflichtendes Vermächtnis dar.

Erhalten gebliebene Zeugnisse dieser Stadtbebauung der Bürger wurden nach dem Kriege von der Dresdner Denkmalpflege und Stadtplanung in beispielhafter Weise in den Neuaufbau einbezogen. Die sorgsam rekonstruierten Baudenkmalobjekte und Baudenkmalbereiche dieser Art befinden sich ausschließlich in der Dresdner Neustadt: das barocke Bürgerhausensemble der Straße der Befreiung,[9] das Dreikönigskirchviertel und der historische Gebäudekomplex im Neubau des Hotels Bellevue an der Köpckestraße.[10] Die Rekonstruktion der barocken Bürgerhausbebauung[11] an der Friedrich-Engels-Straße hat begonnen.

Das Vermächtnis der Dresdner barocken Bürgerarchitektur kann und sollte heute jedoch auch noch bei der weiteren Gestaltung der Dresdner Altstadt am Neumarkt im Bereich des Kulturhistorischen Zentrums der Stadt erfüllt werden. Die Bürgerarchitektur als Stadtbaukunst des Volkes ist hier neben den Bauten des Hofes für die Identität dieses Gebietes und für die Darstellung einer kulturhistorisch authentischen Denkmalstruktur dieses Zentrums geltend zu machen. Den Absichten der Dresdner Denkmalpflege und Stadtplanung entsprechend sollte man hier kriegszerstörte beräumte Wohnbauten aus der Zeit des Barock wieder errichten und sie in moderne Neubebauung einordnen.[12] Auch Matthäus Daniel Pöppelmann erführe durch die Reproduktion solcher Zeugnisse stadtbaukünstlerisch kollektiver Bürgerarchitektur noch eine entsprechende Würdigung.

Barocke Bürgerarchitektur in der Dresdner Denkmalpflege und Stadtgestaltung nach den Kriegszerstörungen 1945

227 *Aufriß von der Südseite des Langhauses der Stadtkirche*
St. Nikolaus in Pretzsch. Nach 1720.
Feder, farbig angelegt. 70,8×52 cm. Dresden,
Institut für Denkmalpflege, Planarchiv, M 51, II, Bl. 7.

HARTMUT MAI

Matthäus Daniel Pöppelmanns Anteil
am evangelischen Kirchenbau
des Barocks in Sachsen

Als der Dresdener Superintendent Valentin Ernst Löscher am 29. September 1739 die Dreikönigskirche in Dresden-Neustadt einweihte, war dies die sechste Kirche, die er während seiner Amtszeit in der Residenz ihrer Bestimmung übergab.[1] Unter diesen nahm die 1734 in Gebrauch genommene, doch erst 1743 vollendete Frauenkirche die erste Stelle ein. Auf diesen Bau konzentrierte die Bürgerschaft ihre Kräfte. Mit ihr verwirklichte der Ratsbaumeister George Bähr auf unvergleichliche Weise die den Vorstellungen eines evangelischen Predigtgottesdienstes besonders entsprechende Form des Zentralbaus. Mit zwei der insgesamt sechs Kirchen war Pöppelmann befaßt, und zwar mit der neugegründeten Kirche in der Friedrichstadt, seit 1882 Matthäuskirche genannt, und mit der Dreikönigskirche. Da letztere Kirche nach dem Projekt von Pöppelmann begonnen, im Innern schließlich nach einem Plan von Bähr ausgebaut wurde, berührte sich hier das Schaffen beider Architekten.

Was in Dresden im ersten Jahrzehnt des 18. Jahrhunderts auf dem Gebiet des Kirchenbaus geschah und mit den Namen Bährs und Pöppelmanns verknüpft ist, ordnet sich ein in eine rege kirchliche Bautätigkeit, die vom Ausgang des 17. bis in die Mitte des 18. Jahrhunderts fast überall in Sachsen zu beobachten ist.

Während sich Bähr intensiv dem Zentralbauproblem zuwandte, reihte sich Pöppelmann mit seinen Entwürfen in die Überlieferung des längsgerichteten Predigtsaals ein, wie er – im einzelnen variiert – für die Mehrheit der Kirchenbauten seiner Zeit in Anwendung kam. Übereinstimmend lagen dem Kirchenbau beider Richtungen folgende Voraussetzungen zu-grunde. Die Mittel für Kirchenbauten waren begrenzt. Sie wurden in der Regel durch das Kirchenvermögen, Spenden, Stiftungen und unentgeltliche Leistungen der Gemeindeglieder aufgebracht.[2] Aus protestantischer Überzeugung strebte man zwar nach einer dem Gotteshause angemessenen architektonischen Würde, lehnte aber einen Prunk, wie ihn die katholische Kirche jener Zeit schätzte, ab. Das Hauptinteresse lag auf der Funktionstüchtigkeit des Raumes. Es galt, möglichst vielen Menschen Sitzplätze mit guter Sicht- und Hörbarkeit des Predigers am Altar und auf der Kanzel zu bieten.[3]

Das führte zur Anlage umlaufender Emporen, manchmal bis zu drei Geschossen, und in der Mehrzahl der Fälle zur Vereinigung von Kanzel und Altar im Kanzelaltar. Beim Außenbau lag das Hauptaugenmerk auf der Ausbildung des Turmes; denn er war der das Ortsbild prägende Teil des Gebäudes.

Will man nun Pöppelmanns Leistungen auf dem Gebiet des Kirchenbaus in das Baugeschehen seiner Zeit einordnen, so läßt sich soviel sagen, daß er aufgrund seiner leitenden Stellung im Bauwesen des Landes nachweislich mit einer Reihe von Aufgaben betraut wurde, die in der Regel in Verbindung mit dem Hofe standen. Er hat sowohl bei der Um- und Ausgestaltung vorhandener Kirchen als auch bei Neuplanungen mitgewirkt, ohne daß sein Anteil immer aktenmäßig eindeutig zu erheben ist. Ebenso läßt sich von der Formensprache her keine völlige Sicherheit gewinnen, da viele Einzelformen damals zum Gemeingut sächsischer Kunst geworden waren.

Unter diesen Voraussetzungen seien Pöppelmanns wichtigste Leistungen vorgestellt.

Zunächst hat Pöppelmann im Rahmen von drei Vorentwürfen für das Dresdener Residenzschloß (1709/10) auch die Grundrisse zu den katholischen Schloßkapellen angegeben. Es handelt sich jeweils um Saalkirchen mit an vier Seiten umlaufenden Emporen und dem Altar an einer Schmalseite. Im dritten Vorentwurf sind Kanzel und Herrschaftsloge als sich an den Längsseiten gegenüberliegend eingezeichnet. Die Entwürfe blieben unausgeführt. Alle übrigen Arbeiten bezogen sich auf evangelische Kirchen.

Stadtkirche St. Nikolaus in Pretzsch an der Elbe

Die Stadtkirche St. Nikolaus in Pretzsch an der Elbe, zugleich Hof- und Begräbniskirche für Königin Christiane Eberhardine, wurde zwischen 1720 und 1727 nach Pöppelmanns künstlerischen Vorstellungen umgeprägt, wobei das Vorhaben nicht ganz abgeschlossen wurde. Der Turm erhielt damals ein neues hölzernes Obergeschoß, dessen von Pilastern gerahmte Bogenöffnungen sich eng an die Zwingerarchitektur anschließen. Die beinahe glockenförmige Haube mündet in eine Zwiebelkuppel, die in einer Spitze mit Knauf als Träger der Wetterfahne ausläuft. Möglicherweise hat dieser markante Turmabschluß die etwas einfacheren Kirchtürme in Röhrsdorf[4] und Sora[5] bei Meißen beeinflußt.

Im Innern entstammen der Umbauzeit der reich gestaltete Prospekt der Eberhardinenloge an der Nordwand des Chores und die in das Schiff eingefügte, an drei Seiten umlaufende Doppelempore. Zur einheitlichen Wirkung des Schiffs trägt wesentlich die gekehlte Gipsdecke bei, die großzügig mit dem von vier Kindengeln umspielten Monogramm der Patronatsherrin in der Mitte und den kurfürstlich-königlichen Wappen nebst denen ihrer Hohenzollernherkunft, diagonal angeordnet, in den Ecken bemalt wurde.

Eine Neugestaltung von Gestühl und Emporen erfuhr zwischen 1726 und 1728 der Freiberger Dom nach dem Konzept des Organisten Elias Lindner.[6] In die die steinerne spätgotische Empore tragenden «Schwibbogen» sollte ein umlaufender hölzerner Betstubenring eingefügt werden, der gegenüber der Kanzel zwei Fürstenlogen in sich schloß. Für letztere wurde Pöppelmann 1726 mit Plänen beauftragt. Inwieweit das ausgeführte und bis heute erhaltene Werk ihnen entspricht, ist nicht sicher auszumachen.[7] Von 1733 stammt ein nicht ausgeführter Entwurf zur

229   *Grundriß und Aufriß von der Südseite (Eingangsseite)*
der Weinbergkirche in Dresden-Pillnitz. Um 1723.
Dresden, Staatsarchiv, OHMA Cap. VI, Nr. 8.

230 Johann Wilhelm Hoeckner.
Medaille auf den Bau der Kirche
in Dresden-Friedrichstadt. 1728.
Umschrift Vorderseite:
«PROVIDENTIA DEI CLEMEN-
TIA AUGUSTI.» Unten signiert:
«HOECKNER FEC.» Silber.
Durchmesser 43,9 mm. Dresden,
Münzkabinett, Nr. 399.

Amtsempore in der Stadtkirche zu Nossen, die nach dem Brande von 1718 als barocker Predigtraum ausgebaut wurde. Ehe auf die mehr oder weniger gut erhaltenen Kirchenneubauten eingegangen wird, sei erwähnt, daß Freiherr Joachim Siegismund von Ziegler und Klipphausen, der Gründer von Stift Joachim-

stein, 1709 Pöppelmanns Rat beim Bau der Kirche von Radmeritz einholte.

1730 reiste der Architekt auf Anforderung von König Friedrich Wilhelm I. von Preußen nach Berlin, um die Pläne für den Wiederaufbau der dortigen Petrikirche zu begutachten.

Weinbergkirche in Dresden-Pillnitz

Pöppelmanns frühester ausgeführter Kirchenbau ist die Weinbergkirche in Dresden-Pillnitz von 1723/25. Sie wurde in den Weinbergen oberhalb von Schloß Pillnitz auf Befehl Augusts des Starken als Ersatz für die 1723 im Zuge des Schloßneubaus abgebrochene alte Schloßkirche erbaut. Sie erhebt sich auf dem Grundriß eines Rechtecks und schließt mit einem Walmdach, dessen Mitte ein Dachreiter bekrönt. Das

Innere ist zwar längsgerichtet, doch am Außenbau ist die dem Elbtal zugekehrte Längsseite als Schauseite mit prachtvollem Sandsteinportal ausgebildet. Nachfolgend findet sich der in Pillnitz verwirklichte Kirchentyp auch bei anderen sächsischen Kirchenbauten (Rammenau bei Bischofswerda 1736/49 und Röhrsdorf bei Pirna 1749, beide von Andreas Hünigen).

Matthäus-Kirche in Dresden-Friedrichstadt

Die für die 1725 gebildete Kirchgemeinde Dresden-Friedrichstadt 1728/32 erbaute Kirche ist eng mit Matthäus Daniel Pöppelmann und seiner Familie verbunden. In ihr fand der Architekt seine noch heute zugängliche letzte Ruhestätte. Das Äußere der barocken Saalkirche mit aus der Westfassade aufsteigendem Turm wurde nach Kriegszerstörung bis 1978 originalgetreu wiederhergestellt.

Pöppelmanns finanzielle Beiträge zum Kirchenbau sind verbürgt.[8] Von seinem Sohn Johann Adolph Pöppelmann, Hofmaler und Bewohner eines Grundstücks unweit der Kirche, wird in der Turmknopfurkunde vom 24. Mai 1732 die tatkräftige Unterstützung des Kirchen- und Turmbaus ausgesagt.[9] Da der Innenraum seit der Erbauung mehrfach verändert und nach der Kriegszerstörung völlig neu konzipiert wurde, gewinnt die 1730 anläßlich der Kirch-

weihe veröffentlichte Beschreibung besondere Bedeutung.

«Diese neue Kirche, in welcher der Altar und der darinnen befindliche Predigt-Stuhl schön gemahlet, und ersterer mit einen (!) hohen Crucifix, so unten mit 2. Engeln gezieret, versehen worden, ist von gar schönen (!) Ansehen, hat 6. Eingänge, doppelte Empor-Kirchen, einen schönen Tauffstein, einen grossen doppelten meßingenen Cronen-Leuchter mit 16. Armen, den (!) Altar gegen über ein grosses Chor ... Die Kirche ist ins Gevierdte gebauet, doch einen ziemlichen Theil länger als breiter, indem sie in der Breite nur 3. in der Länge aber 7. Fenster, hat inwendig schöne Stocatur-Decken, die ordentliche Rangirung derer Stühle, in welcher etliche 1000. Personen, so alle den Prediger sehen können, ihren Platz finden, giebet der Kirchen nicht geringes Ornament ...»[10]

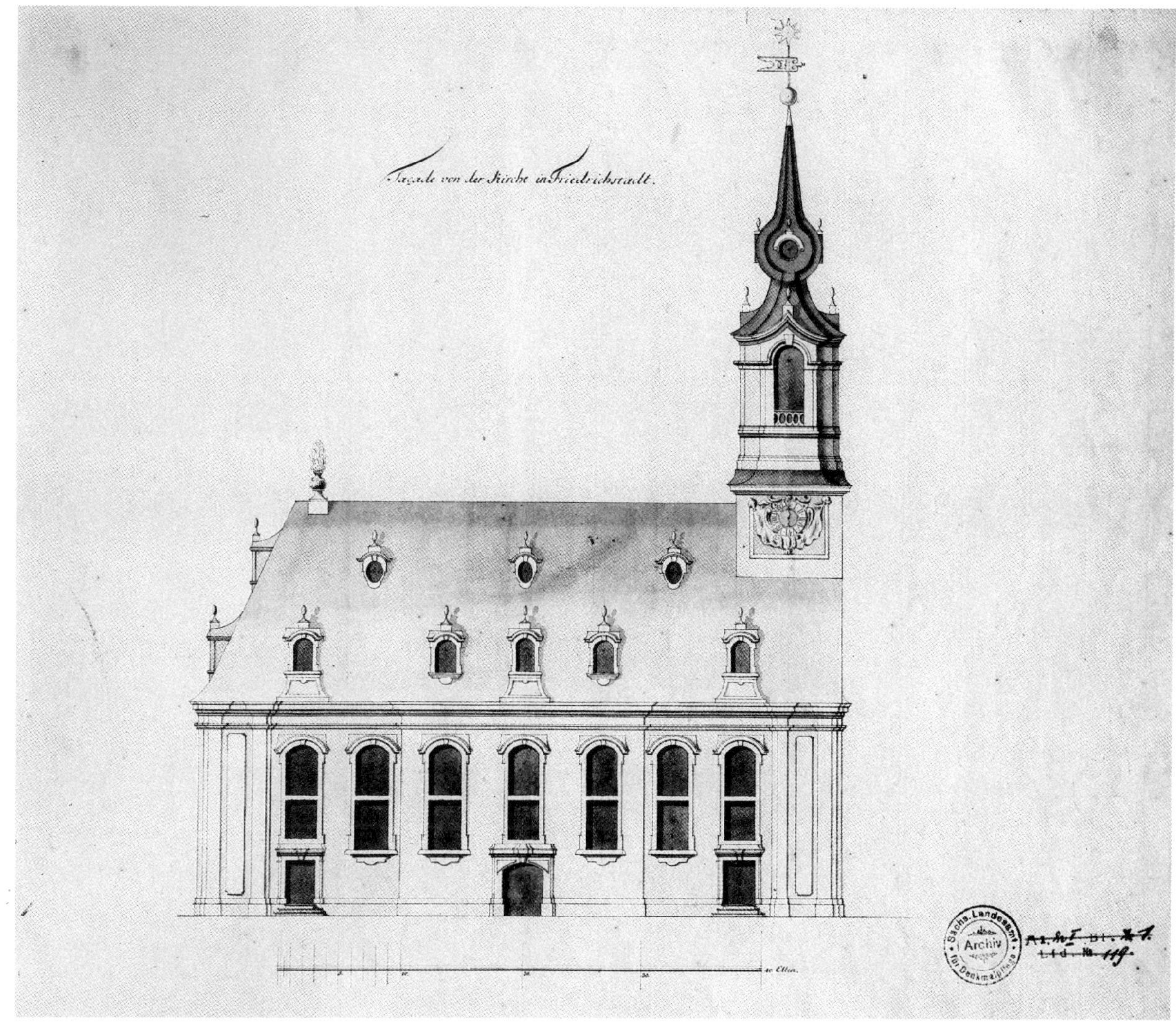

231 *Matthäuskirche in Dresden-Friedrichstadt. Entwurf zum Aufriß der Längsseite an der Friedrichstraße (Nordseite). Um 1727.* Beschriftet: «Façade von der Kirche in Friedrichstadt». Feder, mehrfarbig getönt. 51,4×44,8 cm. Dresden, Institut für Denkmalpflege, Planarchiv, M 1, h II, Bl. 2, Nr. 119.

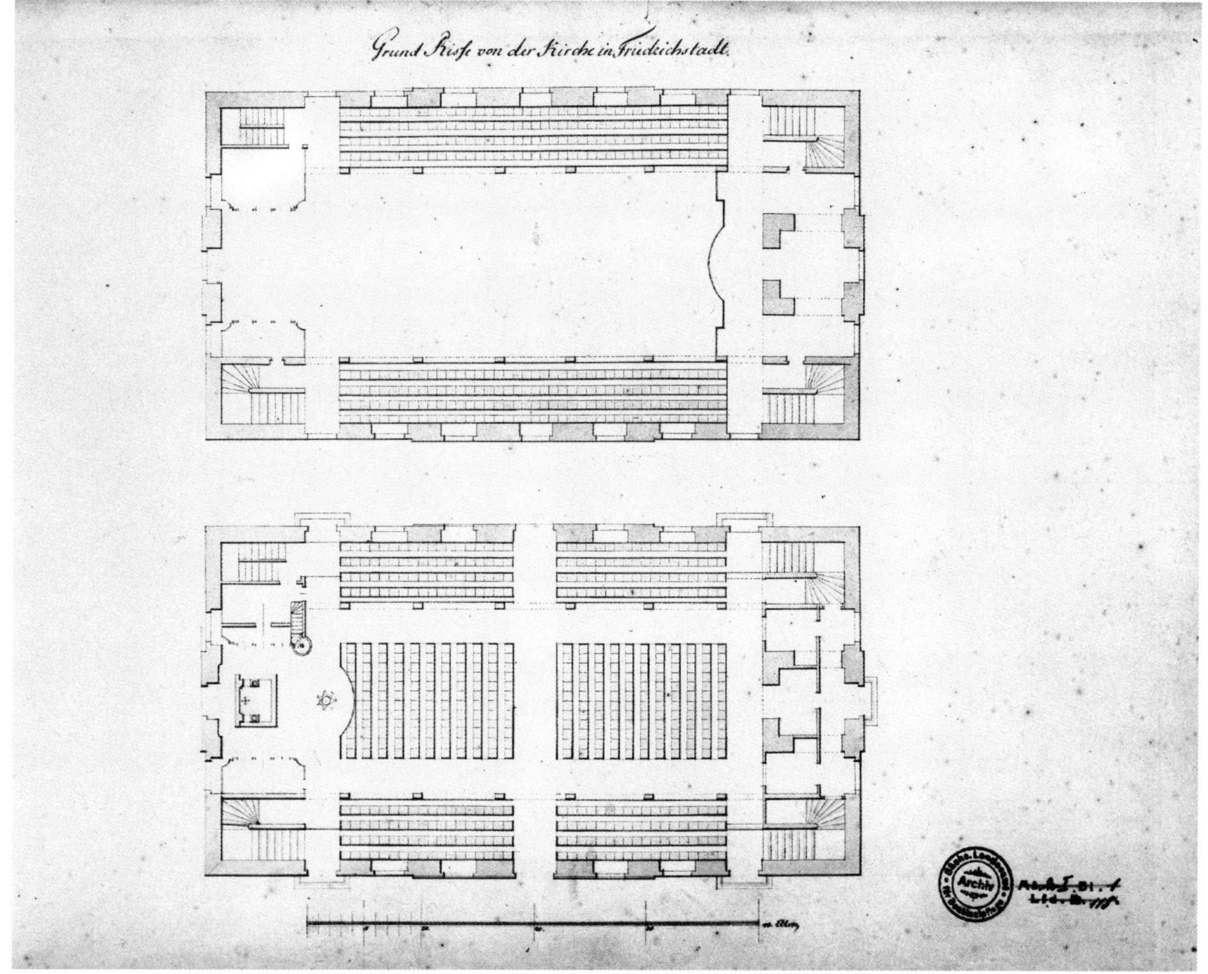

232 *Matthäuskirche in Dresden-Friedrichstadt. Erdgeschoß- und Emporengrundriß. Um 1727.* Beschriftet: «Grund Risse von der Kirche in Friedrichstadt.» Feder in Rosa und Gelb. 66,4×46,6 cm. Dresden, Institut für Denkmalpflege, Planarchiv, M 1, h 1, Bl. 1, Nr. 118.

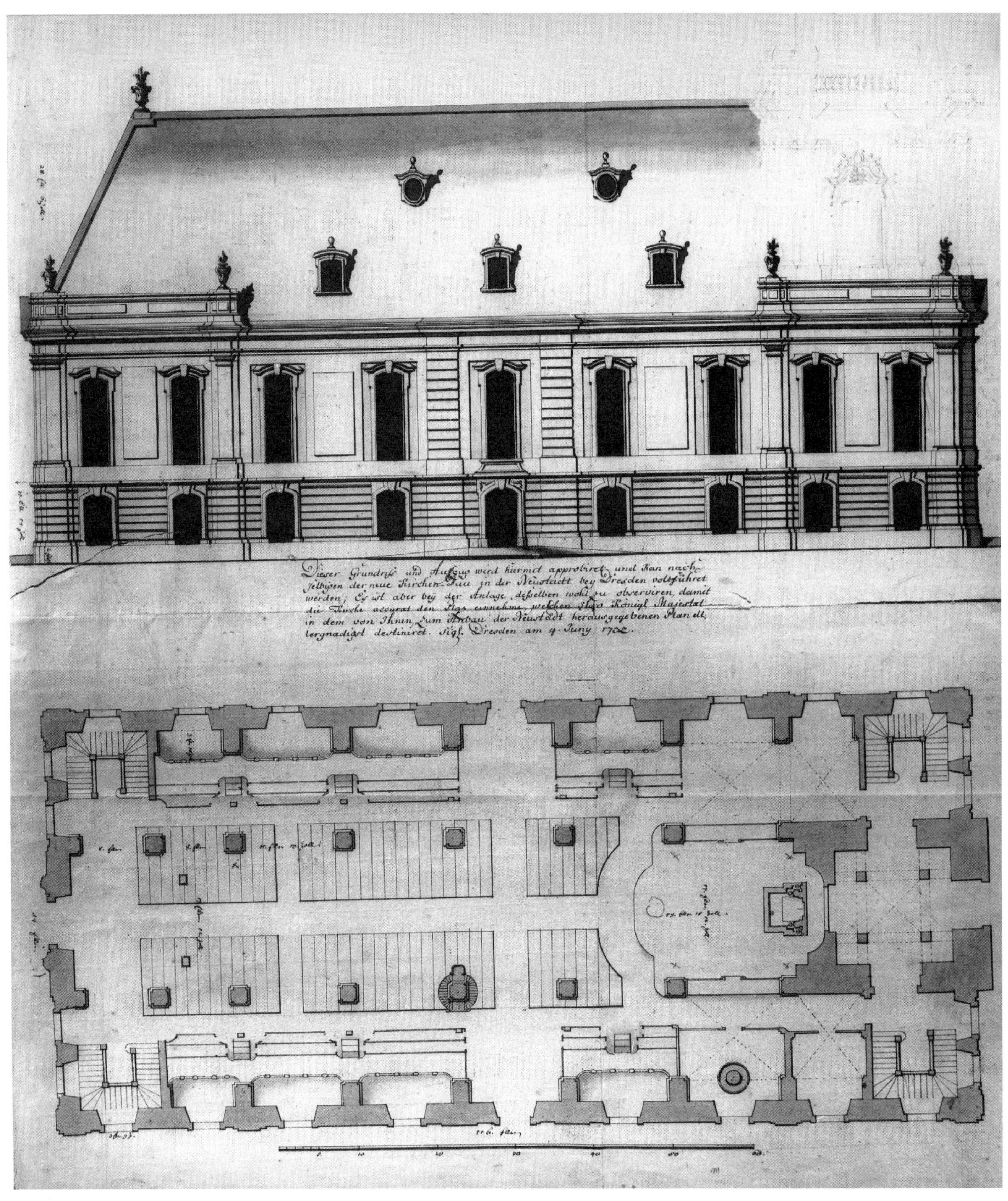

233 *Dreikönigskirche in Dresden-Neustadt. Aufriß der Nordseite und Grundriß des Erdgeschosses. 1732.* Beschriftet: «Dieser Grundriss und Auffgang wird hiermit approbiret und kan nach / selbigen der neue Kirchen-Bau in der Neustadt bey Dresden vollführet / werden; Es ist aber bey der Anlage desselben wohl zu observiren, damit / die Kirche accurat den Platz einnehme, welchen Ihre Königl. Majestaet / in dem von Ihnen zum Anbau der Neustadt herausgegebenen Plan al / lergnaedigst destiniret. Sigl. Dresden am 4. Juny 1732.» Feder, farbig angelegt, Bleistift für die zwei Turmgeschosse oberhalb des Dachansatzes. 79,8×56,1 cm. Dresden, Sächsische Landesbibliothek, Archit. 263, forma max. Bl. 15.

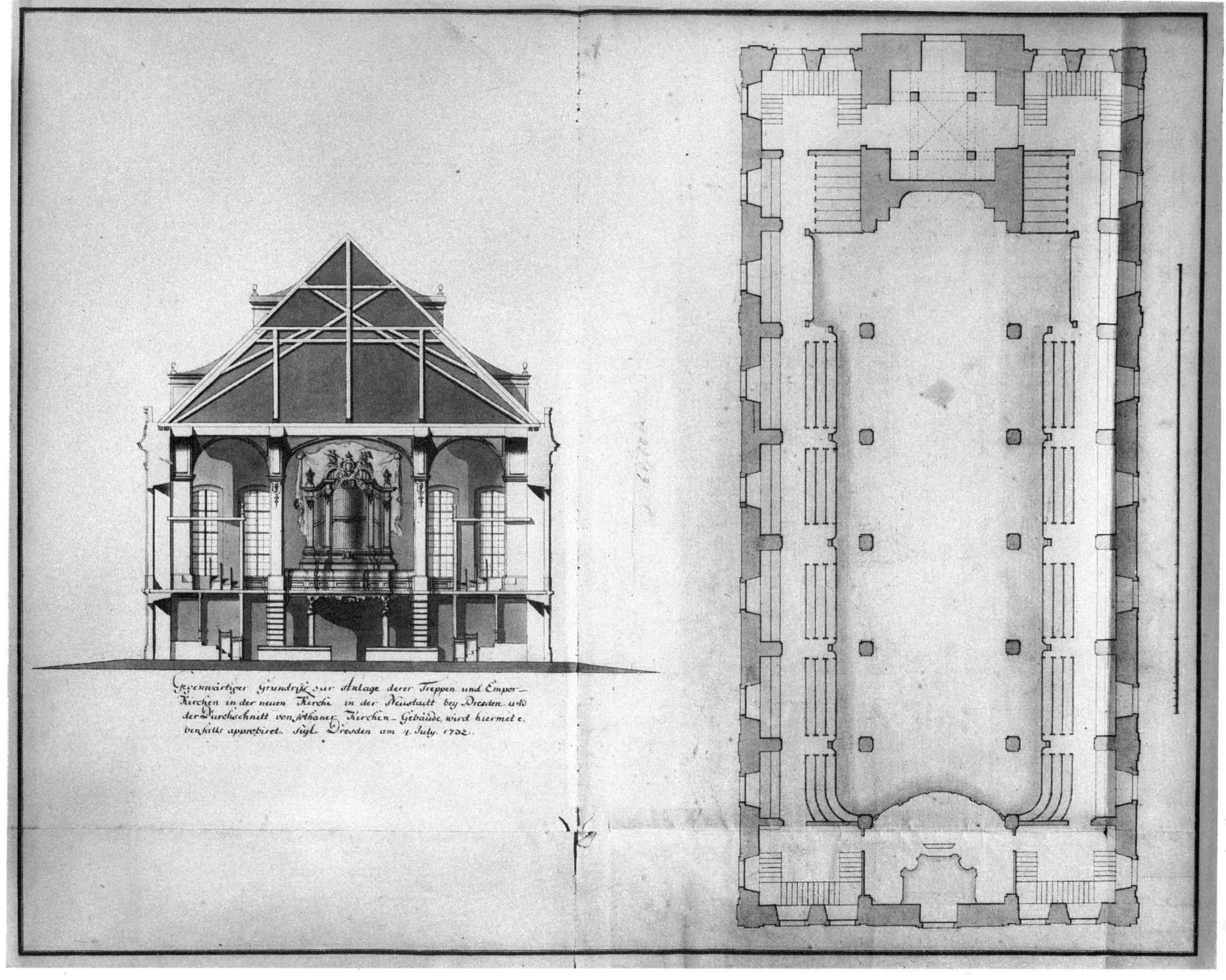

234 *Dreikönigskirche in Dresden-Neustadt. Querschnitt mit Blick zur Orgel und Emporengrundriß. 1732.* Beschriftet: «Gegenwärtiger Grundriss zur Anlage derer Treppen und Empor-/ Kirchen in der neuen Kirche in der Neustadt bey Dresden und / der Durchschnitt sothaner Kirchen-Gebäude, wird hiermit e / benfalls approbiret. Sigl. Dresden am 4. July. 1732.» Feder, farbig angelegt. 56,4×72 cm. Dresden, Sächsische Landesbibliothek, Archit. 263, forma max. Bl. 16.

Im Zusammenhang mit der Umgestaltung von Altendresden, das ab 1732 offiziell Neustadt bei Dresden hieß, mußte auf Anordnung Augusts des Starken die Dreikönigskirche von 1685/88 abgebrochen und an der neu angelegten Hauptstraße ein Neubau errichtet werden.[11] Am 20. 11. 1731 zeigte Pöppelmann den beiden Bürgermeistern Vogler und Stefigen den Bauplatz und brachte einen Grundriß mit. In seiner Wohnung legte er ihnen und dem Ratssyndikus Schröter dann die übrigen Risse und das Modell zur Interimskirche vor. In Anknüpfung an den Vorgängerbau, aber auch mit Rücksicht auf die Größe des Bauwerkes plante Pöppelmann eine dreischiffige gewölbte Halle.

Ein namens des Rates vorgelegter Gegenvorschlag von George Bähr und Johann Gottfried Fehre veranlaßte Pöppelmann zu einem zweiten Entwurf (März 1732). Er unterschied sich von dem vorangegangenen durch die Verringerung der Anzahl der Fenster an

Interimskirche und Dreikönigskirche in Dresden-Neustadt

*235 Dreikönigskirche
in Dresden-Neustadt.
Querschnitt zur Planänderung
des Innenausbaus. Um 1735.
Signiert unten rechts:
«George Bähr / Zimmer
Meister». Signiert unten
links: «Johann Gottfried
Fehre / Maurer Meister».
Beschriftet und signiert
in der Mitte: «Dierser
mittelste Bogen soll einen
vollkommenen halben Cir-
cul haben. George Bähr /
Zimmer Meister.»
Feder, farbig angelegt.
56,1×43,5 cm.
Dresden, Institut für
Denkmalpflege, Planarchiv,
M 1, d III, Bl. 20.*

den Längsseiten von 11 auf nur noch 9 bei 6 freistehenden Pfeilern im Innern. Nach diesem Plan wurde der
Bau als dreischiffige Pfeilerhalle auf dem Grundriß
eines Rechtecks begonnen. An der westlichen Schmalseite wuchs der Turm innerhalb des Baukörpers em-
por, gedieh allerdings zunächst nur bis zum Dachan-
satz des Kirchenschiffs. Die freistehenden Geschosse
wurden erst 1854/57 nach Plänen von Karl Moritz
Haenel und Frommherz Lobegott Marx in Anlehnung
an den Stil der Kirche vollendet.[12] Im Turminnern
wurde eine gewölbte Nische für den den Raum beherr-
schenden Sandsteinaltar, ein Werk von Benjamin
Thomae, ausgespart. Im übrigen wurde die Anlage
des Kircheninnern noch nach Baubeginn durch George Bähr und Johann Gottfried Fehre im Sinne einer
Zentralanlage wesentlich verändert. Das gelang durch
das Herausrücken der drei mittleren Arkadenpfeiler
und die ihrer Stellung folgende Linienführung der
Doppelempore sowie durch die Ausbildung der Decke
des Mittelraums als ein hölzernes verputztes Mulden-
gewölbe. Die Veränderung der inneren Anordnung
hatte zur Folge, daß statt des ursprünglich geplanten
Walmdaches ein Mansarddach aufgesetzt wurde.

Der Aufriß der Längsfassaden entsprach weitgehend
dem datierten Fassadenentwurf vom 4. Juni 1732.

Bei der Erneuerung von 1891 wurde das Gestühl
ausgewechselt, die zweite Empore entfernt und das
Gewölbe durch Stuckornamente bereichert. Die von
Rudolf Kolbe 1933/34 geleitete Innenerneuerung, bei
der Kunstmaler Paul Ricken mitwirkte, war auf die
Rückgewinnung des barocken Charakters gerichtet.
Dabei wurde dem Holzgewölbe ein ungegliedertes Ra-
bitzgewölbe untergehängt. Am 13. Februar 1945 ging
der Innenraum mit Ausnahme des Altars zugrunde.

An die für die Dreikönigskirche von Bähr entwik-
kelte zentralisierende Raumform knüpften einige bedeutsame sächsische Kirchenbauten an: Weesenstein
1738/41,[13] Pulsnitz 1742/45,[14] Kittlitz 1749/69.[15]

Das ausschließliche Werk Pöppelmanns war die
Interimskirche, die der Neustädter Gemeinde von
1732 bis 1739 diente. Ihr Fassungsvermögen stand
nicht hinter dem der abgebrochenen Kirche zurück.
Aus der überlieferten Beschreibung wissen wir, daß
es sich um eine Saalkirche mit Doppelemporen an
den Längsseiten und einem Kanzelaltar an der nördlichen Schmalseite gehandelt hat.[16]

ANHANG

Anmerkungen

1 Hans Christian Andersen: Reise nach Dresden und in die Sächsische Schweiz. Dresden 1941, S. 7 (Nachdruck. Teil des Bandes 17 der «Gesammelten Werke», mit dem Untertitel «Reiseschatten von einem Ausflug nach dem Harz, der Sächsischen Schweiz, im Sommer 1831, von H. C. Andersen)

2 Vgl. Ausstellungskataloge Schallaburg 1984 (Barock und Klassik), Leipzig 1985 (Kunst der Bachzeit) und besonders Essen 1986 (Barock in Dresden) – siehe Literaturverzeichnis.

3 Friedrich II.: Geschichte meiner Zeit. In: Ausgewählte Werke Friedrichs des Großen. Hrsg. von G. B. Volz. Berlin 1916, I, S. 75 f.

4 Lichtwark 1898, S. 95 ff.

5 Für die Pöppelmann-Forschung von grundlegender Bedeutung sind die Bücher von Hermann Heckmann 1954 und 1972 sowie die neueste Veröffentlichung von 1986. Viele Aussagen der hier vorgelegten Publikation stützen sich auf Ergebnisse der genannten Arbeiten, sowohl was die Biographie angeht, wie im Hinblick auf die Werke. Neue Ergebnisse der Dresdner Barock- und Pöppelmann-Forschung sind im Katalog der Dresdner Pöppelmann-Ausstellung des Jahres 1987 niedergelegt; vorliegendes Buch hängt mit dieser Ausstellung zusammen.

6 Vgl. Lindau 1885²; das Buch von Lindau stellt die Geschichte der Stadt gründlich und auf Quellen gestützt dar. Hier wie in anderen Fällen kann Lindaus Arbeit zum Vergleich historischer Fakten herangezogen werden.

7 Heckmann 1972, S. 15

8 Vgl. die neuesten Untersuchungen von Henning Prinz im Katalog der Dresdner Pöppelmann-Ausstellung 1987 und in diesem Buch. – Im Gegensatz dazu stehen die Beobachtungen von Kurt Milde, die auf dem Pöppelmann-Kolloquium 1987 in Dresden mitgeteilt wurden. Milde bringt überzeugend eine früher 1712 datierte Plangruppe (Sächsische Landesbibliothek, Mscr. Dr. L 4) mit den ersten Entwürfen zum Taschenbergpalais in Verbindung, woraus sich die Datierung auf 1705 ergibt sowie die Beteiligung Pöppelmanns auch in dieser frühen Phase, als noch ein Vierflügelbau vorgesehen war. Vgl. Walter May: Entwürfe M. D. Pöppelmanns im Bestand der Sächsischen Landesbibliothek. In: SLB Kurier. 1, 1987, 3, S. 1–3

9 Diesen Begriff verwendet besonders Horst Fischer im Zusammenhang mit seinen Forschungen zu George Bähr (vgl. Literaturverzeichnis). – Die Fragen des «begrenzten Wettbewerbs» zwischen den Architekten Augusts des Starken und seiner Methoden der Auftragserteilung an mehrere Baumeister gleichzeitig schildern besonders Walter Hentschel 1969 (Zentralbauprojekte, S. 16) und Heinrich Gerhard Franz 1853 (Longuelune, S. 61).

10 Iccander, Chronicon 1726, S. 583

11 Iccander, Chronicon 1732, S. 935

12 Weinart 1777, S. 206

13 Marperger 1711, S. 453 und Register, S. 558; vgl. Heckmann 1972, S. 239

14 Vgl. Döring 1930, S. 48

15 Vgl. Horst Fischer, im Katalog der Pöppelmann-Ausstellung Dresden 1987, Nr. 435, 436

16 Heckmann 1972, S. 12

17 Döring 1930, S. 152 f.

18 Mohrenthal 1734, S. 31

19 Vgl. Hentschel 1967, S. 10 ff.

20 Im ganzen hat Harald Keller das Stichwerk 1980 publiziert; besprochen ist es in den Ausstellungskatalogen Schallaburg 1984, S. 66–72; Essen 1986, Nr. 24; Pöppelmann-Ausstellung Dresden 1987, Nr. 180. 1 bis 180. 24

21 Loen 1750

22 Hasche 1784–1790; I 1784, S. 154 f.

23 Chodowiecki 1789; veröffentlicht 1961, S. 4 (Moritzburg), S. 5 (Zwinger), S. 8 f. (Japanisches Palais), S. 11 ff. (Pillnitz)

24 Czok 1982, Heft 6, S. 250

25 Friedrich Weinbrenner: Denkwürdigkeiten aus seinem Leben, von ihm selbst geschrieben. Hrsg. und mit einem Nachwort versehen von Kurt K. Eberlein. Potsdam 1920, S. 42 f.

26 Karl Friedrich Schinkel: Reisen nach Italien. Tagebücher, Briefe, Zeichnungen, Aquarelle. Berlin 1979, S. 10 f.

27 Hübner 1856, S. 63

28 Dresden, Semper 1979, S. 150 ff., Nr. 310–324

29 Zuerst 1840 hat Menzel sich mit Bauten und Kunstwerken in Dresden beschäftigt, dann immer wieder, zuletzt 1880, 1886, 1888. Besonders hat er sich zeichnend mit dem Zwinger auseinandergesetzt. Vgl. Werner Schmidt, Ehrenpromotion 1986, S. 15; Pöppelmann-Katalog Dresden 1987, Nr. 205

30 Kraszewski 1986, S. 302

31 Hettner 1874; auch auf den für die Wirkung barocker Architektur so wichtigen Zusammenklang der Architektur mit Stukkatur, Malerei und Bildhauerkunst hat Hettner bereits hingewiesen.

32 Vgl. Bächler 1984; Nagel 1924

33 Woermann 1924, Bd. 2, S. 3 f.

34 Sedlmayr 1959, II, S. 147; das folgende Zitat ebenda S. 140

35 Mittag 1737

36 Heinecken 1768, I, S. 92; Marx 1982 (1984)

37 Asche 1966, S. 53, 56

38 Stuhr 1986, S. 37

39 Heinecken 1768, S. 69 f.; auch Christian Ludwig von Hagedorn, Dresden 1755, S. 330 ff., schildert das Leben und bespricht Werke Permosers, ohne seine Mitarbeit am Zwinger zu erwähnen.

40 Justi 1923³, Bd. I., S. 292

41 Asche 1966, S. 74

42 Hempel 1932, in Thieme-Becker, Bd. 26, S. 421

43 Vgl. Kadatz 1983, Abb. S. 199, 210

44 Iccander, Chronicon 1726, Abschnitt 3, S. 59 ff.

45 Zitiert nach Heckmann 1972, S. 234, 351 f.

46 Vgl. Michael Kirsten im Katalog der Pöppelmann-Ausstellung Dresden 1987, Nr. 150

47 Vgl. Hansmann 1983, S. 8

48 Chodowiecki 1789; veröffentlicht 1961, S. 4

49 Faßmann 1733, S. 795; die folgenden Zitate entstammen derselben Quelle, S. 795 f., 799, 806, 807

50 Faßmann 1733, S. 845

51 Faßmann 1733, S. 890; über «Wirtschaften» am Dresdner Hof vgl. auch Fürstenau 1861–1862, Nachdruck 1971, S. 88 ff.

52 Johann Christian Günthers sämtliche Werke, Bd. 4, Lob- und Strafschriften in zeitlicher Folge. Leipzig 1935, S. 189 (Bibliothek des Literarischen Vereins Stuttgart 283). Der genaue Titel von Günthers «Lobschrift . . .» lautet: Unterthänigste Lobschrift auf Ihro Königlichen Majestät in Polen und Churfürstl. Durchl. von Sachsen, Herrn Friedrichs Augusti, unvergleichliche Thaten.

53 Faßmann 1733, S. 988

54 Hantzsch 1902, S. 268

55 Vgl. Harald Marx: Trompe-l'oeil und cognitio. In: Dresdener Kunstblätter, 1984, Heft 6, S. 130–135

56 Iccander, wie Anm. 11, S. 45 f.

57 Iccander, wie Anm. 10, S. 5 ff. (datiert 1725)

58 Vgl. Bruck 1910, S. 19

59 Faßmann 1733, S. 1017; Carl Friedrich Pöppelmanns Leben und sein Verhältnis zu August dem Starken hat Walter Hentschel dargestellt: Hentschel 1967, S. 59 ff., 67 ff.

60 Voltaire: Histoire de Charles XII, roi de Suède. Leipzig 1836, S. 10

61 Faßmann 1733, S. 1016

62 Vgl. Marx 1976/1977, S. 56

63 Dresden, Gemäldegalerie Alte Meister, Gal.-Nr. 832

64 Vgl.: Das Unvollendete als künstlerische Form. Ein Symposion . . . Herausgegeben von J. A. Schmoll gen. Eisenwerth. Bern und München 1959

65 Hasche 1784–1790; I, 1784, S. 153

66 Vgl. Christian Klemm: Weltdeutung – Allegorien und Symbole in Stilleben. In: Stilleben in Europa. Ausstellungskatalog. Münster und Baden-Baden 1979/1980, S. 140–218; Marx 1980, S. 102 f., Anm. 19, 20

67 Vgl. Fürstenau 1861–1862, Nachdruck 1971; Schnoor 1948; Landmann 1986

68 Joachim Walther schildert die Vorgänge um Bewerbung und Scheitern Günthers in Dresden in seinem Roman «Bewerbung bei Hofe», Berlin 1982; indem er August den Starken nicht als historische Gestalt, sondern als komische Figur ohne Geschmack und Urteil auffaßt, bringt er sich um die Möglichkeit, den Problemen und Leistungen des Barocks in Dresden gerecht zu werden.

69 Vgl. Franz 1953, Abb. 3, 116

70 Dresden, Gemäldegalerie Alte Meister, Gal.-Nr. 142

71 Abgedruckt bei Weigert 1932, S. 376 f.

72 Posse o. J., S. 11

73 Wie Anm. 72, S. 16 ff.

74 Lindau 1885², S. 532

75 Winckelmann in den «Gedancken über die Nachahmung der Griechischen Werke in der Mahlerey und Bildhauer-Kunst.» Vgl. Johann Joachim Winckelmann: Kleine Schriften. Vorreden. Entwürfe. Hrsg. von Walther Rehm. Berlin 1968, S. 29

76 Vgl. Glaser 1980, S. 7–67

77 Vgl. Nagel 1924, S. 73

78 Sponsel 1901, S. 127

79 Ernst Rietschel: Erinnerungen aus meinem Leben. Berlin 1963², S. 56

80 Carl Heinrich von Heinecken im Vorwort zu seinem Kupferstich-Werk zur Dresdner Galerie, «Recueil d'estampes d'après les plus célèbres tableaux de la Galerie Royale de Dresde». Dresde 1753, I, und 1757, II; Zitat übersetzt

81 Wie Anm. 75, S. 29

82 Johann Anton Riedel und Christian Friedrich Wenzel: Catalogue des tableaux de la Galerie Electorale à Dresde. Dresde 1765; Zitat übersetzt

83 Vgl. Katalog der Pöppelmann-Ausstellung Dresden 1987, Nr. 422; Marx 1986, Dresdener Kunstblätter, Heft 3, S. 67

84 Curiosa Saxonica, Oktober 1735, S. 145

85 Dresden, Gemäldegalerie Alte Meister, Gal.-Nr. 606

86 Carus 1865/66, I, S. 136

87 Düsseldorf, Kunstmuseum, Inv.-Nr. 130

88 Förster 1846, S. 37

89 Vgl. Neidhardt 1976, S. 166, Nr. 422; Marx 1986, Dresdener Kunstblätter, Heft 3, Abb. 95

90 Zitiert nach Förster 1846, S. 272

91 Wie Anm. 86, II, S. 193

Walter May
August der Starke als Bauherr

1 Hentschel 1969

2 Zu den Bauanschlägen für 1732 existierte eine eigenhändige Notiz des Königs: «de ce qui fot songer a faire / 1 – moritzburg 10 000 / 2 – Le palles de vieux dresten 30 000 / 3 – Le cors de garde de vieux dresten / . . . » Staatsarchiv Dresden: Loc. 2215 Oberbauamtssachen, 1724 sq., Vol. II (Kriegsverlust); zitiert nach Pfeiffer 1940

3 Staatsarchiv Dresden: OHMA Cap. IA, Nr. 53 («. . . von Sr. Königlichen Mayestät . . . selbsten Inventiret und Ordonniret . . . »)

4 Staatsarchiv Dresden: OHMA Cap. IA, Nr. 51ᶜ, 52ᵈˀᶜ; Sächsische Landesbibliothek, Mscr. Dresd. L 4, Bl. 2

5 Scholze 1958; Scholze 1969, H. 1, S. 37 Anhang: Zur Funktion des «Cammer-Dessineurs»

6 Hentschel 1969, S. 18

7 Hentschel 1967, S. 59 ff.

8 Staatsarchiv Dresden: Loc. 2215, Vol. I (Kriegsverlust); zitiert nach Heckmann 1972, S. 82, sowie nach Pfeiffer 1940, S. 13 f.

9 Scholze 1969, S. 33

10 Sponsel 1893; Heckmann 1972, S. 14 f.
11 Staatsarchiv Dresden: Rißsammlung, Fach 99, Nr. 14
12 Franz 1953, S. 96
13 Staatsarchiv Dresden: Loc. 949 Den Braunischen Hoff und Preußerischen Plaz in Alt Dreßden … betr. … aõ. 1716, fol. 122 f.
14 Staatsarchiv Dresden: Loc. 949 wie Anm. 13, fol. 6 ff., 102 ff.
15 Vgl. hier das Kapitel «Das Holländische und das Japanische Palais»
16 Magirius 1981³, S. 252
17 Löffler 1962⁴, S. 426

18 Mertens 1962
19 Hentschel 1964, H. 2, S. 133–140
20 Franz 1953, S. 95 (Brief C. F. Pöppelmanns vom Februar 1731 an Wackerbarth, aus dem hervorgeht, daß der König die Arbeiten in Zabeltitz interessiert verfolgte.)
21 Schlechte, Acta Polytechnica 1984, S. 91–109
22 Schlechte 1983
23 Staatsarchiv Dresden: Loc. 949 wie Anm. 13, fol. 122
24 Marx 1971, S. 69
25 Hentschel 1969

1 Vgl. Meinert 1953, S. 285–303
2 Staatsarchiv Dresden: Loc. 32799, Nr. 1071, Bl. 38 v. 24.2.1711
3 Staatsarchiv Dresden: Loc. 33084, Nr. 868, Bl. 138 v. 15.4.1696
4 Geyer 1964
5 Staatsarchiv Dresden: Loc. 4449 Des Ober Landt Baumeisters Kargers und Modell Meister Gärthners Vorschläge … Ao 1709 sequ.
6 Scholze 1958
7 Staatsarchiv Dresden: Loc. 32799, Nr. 1071, Bl. 106; Instruction v. 4.2.1700
8 Sponsel 1924, S. 125 ff.

1 Sponsel 1924, Taf. 13/2 und 13/33; ehemals Staatsarchiv Dresden: OHMA I. A. 51 d und 51 f
2 Sponsel 1924, S. 168
3 Ehemals Staatsarchiv Dresden: OHMA I. A. 51 f
4 Staatsarchiv Dresden: Rescr. 1710. Nr. 24
5 Nachdem im Jahre 1707 durch Naumann und Le Plat das angrenzende Klengelsche Opernhaus zur Hofkapelle umgestaltet worden war, begann man im Frühjahr 1709 die Räume des zweiten Geschosses des Südflügels zur Unterbringung des dänischen Königs während dessen Besuchs in Dresden herzurichten.
6 Pöppelmann 1729, «PROJET D'UNE CASCADE A L'ORIENT DU JARDIN»
7 Der König nennt es auf Anfrage Wackerbarths nach den vorzunehmenden Bauarbeiten in einem Spezialrescript vom 22. Februar 1718. Staatsarchiv Dresden: Rescr. 1718. Nr. 47
8 Auf dem Plan ist das Taschenbergpalais als «Türkisches Palais» bezeichnet. Diesen Namen trug es in der Zeit von 1715, als man die Räume auf türkische Manier ausstatten ließ, bis zum Herbst 1718. Dann wurde es in «Prinzliches Palais» umbenannt.
9 Vgl. Sponsel 1924, S. 200
10 Am 17. Februar erteilte der König von Warschau aus den Befehl, das abgebrannte Schloß schleunigst wieder aufzubauen. Staatsarchiv Dresden: Loc. 35. 823
11 C. H. J. Fehling: «Carousel des Elemens». Dresden, Kupferstich-Kabinett, in Ca 200/28(59)
12 So vermerkt im Kern Dreßdnischer Merkwürdigkeiten 1727–1732, unter dem Datum des 15. Juni 1719

1 Vgl. dazu die Pläne im Staatsarchiv Dresden: OHMA Cap. IA 24; OHMA Cap. IA 27; OHMA Cap. IA 28
2 Vgl. dazu den Plan im Staatsarchiv Dresden: OHMA Cap. IA 22
3 Vgl. dazu den Plan im Staatsarchiv Dresden: OHMA Cap. IA 23
4 Vgl. dazu den Plan im Staatsarchiv Dresden: OHMA Cap. IB 23
5 Vgl. dazu den Plan im Institut für Denkmalpflege, Arbeitsstelle Dresden: M10. I. 6

1 Greß 1962, H. 1, S. 50–55.
2 Hammitzsch 1906, S. 135 ff. Das Zitat stammt aus Akten des Geheimen Kabinetts über das Oberbauamt im Staatsarchiv Dresden (Loc. 2215), die 1945 vernichtet wurden und die Hammitzsch 1904/05 eingesehen hat.

1 Quellennachweise bei Oelsner / Prinz 1985
2 Neues Gemälde 1817, S. 71; Staatsarchiv Dresden: Hausmarschallamt R XVI Nr. 21. Königl. Pohlnisches und Churfürstl: Sächs: Hof: Tapezerey-Inventarium 1720, Bl. 30 b,
3 Tapezerey-Inventarium 1720, wie Anm. 2, Bl. 30 b, 31
4 Ebenda, Bl. 96
5 Staatsarchiv Dresden: Hausmarschallamt R XVI Nr. 6. Inventarium über die Hof «Bett Meisterey» beym Chur Fürstl. Sächs. Residenz-Schlosse zu Dresden, Vol. I, gefertigt Anno 1769 und renoviert 1780 und 1783, Bl. 275 b; im Tapezerey-Inventarium 1720, wie Anm. 2, Bl. 95 b, ist karmesinroter Samt angegeben.

Klaus Mertens
Das kursächsische Oberbauamt

Heidrun Laudel
Planungen
zum Dresdner Schloß

Michael Kirsten
Der Dresdner Zwinger

Günther Meinert
Das große Opernhaus
am Zwinger

Norbert Oelsner
Henning Prinz
Die Neugestaltung der
Repräsentations- und Festetage
des Dresdner Residenzschlosses
unter Leitung von
Matthäus Daniel Pöppelmann
1717 bis 1719

Gerhard Glaser
Die Rolle M. D. Pöppelmanns
bei der Einrichtung der
Sammlung «Grünes Gewölbe»
im Dresdner Residenzschloß

1 Archiv Grünes Gewölbe
2 Staatsarchiv Dresden: Geh. Cabinet Loc. 2097, Nr. 33, Bl. 28
3 Franz 1953
4 Heckmann 1954
5 Hentschel 1967
6 Lebenslauf von Carl Friedrich Pöppelmann, 9. 1. 1742, anläßlich seiner Erhebung in den Adelsstand. Staatsarchiv Dresden: Loc. 5197, Schr. B, Loc. 7 N. 100.

Walter May
Das Holländische und das
Japanische Palais

1 Staatsarchiv Dresden: Loc. 949 Den Braunischen Hoff und Preußerischen Plaz in Alt Dreßen ... betr. ... aō. 1716
2 Döring 1920, S. 50 f. und ihm folgend alle anderen Autoren mit Ausnahme von Pfeiffer 1940
3 Staatsarchiv Dresden: Loc. 949, wie Anm. 1, fol. 26 bis 37
4 Fäsch 1722
5 Sächsische Landesbibliothek Dresden, Mscr. Dresd. L 4, Bl. 24
6 Pöppelmann erwähnt in der Vorrede seines Kupferstichwerkes über den Zwinger ausdrücklich die reizvolle Aussicht, die sich von dort nach allen Himmelsrichtungen bietet, darunter auch auf die Elbe und das gegenüberliegende Holländische Palais: «Man bemercket überall eine vortreffliche Gegend in dem schönsten und angenehmsten Prospecte von Wäldern, Weinbergen, Lust-Häusern, Gärten, Wassern, Feldern und Wiesen ...»
7 Staatsarchiv Dresden: Loc. 773 Die Reparierung des Schlosses zu Dresden ... den Bau an dem Palais zu Alt Dreßden ... betr. 1717/18, fol. 24–27, zitiert nach Pfeiffer 1940, wie Anm. 2
8 Staatsarchiv Dresden: Kunstsammlungen Dresden, Inventare Nr. 324
9 Iccander 1719, S. 7. f.: «... welches den Nahmen eines Japanischen Palais führet ...» – Als «Indianisches Palais» bezeichnet auf dem Stadtplan mit den Plätzen der Festlichkeiten anläßlich der kurprinzlichen Hochzeit 1719. Kupferstich-Kabinett Dresden, in Ca 202
10 Reichel, Schulle 1982, S. 67
11 Hautecoeur 1948, II, p. 294
12 Staatsarchiv Dresden: wie Anm. 8
13 Staatsarchiv Dresden: OHMA Cap. II, Nr. 3^g
14 U. a. Franz 1953, S. 36; Heckmann 1972, S. 169
15 Der Stadtplan in diesem Werk (vgl. Anm. 9) zeigt das Holländische Palais mit drei zusammenhängenden Flügeln in einer Form, die für den Umbau erwogen, aber nicht ausgeführt wurde.
16 Kern Dreßdnischer Merkwürdigkeiten, zit. nach Döring 1920, S. 58
17 Arbeiten an der Gartenfassade und Umbauten im Souterrain, Pfeiffer 1940, S. 105
18 Franz 1953, S. 95 f.
19 Institut für Denkmalpflege, Arbeitsstelle Dresden, M 16. II. Bl. 6, Lageplan des Holländischen Palais mit Erweiterung der Seitengebäude, beschriftet von der Hand Augusts des Starken: «proyect von a. 1725 auf altresten. den 26 junij AR»
20 Döring 1920, S. 58; Pfeiffer, S. 142 ff.
21 Franz 1953, Abb. 9
22 Keyßler 1751, S. 1085; Weinart 1777, S. 340 ff.; Hasche 1783, II, S. 179 ff.
23 Institut für Denkmalpflege, Arbeitsstelle Dresden, M 8. Vd. Bl. 1 u. 2; M 30. D. Bl. 1
24 Institut für Denkmalpflege, Arbeitsstelle Dresden, M 16. I. Bl. 5
25 Staatsarchiv Dresden: OHMA Cap. II, Nr. 3^{o-q}; Keyßler 1751, wie Anm. 22
26 Staatsarchiv Dresden: OHMA Cap. II, Nr. 15

Monika Schlechte
Schloß Moritzburg

1 Staatsarchiv Dresden: Amt Moritzburg, Jahresrechnungen 1722–1723, fol. 89g ff.
2 Die Anwesenheit Pöppelmanns in Moritzburg ist im Vergleich zu anderen Baustellen im Lande außerordentlich hoch. Vgl. Staatsarchiv Dresden: Amt Moritzburg, Jahresrechnungen 1722–1723, fol. 186b bis 188; Amt Moritzburg, Jahresrechnungen 1729 bis 1730, fol. 161, 292; Rentkammer Rechnungen 1732/I, fol. 64 f.; 1731/II, fol. 81 F.; 1732, fol. 73 f.; 1733, fol. 69b, fol. 461–486; 1734, fol. 70b ff., 576
4 Staatsarchiv Dresden: Rentkammer Rechnungen 1733, lfd. Nr. 440
5 «Eine innere Thüre in Amts Thurme in der Garderobbe, wo selbst drey Zimmer offen gelaßen worden da der hr. Oberland Bau Meister Pöppelmann abzutretten pfleget.» Staatsarchiv Dresden: OHMA, C, Nr. 27, fol. 29
6 Staatsarchiv Dresden: Rentkammer Rechnungen, fol. 69b, lfd. Nr. 467
7 Heckmann 1972, S. 297
8 Staatsarchiv Dresden: Spec. Rescr. 1734, Nr. 473
9 Im Jahre 1734 weilt Pöppelmann nachweisbar 19 mal in Moritzburg. Zu anderen Baustellen im Lande ließen sich folgende Reisen ermitteln: Torgau – 7 mal; Königstein – 2 mal; Elsterwerda – 3 mal; Pretzsch – 9 mal; Meißen – 3 mal; Sedlitz – 1 mal; Grillenburg – 5 mal; Schleinitz – 4 mal; Radewitz – 2 mal. Seine vermutlich letzten Reisen führten ihn in den Monaten Januar bis Mai 1735 nach Moritzburg und Elsterwerda. (Rentkammer Rechnungen 1734, 1735, fol. 73)
10 Staatsarchiv Dresden: Loc. 1307, Neuer Anbau ... fol. 178
11 Staatsarchiv Dresden: Amtsgericht Dresden, Nr. 3015, Des verstorbenen ..., fol. 161, Nr. 126–131

1 Über den Erwerb weiterer Grundstücke s. Prinz 1987
2 Prinz 1987
3 In Vorbereitung der Projektierungsarbeiten zur Fassadensanierung erfolgte 1986 durch den VEB Denkmalpflege Dresden, Uwe Kind, Projektierungsatelier, eine Untersuchung der Erdgeschoßfassade im Mittelrisalitbereich. Es konnte dabei in diesem Bereich eine ältere und einfachere Fassadengestaltung als die auf Rissen und durch den Bestand überlieferte Fassung nachgewiesen werden.
4 Marperger 1711
5 Scholze 1969
6 Prinz 1988

Henning Prinz
Das Hauptgebäude
des Taschenbergpalais

1 Tages-Chronik o. J., S. 874; vgl. Katalog der Pöppelmann-Ausstellung Dresden 1987

Henning Prinz
Das Palais
Große Schießgasse 10

1 Entsprechend Forschungsergebnissen von Horst Fischer, TU Dresden
2 Der Geheime Rat Friedrich Graf Vitzthum von Eckstädt (1675–1726) wurde am 16. 6. 1719 zum Kabinettsminister und Oberkammerherrn ernannt. Er war seit 1699 mit Rahel Charlotte, geb. Freiin von Hoym verheiratet.
3 Iccander 1726, S. 79
4 Hoym erwarb auch zusätzlich das Nachbargrundstück an der Kreuzgasse für die Dienerschaft. Dieses wurde als «das alte Haus» oder als «kleines Palais» bezeichnet.
5 Das Palais nannte man während dieser Zeit «Königliches Haus».
6 Die Fürstin Lubomirska, geb. Gräfin Vitzthum von Eckstädt, war eine Tochter des Bauherren, seit 1737 Besitzerin des Palais und Rutowskys Schwiegermutter. Nach ihrem Tode 1755 erbten ihre Töchter das Palais.
7 Eine genaue Darstellung der Geschichte des Palais gibt Hollstein 1912, S. 201 ff. – Zur Inneneinrichtung vgl. Prinz 1989

Henning Prinz
Das Palais Vitzthum

1 Vgl. Meinert 1953, S. 16
2 Böhner 1965, S. 33; dort auch Nachweise zu den anderen erwähnten Brückenbauten
3 Böhner 1965, Anm. 15
4 Böhner 1965, S. 71
5 Staatsarchiv Dresden: Kartenabteilung, Schrank I, Fach 4, Nr. 9, Neue Kursächsische Postkarte 1730, Dresden
6 Meinert 1953, S. 16

Winfried Böhner
Matthäus Daniel Pöppelmann
und der Brückenbau

1 Vgl. Nagel 1924, S. 8–15
2 Vgl. Nagel 1924, S. 68–70
3 In der einschlägigen Literatur wird als Bauzeit für die Brücke meist der Zeitraum von 1727 bis 1732 angegeben. Davon ist aber die Zeit für die statisch-konstruktiven Voruntersuchungen und für die Klärung der Finanzierung bis etwa Mitte 1728 und die Zeit der weiteren Ausschmückung, nachdem im Herbst 1729 die Brücke in Betrieb genommen wurde, bis 1732 das Kruzifix aufgestellt wurde, abzuziehen. Am 30. August 1729 wurden die Lampen erstmals gezündet (vgl. Nagel 1924, S. 67). Das entspricht auch der Mitteilung im Sächsischen Curiositäten Cabinett 1729, S. 47, daß die Brücke «in einer so kurtzen Zeit von 16 Monathen, nebst Gatterwerk, zu Stande gebracht worden» sei.
4 Vgl. Bächler 1984 und den einleitenden Beitrag von H. Marx
5 Inschrift auf dem Entwurf einer Medaille; vgl. Schramm 1735, S. 32
6 Sächsisches Curiositäten Cabinett, 1729/30, S. 20, 21, 23; Schramm 1735, S. b (Rückseite)
7 Sächsisches Curiositäten Cabinett 1731, S. 46, 47

Hagen Bächler
Die Dresdner Elbbrücke

1 Johann George Bähr, 1666–1738, seit 1705 Ratszimmermeister; u. a. Planung und Baudirektion der Dresdner Frauenkirche. Umfassende Publikation des Autors in Vorbereitung.
2 Heckmann, Pape 1962; Heckmann 1972; Heckmann 1986
3 Fischer 1966/67
4 Heckmann 1972
5 Heckmann, Pape 1962
6 Fischer 1969, Heft 5
7 Fischer 1970, Heft 6; Fischer 1986
8 Fischer 1975
9 Fischer 1976
10 Wie Anm. 7
11 Wie Anm. 6
12 Entsprechende Planungen zum Wiederaufbau beräumter Denkmalobjekte im Sinne historischer Leitbauten für die Neubebauung des Neumarkt-Gesamtgebietes, auf Grund von Konzeptionen des Institutes für Denkmalpflege / Arbeitsstelle Dresden und des Büros des Stadtarchitekten beim Rat der Stadt Dresden. Fischer 1984; Fischer 1986, Heft 3

Horst Fischer
Matthäus Daniel Pöppelmann
und der Dresdner
barocke Bürgerhausbau

1 Kurtze Nachricht von Einweyhung 1739, 1. Hälfte, S. 288–301. Genannt werden hier die Waisenhauskirche, Garnisonkirche, Frauenkirche, Friedrichstädter Kirche, Lazarethkirche und Neustädter Kirche.

2 Die Pillnitzer Weinbergkirche wurde gänzlich und die Dreikönigskirche teilweise auf Kosten des Landesherrn errichtet, da es sich hier um Entschädigungsleistungen handelte.

3 Das war auch die Grundthese des einflußreichen Kirchenbautheoretikers Leonhard Christoph Sturm, vertreten in seinen Schriften: ARCHITECTONIsches Bedencken Von Protestantischer Kleinen Kirchen Figur und Einrichtung. Hamburg 1712. – Vollständige Anweisung alle Arten von Kirchen wohl anzugeben. Augsburg 1718.

4 1737 nach Entwurf von Johann Christian Simon aus Dresden, Fertigstellung des Turmes 1796.

5 1792/93

6 Er entwarf den Prospekt der großen Silbermann-Orgel.

7 Magirius 1977, S. 56, 231 f.

8 Bericht über die Beisetzung von Pöppelmann in der Chronik von Dresden vom 17. 1. 1736, zitiert bei Heckmann 1972, S. 369. – In der lückenhaften Bauakte (Stadtarchiv Dresden: B IV, 1, S. 3 –11) wird der Name des Planverfassers nicht genannt. Es erscheinen nur die Namen der ausführenden Handwerker (Maurermeister Johann George Gebhardt, Zimmermeister Abraham Krümmer).

9 Stadtarchiv Dresden: B IV, 16 S. 53 f.

10 Kurtze . . . Nachricht 1730, S. 3 f.

11 Stadtarchiv Dresden: B II 26; B II 28; B II 32; C XV. 3.

12 Stadtarchiv Dresden: B II 105 y; B II 106 a.

13 Johann Georg Schmidt unter Mitarbeit von Andreas Hünigen

14 Innenausbau der ausgebrannten spätgotischen Kirche durch Andreas Hünigen

15 Andreas Hünigen

16 Andencken 1732

Autorenverzeichnis

Prof. Dr. sc. phil. Hagen Bächler
Dresden, Technische Universität,
Sektion Philosophie und
Kulturwissenschaften

Dr. Winfried Böhner
Pirna

Dr.-Ing. habil. Horst Fischer
Dresden, Technische Universität,
Sektion Architektur,
Bereich Landschaftsarchitektur und
Städtebau

Dr. Gerhard Glaser
Dresden, Institut für Denkmalpflege,
Arbeitsstelle Dresden

Dr. sc. phil. Reiner Groß
Dresden, Staatsarchiv

Dipl. phil. Michael Kirsten
Dresden, Institut für Denkmalpflege,
Arbeitsstelle Dresden

Dr. sc. techn. Heidrun Laudel
Dresden, Technische Universität,
Sektion Architektur,
Bereich Theorie und Geschichte
der Architektur

Dr. sc. phil. Heinrich Magirius
Dresden, Institut für Denkmalpflege,
Arbeitsstelle Dresden

Dr. theol. habil. Hartmut Mai
Leipzig, Karl-Marx-Universität,
Sektion Theologie, Christliche Archäologie
und kirchliche Kunst

Dr. Harald Marx
Dresden, Staatliche Kunstsammlungen,
Gemäldegalerie Alte Meister

Dr. Walter May
Dresden, Sächsische Landesbibliothek,
Abteilung Deutsche Fotothek

Dr. Günther Meinert
Dresden

Dr. Joachim Menzhausen
Dresden, Staatliche Kunstsammlungen,
Grünes Gewölbe

Dr.-Ing. habil. Klaus Mertens
Dresden, Technische Universität,
Sektion Architektur, Bereich Theorie
und Geschichte der Architektur

Dipl.-Bibl. Käte Neumann
Dresden, Zentrale Kunstbibliothek
der Staatlichen Kunstsammlungen Dresden

Dipl.-Hist. Norbert Oelsner
Dresden, Institut für Denkmalpflege,
Arbeitsstelle Dresden

Dipl.-Ing. Henning Prinz
Dresden, Institut für Denkmalpflege,
Arbeitsstelle Dresden

Dr. Monika Schlechte
Dresden, Technische Universität,
Sektion Philosophie und
Kulturwissenschaften

Dr. Gudrun Stenke
Dresden, Technische Universität,
Sektion Architektur, Bereich Theorie
und Geschichte der Architektur

Dipl.-Gwl. Eberhard Stimmel
Dresden, Sächsische Landesbibliothek

Dipl.-Bibl. Folke Stimmel
Dresden, Sächsische Landesbibliothek

Matthäus Daniel Pöppelmann
Daten zu Leben und Werk

1662   um den 3. Mai in Herford (Westfalen) geboren

1680   kommt nach Dresden

1686   fest angestellt am kurfürstlichen Bauamt

1691   als Baukondukteur mit 208 Talern Gehalt jährlich erwähnt

1692   Heirat; 1693 Geburt der Tochter Rahel Dorothea; 1694 Geburt des Sohnes Johann Adolph; 1695 Geburt der Tochter Erdmuth Sophie; 1697 oder 1698 Geburt des Sohnes Carl Friedrich; 1699 Geburt der Tochter Eleonore Dorothea

1699   Verantwortungsbereich im Bauamt: Schloß- und Zivilgebäude

1700   Verantwortungsbereich erweitert: Festungswerke, Brückenbau und Vermessungswesen; Gehalt auf 314 Taler jährlich erhöht

1701   Geburt des Sohnes Christian Wilhelm; Aufsicht über Enttrümmerung des am 25. März abgebrannten Flügels des Dresdner Residenzschlosses

1705   Ernennung zum Landbaumeister mit 364 Talern jährlich

1708   vermutlich mit ersten Entwürfen für ein neues Residenzschloß beschäftigt; Gehalt auf 600 Taler jährlich erhöht

1709   Beginn der Bauarbeiten im Zwingerbereich

1710   Studienreise über Prag und Wien nach Rom wegen der Schloßbaupläne; Ernennung zum Geheimen Cämmerier

1711   Baubeginn der Zwingerorangerie im Bogenbereich der Wallseite; in den folgenden Jahren Fortsetzung des Zwingerbaus mit wechselnden und sich entwickelnden Bauideen; provisorische Fertigstellung bis zum Jahre 1719; in den zwanziger Jahren Umwandlung provisorischer hölzerner Teile im Bereich der stadtseitigen Bogengalerie einschließlich des heutigen Glockenspielpavillons in steinerne Architektur

1712   Dienstwohnung in der Schloßstraße; Geburt der Tochter Luise Catharina; Tod der Ehefrau

1713   Zweite Ehe; zwei Dienstreisen nach Polen

1714   erhält das Dresdner Bürgerrecht

1715   Studienreise nach Frankreich

1715/16   Bau des Holländischen Palais

1717–1719   Ausbau und Einrichtung der Repräsentations- und Fest-Etage im Dresdner Residenzschloß, gemeinsam mit Raymond Le Plat

1718   Ernennung zum Oberlandbaumeister

1719   provisorische Fertigstellung des Zwingers

1720/21   Bautätigkeit am Wasserpalais Pillnitz

1722–1727   Bau der «Großen Fasses» auf der Festung Königstein nach Pöppelmanns Entwurf

1723–1724   Bau des Bergpalais Pillnitz

1723–1725   Bau der Weinbergkirche Pillnitz

1723–1729   Einrichtung des «Grünen Gewölbes» im Dresdner Residenzschloß unter Pöppelmanns Leitung

1723–1733   Umbau des Schlosses Moritzburg

1727   Baubeginn am Japanischen Palais unter maßgeblicher Beteiligung von Zacharias Longuelune

1727–1732   Umbau der Dresdner Elbbrücke (Hauptbauzeit 1728–1729)

1729   Kupferstich-Werk zum Dresdner Zwinger erschienen; Tod der zweiten Ehefrau

1730   Bau und Einrichtung des Zeithainer Lagers

1732   Fassadenentwürfe und städtebauliche Planungen für die Königstraße in Dresden-Neustadt (heute Friedrich-Engels-Straße)

1733   Nutzungskonzeption und bauliche Ergänzung des Gerveschen Wohn- und Brauhauses für die Königliche Kanzlei

1735   Krankheit, Testament

1736   gestorben am 17. Januar in Dresden; beigesetzt am 20. Januar in der Gruft der Kirche in der Friedrichstadt

Matthäus Daniel Pöppelmann
Stammreihe

I

Pöppelmann, Daniel

(1526–1618)

Kaufmann,

1560 Ratmann in Herford-Neustadt,

1581 Rentmeister,

1573–1595 Bürgermeister

∞ 1558 *Margarethe Giessenbier*

(um 1532–1619)

II

Pöppelmann, Johann

† 1639

Ratmann in Herford-Neustadt

∞ . . .

III

Pöppelmann, Henrich (d. Ä.)

† 1663

Not. publ.,

Amtmeister und Ratmann

in Herford-Neustadt

∞ . . .

IV

Pöppelmann, Henrich (d. J.)

† 1681

Kaufmann und Gogerichtsschreiber

in Herford

∞ . . . *Kunigunde Sophie* . . .

(† nach 1684)

V

Pöppelmann, Matthäus Daniel

(1662–1736)

Oberlandbaumeister in Dresden

Lit.: Heckmann, Pape 1962

Nachfahrentafel

Bearbeitet von Eberhard Stimmel
(nach Forschungen
von Elisabeth Boer, Edelgard Friedrich
und Kurt Wensch)

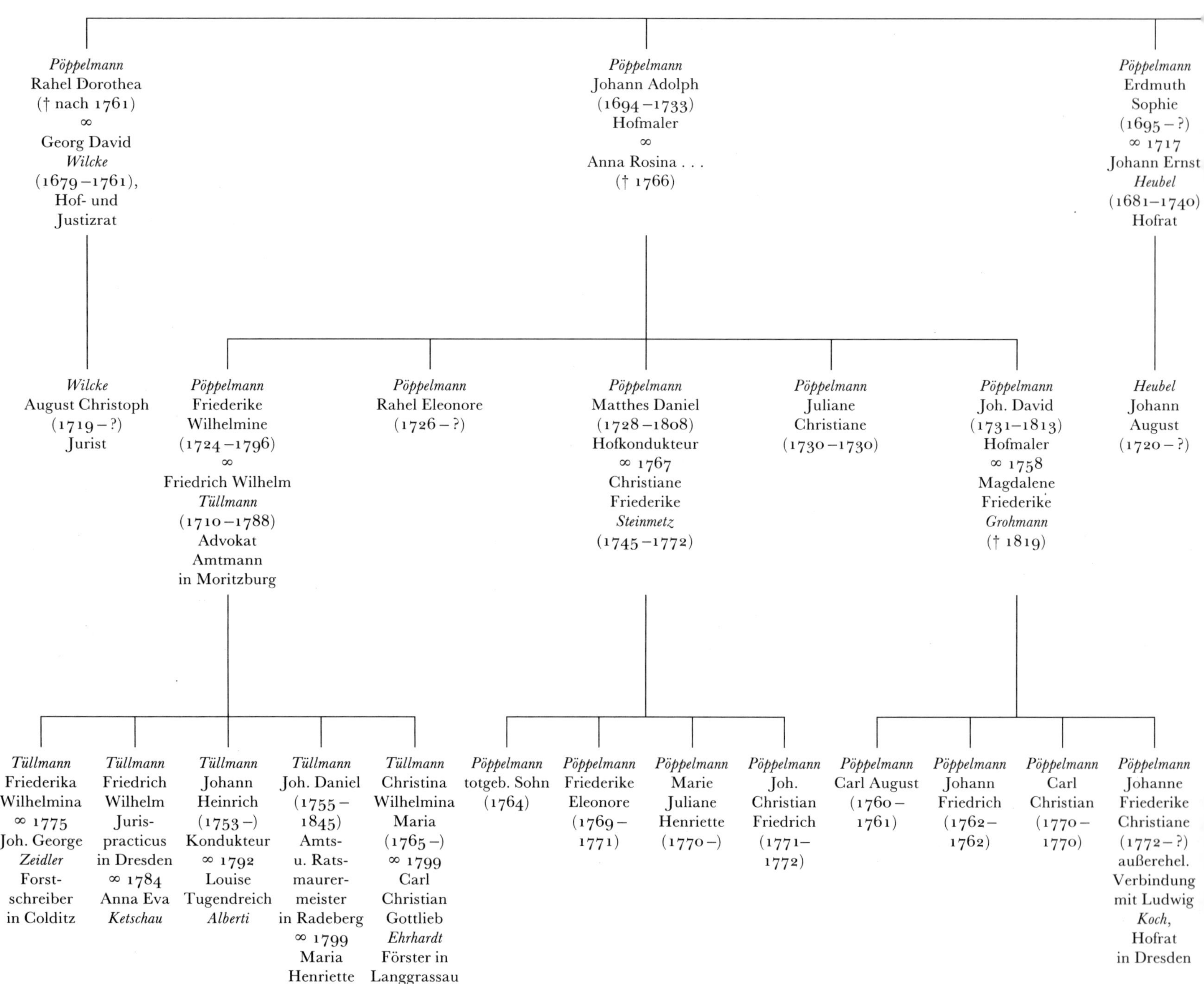

Pöppelmann, Matthäus Daniel
(1662–1736)
Oberlandbaumeister
∞
I. um 1692 Catharina Margaretha *Stumpf* († 1712)
∞
II. 1713 Anna Christina *Ott* († 1729)

Pöppelmann
Carl
Friedrich
(um 1697–
1750),
Baumeister
und
General-
major
1742 geadelt
∞
Elisabeth
Hiche

Pöppelmann
Eleonore
Dorothea
∞ um 1717/18
Johann Hieronymus
Stenger
(1690–?)
Jurispracticus
in Leipzig

Pöppelmann
Christian Wilhelm
(1701–1782)
Oberpostmeister
der Oberlausitz
∞ 1726
Johanna Salome
Busse
22 Kinder, darunter

Pöppelmann
Luise Catharina
(1712–1775)
∞
Johann Wilhelm
Sparmann

von
Pöppelmann
(3 Kinder)
darunter:
Stanislaus

Stenger
Eleonora
Christina
(1719–?)
∞ 1738
Joh.
Christoph
Knöffel
(1686–1752),
Oberland-
baumeister

Stenger
Johann
Gottfried
(1720–?)

Stenger
Christiane
Wilhelmina
(1721–?)

Pöppelmann
Adolf Wilhelm
(1734–1816)
Geh. Sekretär

Pöppelmann
Friedrich
Joseph Karl
Postmeister
in Schweinerden

Pöppelmann
Friederike
Caroline
∞
Carl Ehrenfried
Brescius
(1732–1802)
Oberpostmeister
in Bautzen

Sparmann
Friederike Sophie
(1737–1789)
Schauspielerin
∞
I. Joh. Gottlieb
Hensel
Schauspieler
∞
II. Abel
Seyler
Schauspieldirektor

von
Pöppelmann
Nach-
kommen
in Polen?

Knöffel
Johanna
Eleonora
(1739–
1763)
∞ 1761
Joh. Wilhelm
Friedr.
von der Jahn
(1726–
1799)
Hof-
u. Bergrat
Leibmedicus

Knöffel
Aug.
Friedrich
(1745–?)
Sous-
Leutnant
(1773 Ab-
schied)

Pöppelmann
Friedrich
Wilhelm
(1777–
1777)

Pöppelmann
August Carl
Wilhelm
(1778–
1779)

Pöppelmann
Caroline
Wilhelmine
(1779–?)
∞
Moritz
Friedrich
Rudolf
Müller

Pöppelmann
Carl Adolf
Immanuel
(1784–
1870)
Geh. Finanz-
kanzlist
∞ 1817
Marianne
Elisabeth
Discant
(1787–
1853)

Pöppelmann
Aug.
Heinrich
Ferdinand
(1787–
1787)

Brescius
Christian
Carl
(1756–
1839)
Ober-
postmeister
in Bautzen

Brescius
Wilhelm
Gottfried
(1758–
1835)
Bürgermei-
ster
in Kamenz
∞ 1794
Johanna
Henriette
Martha
Compaß
(1766–?)

Brescius
Christian
Johann
(1760–
1806)
auf
Heydenfeld
in Livland

Brescius
Carl
Friedrich
(1766–
1842)
General-
super-
intendent
in
Frankfurt/O.

Literaturauswahl

Bearbeitet von Käte Neumann

Abendroth 1881
Abendroth, Gustav Adolph: Großsedlitz. Geschichte des Königl. Schlosses und Gartens und Erklärung der Statuen des Parkes. 2. verb. Aufl. Dresden 1881

Alewyn 1959
Alewyn, Richard u. Karl Sälzle: Das große Welttheater. Die Epoche der höfischen Feste. Hamburg 1959. Neuaufl. Berlin 1985

Andencken 1732
Das Andencken / Der / Alten Kirche / Zu / Neustadt bey Dreßden . . . Dresden 1732

Asche 1956
Asche, Sigfried: Über Benjamin Thomae. In: Wiss. Zeitschr. d. Technischen Hochschule Dresden 6(1956/57)3, S. 425–441

Asche 1961
Asche, Sigfried: Drei Bildhauerfamilien an der Elbe. 8 Meister des 17. Jahrhunderts u. ihre Werke in Sachsen, Böhmen u. Brandenburg. Wien, Wiesbaden 1961

Asche 1966
Asche, Sigfried: Balthasar Permoser und die Barockskulptur des Dresdner Zwingers. Frankfurt/M. 1966

Asche 1978
Asche, Sigfried: Balthasar Permoser. Leben und Werk. Berlin (West) 1978

Asche 1982
Asche, Sigfried: Balthasar Permoser. Ein Hauptmeister des Barock. In: Pantheon 40(1982) S. 309–316

Bachmann 1933
Bachmann, Walter: Oberlandbaumeister Starcke. In: Dresdner Anzeiger, Wiss. Beil. vom 17. 1. 1933

Bachmann 1934
Bachmann, Walter: Entstehung und Frühgeschichte des Großen Gartens. In: Sitzungsberichte u. Abhandlungen der Flora Dresden, N. F. 36/38, 1931/33, (1934) S. 87–104

Bachmann 1936
Bachmann, Walter: Schloß Moritzburg und der Friedewald. Dresden um 1936 (Maschinenschrift)

Bachmann, Flora 1936
Bachmann, Walter: Der Italienische, später Türkische Garten zu Dresden und seine Geschichte. In: Sitzungsberichte u. Abhandlungen der Flora Dresden, N. F. 39/40, 1934/35 (1936) S. 124–146

Bachmann 1947
Bachmann, Walter: Moritzburg. Berlin 1947 (Führer zu großen Baudenkmälern, 104)

Bächler 1984
Bächler, Hagen: Die ehemalige Augustusbrücke – Zeitgenössische Wertung und kulturhistorische Bedeutung. In: Sächsische Heimatblätter 30(1984)5, S. 199–202

Bächler 1987
Bächler, Hagen: Zum Weltbild Matthäus Daniel Pöppelmanns: Die Bücher aus seinem Nachlaß. In: Sächsische Heimatblätter 33(1987)2, S. 49–51

Baur-Heinhold 1966
Baur-Heinhold, Margarete: Theater des Barock. Festliches Bühnenspiel im 17. u. 18. Jh. München 1966

Becher 1866
Becher, Wilhelm: Geschichte und Beschreibung des Königlich Sächsischen Lust- und Jagdschlosses Moritzburg. Dresden 1866

Berlin (West) 1973
China und Europa. Chinaverständnis und Chinamode im 17. und 18. Jahrhundert. Berlin (West), Schloß Charlottenburg 1973. Ausstellungskatalog

Beschorner 1905
Beschorner, Hans: Die Pillnitzer Fest- und Manövertage Juni 1725. In: Über Berg und Thal. Dresden 28(1905) S. 430–435

Beschorner 1906
Beschorner, Hans: Beschreibung und bildliche Darstellung des Zeithainer Lagers von 1730. In: Neues Archiv für Sächsische Geschichte 27(1906) S. 103–151

Beschorner 1907
Beschorner, Hans: Das Zeithainer Lager von 1730. In: Neues Archiv für Sächsische Geschichte 28(1907)1–2, S. 50–113 u. 200–252

Beschorner 1912
Beschorner, Hans: Permosers Apotheosen Prinz Eugens und August des Starken. In: Neues Archiv für Sächsische Geschichte 33(1912) S. 301–331

Beschorner 1913
Beschorner, Hans: Permoser-Studien. Dresden 1913

Beutel 1908
Beutel, Georg: Bildnisse hervorragender Dresdner aus fünf Jahrhunderten. Dresden 1908

BKD 1882–1923
Beschreibende Darstellung der älteren Bau- und Kunstdenkmäler des Königreichs Sachsen. Heft 1–41. Bearb.
von Cornelius Gurlitt u. Richard Steche. Dresden 1882 bis
1923

Böhner 1965
Böhner, Winfried: Wertermittlung und Werterhaltung hi-
storischer sächsischer Natursteinbrücken. Ein Beitrag zur
Rekonstruktion älterer Straßenbrücken. Diss. Dresden 1965

Boer 1931
Boer, Elisabeth: Matthäus Daniel Pöppelmann und seine
Nachkommen in Dresden. In: Dresdner Anzeiger, Wiss.
Beil. 8(1931)38, S. 149 u. 39, S. 152

Bouché 1919
Bouché: Der Schloßgarten zu Pillnitz a. E. In: Landesverein
Sächsischer Heimatschutz, Mitteilungen 8(1919) S. 252 bis
261

Bruck 1910
Bruck, Robert: Dresdens alte Rathäuser. Dresden 1910

Carus 1865/66
Carus, Carl Gustav: Lebenserinnerungen und Denkwürdigkeiten. Nach der zweibändigen Originalausgabe von 1865/
1866 hrsg. von Elmar Jansen. Weimar 1966

Chodowiecki 1961 (1789)
Chodowiecki, Daniel: Journal, gehalten auf einer Lustreyse
von Berlin nach Dresden 1789. Einltg. von Adam Wiecek.
Berlin 1961

Ciołek 1954
Ciołek, Gerhard: Gärten in Polen. 1. Teil: Inhalts- und
Gestaltentwicklung. Warszawa 1954

Conradi 1797
Conradi, M. Michael: Lebens- und Regierungsgeschichte
Friedrich Augusts des Ersten . . . Nebst einem Anhange
von Gedächtnismünzen . . . Leipzig 1797

Curiosa saxonica 1735
Auch unter dem Titel: Sächsisches Curiositäten-Cabinet.
1727–1735

Czok 1982
Czok, Karl: Die Entwicklung des kursächsischen Territorialstaates im Spätfeudalismus von der Mitte des 16. Jahrhunderts bis um 1790. In: Sächsische Heimatblätter
28(1982)5, S. 235–240 und 6, S. 241–254

Czok 1983
Czok, Karl: Zur absolutistischen Politik Augusts des Star-
ken in Sachsen. In: Sächsische Heimatblätter 29(1983)4,
S. 145–153

Czok 1987
Czok, Karl: August der Starke und Kursachsen. Leipzig
1987

Daalen 1938
Daalen, Max von: Der Palaisgarten in Dresden-Neustadt.
In: Sitzungsberichte und Abhandungen der Flora, Dresden
N. F. 1938, S. 97–118

Daßdorf 1782
Daßdorf, Karl Wilhelm: Beschreibung der vorzüglichsten
Merkwürdigkeiten der Chf. Residenzstadt Dresden. Dres-
den 1782

Decker 1713
Decker, Paul: Der Fürstliche Baumeister. Augsburg 1713

Deil 1916
Deil, Erich: Die Baugeschichte der alten Meißner Elbbrücke
und die Entwicklung von Hänge- und Sprengwerken bei
Brücken . . . Diss. Dresden 1916. Bauwissenschaftliche Beiträge, Bd. 3, Berlin 1916

Dietrich 1903
Dietrich, Walther: Beiträge zur Entwicklung des Bürgerli-
chen Wohnhauses in Sachsen im 17. und 18. Jahrhundert.
Leipzig 1903

Döring 1920
Döring, Alfred: Die neue Königsstadt. Alten-Dresdens Aufbau nach dem Brande von 1685. Dresden 1920

Döring 1930
Döring, Bruno Alfred: Matthäus Daniel Pöppelmann. Der
Meister des Dresdener Zwingers. Dresden 1930

Dresden 1908
Kunst und Kultur unter den Sächsischen Kurfürsten. Große
Kunstausstellung Dresden 1908. Sonderausstellung. Offizieller Führer. Dresden 1908. Über die Ausstellung auch
in: Große Kunstausstellung Dresden 1908. Offizieller Katalog. S. 171–173

Dresden 1930
Der Zwinger. Seine Entstehung und Geschichte. Staatliches
Kupferstich-Kabinett Dresden. 1930. Ausstellungskatalog

Dresden 1933
Führer durch das ehemalige Residenzschloß und die Ausstellung «August der Starke und seine Zeit». Dresden 1933

Dresden 1936
Matthäus Daniel Pöppelmann: Gedächtnisausstellung zum
200. Todestag des Künstlers. Staaatliches Kupferstich-Kabinett Dresden 1936. Ausstellungskatalog

Dresden 1954
Abteilung Barocktheater im Zwinger. Bearb. von Gertrud
Rudloff-Hille. Staatliche Kunstsammlungen Dresden 1954

Dresden 1979
Laudel, Heidrun: Zwingerforum in Dresden. In: Gottfried Semper zum 100. Todestag. Staatliche Kunstsammlungen Dresden, Inst. für Denkmalpflege 1979. S. 150–157. Ausstellungskatalog

Dresden, Semper 1979
Gottfried Semper zum 100. Todestag. Staatliche Kunstsammlungen Dresden, Inst. für Denkmalpflege 1979. Ausstellungskatalog

Dresden 1985
Dresden. Bekenntnis und Verpflichtung. Staatliche Kunstsammlungen Dresden 1985. Ausstellungskatalog

Dresden 1987
Matthäus Daniel Pöppelmann 1662–1736. Ein Architekt des Barocks in Dresden. Staatliche Kunstsammlungen Dresden 1987. Ausstellungskatalog

Ebert 1962
Ebert, Hans: Zum 300. Geburtstag Matthes Daniel Pöppelmanns. in: Sächsische Heimatblätter 8(1962)6, S. 605 bis 608

Eilenburg 1755
Eilenburg, Christian Heinrich: Kurzer Entwurf der Königlichen Naturalienkammer. Dresden, Leipzig 1755

Ermisch 1925
Ermisch, Hubert Georg: Das Werk über den Dresdner Zwinger von Jean Louis Sponsel und die Erneuerungsarbeiten am Zwinger in Dresden. In: Neues Archiv für Sächsische Geschichte 46(1925) S. 187–190

Ermisch 1926
Ermisch, Hubert Georg: Zwinger-Führer. Dresden 1926

Ermisch 1927
Ermisch, Hubert Georg: Die Wiederherstellungsarbeiten am Dresdner Zwinger. In: Zeitschr. für Denkmalpflege 1(1927)4, S. 92–100

Ermisch 1933
Ermisch, Hubert Georg: Der Dresdner Zwinger. Dresden 1933. Sonderdruck aus: Sächsische Bau- und Kunstdenkmäler. Dresden 1933

Ermisch 1933/34
Ermisch, Hubert Georg: Meister Pöppelmann und «Birkholtzens». (Festdekoration 1718). In: Dresdener Geschichtsblätter 41(1933/34) S. 127–129

Ermisch 1936
Ermisch, Hubert Georg: Das Japanische Palais in Dresden-Neustadt. In: Denkmalpflege – Heimatschutz – Naturschutz. Dresden 1936, S. 166–190

Ermisch 1951
Ermisch, Hubert Georg: Der Zwinger, ein Denkmal über Zeiten. In: Jahrbuch zur Pflege der Künste. Bd. 1, Dresden 1951, S. 30–41

Ermisch 1952
Ermisch, Hubert Georg: Der Zwinger zu Dresden. Berlin 1952

Ermisch 1953
Ermisch, Hubert Georg: Der Dresdner Zwinger. Dresden 1953

Essen 1986
Barock in Dresden. Kunst und Kunstsammlungen unter d. Regierung des Kurfürsten Friedrich August I. von Sachsen u. Königs August II. von Polen, gen. August der Starke, 1694–1733 u. des Kurfürsten Friedrich August II. von Sachsen u. Königs August III. von Polen, 1733–1763. Staatl. Kunstsammlungen Dresden. Kulturstiftung Ruhr, Essen, Villa Hügel. Leipzig 1986. Ausstellungskatalog.

Faesch 1722
Faesch, Johann Rudolph: Anderer Versuch . . . seiner Architectur-Wercke. Nürnberg 1722, 1723 u. 1729

Faßmann 1733
Faßmann, D.: Das glorwürdigste Leben und Thaten Friedrich Augusti des Großen, Königs in Pohlen und Chur-Fürsten zu Sachsen . . . Hamburg, Franckfurth 1733

Festschrift 1930
Festschrift zum 200jährigen Jubiläum der Matthäuskirche in Dresden-Friedrichstadt. 11. Juli 1930. Hrsg. im Auftr. d. Kirchengemeinde unter Mitarb. d. Geistlichen u. verschied. Kirchengemeindeglieder. Dresden 1930

Fichtner 1941
Fichtner, Fritz: Von der kurfürstlichen Kunstkammer zur Porzellangalerie Dresden im Zwinger. Das Schicksal der Dresdner Porzellanschätze. Berlin 1941. Sonderdruck aus: Berichte der Deutschen Keramischen Gesellschaft, Bd. 20 bis 22, 1939–1941

Fischer 1939
Fischer, Walther: Mineralogie in Sachsen. Dresden 1939

Fischer 1966
Fischer, Horst: Forschungen zu George Bähr und dem sächsischen Barock. 2 Teile. Diss. TU Dresden 1966, 1967

Fischer 1969
Fischer, Horst: Zur Hofanlage als Strukturelement der Stadt. In: Wiss. Zeitschr. d. Technischen Universität Dresden 18(1969)5, S. 1040 ff. u. 19(1970)2

Fischer 1970
Fischer, Horst: Dresden-Neustadt, Große Meißner Str. 15. In: Wiss. Zeitschr. d. TU Dresden 19(1970)6, S. 487 ff.

Fischer 1975
Fischer, Horst: Stadtbaustruktur als Denkmal und Kulturgut. In: Sächsische Heimatblätter 21(1975)5, S. 197–202

Fischer 1976
Fischer, Horst: Drei Hofhäuser der Dresdner Neustadt. In:
Sächsische Heimatblätter 22(1976)4, S. 145–151

Fischer 1984
Fischer, Horst: Kulturhistorisches Zentrum Dresden.
Denkmal – Neuaufbau. Analyse u. Zielstellung Teilgebiet
Neumarkt-Süd. Im Auftr. des Rates d. Stadt Dresden 1984.
(Maschinenschrift)

Fischer 1986
Fischer, Horst: Große Meißner Straße 15 – der historische
Gebäudekomplex im Hotel Bellevue. Dresden 1986

Fischer 1986, Heft 3
Fischer, Horst: Planung Dresden-Neumarkt. Zum Wiederaufbau kriegszerstörter beräumter Denkmalgebäude. In:
Wiss. Zeitschr. d. Techn. Universität Dresden 35(1986)3

Fischer von Erlach 1721
Fischer von Erlach, Johann Bernhard: Entwurff einer Historischen Architectur. Wien 1721

Förster 1846
Biographische und literarische Skizzen aus dem Leben und
der Zeit Karl Förster's. Hrsg. von L. Förster. Dresden 1846

Fränzel 1962
Fränzel, Helmut: Moritzburg. Dresden 1962

Franz 1946
Franz, Heinrich Gerhard: Der Zwinger zu Dresden. Berlin
1946, (Führer zu großen Baudenkmälern, 16)

Franz 1948
Franz, Heinrich Gerhard: Zur kunstgeschichtlichen Stellung des Dresdner Zwingers. In: Forschungen und Fortschritte 24(1948)13/14, S. 158–161

Franz 1949
Franz, Heinrich Gerhard: Das Palais im Großen Garten
zu Dresden. In: Zeitschr. für Kunstwissenschaft 3(1949)3/
4, S. 75–84

Franz, Kunst 1949
Franz, Heinrich Gerhard: Dresdner Barockpalais. In: Zeitschr. für Kunst 3(1949)2, S. 76–90

Franz 1953
Franz, Heinrich Gerhard: Zacharias Longuelune und die
Baukunst des 18. Jahrhunderts in Dresden. Berlin 1953

Franz 1962
Franz, Heinrich Gerhard: Bauten und Baumeister der Barockzeit in Böhmen. Leipzig 1962

Franz 1986
Franz, Heinrich Gerhard: Matthäus Daniel Pöppelmann
(1662–1736) und die Architektur des Zwingers in Dresden.
Zur Genese des barocken Bauwerks. Sonderdruck aus:
Kunsthistorisches Jahrbuch Graz XXII (1986) S. 7–77

Freude 1728
Die Freude des Evangelischen Zion bey Legung des Grund-
Steins / zum Bau der neuen Kirchen / in Neustadt-Ostra
. . . Den 28. May 1728 . . . daran angefügt: Ordnung / Wie
der Gottes-Dienst in Neustadt-Ostra bey Legung des
Grund-Steins / der Neuen Kirche wird gehalten werden.
Dresden 1728

Fritzsche 1927
Fritzsche, Hellmuth Allwill: Der Dresdner Zwinger im
Wandel der Zeiten. In: Zeitschr. für Denkmalpflege 2(1927/
28) S. 187–194 u. 3(1928/29), S. 128

Fritzsche 1933
Fritzsche, Hellmuth Allwill: Pöppelmanns Werden und Reifen am Dresdner Zwinger. In: Architectura. Jb. f.
Gesch. dt. Baukunst, Berlin 1 (1933) S. 144–148

Fürstenau 1862
Fürstenau, Moritz: Zur Geschichte der Musik und des
Theaters am Hofe zu Dresden. Dresden 1862. Reprint:
Leipzig 1971

Ganßauge 1928
Ganßauge, Gottfried: Schloß Pillnitz als Beispiel für den
chinesischen Einfluß auf die Baukunst im 18. Jahrhundert.
Diss. T. H. Dresden 1928. Und in: Neues Archiv für Sächsische Geschichte und Altertumskunde 49(1928) S. 3–22

Ganßauge 1932
Ganßauge, Gottfried: Die Geschichte des Pillnitzer Schlosses. Dresden 1932. (Geschichtliche Wanderfahrten, 27)

Gautier 1716
Gautier, Henry: Traité des Ponts. Paris 1716

Geschichte 1813
Geschichte und Beschreibung der Vier Elbbrücken im Königreich Sachsen zu Dresden, Meissen, Torgau und Wittenberg. Dresden-Friedrichstadt 1813

Geyer 1964
Geyer, Bernhard: Das Stadtbild Alt-Dresdens. Baurecht
und Baugestaltung. Berlin 1964

Giese 1976
Giese, Helmut: Johann Friedrich Karcher 1650–1726. In:
Landschaftsarchitektur 5(1976)4, S. 118–120

Glaser 1980
Glaser, Gerhard: Das Grüne Gewölbe im Dresdner Schloß
als Weiterentwicklung der barocken Architekturidee des

Spiegelkabinetts, als Spezialmuseum und als Ausgangspunkt gegenwärtiger Museumsgestaltung. In: Staatliche Kunstsammlungen Dresden, Jahrbuch 1980, Bd. 12. Dresden 1983, S. 7–67

Görtz 1969
Görtz, Wilfried: Das Taschenbergpalais in Dresden. Eine baugeschichtliche Studie unter dem Aspekt des Wiederaufbaues in der Gegenwart. Diss. T. U. Dresden 1969

Gothein 1914
Gothein, Marie-Luise: Geschichte der Gartenkunst. 2 Bde. Jena 1914

Gränitz 1965
Gränitz, Rudi: Schloß Augustusburg. 4. Aufl. Leipzig 1965

Greß 1962
Greß, Johannes: Aufstand am Opernhaus. Der Kampf Dresdner Maurer um bessere Arbeitsbedingungen im Februar 1719. In: Sächsische Heimatblätter 8(1962)1, S. 50 bis 55

Grimschitz 1959
Grimschitz, Bruno: Johann Lucas von Hildebrandt. Wien, München 1959

Gurlitt 1889
Gurlitt, Cornelius: Geschichte des Barockstiles und des Rococo in Deutschland. Stuttgart 1889. (Burckhardt, Jacob, Wilhelm Lübke u. Cornelius Gurlitt: Geschichte der neueren Baukunst. Bd. 5, 2. Abt., 2. Teil)

Gurlitt 1896
Gurlitt, Cornelius: Bauten des Barockstiles in Warschau. In: Zeitschr. für Bauwesen 46(1896) S. 311–338

Gurlitt 1900
Gurlitt, Cornelius: Die Kunstdenkmäler Dresdens. Teil 1 bis 3. Dresden 1900, 1901 u. 1903. (Beschreibende Darstellung der älteren Bau- und Kunstdenkmäler des Königreichs Sachsen, Heft 21–23

Gurlitt 1904
Gurlitt, Cornelius: Amtshauptmannschaft Dresden-Neustadt (Land). Dresden 1904. (Beschreibende Darstellung der älteren Bau- und Kunstdenkmäler des Königreichs Sachsen, Heft 26)

Gurlitt 1917
Gurlitt, Cornelius: Warschauer Bauten aus der Zeit der sächsichen Könige. Berlin 1917

Gurlitt 1924
Gurlitt, Cornelius: August der Starke. 2 Bde. Dresden 1924

Gurlitt 1931
Gurlitt, Cornelius: Denkmalpflege und Zwingererneuerung. Dresden 1931

Haake 1926
Haake, Paul: August der Starke. Berlin, Leipzig 1926

Haenel 1933
Haenel, Erich u. Erna von Watzdorf: August der Starke. Kunst und Kultur des Barock. Dresden 1933

Haenel 1934
Haenel, Erich u. Eugen Kalkschmidt: Das alte Dresden. Bilder und Dokumente aus 2 Jahrhunderten. Leipzig 1934

Hagedorn 1755
Hagedorn, Christian Ludwig von: Lettre à un Amateur de la Peinture avec des éclaircissements historiques sur un cabinet et les auteurs des tableaux qui le composent. Ouvrage entremêlé de Digressions sur la vie de plusieurs Peintres modernes. Dresde 1755

Hammitzsch 1906
Hammitzsch, Martin: Der moderne Theaterbau. Der höfische Theaterbau, der Anfang der modernen Theaterbaukunst, ihre Entwicklung u. Betätigung zur Zeit des Renaissance, des Barock u. des Rokoko. Berlin 1906. (Beiträge zur Bauwissenschaft, Heft 8)

Hansmann 1983
Hansmann, Wilfried: Gartenkunst der Renaissance und des Barock. Köln 1983

Hantzsch 1902
Hantzsch, Viktor: Beiträge zur älteren Geschichte der kurfürstlichen Kunstkammer in Dresden. In: Neues Archiv für sächsische Geschichte und Altertumskunde 23(1902) 3 bis 4, S. 220–296

Hantzsch 1918
Hantzsch, Adolf: Hervorragende Persönlichkeiten in Dresden und ihre Wohnungen. Dresden 1918. (Mitteilungen des Vereins für Geschichte Dresdens, 25)

Hartmann 1981
Hartmann, Hans-Günther: Pillnitz. Schloß, Park und Dorf. Weimar 1981

Hartmann 1989
Hartmann, Hans-Günther: Moritzburg. Schloß und Umgebung in Geschichte und Gegenwart. Weimar 1989

Hasche 1783
Hasche, Johann Christian: Umständliche Beschreibung Dresdens . . . Anderer Theil. (Bd. 2) Leipzig 1783

Hasche 1784–1791
Hasche, Johann Christian: Magazin der sächsischen Geschichte. I–VIII. Dresden 1784–1791

Hautecoeur 1948
Hautecoeur, Louis: Histoire de l'architecture classique en France. Bd. 2 Paris 1948

Heckmann 1954
Heckmann, Hermann: Matthäus Daniel Pöppelmann als
Zeichner. Dresden 1954

Heckmann 1962
Heckmann, Hermann: Unbekannte Entwürfe von Matthäus Daniel Pöppelmann. In: Zeitschr. für Kunstwissenschaft 16(1962)3 − 4, S. 189 − 200

Heckmann, Pape 1962
Heckmann, Hermann u. Johannes Pape: Matthes Daniel
Pöppelmann. Herford, Bonn 1962. Dass. in: Herforder
Jahrbuch 3 (1962)

Heckmann 1972
Heckmann, Hermann: Matthäus Daniel Pöppelmann. Leben und Werk. München, Berlin 1972

Heckmann 1986
Heckmann, Hermann: Matthäus Daniel Pöppelmann und
die Barockbaukunst in Dresden. Berlin 1986

Heinecken 1768
Heinecken, Karl Heinrich von: Nachrichten von Künstlern
und Kunstwerken. Wien 1768

Hempel 1932
Hempel, Eberhard: Balthasar Permoser. In: Thieme-Bek-
ker, Bd. 26, S. 420

Hempel 1937
Hempel, Eberhard: M. D. Pöppelmann. In: Westfälische
Lebensbilder, Münster, Bd. 5, 1937, S. 223 − 237

Hempel 1958
Hempel, Eberhard: Unbekannte Skizzen von Wolf Caspar
von Klengel. Berlin 1958. (Abhandlungen der Sächsischen
Akademie der Wissenschaften zu Leipzig)

Hempel 1964
Hempel, Eberhard: Der Dresdner Zwinger. Leipzig 1964,
2. Aufl. 1965

Hennebo 1962−1965
Hennebo, Dieter u. Alfred Hoffmann: Geschichte der deut-
schen Gartenkunst. 3 Bde. Hamburg 1962−1965. Bd. 2:
Der architektonische Garten. Renaissance und Barock

Henning 1924
Henning, G.: Die Grimmaer Muldenbrücken. In: Grimmaer Pflege 3(1924)10

Hentschel 1964
Hentschel, Walter: Aus der Geschichte des Schlosses Zabeltitz. In: Sächsische Heimatblätter 10(1964)2, S. 133 − 140

Hentschel 1966
Hentschel, Walter: Dresdner Bildhauer des 16. und
17. Jahrhunderts. Weimar 1966

Hentschel 1967
Hentschel, Walter: Die sächsische Baukunst des 18. Jahrhunderts in Polen. 2 Bde. Berlin 1967

Hentschel 1969
Hentschel, Walter: Die Zentralbauprojekte August des Starken. Ein Beitrag zur Rolle des Bauherrn im deutschen Barock. Berlin 1969. (Abhandlungen der Sächsischen Akademie der Wissenschaften zu Leipzig)

Hentschel 1973
Hentschel, Walter: Denkmale sächsischer Kunst. Die Ver-
luste des zweiten Weltkrieges. Berlin 1973. (Schriften zur
Kunstgeschichte, 15)

Heres 1982
Heres, Gerald: Longuelunes Museumsprojekt und die Mi-
neraliengalerie im Zwinger. In: Dresdener Kunstblätter
26(1982)5, S. 145 − 149

Heres 1983
Heres, Gerald: Der Zwinger als Museum. Aufstellung und
Ausstattung der Sammlungen im 18. Jh. In: Staatl. Kunstsammlungen Dresden, Jahrbuch 1980, Bd. 12, Dresden
1983, S. 119 − 133

Heres 1984
Heres, Gerald: August der Starke und die Reorganisation
der Dresdener Sammlungen. In: Dresdner Hefte (1984)3,
S. 48 ff.

Hettner 1874
Hettner, Hermann: Der Zwinger in Dresden. In: Zeitschr.
für bildende Kunst 9(1874) S. 229 − 241. Dass. in: Hettner,
Hermann: Kleine Schriften. Braunschweig 1884, S. 362
bis 382

Heynitz 1929
Heynitz, Otto: Joachimstein. 200 Jahre freies, evangeli-
sches, weltadliges Fräuleinstift. In: Landesverein Sächsischer Heimatschutz, Mitteilungen 18(1929)9 − 12, S. 393
bis 414

Hilschern 1729
Hilschern, G. Chr.: Etliche Nachrichten von der Elb-Brücke
in . . . Dreßden . . . Dresden 1729

Hirsching 1806
Hirsching, Friedrich Carl Gottlob: Historisch-literarisches
Handbuch berühmter und denkwürdiger Personen, welche
in dem 18. Jahrhundert gelebt haben. Leipzig 1806

Hoffmann 1984
Hoffmann, G.: Constantia von Cosel und August der Starke.
Bergisch Gladbach 1984

Hofkalender 1728
Königlich Pohlnischer und Churfürstlich Sächsischer Hof-
und Staatskalender. Leipzig 1728 ff.

Hollstein 1912
Hollstein, Carl: Merkwürdige Häuser. V.: Das Gräfliche
Vitzthumsche später Rutowskische Palais an der Kreuzkirche und sein Brand im Februar 1786. In: Dresdner Geschichtsblätter 21(1912)5, S. 201

Hoyer 1982
Hoyer, S.: Bürgerkultur einer Residenzstadt. Dresden im
18. Jh. In: Städtische Kultur in der Barockzeit. Hrsg. von
W. Rausch. Linz 1982, S. 105–116

Hübner 1856
Hübner, Julius: Verzeichnis der Dresdner Gemälde Gallerie
mit einer historischen Einleitung. Dresden 1856

Iccander 1719
Iccander (d. i.: Johann Christian Crell): Das fast auf dem
höchsten Gipfel seiner Vollkommenheit und Glückseligkeit
prangende Königliche Dreßden in Meißen … Leipzig
1719, 2. Aufl. 1723, 3. Aufl. 1726

Iccander 1726
Iccander (d. i.: Johann Christian Crell): Kurtzgefastes
Sächsisches Kern-Chronicon … Merkwürdige Historie von
Begebenheiten in Sachsen … größten Theils seit dem
1720sten Jahre … Leipzig 1726 ff.

Justi 1923
Justi, Carl: Winckelmann und seine Zeitgenossen. 3 Bde.
3. Aufl. Leipzig 1923

Justi 1955
Justi, Carl: Das augusteische Dresden. Dresden 1955. (Aus-
zug aus: Winckelmann und seine Zeitgenossen, Bd. 1)

Kadatz 1983
Kadatz, Hans-Joachim: Georg Wenzeslaus von Knobelsdorff, Baumeister Friedrichs II. Leipzig 1983

Kaemmel 1889
Kaemmel, Otto: Festschrift zur 800jährigen Jubelfeier des
Hauses Wettin. Dresden 1889

Karg 1977
Karg, Detlef: Entwicklungsgeschichtliche Aussagen der
Terrassengärten in den deutschen Staaten der 1. Hälfte des
18. Jahrhunderts in ihrer Beziehung zur Verbreitung des
Landschaftsgartens. Diss. T. U. Dresden 1977

Kern Dreßdnischer Merkwürdigkeiten 1727
Kern Dreßdnischer Merkwürdigkeiten. Dresden 1727 bis
1732

Keyßler 1751
Keyßler, Johann George: Neueste Reisen durch Teutschland … Hannover 1741. 2. Aufl. 1751

Kittel 1731
Kittel, Johann Gottlob: Poetische Gedanken über die neu-

erbaute und erweiterte Alt-Dreßdner Brücke. In: Sächsisches Curiositäten-Cabinet. 1. Teil, 1731, S. 19–26

Koch 1910
Koch, Hugo: Die sächsische Gartenkunst. Berlin 1910

Koch 1925
Koch, Hugo: Großsedlitz einst und jetzt. In: Landesverein
Sächsischer Heimatschutz, Mitteilungen 14(1925)9–12,
S. 373–395

Kummer 1938
Kummer, Friedrich: Dresden und seine Theaterwelt. Dresden 1938

Kraszewski 1986
Kraszewski, Józef Ignacy: Reiseblätter. Berlin 1986

Kurtze Nachricht 1730
Kurtze Doch deutliche Nachricht wie die Einweihung der
Neuen Kirche zu Friedrichstadt …, d. 11. Julii, In dem
Evangelisch-Lutherischen Jubel-Jahr 1730, Glücklich voll-
bracht und solenniter vollzogen worden. Dresden 1730

Kurtze Nachricht 1739
Kurtze Nachricht von Einweihung der neuerbauten Kirche
in Neustadt bey Dresden. In: Alte und Neue Curiosa saxonica 1739, 1. Hälfte, S. 288–301

Landmann 1986
Landmann, Ortrun: Musik und Literatur. In: Barock in
Dresden. Essen, Villa Hügel 1986. Leipzig 1986, S. 123
bis 124. Ausstellungskatalog

Lehmann 1898
Lehmann, O.: Das große Weinfaß auf dem Königstein. In:
Über Berg und Thal 21(1898)1, S. 1–6, 2, S. 13–18, 3,
S. 21

Leipzig 1985
Kunst der Bachzeit. Malerei und Zeichnung aus Sammlun-
gen der DDR. Museum der bildenden Künste Leipzig 1985.
Ausstellungskatalog

Leupold 1724
Leupold, Jakob: Theatrum machinarum hydraulicum oder
Schauplatz der Wasserkünste. 3 Bde. Leipzig 1724–1726

Leupold 1726
Leupold, Jakob: Theatrum pontificiale oder Schauplatz der
Brücken und Brückenbaues. Leipzig 1726

Lichtwark 1898
Lichtwark, Alfred: Deutsche Königsstädte. Dresden 1898

Lindau 1885
Lindau, M. B.: Geschichte der königlichen Haupt- und Residenzstadt Dresden von den ältesten Zeiten bis zur Gegenwart. 2. verb. Aufl. Dresden 1885

Löffler 1951
Löffler, Fritz: Schloß und Park Pillnitz. Dresden 1951

Löffler 1955
Löffler, Fritz: Das alte Dresden. Geschichte seiner Bauten. Dresden 1955 4. verb. Aufl. 1962, 6. neubearb. u. erw. Aufl. 1981, 7. Aufl. 1982

Löffler 1976
Löffler, Fritz: Der Zwinger in Dresden. Leipzig 1976

Loen 1726
Loen, Johann Michael von: Sylvanders von Edel-Leben zufällige Betrachtungen, von der Glückseligkeit der Tugend. Frankfurt a. M. 1726

Loen 1750
Loen, Johann Michael von: Gesammelte kleine Schriften. 4 Bde. Frankfurt a. M., Leipzig 1750

Lotz 1940
Lotz, Arthur: Das Feuerwerk. Seine Geschichte und Bibliographie. Leipzig 1940

Mackowsky 1913
Mackowsky, W.: Erhaltenswerte bürgerliche Baudenkmäler in Dresden. Dresden 1913

Magirius 1977
Magirius, Heinrich: Der Dom zu Freiberg. Berlin 1977

Magirius 1978, 1981
Magirius, Heinrich: Zur Entstehungsgeschichte des Schlosses Pillnitz und seiner Fassadenbemalung. In: Denkmale in Sachsen. Weimar 1978, S. 249–278. 2. Aufl. 1981

Marperger 1711
Marperger, Paul Jacob: Historie und Leben der berühmten Baumeister. Hamburg 1711

Marx 1971
Marx, Harald: Zur dekorativen Malerei des 18. Jahrhunderts in Sachsen. Phil. Diss. Halle 1971 (Maschinenschrift)

Marx 1976
Marx, Harald: Johann Samuel Mock und das «Campement bei Czerniaków» 1732. In: Staatl. Kunstsammlungen Dresden, Jahrbuch 1976/77, Bd. 10, Dresden 1980, S. 53–87

Marx 1984
Marx, Harald: Der Zwinger und die Farbe – der Zwinger und die Malerei. In: Staatl. Kunstsammlungen Dresden, Jahrbuch 1982, Bd. 14, Dresden 1984, S. 7–34

Marx 1986
Marx, Harald: «Dieses Werk allein müßte ihn unsterblich machen.» Matthäus Daniel Pöppelmann, 250. Todestag 1986, 325. Geburtstag 1987. In: Dresdener Kunstblätter 30(1986)3, S. 66–70

Marx, Bachzeit 1986
Marx, Harald: Dresden als Residenz – der Hof und die barocke Kunst. In: Kunst der Bachzeit. Wissenschaftl. Konferenz der zentralen Kommission Bildende Kunst des Präsidiums des KB-DDR, Dresden, am 25. u. 26. 10. 1985. Berlin 1986, S. 33–38

Marx, Kronentor 1986
Marx, Harald: Die schönste Mahlerey . . . Zur Malerei in der Kuppel des Kronentores. In: DIE UNION vom 17. 4. 1986

Marx 1987
Marx, Harald: Das Oberbauamt und die Maler. In: Dresdener Kunstblätter 31(1987)1, S. 8–17

Marx, Stichwerk 1987
Marx, Harald: Das Kupferstichwerk zum Zwinger. In: Matthäus Daniel Pöppelmann 1662–1736. Ein Architekt des Barocks in Dresden. Dresden 1987. S. 70–72. Ausstellungskatalog

Matzsche 1981
Matzsche, Franz: Die Kunst im Dienst der Staatsidee Kaiser Karls VI. 2 Bde. Berlin, New York 1981

Meinert 1953
Meinert, Günther: Zur Geschichte des kursächsischen Oberbauamtes im 18. Jahrhundert. In: Forschungen aus mitteldeutschen Archiven. Berlin 1953

Menzhausen 1967
Menzhausen, Ingelore: Pöppelmanns «Großes Opernhaus» am Zwinger. In: Dresdener Kunstblätter 11(1967)1, S. 11 bis 14

Menzhausen 1970
Menzhausen, Joachim: Der Zwinger. Dresden 1970

Menzhausen 1977
Menzhausen, Joachim: Dresdener Kunstkammer und Grünes Gewölbe. Leipzig 1977

Menzhausen 1982
Menzhausen, Joachim: Balthasar Permoser. Zum 250. Todestag des Meisters der Bildhauerkunst. In: Jahrbuch zur Geschichte Dresdens 1982. S. 73–78

Menzhausen 1984
Menzhausen, Ingelore: Porzellan aus Meißen für das Japanische Palais. In: Barock und Klassik. Kunstzentren des 18. Jahrhunderts in der DDR. Schallaburg 1984, S. 80. 83. Ausstellungskatalog

Mertens 1962
Mertens, Klaus: Der Park zu Großsedlitz. Eine Untersuchung der Planung. 2 Bde. Diss. T. U. Dresden 1962. (Maschinenschrift)

Mertens 1986
Mertens, Klaus: Matthäus Daniel Pöppelmann, 1662 bis
1736. In: Neue Museumskunde 29(1986)2, S. 90 – 91

Mittag 1737
Mittag, Johann Gottfried: Leben und Thaten Friedrich Augusti III. Leipzig 1737

Mohrenthal 1734
Mohrenthal, George: Auserlesener Kern Dreßdnischer
Merkwürdigkeiten. Dresden 1734

Müller 1895
Müller, Gustav Otto: Vergessene und halbvergessene
Dresdner Künstler des vorigen Jahrhunderts. Dresden 1895

Müller, Permoser 1895
Müller, Gustav Otto: Balthasar Permoser. In: Müller,
G. O.: Vergessene und halbvergessene Dresdner Künstler
des vorigen Jahrhunderts. Dresden 1895, S. 8 – 23

Nachrichten 1729
Etliche Nachrichten Von der Elb-Brücke In der Königl. Re-
sidenz-Stadt Dreßden . . . Dresden 1729

Nagel 1924
Nagel, W.: Die alte Dresdener Augustusbrücke. Dresden
1924

Neidhardt 1964
Neidhardt, Hans Joachim: Pillnitz. Schloß und Park. Leipzig 1964

Neidhardt 1976
Neidhardt, Hans Joachim: Die Malerei der Romantik in
Dresden. Leipzig 1976

Neues Gemählde 1817
Neues Gemählde von Dresden in Hinblick auf Geschichte,
Oertlichkeit, Kultur, Kunst und Gewerbe. Dresden 1817

Nickel 1983
Nickel, Helmut: Über einige Inventionsstücke zum großen
Aufzuge des Karussellrennens der vier Weltteile zu Dresden
im Jahre 1709. In: Zeitschr. für historische Waffen- und
Kostümkunde (1983)2, S. 81 – 93

Nickel, S. 1983
Nickel, Sieglinde: August der Starke. In: Jahrbuch zur Geschichte Dresdens 1983, S. 86 – 100

Nickel 1987
Nickel, Sieglinde: Die Wohnungsfrage als soziale Frage in
Dresden zur Zeit M. D. Pöppelmanns. In: Dresdener
Kunstblätter 31(1987)1, S. 5 – 7

Nostitz 1941
Nostitz, Helene von: Festliches Dresden. Die Stadt Augusts
des Starken. Berlin 1941

Ô'Byrn 1872
Ô'Byrn, Friedrich August: Wolf Caspar von Klengel. In:
Königlich Sächsischer Alterthumsverein, Mitteilungen
1872, H. 22, S. 29 – 51

Oelsner 1985
Oelsner, Norbert und Henning Prinz: Zur politisch-kultu-
rellen Funktion des Dresdner Residenzschlosses vom 16.
bis 18. Jahrhundert, dargestellt an der Entwicklung der
Repräsentations- und Festetage. In: Sächsische Heimatblätter 31(1985)6, S. 241 – 254

Pfeiffer 1940
Pfeiffer, Wolfgang: Dresdner Palaisbauten des 18. Jahrhunderts. Dresden um 1940 (Maschinenschrift)

Piltz 1986
Piltz, Georg: August der Starke. Träume und Taten eines
deutschen Fürsten. Berlin 1986

Pöppelmann 1729, 1980
Pöppelmann, Matthäus Daniel: Vorstellung und Beschreibung des von Sr. Kgl. Majest. in Pohlen u. Churf. Durchl. z.
Sachsen erbauten sogen. Zwinger-Gartens-Gebäuden oder
der Kgl. Orangerie zu Dresden. Dresden 1729. Nachdruck
mit e. Nachw. u. Erl. von Harald Keller. Dortmund 1980

Pöppelmanns Bildnis 1911
Pöppelmanns Bildnis im Stadtmuseum zu Dresden. In: Mit-
teilungen aus den Sächsischen Kunstsammlungen 2(1911)
S. 71

Posse o. J.
Posse, Hans: Die Gemäldegalerie zu Dresden. Die Alten
Meister. Dresden o. J.

Prinz 1987
Prinz, Henning: Samuel Bottschild – das Taschenbergpalais
und das Starckische Haus. In: Dresdener Kunstblätter
31(1987)1, S. 18 – 21

Prinz 1988
Prinz, Henning: Die Raumgestaltung des Taschenbergpalais zur Zeit Friedrich Christians und Maria Antonias (Teil
1). In: Staatl. Kunstsammlungen Dresden, Jahrbuch,
Bd 18, Dresden 1988, S. 141 – 163

Prinz 1989
Prinz, Henning: Zur Inneneinrichtung des Palais Vitzthum.
In: Dresdener Kunstblätter 33 (1989) 3, S. 66 – 77

Rätzel 1735
Rätzel, auf die Dreßdner Elb-Brücke. In: Sächßisches Curiositäten-Cabinet, auf das Jahr 1735. Dresden 1736, S. 112

Rahnfeld 1873
Rahnfeld, Friedrich August: Führer durch das Königliche
Historische Museum im Zwingergebäude. Dresden 1873

Rauda 1933
Rauda, Wolfgang: Dresden, eine mittelalterliche Kolonial-
gründung. Die Gestaltung des Schloßgeländes vom Barock
bis zur Neuzeit. Dresden 1933

Rauda 1938
Rauda, Wolfgang: Das Palais im Großen Garten zu Dresden. Zur Baugeschichte der Lusthausbauten in der Frühzeit
des Großen Gartens. In: Sitzungsberichte und Abhandlungen der Flora, Dresden, N. F. 41/42, 1936/37(1938) S. 85 f.

Reichel 1972
Reichel, Friedrich: Die Chinoiserie in Sachsen. Diss. Halle

Reichel 1982
Reichel, Friedrich und Wolfgang Schulle: Das ostasiatische
Porzellan und die Bemühungen um eine Nacherfindung in
Europa. In: Johann Friedrich Böttger. Die Erfindung des
europäischen Porzellans. Leipzig 1982, S. 50–70

Rennert 1930
Rennert, Georg: Christian Wilhelm Pöppelmann, Ober-
postmeister zu Dresden. In: Neues Archiv für Sächsische
Geschichte und Altertumskunde 51(1930)2, S. 207

Richter 1894
Richter, Otto: Ein Bildniß Pöppelmanns. In: Dresdner Anzeiger 1894, Nr. 139

Richter 1898
Richter, Otto: Atlas zur Geschichte Dresdens. Pläne und
Ansichten der Stadt a. d. Jahren 1521–1898. Dresden 1898

Richter 1906–1910
Richter, Otto: Dresdner Bilderchronik. Zeitgenössische
Darstellungen von Dresdner Begebenheiten aus 4 Jh. Dresden, 2 Teile. 1. Teil: 16. u. 17. Jh. 1906. 2. Teil: Von 1709
bis 1815. 1910

Rösenberger 1921
Rösenberger, Otto: Aus der Geschichte der Stadt und des
Schlosses Pretzsch. Pretzsch 1921
Sächßisches Curiositäten-Cabinet 1727–1735
auch unter dem Titel: Curiosa saxonica. 1727–1735

Sander 1936
Sander, P.: Aus dem Leben Matthäus Daniel Pöppelmanns.
Und: Zu Matthäus Daniel Pöppelmanns 200. Todestag.
In: Herforder Heimatblatt 15(1936)1 u. 2

Schäfer 1848
Schäfer, Wilhelm: Chronik der Dresdner Elbbrücke, nebst
den Annalen der größten Elbfluthen von der frühesten bis
auf die neueste Zeit. Dresden 1848

Schallaburg 1984
Barock und Klassik. Kunstzentren des 18. Jahrhunderts in
der DDR. Niederösterreichisches Landesmuseum Wien.
Schallaburg 1984. Ausstellungskatalog

Schicksale 1978
Schicksale deutscher Baudenkmale im zweiten Weltkrieg.
Eine Dokumentation der Schäden u. Totalverluste auf
d. Gebiet d. DDR. Hrsg. u. bearb. von Götz Eckardt. Berlin
1978

Schillinger 1987
Schillinger, Klaus: Die Entwicklung von Zeichenhilfsmit-
teln bis zum Beginn des 18. Jahrhunderts. In: Dresdener
Kunstblätter 31(1987)1, S. 29–38

Schlechte 1983
Schlechte, Monika: Zu einer Entwurfsskizze August des
Starken zu Moritzburg. In: Sächsische Heimatblätter
29(1983)6, S. 273–275

Schlechte 1984
Schlechte, Monika: Das barocke Architektur- und Land-
schaftsensemble Moritzburg. Die Umgestaltungsphase in
der Regierungszeit August des Starken. Phil. Diss. T. U.
Dresden 1984

Schlechte, Heimatblätter 1984
Schlechte, Monika: Zum Prinzip der Wirtschaftlichkeit in
der Arbeitsweise des Oberbauamtes unter August II. In:
Sächsische Heimatblätter 30(1984)5, S. 203–204

Schlechte, Acta polytechnica 1984
Schlechte, Monika: Das barocke Architektur- und Land-
schaftsensemble Moritzburg. In: Acta polytechnica, CVUT
v Praze 17(I,3) (1984), S. 91–109

Schlechte, Jahrbuch 1986
Schlechte, Monika: Der barocke Tiergarten Moritzburg –
Planung und Gesamtanlage. In: Staatliche Kunstsammlungen Dresden, Jahrbuch 1984, Bd. 16. Dresden 1986, S. 21
bis 40

Schlechte 1988
Schlechte, Monika: Tiergarten und Schloßanlage Moritzburg. In: Sächsische Heimatblätter 34 (1988)2, S. 49–54

Schmidt 1914
Schmidt, Otto Eduard: Der sächsische Kirchenbau bis auf
George Bähr. In: Kunst und Kirche (1914) S. 18–44

Schmidt 1976
Schmidt, Gerhard: Dresden und seine Kirchen. Eine Dokumentation. Berlin 1976

Schmidt 1986
Ehrenpromotion von Herrn Dr. phil. Werner Schmidt zum
doctor philosophiae honoris causa durch den Wiss. Rat der
Pädagogischen Hochschule «Karl Friedrich Wilhelm Wan-
der» Dresden am 7. Juni 1985. Dresden 1986

Schnoor 1948
Schnoor, Hans: Dresden. 400 Jahre deutsche Musik-Kul-
tur. Dresden 1948

Scholze 1956
Scholze, Hans-Eberhard: Oberlandbaumeister Christoph Beyer. Ein Beitrag zur Geschichte des kurfürstlich-sächsischen Oberbauamtes. In: Wiss. Zeitschr. d. Techn. Hochschule Dresden 6(1956/57)1, S. 39–49

Scholze 1958
Scholze, Hans-Eberhard: Johann Christoph Naumann (1664–1742). Ein Beitrag zur Baugeschichte Sachsens u. Polens im 18. Jh. Diss. T. H. Dresden 1958 (M.-Schrift)

Scholze 1969
Scholze, Hans-Eberhard: Baugeschichtliche Betrachtungen zur Entstehung der Form der Frauenkirche und zur Gestaltung des Neumarktes in Dresden, sowie Bemerkungen zur Entwicklung und Organisation des sächsischen Bauwesens nach 1700. In: Wiss. Zeitschr. d. Techn. Universität Dresden 18(1969)1, S. 37 ff.

Scholze 1970
Scholze, Hans-Eberhard: Zur Polychromie der Architektur. Habil. Schrift, T. U. Dresden 1970 (Maschinenschrift)

Schramm 1735
Schramm, Carl Christian: Historischer Schauplatz in welchem die merkwürdigsten Brücken . . . in sonderheit aber die . . . Dreßdner Elb-Brücke . . . beschrieben werden. Leipzig 1735

Schubert 1940
Schubert, Franz: Matthes Daniel Pöppelmann und der «Grand Salon» im Sächsischen Garten zu Warschau. In: Zeitschr. d. dt. Vereins f. Kunstwiss. 7(1940) S. 267–285

Schuster 1926
Schuster, Heinrich: Die Baugeschichte der Festung Königstein. Berlin, Stuttgart 1926

Sedlmayr 1956
Sedlmayr, Hans: Johann Bernhard Fischer von Erlach. Wien, München 1956

Sedlmayr 1959
Sedlmayr, Hans: Epochen und Werke. Gesammelte Schriften zur Kunstgeschichte. 2 Bde. Wien, München 1959

Sieber 1960
Sieber, Friedrich: Volk und volkstümliche Motivik im Festwerk des Barocks. Berlin 1960

Sigismund 1913
Sigismund, Ernst: Ein sächsischer Künstler und Soldat des 17. Jahrhunderts. (Betr. Klengel) In: Dresdner Geschichtsblätter 22(1913)3, S. 33–56

Sponsel 1893
Sponsel, Jean Louis: Die Frauenkirche zu Dresden. Geschichte ihrer Entstehung. Dresden 1893

Sponsel 1901
Sponsel, Jean Louis: Das Reiterdenkmal Augusts des Starken und seine Modelle. In: Neues Archiv für Sächs. Geschichte 22(1901) S. 102–150

Sponsel 1924
Sponsel, Jean Louis: Der Zwinger, die Hoffeste und die Schloßbaupläne zu Dresden. 2 Bde. Dresden 1924

Staszewski 1981
Staszewski, Jacek: Polen und Sachsen im 18. Jahrhundert. In: Jahrbuch für Geschichte, Bd. 23, 1981, S. 167–188

Steche 1888
Steche, Richard: M. D. Pöppelmann. In: Allgem. Deutsche Biographie, München, Leipzig 1888, Bd. 26, S. 420

Stuhr 1985
Stuhr, Michael: Zur deutschen Barockskulptur zwischen 1650 und 1750. In: Kunst der Bachzeit. Museum der bildenden Künste Leipzig. 1985, S. 19 f. Ausstellungskatalog

Stuhr 1986
Stuhr, Michael: Balthasar Permoser – ein Hauptmeister des augusteischen Barock. In: Kunst der Bachzeit. Wissenschaftl. Konferenz der zentralen Kommision Bildende Kunst des Präsidiums des KB-DDR, Dresden, am 25. u. 26. 10. 1985. Berlin 1986, S. 33–38

Sturm 1719
Sturm, Christoph Leonhard: Architectura civilis-militaris. Augsburg 1719

Sulze 1930
Sulze, Heinrich: Die Beetzeichnungen auf Pöppelmanns Zwinger-Plan in der Veröffentlichung von 1729. In: Die Denkmalpflege (1930)5, S. 243–250

Sulze 1954
Sulze, Heinrich: Die Dresdener Barockgärten an der Elbe. In: Jahrbuch zur Pflege der Künste, 2. Folge. Dresden 1954, S. 173–186

Sulze 1957
Sulze, Heinrich: Versailles und der Zwinger. In: Jahrbuch zur Pflege der Künste, 5. Folge. Dresden 1957, S. 209–219

Tages-Chronik 1852–1892
Tages-Chronik von Dresden 1852–1892. S. 874

Tintelnot 1939
Tintelnot, Hans: Barocktheater und barocke Kunst. Die Entwicklungsgeschichte der Fest- und Theaterdekoration in ihrem Verhältnis zur barocken Kunst. Berlin 1939

Tischer 1929
Tischer, H.: Baugeschichte der Dreikönigskirche in Dresden-Neustadt. In: Mitteil. d. Dreikönigskirchgemeinde zu Dresden-Neustadt 1929. S. 106–110 (Auch Sonderdruck)

Tucholski 1933
Tucholski, F.: Die Torgauer Gestütsbauten und das Schloß
Graditz. In: Die Denkmalpflege 35(1933) S. 221–226

Um die polnische Krone 1962
Um die polnische Krone. Sachsen und Polen während des
Nordischen Krieges 1700–1721. Hrsg. von J. Kalisch u. J.
Gierowski. Berlin 1962 (Schriftenreihe der Kommission der
Historiker der Deutschen Demokratischen Republik und
Volkspolens, 1)

Vehse 1854
Vehse, Eduard: Geschichte der Höfe des Hauses Sachsen.
5. Abteilung Teil 4–7. Hamburg 1854 (Vehse, Eduard:
Geschichte der deutschen Höfe seit der Reformation,
Bd. 31–34)

Volk 1974
Volk, Waltraud: Dresden. Historische Straßen und Plätze
heute. Berlin 1974

Von Auffrichtung 1733
Von Auffrichtung des metallenen Crucifixes auff der Elb-
Brücke zu Dreßden. In: Sächsisches Curiositäten-Cabi-
nett . . . 4. Teil, 1733, S. 34–36

Von denen Brücken 1731
Von denen Dreyen in Sachsen berühmtesten über den Elb-
Strohm erbauten Brücken. In: Sächsisches Curiositäten-
Cabinett . . . 1. Teil, 1731, S. 46–48

Weber 1976
Weber, Dieter: Festung Königstein. Leipzig 1976

Weber 1985
Weber, Ingrid S.: Planetenfeste August des Starken. Zur
Hochzeit des Kronprinzen 1719. Illustriert durch die Me-
daillen von Oluf Wif. München 1985

Weck 1679
Weck, Anton: Der Chur-Fürstlichen Sächs. weitberuffenen
Residentz- und Haupt-Vestung Dresden Beschreibung und
Vorstellung. Nürnberg 1679

Weigert 1932
Weigert, Roger Armand: Documents inédits sur Louis de
Silvestre, suivis du catalogue de son œuvre. In: Archives
de l'Art français XVII. Paris 1932

Weinart 1777
Weinart, Benjamin Gottfried: Topographische Geschichte
der Stadt Dresden . . . Dresden 1777. Reprint: Leipzig 1974

Weinhold 1813
Weinhold, K. A.: Die Elbbrücke zu Dresden historisch und
malerisch beschrieben. Dresden, Leipzig 1813

Weißbach 1925
Weißbach: M. D. Pöppelmann und die Zwickauer Torbrük-
ken. In: Landesverein Sächsischer Heimatschutz, Mitteilungen 14(1925) S. 177–182

Wendler 1830
Wendler: Das königliche Schloß und der Garten zu Groß
Sedlitz. Pirna um 1830

Wilhelm 1939
Wilhelm, Rolf: Die Fassadenbildung des Dresdner Barock-
wohnhauses. Phil. Diss. Leipzig 1939

Woermann 1924
Woermann, Karl: Lebenserinnerungen eines Achtzigjähri-
gen. 2 Bde. Leipzig 1924

Wohlfahrt 1968
Wohlfahrt, Cordula: Eine Medaille von Moritzburg. In:
Dresdener Kunstblätter 12(1968)7, S. 105–109

Personenregister

Bearbeitet von Folke Stimmel

Das Register enthält die Namen von historischen
Personen außer Matthäus Daniel Pöppelmann und
König August II. (Kurfürst Friedrich August I.).

A

Adam, Andreas 258
Alberti, Leone Battista 248
Alberti, Louise Tugendreich 282/283
Anckermann, B. O. *Abb. 174*
Andersen, Hans Christian 9, 89
Anna Maria, Königin von Portugal 238
Anton Ulrich, Herzog von Braunschweig-Wolfenbüttel
  54, 72
Apel, Andreas Dietrich 158
Arcimboldo, Giuseppe 83
Asche, Sigfried 53, 56
August, Kurfürst von Sachsen 79; *Abb. 6*
August III., König von Polen
  s. Friedrich August II., Kurfürst von Sachsen
Aust, Ulrich 177

B

Bach, Johann Sebastian 127
Bachmann, Walter 175
Bähr, George 10, 14, 35, 38, 88, 129, 235, 254, 255,
  258, 261, 263, 269, 270, 273, 277; *Abb. 235*
Beeger, Dieter 177
Bellotto, Bernardo gen. Canaletto 86, 88, 89;
  Abb. 35 – 37, 134, 137, 197
Bennigsen, Wolf Ehrich von 233, 235
Berhold, Christian 36
Bernigeroth, Martin *Abb. 91*
Bernini, Lorenzo 18, 56, 69
Besser, Johann von 83
Beutel, Tobias 76
Beyer, Christoph 136, 137, 225
Bischoff 76
Bodenehr, Moritz *Abb. 46*
Bodt, Jean de 35, 47, 53, 127, 136, 164, 203, 206,
  239; *Abb. 86, 167*
Boëtius, Christian Friedrich 20;
  Abb. 9, 25, 26
Böttger, Johann Friedrich 127, 177, 202
Borromini, Francesco 18
Bottschild, Samuel *Abb. 2*
Braun, Albert 175, 176, 177
Brescius, Carl Ehrenfried 282/283
Brescius, Carl Friedrich 282/283
Brescius, Christian Carl 282/283
Brescius, Christian Johann 282/283
Brescius (geb. Pöppelmann), Friederike Caroline
  282/283

Brescius (geb. Compaß), Johanna Henriette
  Martha 282/283
Brescius, Wilhelm Gottfried 282/283
Bruegel, Pieter d. Ä. 81
Brühl, Hans Moritz von 235
Brühl, Heinrich von 36, 38, 85, 235
Buchner, Paul *Abb. 185*
Busse, Johanna Salome 282/283

C

Canaletto s. Bellotto, Bernardo
Carpi, Girolamo da 84
Carriera, Rosalba 48, 53
Carus, Carl Gustav 89, 90
Chodowiecki, Daniel 36, 37, 40, 72
Christian I., Kurfürst von Sachsen 79
Christian II., Kurfürst von Sachsen 79
Christian V., König von Dänemark 238
Christiane Eberhardine, Kurfürstin von Sachsen 13, 16
  220, 264; *Abb. 41*
Clemens XI., Papst 18
Compaß, Johanna Henriette Martha 282/283
Conert, Herbert 175
Conti, François Louis, Prinz 126
Corvinus, Johann August 202; *Abb. 192, 209*
Cosel, Anna Constanze von 207, 225
Cosel, Auguste Constantia von 210
Crafft, Johann Daniel 123
Crell, Johann Christian s. Iccander

D

Dahl, Johann Christian Clausen 89
Decker, Paul d. Ä. 19, 20, 47
Dehio, Georg 197
Dehn-Rothfelser, Hans von 219
Dientzenhofer, Christoph 47
Dietrich, Christian Wilhelm Ernst 88
Dietze, Marcus Conrad 53, 69, 78, 127, 129, 138, 139,
  143, 147, 245; *Abb. 98*
Dingliner, Georg Friedrich *Abb. 179*
Dinglinger, Melchior 81, 127, 196, 197, 239
Discant, Marianne Elisabeth 282/283
Dönhoff (geb. Bielinska), Maria von 240
Döring, Bruno Alfred 40, 47

E

Egell, Paul 56; *Abb. 68*
Ehrhardt, Christian Gottlieb 282/283
Ehrhardt (geb. Tüllmann), Christina Wilhelmina Maria
  282/283
Engelbrecht, Martin *Abb. 174*

Fotonachweis

Sächsische Landesbibliothek Dresden,
Abteilung Deutsche Fotothek:
1, 2, 5, 6, 10–31, 39, 46, 48–52,
60–62, 91–93, 99, 101–105, 107,
111–121, 127, 128, 131, 132, 138, 139,
145, 146, 148, 151–153, 156, 157, 163,
164, 168, 172, 176, 177, 180, 182, 183,
185, 196, 199, 201, 205, 210, 213, 214,
220, 224, 228, 232–234;
Staatliche Kunstsammlungen Dresden:
3, 4, 8, 9, 54–57, 90, 159, 230;
Jürgen Karpinski, Dresden:
7, 34, 40, 47, 64–89, 97, 135, 136, 141, 150,
169, 170, 179, 184, 200, 206–208, 221;
Institut und Museum für Geschichte der Stadt Dresden: 32;
Staatliche Museen zu Berlin: 33;
Gerhard Reinhold, Mölkau: 35–37, 134, 137, 198;
Staatsarchiv Dresden:
38, 63, 94, 95, 133, 167, 186, 188, 190,
192, 194, 203, 223, 229;
Institut für Denkmalpflege Dresden:
41–45, 53, 58, 59, 96, 122–126, 129, 130,
140, 142–144, 147, 149, 160–162,
165, 166, 171, 173–175, 178, 187, 189,
191, 193, 195, 197, 202, 204, 218,
219, 222, 225–227, 231, 235;
Technische Universität Dresden:
98, 100, 106, 108–110, 209, 211, 212, 217;
Verlagsarchiv: 154, 181;
Dieter Krull, Dresden: 155, 158;
Walter Zorn, Dresden: 215, 216.

DATVS IVVЄ
DESVPЄRЄS
IOVI SERVATORI
FANO PERENNI
HЄRCVLI VICTORI
Decoration g.
au 40 Jour de sa nai
de Pologne et Elect